C000039844

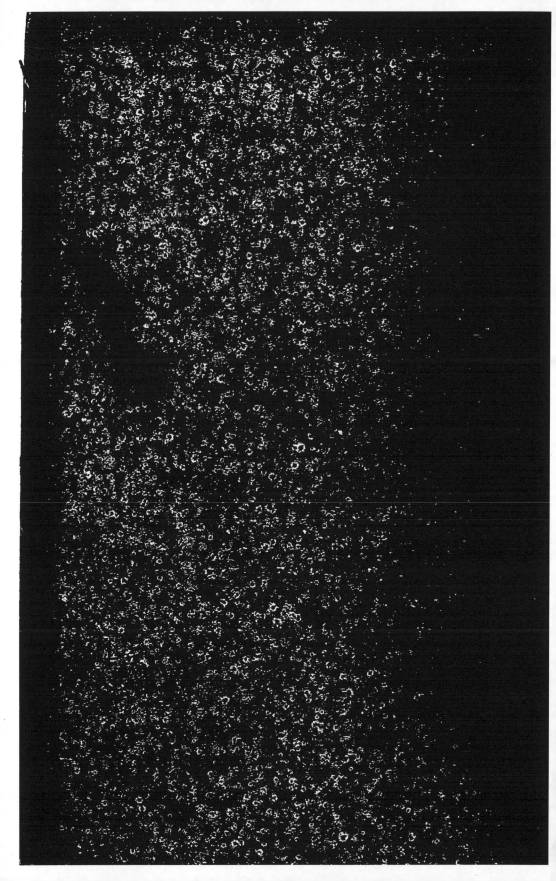

$\delta^\circ\, \mathcal{L}\, h^3\, 117$

Lh³
117

AVENTURES

DE GUERRE

AU TEMPS

DE LA RÉPUBLIQUE ET DU CONSULAT

TOME II.

SAINT-DENIS. — TYPOGRAPHIE DE DROUARD.

AVENTURES
DE GUERRE

AU TEMPS

DE LA RÉPUBLIQUE ET DU CONSULAT

PAR

M. A. MOREAU DE JONNÈS

Membre de l'Institut

TOME SECOND

PARIS

PAGNERRE, LIBRAIRE-ÉDITEUR

RUE DE SEINE, 18

1858

AVENTURES DE GUERRE

AU TEMPS

DE LA RÉPUBLIQUE ET DU CONSULAT

CHAPITRE XIV.

KILLALA (IRLANDE).

Août 1798.

Erin go brah !
L'Irlande pour toujours.
(Cri national des Irl. unis.)

L'Irlande, toujours agitée, voulait alors se soulever pour briser la puissance de l'Angleterre. Des sociétés secrètes préparaient une insurrection générale ; mais trahis souvent par de faux frères, au moment du succès, leurs chefs étaient arrêtés et traduits devant des tribunaux dont les jurés et les juges étaient choisis pour condamner les accusés, fussent-ils innocents et purs comme Socrate. D'ailleurs l'acquittement n'était rien pour le pouvoir qui régissait alors le pays. Aucune preuve n'existant contre le célèbre Arthur Oconnor, un verdict solennel le déclara non coupable, mais un warrant du lord lieutenant d'Irlande, le comte de Portland, le fit renvoyer, au sortir de l'audience, dans son cachot. La raison d'État ne s'arrêta pas à l'injustice ; elle alla bien plus loin. Lord Fitz-Gérald, le frère du duc de Leinster, le chef intrépide des insurgés du Munster, en 1796, ayant eu la hardiesse téméraire de venir à Dublin, sa retraite fut découverte; et pour gagner le prix de 2,500 francs, promis à quiconque l'arrêterait, un alderman et un capitaine se mirent à la tête d'une escouade d'alguazils, afin de l'enlever de vive force; mais il résista vigoureusement et les blessa l'un et l'autre. Accablé par le nombre, il fut conduit prisonnier au château et séparé de sa femme, Pamela, qui reçut ordre de quitter l'Irlande sur-le-champ. On le mit au secret si rigoureusement qu'il fut refusé à son frère de le voir un instant. Un matin, on le trouva mort dans sa prison; il avait été étranglé.

Un chef irlandais nommé O'Coigley ayant été arrêté, on trouva dans la doublure de son gilet une adresse au Directoire exécutif de France, qui fut attribuée au comité secret d'insurrection d'Angleterre. Il fut condamné à mort comme coupable de haute trahison. Après avoir été suspendu pendant 12 minutes au gibet, le bourreau lui coupa la tête, et la saisissant par les cheveux, il la montra à la foule rassemblée au pied de l'échafaud, en disant : Voilà la tête d'un traître.

Les Irlandais furent bien plus excités qu'épouvantés par ce système de terreur. Dans le comté de Wexford, dont ils s'emparèrent, ils tinrent tête à des troupes de ligne, quoiqu'ils ne fussent armés qu'avec des piques. A Carlow, ils défendirent la ville, en s'établissant aux fenêtres des maisons pour fusiller les soldats, ce qui était alors un fait extraordinaire. A Ross, ils attaquèrent dans un défilé le colonel Walpool, le tuèrent et mirent en fuite les six cents hommes qu'il commandait. A New-Rock, ils chassèrent dans la ville un troupeau de bœufs qui jetèrent le désordre parmi les troupes royales. La place fut prise et reprise trois fois et à moitié brûlée.

L'audace de ces attaques fit craindre quelque entreprise contre Dublin. Les postes de cette capitale furent fortifiés, et trois vaisseaux vinrent mouiller dans sa baie, pour protéger la ville et en défendre les approches. Néanmoins, les insurgés ne purent méconnaître que la haine, la colère, l'amour de la vengeance n'étaient pas des auxiliaires suffisants pour les délivrer de leurs oppresseurs; ils recoururent à la France, et lui demandèrent à grands cris son secours. Leur délégué, Théobald Wolfe Tone était infatigable dans ses démarches pour l'obtenir. C'était un jeune homme d'une trentaine d'années, d'une taille médiocre, d'une santé faible, mais d'une figure pleine d'âme et d'un esprit rempli des plus belles qualités. Quand je le vis à Brest, il venait d'être fait général de brigade par le Directoire exécutif. Ses manières et sa conversation me plurent infiniment.

Après de longs délais, qui furent très-nuisibles à la cause de l'Irlande, le gouvernement se détermina à faire quelques efforts en sa faveur. Au milieu de juin, une expédition fut préparée à Brest, sous le commandement du capitaine Second, qui jouissait alors d'une grande faveur. Elle n'était composée que des frégates *la Fraternité* et *la Bellone*, avec le cutter *l'Aiguille*. On mit à bord quatre cents hommes de l'artillerie de la marine, troupe d'élite qui convenait spécialement à ces sortes d'expéditions. J'étais destiné à faire partie de celle-ci, qui échoua par je ne sais quel motif; mais je reçus l'ordre de me rendre à Rochefort et de m'y embarquer comme maître canonnier en second sur la frégate *la Concorde*. Au moment où j'arrivai, elle allait descendre la Charente, ainsi que *la Médée, la Franciade*, et la corvette *la Méduse*. Les troupes d'embarquement qui nous attendaient à l'île d'Aix, étaient nécessairement proportionnées à cette force navale si limitée. Il y avait tout au plus mille deux cents hommes composant des détachements tirés de corps différents, qui, suivant l'usage, n'avaient pas choisi leurs meilleurs hommes pour ce service. Le général Humbert commandait en chef et avait sous ses ordres les deux adjudants généraux Sarrazin et Fontaine. Nous mîmes à la voile le 6 août, avant que notre garnison fût installée, ce qui créa une confusion et un encombrement inexprimables. On eut toutes les peines du monde à débarrasser le pont pour manœuvrer, et si nous eussions été attaqués, le service de la batterie eût été tout à fait impossible au milieu de la foule qui serrait de toute part nos canonniers. On ne pouvait disposer d'aucune place ni dans la cale, qui était remplie par les vivres qu'exigeait un si nombreux équipage, ni dans le faux-pont où nous avions logé une multitude de caisses de fusils et de munitions. Il faut avoir subi l'épreuve d'une pareille traversée pour savoir quel est le supplice qu'éprouvent quatre à cinq cents hommes renfermés, nuit et jour, sous le pont d'un bâtiment, sans air, sans lumière, sans pouvoir agir, se mouvoir, marcher, travailler ou seulement se distraire. On doit alors perdre toutes ses habitudes, réprimer tous ses besoins, se nourrir d'aliments nouveaux et repoussants, respirer un air vicié, être ballotté par le roulis et le tangage, et sentir tout son être défaillir par les épreintes violentes du mal de mer, comme si la vie allait se retirer du corps. Cette triste condition fut encore aggravée par une mauvaise idée du commandant de l'expédition, le capitaine Savary, qui, pour dérouter l'ennemi sur l'objet qu'il voulait atteindre, dépassa les latitudes de l'Irlande, et nous conduisit, à travers les rudes parages de l'Atlantique septentrionale, jusqu'aux atterrages de l'Islande, ce qui prolongea notre navigation inutilement et la rendit plus pénible.

J'avais peu de sympathie pour nos passagers, qui, à commencer par les officiers, me semblaient avoir été mal choisis à tous égards, si l'on voulait donner aux Irlandais une bonne opinion de la discipline, de la tenue et de l'instruction de nos troupes. J'avais donc résolu de n'avoir de rapport avec personne ; je fus conduit assez singulièrement à m'écarter de cette ligne de conduite.

Chaque jour, à l'aube du matin, en montant sur le pont, je trouvais établi sur l'affût d'un canon un officier d'artillerie déjà âgé, mais de haute taille, de forte constitution et de plus d'embonpoint que n'en ont communément les gens de guerre. Je remarquai sa physionomie distinguée, son maintien calme et digne, et la patience qu'il montrait, lorsque, dans quelque manœuvre, les matelots le rudoyaient, ou, pour parler techniquement, le bousculaient. Il lisait constamment un petit volume dont les coins manifestaient un long et fréquent usage. Je fus fort surpris de découvrir que ce volume était un Horace. C'était une rencontre si extraordinaire que j'en croyais à peine le témoignage de mes yeux. Je mis le plus grand empressement à lier conversation avec ce savant officier, et je fus charmé de la confiance affectueuse qu'il m'accorda, malgré la différence de nos âges et de nos positions. Il était alors capitaine d'artillerie dans l'armée de terre, mais lorsque la Révolution était venue, elle l'avait trouvé l'un des Pères de l'Oratoire, ordre religieux qui égalait par sa renommée scientifique celui des Bénédictins de Saint-Maur. Sa vie s'était passée dans les études les plus ardues et les plus profondes, et il possédait un savoir éminent en archéologie et dans les mathématiques. Il avait accueilli la Révolution

comme un bonheur pour l'humanité, et il l'avait servie
avec zèle ; mais dénoncé pour avoir sauvé une famille d'é-
migrés, il avait été gravement compromis, et il n'avait dû
son salut qu'à l'amitié de son digne confrère Daunou, qui
lui avait procuré le moyen d'échapper à un mandat d'arrêt
en lui faisant avoir une commission d'officier d'artillerie à
l'armée. Il était arrivé à Rochefort, croyant y trouver la
compagnie qu'il était appelé à commander. Un contre-ordre
avait envoyé cette compagnie à Brest, d'où la seconde division de l'expédition devait partir. On avait supposé à
Paris, dans les bureaux, qu'ils se retrouveraient en Irlande,
hypothèse qui ne tenait aucun compte des éventualités ; et
qui traçait, comme une feuille de route, des lignes d'opérations au delà des mers. Le capitaine d'Herblay avait le caractère le plus aimable, et joignait aux plus hautes qualités
de l'esprit les meilleures qualités du cœur ; mais, soit que
ce fût l'effet de sa première vocation, soit plutôt que ce
fût celui de son naturel, il était doué d'une singulière abnégation de tout ce qui le concernait personnellement, et
par exemple, il avait laissé usurper, malgré son droit, la
place qu'on lui avait assignée à bord pour son coucher,
et il avait fini par n'en avoir pas d'autre que le gaillard. Je
réussis, non sans faire élever de vives réclamations, à lui
donner un coin dans la Sainte-Barbe, où du moins il pût
être tranquille. Ce faible service le rendit heureux. Nous
nous attachâmes l'un à l'autre, et il me rendit fort agréable
le fâcheux voyage d'outre-mer que nous faisions. Ce fut
toutefois une satisfaction chèrement achetée, car le désir
d'être utile à cet excellent homme me lança dans les plus
périlleuses aventures.

Enfin, après avoir battu la mer pendant une quinzaine
de jours, nous abordâmes le 20 août la côte nord-ouest de

l'Irlande, et nous entrâmes dans la vaste golfe de Donegal, au fond duquel est la ville de Sligo. Les frégates mouillèrent dans la baye de Killala, qui s'ouvre dans la partie méridionale du golfe. Une heure après, l'adjudant général Sarrazin, à la tête des grenadiers seulement, débarqua devant la ville, qui était défendue par trois à quatre cents hommes.

Il enleva à la baïonnette leur ligne de retranchement et les réduisit à se rendre prisonniers ; son succès fut si rapide que l'évêque n'eut pas le temps de sortir de Killala, et qu'il fut pris dans son carrosse. Cependant le combat fut assez meurtrier puisqu'il y eut au delà de cent hommes tués sur la place. Nous restâmes spectateurs de ce vigoureux début, qui valut à Sarrazin le grade de général de brigade. Le soir, quand le débarquement des troupes eut été opéré, Humbert lui conféra ce titre, au nom du Directoire exécutif, et l'enthousiasme fut tel, en ce moment, que personne ne douta que nous dussions marcher de victoire en victoire jusqu'à Dublin.

Un coup d'œil de mon sage ami me confirma dans la pensée qu'il fallait n'adopter cette opinion qu'avec réserve, et en effet, quand nos troupes furent sur la grève, quoiqu'on y eût joint tout ce que les équipages avaient de disponible, il se trouva que notre armée n'avait guère que l'effectif d'un bataillon. Ce fut pire encore lorsqu'il fallut organiser le matériel pour marcher en avant. Naturellement, dans les expéditions de la République, on n'embarquait point d'effets de campement, d'hôpitaux, d'habillement, et l'on n'avait ni approvisionnements pour la subsistance du soldat, ni caisse pour sa solde ; l'ennemi devait y pourvoir. Mais ici, l'incurie était poussée plus loin : on avait oublié de munir nos quatre pièces de campagne des accessoires nécessaires à leur manœuvre, à leur transport et même à leur tir. On s'aperçut, lors du débarquement, que ces objets avaient été envoyés ailleurs. Au moment de cette découverte, j'étais près de faire mes adieux au capitaine d'Herblay, et de retourner à mon poste sur la frégate. Mon enfant, me dit-il, ne m'abandonnez pas dans cette cruelle situation; si vous ne m'aidez à m'en tirer par votre jeune activité et tout votre savoir-faire, je suis un homme déshonoré. Je protestai avec sincérité de mon bon vouloir pour le servir dans cette circonstance critique; mais j'objectai l'opposition qu'allait élever le capitaine de la frégate. L'obstacle fut aplani à l'instant par le général Humbert, qui jura avec une énergie dont l'expression ne peut être traduite, que, si la marine lui refusait ce qui lui était nécessaire, il rendrait les commandants des bâtiments responsables de l'expédition, et qu'il les accuserait de son mauvais succès par-devant le Directoire exécutif. La colère du général valut à d'Herblay une douzaine d'artilleurs et mon assistance; on y joignit quantité de promesses dont nous attendîmes en vain l'exécution; car les frégates ne pourvurent que fort mal à nos besoins, et, sous prétexte de mauvais temps, mirent bientôt à la voile. Leur retour s'effectua sans encombre, et, lorsqu'elles entrèrent dans la Gironde, elles avaient à bord, plus de deux cents hommes, qui leur avaient été inutiles, et qui auraient été, pour l'expédition, un renfort considérable, si elles nous les avaient laissés. Ce fut ainsi que je me trouvai, fort contre mon gré, commandant en second l'artillerie de ce qu'on appelait pompeusement : l'armée d'Irlande. En réalité nous étions une avant-garde d'Enfants perdus, que ne purent jamais rejoindre les divisions du corps de bataille.

Le général, qui avait pour maxime que tout était possible

à des militaires français, avait prescrit pour le lendemain
matin le départ de l'artillerie avec les troupes ; et son caractère fougueux ne permettait à personne de lui dire que
rien n'était prêt et que nous manquions de tout. Il était
homme à faire fusiller sur la place ceux qui auraient eu le
malheur d'y être pour quelque chose. Je fus d'avis qu'au
lieu de nous plaindre il valait mieux nous mettre à l'œuvre
et lutter contre la détresse où nous étions ; mon capitaine
approuva fort cette résolution et la justifia par l'autorité de je
ne sais quel philosophe de l'antiquité. Je me prévalus aussitôt de l'autorité dictatoriale que donne la victoire pour former nos équipages de guerre. Je pris, pour servir d'atte-
lage à nos pièces, les excellents chevaux de carrosse de
l'évêque ; j'employai les malles de la poste en guise de
caissons ; les cordes des cloches de la cathédrale furent
changées en prolonges ; enfin je parvins, par une foule de
moyens analogues, à mettre en ligne, au point du jour, quatre pièces de campagne montées et équipées tolérablement,
et qui, lors de la revue de départ, obtinrent du général un
sourire de satisfaction. L'objet dont la réussite me coûta le
plus d'efforts, fut d'acquérir un cheval pour mon capitaine
qui ne pouvait, en aucune façon, aller à pied. Tous les riches habitants de la ville étaient partis au grand galop lors
de notre débarquement, et il n'était pas facile de persuader
quelqu'un d'entre eux de nous renvoyer son palefroi pour
notre usage. L'un, cependant, chez qui nous avions établi
notre quartier, possédait des caves grandes comme le laby-
rinthe d'Égypte, garnies d'une prodigieuse quantité de vins
exquis. Le capitaine et moi, ne buvant que de l'eau, nous
avions refusé les offres gracieuses que le majordome nous
avait faites ; mais en revanche, je demandai qu'il nous fît
prêter par son maître un cheval de selle, qu'assurément

nous étions incapables d'emmener en France, et que par
conséquent il ne perdrait pas de vue. Je promis en récompense de garder le secret de l'existence de ses belles caves,
et de leur éviter la visite de nos soldats, si, à l'heure de
notre départ, le capitaine n'était plus à pied. Un bon
procédé, même en Irlande, en vaut un autre ; et au moment
indiqué un véritable cheval de bataille fut amené à M. d'Herblay, avec les formes de courtoisie les plus recherchées.

Dans nos jours heureux de paix et de légalité, on trou-
vera sans doute mes expédients méchamment révolutionnaires ; mais on ne doit pas oublier que mon devoir m'obligeait à agir militairement en faveur d'une insurrection populaire et au nom de la République. Plût à Dieu que les
troupes de la Sainte-Alliance qui nous envahirent en 1815,
sous l'invocation de la Sainte-Trinité, n'eussent pas commis
en France de plus graves déprédations. Au reste, nous
avions affaire à un évêque schismatique dont nous aurions
bien pu, sans scrupule, dîmer la richesse au même titre
qu'il l'avait acquise sur les pauvres catholiques du pays.

En quittant Killala, nous nous dirigeâmes au sud, vers
la ville de Castlebar, où l'ennemi était en force. Notre avant-
garde, commandée par le général Sarrazin, trouva à notre
premier gîte, Balayna, un corps de cavalerie qui fit mine de
lui disputer le passage, mais qui, mieux avisé, s'enfuit à
toute bride. Les insurgés s'étaient fait attendre au lieu de
courir au-devant de nous ; ils arrivèrent enfin, et s'ils pouvaient avec raison nous reprocher notre petit nombre, nous
pûmes nous, en les voyant, nous alarmer de voir nos alliés
en si mauvais état. Ils portaient tous la livrée de la plus
grande misère ; et il n'y a point de mendiants en France qui
soient vêtus de haillons aussi déguenillés. A peine avaient-
ils des armes, et tout le reste était à l'avenant. Les insurgés

du Munster, que j'avais vus à Cork, leur étaient supérieurs à tous égards. Le général Humbert les accueillit fort bien, mais il ne put nous dissimuler sa surprise et son mécontentement; il cessa évidemment, pour ceux qui l'entouraient, de compter sur la coopération de ses auxiliaires.

Le lendemain de notre départ de Balayna, nous arrivâmes en présence des forces anglaises commandées par le général Lake, l'un des héros de la guerre de l'Indoustan. L'ennemi occupait une belle position, sur des hauteurs, à peu de distance de Castlebar; il avait deux régiments soutenus par un nombreux corps de milices avec une batterie de six pièces appartenant à l'artillerie royale. Une ligne de tirailleurs défendait l'approche des collines. Humbert envoya contre eux un chef de bataillon qui les obligea à se retirer en désordre. Nos colonnes se lancèrent sur les positions au pas de course et les emportèrent. Le général Lake s'efforça de rallier ses troupes dans la ville, et mit ses canons en batterie dans la grande rue de Castlebar; mais ils furent pris dans une charge à la baïonnette, et la déroute fut complète. Nous poursuivîmes les fuyards au delà de deux lieues, et nos soldats prirent plusieurs drapeaux et un millier d'hommes que nous laissâmes s'évader la nuit suivante, ne pouvant ni les nourrir ni les garder.

Ce fut une belle journée; le succès fut dû tout entier à l'élan des officiers et des soldats, qui fut irrésistible. L'ennemi ne put tenir nulle part; il fut chassé si vivement de chacune de ses positions, que la bataille était perdue avant qu'il eût eu le temps de se reconnaître. Les insurgés nous furent utiles surtout dans la poursuite; ils traquèrent les fuyards avec une ardeur et un courage persévérants, qui ne fut pas sans récompense, car le soir, la plupart avaient des souliers et même des chemises. Quelle odieuse chose

que la guerre! me dit le capitaine d'Herblay. Je voudrais
bien savoir comment il se fait que les hommes et les loups,
qui se ressemblent si peu, ont cependant le même instinct.
J'imagine, ajouta-t-il, qu'ils ont été mis en ce monde pour
y maintenir un juste équilibre et empêcher l'excès de la
production des enfants et des agneaux; et là-dessus, il se
mit à calculer combien la guerre civile devait ravir d'habitants à l'Irlande, pour empêcher qu'au bout d'un siècle ils
se mangeassent les uns les autres.

Le général en chef, agissant en conquérant, organisa
dans la soirée la province de Connaught comme départe-
ment de la République irlandaise. Il reconnut pour Président de cette République John Moore, qui, après vingt
jours de pouvoir, ayant été pris à Castlebar quand les Anglais y rentrèrent, fut condamné à mort comme rebelle et
pendu à l'instant.

L'armée s'avança pendant quatre à cinq jours de marche,
dans la direction du sud, sans rencontrer aucune résistance
de la part de l'ennemi; mais nous apprîmes que ses troupes
en nombre considérable se rassemblaient sous les ordres
du lord Cornwallis entre les villes de Galway et de Lime-
rick. Plus nous pénétrions dans l'intérieur du pays et plus
les obstacles se multipliaient sous nos pas. L'Irlande n'est
pas semée de ressources comme les contrées du continent;
on n'y trouve point d'approvisionnements de blé, de foin,
de vin, pour la subsistance des troupes; il faut y glaner,
pour ainsi dire, sa nourriture éparse dans les champs de
pommes de terre, ou cachée dans des silos. Les campagnes
n'offrent que des pâturages dont le bétail avait été retiré,
ou bien des landes immenses ou des marais encore plus
grands. Nos alliés ne nous apportaient aucun secours en
vivres, et même souvent subsistaient à nos dépens. Nos

munitions de guerre avaient diminué notablement, et c'était un grave sujet d'inquiétude. D'un autre côté la levée en masse de l'insurrection avait été différée, par la considération de notre trop petit nombre, et sans doute aussi par l'effet d'une amnistie qui pardonnait à tous les rebelles repentants, sauf Napper-Tandy et trente autres chefs. Notre malheur le plus grand était de n'avoir aucune nouvelle des expéditions parties de France pour agir de concert avec nous; il y avait tout lieu de croire qu'elles avaient été interceptées par les escadres anglaises; et dès lors, notre sort était décidé; nous étions abandonnés au milieu d'une île sans issue, et en butte aux efforts d'une armée ennemie dont la force était au moins décuple de la nôtre. Le bruit commençait à s'en répandre parmi nos troupes, qui, comme il arrive toujours, passèrent d'une confiance sans bornes à une défiance excessive. On remarqua que les insurgés de Roscommon, commandés par un chef habile nommé Planket, s'étaient éloignés deux jours après leur jonction avec nous; et il fut attesté qu'ils n'en avaient pas reçu l'ordre. On en conclut avec quelque raison qu'ils avaient cherché leur sûreté, et il est probable, en effet, qu'ils savaient qu'une armée de vingt mille hommes était sur le point de tomber sur nous. Nous n'eûmes pas besoin, le capitaine et moi, de consulter autrui pour connaître le mauvais état de nos affaires, nous en fûmes pleinement instruits par la mine renfrognée du général en chef, et par sa disposition à se mettre en fougue à la moindre contrariété.

Nous arrivâmes, après une marche pénible, sur les bords du Shannon, fleuve le plus grand de l'Irlande, et qui se jette par une large et profonde embouchure dans l'Atlantique septentrionale. Nous le passâmes à Balintra, sur un pont

qui dut être détruit aussitôt par l'ordre du général. Mais on
n'attacha pas à cette disposition l'importance qu'elle méritait, et pendant son exécution, la compagnie qui était chargée de protéger les travailleurs, se voyant attaquée par des
forces supérieures, battit en retraite, ce qui permit au lord
Cornwallis de faire franchir le fleuve à toute son armée.
Une première faute à la guerre en entraîne inévitablement
d'autres encore plus graves. Furieux de s'être laissé surprendre un passage de rivière, le général voulut d'abord
faire fusiller le capitaine laissé à la garde du pont; puis il
ordonna aux troupes de revenir sur leurs pas pour attaquer
l'ennemi. Après plusieurs marches pour occuper des positions
dont le général Lake était parvenu à s'emparer avant nous,
Humbert, lâchant la bride à son impatience, assaillit avec
douze cents hommes les lignes de l'ennemi, qui étaient
défendues par douze mille tout au moins. Cette action, dont
le succès fut disputé avec beaucoup d'acharnement, malgré cette énorme disproportion, eut lieu près du village de
Ballinamuck. Elle fut fort meurtrière ; notre artillerie tira
de but en blanc sur les rangs ennemis pendant une heure,
et l'on voyait tomber à chaque décharge des files de soldats ; mais, il faut le dire, il n'en est point qui soutiennent
le feu avec plus de courage et de résignation que les troupes
anglaises. Nous nous retirâmes en assez bon ordre, après
avoir perdu trois cents hommes ou le quart de nos colonnes
d'attaque.

Pendant la retraite, un corps de Rangers, ou chasseurs, nous serra de très-près. Le général envoya un aide
de camp qui donna ordre de lancer de l'infanterie pour
châtier ces insolents. Le capitaine destiné à ce service était
un homme âgé qui portait le bras en écharpe ; il s'approcha de moi et me demanda si je serais disposé à lui rendre

un service essentiel. Sur ma réponse affirmative, et sans
hésitation, il me pria de garder, avec les artilleurs, son jeune
fils qui était faible et malade, et qu'il croyait devoir être
mieux avec moi s'il venait à succomber en marchant à l'ennemi. J'acceptai en me portant garant des bons sentiments
de mon capitaine ; et aussitôt il m'amena ce jeune homme,
qu'il embrassa avec effusion et qu'il me recommanda, les
larmes aux yeux, en invoquant la tendresse que me portait
ma mère. Quelques minutes après, on le rapportait mort ;
il avait été frappé d'une balle qui lui avait traversé la tête.
Cet événement m'affecta vivement ; je pris à l'instant l'ordre
de d'Herblay, et, portant au galop deux pièces en avant,
je pris à revers ces tirailleurs qui étaient embusqués derrière
un mur de pierres sèches servant de limites à des champs
rocheux. Un boulet à ricochet les mit en fuite comme une
volée de corbeaux, et un coup de canon à mitraille en coucha la moitié par terre. Cette vengeance tardive ne répara
rien. Toutefois, le général dit tout haut que ce coup de canon
lui avait donné le seul plaisir qu'il eût eu depuis huit jours.

De retour à la halte de l'artillerie, je trouvai le malheureux orphelin embrassant le cadavre de son père dont il
refusait de se séparer. Il fallut y employer la force. L'ordre
de partir étant survenu, je fus obligé de mettre ce pauvre
enfant à moitié évanoui dans l'un de nos fourgons du train ;
son père fut enterré dans un fossé, et tous nos soldats se
prêtèrent avec le meilleur vouloir à assurer par nos précautions sa sépulture contre aucune violation. Le portefeuille
de l'infortuné capitaine fut sauvé et remis à d'Herblay, qui
me dit dans la soirée que cet officier était un émigré rentré
par autorisation et nommé Henri de La Tour. On lui avait
rendu le grade qu'il avait avant la Révolution dans un régiment, et ses états de service prouvaient que c'était un

brave et digne homme. La fortune, qui lui était toujours
contraire, l'ayant conduit à Rochefort pour s'y embarquer
sur les frégates de l'expédition, sa femme fut atteinte dans
ce port d'une fièvre bilieuse dont elle mourut. Ne sachant,
dans sa détresse, à qui confier son jeune fils, il avait été
forcé de l'emmener avec lui et de le revêtir d'un habit militaire, afin qu'on ne lui refusât pas de partager le sort de
son père. C'est cet enfant abandonné qu'au moment où il
allait mourir, il venait de me confier.

La situation désespérée où nous plaçait la perte de la
bataille, ne me laissait aucun moyen de remplir ce pieux
devoir ; et chaque heure apportait une nouvelle aggravation
à notre triste sort. Pendant que le capitaine d'Herblay s'en
entretenait avec moi, et sondait la profondeur de l'avenir,
avec l'avantage que donne l'expérience, un canonnier me
donna l'avis qu'un chef des insurgés, qui, sans doute,
avait fait sa capitulation, venait de se rendre au quartier
général, en compagnie d'un militaire qu'on dénonçait
pour un général anglais venant négocier notre reddition.
Je déclarai sur-le-champ que je ferais tout au monde pour
ne pas être prisonnier de guerre, et qu'afin de ne pas suivre le sort de l'armée, j'allais, à la minute, la quitter,
m'abandonnant à ce que Dieu ferait pour moi dans mon
entreprise. Je pressai le capitaine de prendre le même
parti, et il y était fort disposé. La réflexion cependant l'en
dissuada ; mais il comprit les raisons qui me détermi-
naient, et il n'essaya pas de les combattre. Je fis, de suite,
mes préparatifs, et je demandai aux artilleurs qui d'entre
eux voulait me suivre. Tous accueillirent avec joie ma
résolution dont ils appréciaient les motifs mieux que personne, plusieurs d'entre eux ayant appris à leurs dépens
ce qu'était, en Angleterre, la captivité sur les pontons.

J'appelai le jeune La Tour et lui fis part de mon dessein, en lui annonçant que M. d'Herblay le garderait près de lui et venait de me donner l'assurance qu'il tiendrait à honneur de remplir les promesses que j'avais faites à son père. A cette nouvelle inattendue, le pauvre garçon fondit en larmes ; mais se décidant avec une fermeté que son âge ne laissait pas supposer, il me dit que, puisque je partais, il me suivrait, quoi qu'il pût arriver ; que c'était moi à qui son père l'avait donné en charge, et qu'il ne voulait point changer cette volonté qui avait eu, sans doute, ses motifs et qui, d'ailleurs, était sacrée pour lui. Il me supplia avec des instances si touchantes d'approuver sa résolution, que j'y accédai, non sans lui apprendre à quels périls elle allait l'exposer.

Une fusillade très-vive nous interrompit. C'était le commencement des scènes cruelles dont je voulais n'être pas témoin. Notre arrière-garde avait pris position sur un mamelon d'accès assez difficile. Les officiers ennemis s'abouchèrent, on ne sait comment, avec les nôtres et leur persuadèrent que nous étions environnés de toutes parts ; ils prétendirent avoir reçu la nouvelle que notre avant-garde avait mis bas les armes. Nos officiers, dont l'esprit était affaibli par la diète, répondirent qu'ils en feraient volontiers autant, s'ils étaient certains du fait, et ils envoyèrent des ordonnances pour s'en assurer. En attendant ils continuèrent leur conférence et sans s'apercevoir que les ennemis affluaient autour de leur bivouac. Inopinément les soldats anglais se jetèrent sur les faisceaux et s'emparèrent des fusils. Nos grenadiers, pris au dépourvu, mirent le sabre à la main, et chargèrent si vigoureusement ces larrons, qu'ils reprirent leurs armes, et ouvrirent à bout portant le feu le plus meurtrier sur les auteurs de cette trahison. Le colonel Craddock tomba l'un des premiers.

Si le général Humbert eût alors attaqué l'ennemi, je ne
sais ce que les troupes, dans leur indignation, auraient été
capables de faire ; mais il se laissa enlacer dans des négociations ; et le 28 fructidor il signa la capitulation. Il restait
huit cent cinquante hommes et quatre-vingt-seize officiers,
avec deux pièces d'artillerie ; j'avais encloué les deux autres,
que des insurgés jetèrent dans un bourbier pour les retrouver dans l'occasion. Toutes les troupes furent conduites
à Dublin, sous escorte, puis envoyées par mer, prisonnières
en Angleterre, où la plupart des soldats trouvèrent leur cercueil dans les pontons.

Le débarquement avait eu lieu à Killala le 5 ; par conséquent l'expédition dura vingt-cinq jours. Elle avait eu trois
combats et une bataille ; elle s'était emparée de deux villes ;
elle avait pris une douzaine de pièces d'artillerie et autant
de drapeaux ; et il avait fallu une armée de vingt-cinq mille
hommes, commandée par le premier des généraux anglais,
pour l'arrêter dans sa marche et mettre un terme à ses succès. Elle aurait même obtenu une fortune plus brillante, si
les insurgés, moins désunis entre eux, l'avaient mieux secondée, et surtout si son général, au lieu d'être uniquement
un militaire d'une merveilleuse intrépidité, eût été un esprit
ingénieux, fécond en ressources, en stratagèmes comme
doit l'être un chef de partisans. Il aurait fallu un commandant nourri de la lecture de Frédéric II et de Montécuculli,
tandis qu'il est très-vraisemblable que le général Humbert, depuis qu'il était sorti de l'école de son village, n'avait
jamais ouvert un livre. Tant est-il, du moins, qu'il avait
pour toute étude autant de mépris que d'aversion, et
que personne autour de lui ne s'avisait de lire, dans
la crainte d'exciter sa colère ou ses amères railleries.

Je n'avais pas attendu, pour quitter l'armée, qu'une funeste capitulation l'eût livrée aux Anglais. Au point du jour, je dépassais nos sentinelles les plus avancées, en leur donnant le mot de ralliement; et j'entrais en campagne avec ma petite troupe, séparant désormais mon sort de celui de notre malheureuse expédition. Il était sans doute fort hardi de commencer pendant le jour cette opération, en présence des forces ennemies; mais nous avions besoin de voir devant nous à distance, pour nous éclairer sur le danger, ce que l'obscurité de la nuit ne nous eût pas permis; et, quant à la crainte de rencontrer des troupes anglaises, j'en étais assez peu préoccupé, m'étant persuadé avec raison que leur général les avait concentrées pour le moment de la capitulation, événement qui absorbait leur attention tout entière. En effet, nous gagnâmes à travers champ, d'un pas rapide, une chaîne de coteaux éloignés, d'où nous pûmes découvrir le pays et reconnaître que nous étions déjà en dehors de tous les postes qui s'étendaient sur les flancs de l'armée française.

Notre troupe devait se composer d'une douzaine d'artilleurs, mais la moitié avait manqué au rendez-vous, comme il arrive toujours dans les entreprises hasardées. Deux se perdirent en chemin, et probablement rétrogradèrent vers le camp; il en resta cinq seulement, mais c'était l'élite par l'intelligence, l'intrépidité et le dévouement. Le jeune Henri La Tour tenait sa place dans ce nombre, sinon par ses forces physiques qui trahissaient parfois son courage, du moins par sa vigilance, son activité et une vue perçante, qui, jointe à une grande perspicacité, lui faisait découvrir le premier tout ce qui nous intéressait; il distinguait une cabane à l'autre bout de l'horizon, il devinait un cours d'eau il explorait d'un coup d'œil les sinuosités d'un sentier que nous devions suivre. Chacun rendait justice à sa supério-

rité; on l'appelait pour confirmer le jugement qu'on portait
sur une localité, et la satisfaction de nous être utile suspendait le chagrin profond que lui causaient ses malheurs.

J'avais projeté de rejoindre le cours du Shannon et de le
suivre jusqu'au point où ses eaux deviennent navigables à de
grandes embarcations. J'espérais qu'un coup de main pourrait nous mettre en possession de quelque barque qui nous
fournirait le moyen de prendre un bâtiment assez fort pour
tenir la mer. Alors nous aurions été sauvés, mais rien de
tout ce dessein ne put être effectué.

Arrivés sur les bords du fleuve, nous y vîmes un bateau
qui servait à le traverser, et qui nous convenait seulement
pour cet objet, étant trop petit pour tout autre. Un canonnier proposa de s'en emparer, en jetant à l'eau le patron.
Ce procédé expéditif était assurément le meilleur; il ne fut
pas adopté parce que Henri se chargea d'entrer en négocia-
tion avec le batelier; il savait assez d'anglais pour l'amener
à nous passer sans autre payement que du pain; sacrifice
qui nous paraissait déjà fort grand. Nous fûmes portés en
deux voyages à ce prix; et le vieux batelier nous promit,
par-dessus le marché, ses prières; mais le traître envoya en
cachette, sur nos traces, un pâtre qu'il chargea de nous
espionner afin de découvrir quelle serait le soir notre retraite, et de nous vendre aux Yeomen [1] qui battaient l'es-
trade dans le pays.

Nous poursuivîmes notre route jusqu'à la nuit tombante;
il fallut alors songer à un gîte, car la journée avait été longue et nous étions harassés de fatigue. J'étais d'avis de nous
blottir au milieu d'un fourré épais, dont quelques fascines
pouvaient fermer les entrées; mais un canonnier avait

---

[1] Cavalerie de la milice.

trouvé sur une hauteur une grange qui offrait un excellent
logement. On l'avait construite quand le pays était cultivé
et peuplé; maintenant qu'elle était au milieu d'un désert, des bergers, des proscrits, des insurgés s'en étaient
servis comme d'un caravansérail; et des lits de bruyères
étaient tout préparés pour nous. Il me sembla que cette demeure somptueuse avait un inconvénient grave : celui d'être
en l'air, c'est-à-dire de manquer d'un appui qui pût favo-
riser la retraite. Une sentinelle fut placée devant la vaste
ouverture qui tenait lieu de porte, et sa consigne fut de sur-
veiller les approches de tous les côtés. Après un frugal repas, et une ronde qui ne laissa rien apercevoir de suspect,
nous fûmes nous jeter sur nos lits de feuillage. Trois canonniers se couchèrent vis-à-vis la porte et en travers. Je pris
place au fond, à l'extrémité de la grange, avec Henri, qui
se tenait toujours près de moi. Avant de m'endormir, je
m'assurai qu'en cas de besoin il était possible de trouver
une issue entre le mur et le toit de chaume qui reposait sur
lui. Je remarquai que ce toit avait une grande épaisseur,
la paille dont il était formé ayant été renouvelée plusieurs
fois sans ôter celle de dessous. Henri comprit, avec sa sagacité ordinaire, de quel secours pouvaient être pour nous les
particularités de cette construction.

Je me laissai aller au sommeil avec cette insouciance que
donnent des dangers prolongés et multipliés à un tel point
que la prévoyance humaine semble impuissante pour les
détourner. Je fus éveillé subitement par Henri, qui me dit
qu'il entendait quelque bruit étrange. Je saisis mon fusil,
et j'allais me lever, mais par bonheur le temps me manqua,
car j'eusse été au-devant de ma mort. A l'instant, une décharge de mousqueterie fut faite dans la grange, à brûle-
pourpoint, par une troupe qui avait surpris notre faction-

naire endormi, et qui, après l'avoir égorgé, s'était avancée
jusqu'à la porte. Les trois canonniers couchés en face furent
criblés de balles et moururent sans pousser un gémissement. Nous eussions péri pareillement, Henri et moi, si ce
feu, au lieu d'être direct, eût obliqué quelque peu. Nous
saisîmes le moment où l'ennemi rechargeait ses armes pour
gagner rapidement le haut du mur d'enceinte et nous glisser entre son faîte et le toit de chaume, qui s'y appuyait.
Je croyais que de là nous pourrions descendre en dehors
et nous échapper tandis que les assaillants continuaient de
tirer dans la grange; mais nous fûmes cruellement désappointés en découvrant que nous étions cernés par des cavaliers, dont une partie seulement avait mis pied à terre pour
nous fusiller. Nous fûmes réduits à rester cachés dans le
chaume, exposés aux coups de l'ennemi sans pouvoir défendre notre vie ou la faire acheter en combattant. Enfin les
Yeomen cessèrent leur feu, bien persuadés qu'ils avaient
exterminé ceux qui l'avaient essuyé si longtemps. Cependant l'un d'eux, pour mieux s'en assurer, alluma une
torche de paille et la promena sur les cadavres de nos malheureux camarades; puis en sortant il dit aux siens que
tous étaient morts. Nous étions témoins invisibles de cette
triste scène et menacés à chaque minute d'être ajoutés au
massacre. Nos fusils, que nous avions laissés dans la
bruyère où nous étions couchés, devaient nous déceler; et
nous crûmes être perdus quand nous vîmes apporter une
lumière pour éclairer ce théâtre sanglant; mais soit qu'il
fût ébloui par la torche qu'il portait, soit qu'il ne pût envi-
sager sans horreur les hommes qu'il venait d'égorger, le
cavalier qui entra dans la grange ne poussa pas ses recherches plus loin, et n'aperçut pas nos armes.

Au moment de monter à cheval, un personnage qui de-

vait commander cette troupe appela d'une voix forte et impérative un individu demeuré à l'écart jusqu'alors. Il lui dit
que pour récompenser son zèle, il lui abandonnait ce qu'il
trouverait dans les poches des morts, lui enjoignant toutefois, sous peine de son indignation, de porter les habits et
les armes chez son brave oncle le batelier, où la compagnie
les prendrait au retour de son expédition. Ainsi notre
infortune n'était pas un accident, un hasard malheureux,
c'était une trahison et un infâme marché.

L'espoir rentra dans notre âme quand nous entendîmes
les Yeomen s'éloigner et le bruit du pas de leurs chevaux
se perdre par degrés dans le lointain. Henri commençait à
remercier Dieu de notre délivrance quand une lueur se
répandit devant la grange et nous annonça la présence d'un
nouvel ennemi. C'était le pâtre qui nous avait vendus et qui
venait chercher son salaire. Il ficha dans la terre un morceau de bois résineux qui lui tenait lieu de flambeau, et il
s'agenouilla pour dépouiller plus commodément les corps
de nos pauvres camarades ; mais au moment où il commençait à se livrer à cette odieuse profanation, un coup de
sabre vigoureusement lancé le coucha, pour ne plus se relever, aux pieds de ceux qu'il avait fait assassiner par une
trahison infâme. Nous reprîmes nos sacs et nos fusils, et
nous nous éloignâmes d'un pas rapide et silencieux de ce
lieu de carnage. Lorsque d'une colline éloignée nous jetâmes nos regards vers la grange, nous la vîmes en feu ; la
torche du pâtre avait enflammé les bruyères dont la terre
était jonchée, et produit un incendie qui servit de bûcher
funéraire à nos infortunés compagnons.

Nous étions alors parvenus jusqu'aux campagnes du
Munster, province dont les habitants appartenaient à l'insurrection, sinon par leurs actes, du moins par leurs opi-

nions et leurs vœux. Nos dangers étaient, par conséquent,
moins grands ou moins multipliés ; nous pûmes même
nous hasarder à communiquer avec quelques paysans, qui,
tout pauvres qu'ils étaient, partagèrent leurs pommes de
terre avec nous. C'était là leur seul aliment. Ils nous dirigèrent vers la côte et nous mirent en garde contre les points
où nous eussions pu faire de fâcheuses rencontres.

Un soir, nous en fîmes une fort singulière, et qui nous
réconcilia avec notre sort en nous montrant que beaucoup
d'autres en avaient un qui ne valait pas mieux. En obser-
vant une vallée ouverte au-dessous de nous, nous découvrîmes un voyageur qui avait le costume et l'air d'un matelot français. Nous l'appelâmes, et il se trouva, en effet, que
c'était un timonier du vaisseau *le Hoche*, parti de Brest
avec des troupes de débarquement destinées à nous seconder. Cette expédition avait été assaillie pendant dix-huit
jours par des vents contraires; elle était entrée enfin dans
la baie de Killala un mois et demi après nous et vingt-huit
jours après la capitulation du général Humbert. *Le Hoche*
y fut assailli par trois vaisseaux anglais et une frégate ; il
se défendit intrépidement pendant quatre heures, et ne se
rendit qu'en voyant trois autres vaisseaux-ennemis prêts à
joindre leur attaque à celle des premiers. Le capitaine Bom-
part, qui le commandait, fut mis par une blessure hors de
combat. Des quatre frégates qui l'accompagnaient, une,
l'Embuscade, fut coulée bas; une autre, *la Résolue,* que
la tempête avait désemparée, fut forcée de se rendre, et
deux échappèrent : *la Romaine* et *la Loire,* qui rentrèrent
à Brest.

Wolfe Tone, l'un des chefs de l'Union irlandaise, celui
qu'on disait en être le père, fut pris sur le vaisseau ; il aurait été confondu avec les officiers français; mais l'un de

ses anciens camarades de collége le reconnut. Il fut conduit à Dublin et traduit devant une cour martiale, qui le condamna à être pendu. Il produisit son brevet de général de brigade au service de France, et demanda pour toute faveur d'être fusillé comme un soldat. Ayant été refusé, il prévint son supplice. Reconduit dans sa prison, il se coupa la gorge, d'une oreille à l'autre, avec un petit couteau qu'il avait caché. C'était un brave et habile homme.

Le timonier du *Hoche*, qui nous apprit les désastres de cette expédition, nous dit qu'on les attribuait dans l'escadre aux retards qu'avait soufferts le départ des bâtiments pour attendre l'argent qui devait être envoyé de Paris à leur bord. L'ordonnance de payement avait éprouvé un délai qui avait tout perdu. Ce n'est pas la seule fois que de misérables négligences administratives ont fait échouer les desseins les plus importants et les mieux concertés.

Plus heureux que le chef des insurgés, notre timonier avait échappé, à travers mille périls, à la terrible adversité d'une prison en Angleterre, et il s'en allait d'un pied léger chercher les rivages du canal Saint-Georges, afin d'y trouver quelques bâtiment américain qui lui permît de revenir en France en faisant le tour du monde. Sa gaieté réconcilia Henri avec notre position et nous donna l'espoir d'un meilleur sort, précisément au moment où un accident aussi malheureux qu'imprévu allait nous plonger dans l'état le plus cruel qu'on puisse imaginer.

Nous avions eu dans la soirée une vue de la mer dans une perspective lointaine, entre des coteaux. C'était pour nous la Terre Promise. Ne pouvant nous flatter d'approcher du rivage ce jour-là, nous résolûmes de nous mettre en marche avant le jour. Après avoir passé la nuit au bivouac, dans un taillis épais, nous reprîmes notre route qui semblait facile et sans obstacle autre que l'incertitude où l'obscurité jette toujours un voyageur parcourant un pays inconnu. Tout à coup la terre manque sous mes pas, et je suis précipité d'une hauteur de plusieurs pieds dans une fondrière remplie d'une boue épaisse qui forme une abîme. Tous mes efforts sont inutiles; je suis englouti par degré dans cet affreux bourbier qui déjà fait disparaître mon corps jusqu'au delà des épaules, et qui bientôt va se refermer sur ma tête pour me faire périr dans une lente asphyxie. Ce n'est pas tout; j'ai encore la douleur d'avoir entraîné le jeune Henri à sa perte; il suivait mes pas avec confiance, et mon sort était devenu le sien ; il est là derrière moi, luttant contre la mort, enveloppé de toute part dans la vase tenace et infecte de ce redoutable marais.

Jamais, grâce à Dieu, quand je dus sauver la vie d'autrui, je ne manquai d'inspiration ; mais lorsque, dans cette occasion, je dus sauver la mienne, mon esprit demeura stérile. Il est vrai que j'étais transpercé par l'humidité glaciale de la bourbe où j'étais plongé, et que notre malheur fut si imprévu et si poignant qu'il aurait suspendu des facultés plus énergiques que les nôtres. Le jour qui se levait alors, nous donna bien moins d'espoir que d'effroi; il nous fit voir que nous étions tombés dans l'un de ces vastes Bogs de l'Irlande, qui ont une étendue de plusieurs lieues carrées, et dont la profondeur ne peut être mesurée, tant elle est grande. Ce sont, pour ainsi dire, des mers de boue, qui ont, comme l'Océan, un mouvement progressif par lequel les terres riveraines sont envahies et immergées sous une tourbe à demi liquide dont le flux puissant ne peut être arrêté.

Mes yeux, en se fixant sur Henri, ne me laissèrent point douter qu'il ne fût près de succomber: je lui criai de pour-

voir à son salut sans s'occuper du mien ; mais il s'y refusa
et protesta qu'il mourrait avec moi. Ce dévouement me fit
un devoir de reprendre courage. J'avais laissé échapper
mon fusil en tombant, et j'avais les bras libres, autant que
le permettait la ténacité de la boue ; je réussis à dégager
mon sac et à le faire descendre, sans déviation, au fond du
marais ; il me servit à m'exhausser de plusieurs pouces au-
dessus de la surface ; et ce fut pour moi un grand soulagement. Je pus alors aider Henri à faire la même opération,
qui rendit également sa position moins intolérable, mais
sans nous donner plus d'espoir de fuir notre triste sort. La
berme qui bordait le lac formait un escarpement de cinq à
six pieds de haut, au-dessus de la surface de la boue où
nous étions enfouis, et son élévation au-dessus du fond
n'était guère moins grande en cet endroit ; en sorte que
c'était un mur de près de douze pieds de haut qu'il nous
fallait escalader. En rase campagne, c'eût été déjà quelque
chose que de franchir un tel obstacle ; qu'était-ce donc
pour nous qui étions surchargés du poids de nos armes,
de nos vêtements imbibés de vase et d'une énorme quantité
de tourbe attachée à tout notre corps ? D'ailleurs, tous nos
mouvements étaient enchaînés par la crainte de perdre pied
sur un fond glissant dont la pente rapide conduisait à un
abîme ouvert à deux pas plus loin.

Au moment de notre chute, Henri avait son mousquet en
bandoulière, ce qui avait empêché qu'il le perdît. Je lui dis
de le dégager et d'y mettre la baïonnette. Il lui fallut un
temps infini pour y parvenir. Quand nous fûmes les maîtres de cette arme, nous l'exhaussâmes de toute la longueur
de nos bras, et la dirigeant vers la berme, nous cherchâmes
une fissure horizontale, dans la pierre, pour l'y enfoncer.
Nous obtînmes ainsi un point d'appui dont je me servis **pour**

franchir l'intervalle qui me séparait de Henri, et pour nous
réunir au pied de l'escarpement. Ce progrès nous encoura-
gea. Mon jeune compagnon, qui était svelte et léger, s'éleva,
avec mon aide, sur le flanc de la berme, et monta sur la
baïonnette qui y avait été solidement fichée. En se dressant,
il ne put encore atteindre le sommet de l'escarpe; et il fallut qu'il se fît un second point d'appui avec son sabre, dont
il fit entrer la lame entre les pierres. Il put alors grimper
jusqu'au faîte et surgir au port. Au lieu de se livrer au bonheur de sa délivrance, cet excellent jeune homme se reprocha d'être sauvé quand j'étais encore dans un péril mortel;
et lorsqu'à mon tour je voulus sortir du bourbier immonde où j'étais plongé, il s'exposa vingt fois à y retomber en cherchant à m'aider par les plus généreux efforts.
J'eus beaucoup plus de peine que lui à m'en tirer. Ma taille
plus élevée me donnait quelque avantage; mais j'étais plus
lourd et moins agile; et je tremblais, en prenant la main
de Henri, de l'entraîner avec moi, par un mouvement involontaire, dans cette tombe encore ouverte au-dessous de
nous et prête à nous engloutir.

Aussitôt que j'eus atteint la terre ferme, nous tombâmes
dans les bras l'un de l'autre, comme des hommes qui viennent d'échapper au naufrage. L'émotion de Henri fut si
grande, qu'il versa des larmes, et se jeta à genoux pour remercier Dieu de nous avoir rendus à la vie. Nous avions
grand besoin de l'intervention de la Providence pour conserver par quelque insigne faveur le bienfait qu'elle nous
avait accordé et que la misère menaçait de nous arracher.
Jamais, en effet, dans toute ma vie, je n'ai été réduit à un
aussi triste état. Nous avions tout perdu : armes, vivres,
munitions, papiers de service, il n'y avait pas jusqu'à ma
montre qui ne fût arrêtée et ma boussole affolée par le

limon tourbeux dont nos habits étaient pénétrés. Nous
étions de la tête aux pieds couverts d'une couche épaisse
de ce limon noir et infect, qui, se durcissant à l'air,
nous revêtit d'un enduit minéral, et fit de nous des hommes fossiles. Dans cette position désespérée, il n'y avait
plus rien à tenter pour notre salut ; tous mes projets avor-
taient complétement ; et il ne nous restait aucun autre parti
que celui de nous livrer nous-mêmes, en nous constituant
prisonniers entre les mains du premier constable que nous
trouverions. Il aurait mieux valu aller, tout de suite, à
Dublin. J'imagine à présent que le bain glacial et méphyti-
que que nous avions pris, agissait sur mon cerveau, et que
son influence m'ôtait toute fermeté et toute résolution.

Un grand chemin, qui paraissait fréquenté, et que nous
avions suivi assez longtemps, pouvant nous faire tomber
dans quelques patrouilles de ces Yeomen dont nous avions
gardé le souvenir, nous entrâmes dans un bois d'arbres
verts, plantés et taillés avec soin. Les campagnes de l'intérieur que nous avions parcourues, ne nous avaient rien
montré de pareil. A notre approche, une nombreuse troupe
de corneilles s'enfuirent avec des cris de Mélusine, comme
si elles avaient vu quelques animaux extraordinaires. J'augurai de leur présence que nous devions être voisins d'un
manoir aristocratique, dont elles sont l'accompagnement
inséparable dans les Iles Britanniques. Cette conjecture se
réalisa bientôt. Au revers de la colline que couvrait le bois,
nous vîmes, au delà d'une pelouse, un château gothique
qui s'encadrait dans une vue admirable de la mer. Ses
tourelles, ses clochetons se dessinaient sur le fond bleu et
brillant de l'Océan occidental, et l'on découvrait sur ses
flancs ses jardins en terrasses, abrités des vents par de
grandes plantations d'arbres du Nord.

Nous nous arrêtâmes, Henri et moi, pour jouir de ce bel
aspect, comme si notre adversité n'avait pas dû absorber
toutes nos pensées. Il fallut bien pourtant en revenir à
nous occuper de nous-mêmes ; nous nous assîmes sur la
pelouse pour tenir conseil. Mon jeune compagnon s'imaginait qu'en nous présentant au château, nous serions se-
courus, et qu'il était impossible que des hommes civilisés
et des chrétiens ne prissent en pitié de pauvres gens si
cruellement maltraités par la fortune. J'étais beaucoup
moins crédule ; je lui prédisais que l'hôte de cette magnifique maison était quelque évêque anglican, qui nous mau-
dirait au nom de l'Eglise établie, ou quelque vieux seigneur tory, que la seule vue d'un Français de la Révolution
mettrait dans une colère capable de lui donner une apoplexie. Henri interrompit le cours de mes sinistres pressentiments ; il voyait avec ses yeux de lynx, à un balcon du
château, des dames qui nous observaient, et qui même se
servaient pour nous examiner de lunettes de spectacle.
Nous étions si affreusement équipés qu'une telle inspection devait nous perdre. Cependant, je m'aperçus que
mon jeune camarade était parvenu, je ne sais comment, à
dégager sa blanche et mignonne figure de l'horrible couche
de tourbe dont j'étais encore barbouillé ; et j'en augurai
quelque effet favorable ; car, les vertus humaines sont
ainsi faites : la pitié est bien plus facilement excitée pour le
malheureux doué d'une physionomie agréable que pour
celui dont l'aspect est repoussant.

Bientôt, en effet, nous vîmes venir à nous un valet de
chambre, qui nous dit que lady French désirait savoir
quels étaient ces voyageurs, et s'il leur convenait de s'arrêter au château. Henri répondit que nous étions des
Français qui venaient d'éprouver de grands malheurs et

que, dans l'état déplorable où nous étions, nous ne pouvions oser nous présenter devant des Dames. Cette réserve tant soit peu précieuse, et fort téméraire de la part de deux pauvres diables qui n'avaient pas encore déjeuné à midi, réussit à souhait. Nous devinâmes aisément, par la vivacité des gestes, que toute la compagnie établie au balcon se récriait et protestait, sans doute, que l'hospitalité irlandaise ne permettait pas que les choses se passassent ainsi. Le valet de chambre revint avec une invitation formelle et pressante de la châtelaine, quel que pût être notre costume.

Une porte en ogive, ornée de festons, nous conduisit dans une vaste cour environnée de serres chaudes, alors ouvertes et laissant voir une profusion de fleurs exotiques. A l'extrémité d'une galerie qui conduisait au château, était un porche élégant, où venaient de se rendre les hôtes de cette belle demeure. C'étaient évidemment de très-grandes dames et des cavaliers de distinction. Nous nous approchâmes avec respect, mais sans embarras, et j'exposai, en termes généraux, qu'après une suite de cruels malheurs, il en était tombé un sur nous, qui avait failli nous coûter la vie, et nous avait mis dans l'état misérable où l'on nous voyait : nous nous étions précipités, pendant l'obscurité de la nuit, dans un Bog. A ce nom redouté, un cri s'éleva, et l'on demanda comment nous avions pu échapper, cet accident étant toujours suivi de la mort de ceux qui l'éprouvent. Henri raconta avec un heureux choix d'expressions, et sous l'inspiration de sa reconnaissance pour la protection divine, comment nos efforts avaient été couronnés par le succès. Son récit fut accueilli par de vives sympathies. Lady French m'adressa de bienveillants reproches sur mon hésitation à me confier à son hospitalité. Je me justifiai par le sentiment de dégoût que notre vue devait causer et par la crainte pénible de passer pour des aventuriers, attendu que nos papiers, qui auraient prouvé qui nous étions, étaient restés au fond du marais. Ces paroles rappelant à Henri que le petit portefeuille qui contenait les siens, était sur lui au moment de notre chute, il le chercha et le présenta tout ouvert au cavalier le plus âgé et le plus éminent de la compagnie. En ce moment, un jeune homme, qui avait un bras en écharpe, et dont la figure martiale m'avait frappé, me dit que nous n'étions pas étrangers l'un à l'autre. Nous nous sommes vus, ajouta-t-il d'une voix altérée, à Balinamuk, sur le champ de bataille. Lady French fit un signe d'effroi en entendant son neveu parler ainsi. Mais le hardi jeune homme continua imperturbablement : Vous vous souvenez, Monsieur, me dit-il, que, vous détachant de vos pièces, vous abordâtes, sur votre droite, le corps des insurgés qui les flanquaient, et que vous demandâtes à un officier quelle était la nature du terrain en avant du front de l'ennemi qui était devant nous en bataille. — Cet officier, c'était moi ! Je vous répondis qu'il était pierreux. Alors me remerciant vous retournâtes à votre batterie, et quelques minutes après plusieurs de vos boulets allèrent labourer, par une suite de ricochets, les rangs du régiment de Leicester. Notre étonnement et notre admiration éclatèrent en applaudissements. Je me félicite et je m'honore, ajouta-t-il, en me prenant la main, d'être votre camarade de guerre. Quand je tournai les yeux vers lady French, que je craignais de trouver irritée de cet aveu téméraire et compromettant, je la trouvai vivement agitée, mais c'était de la joie et de l'orgueil de voir que son neveu avait dignement suivi la trace marquée par ses ancêtres, en combattant pour l'Irlande à côté des Français. Ni les habitudes de circonspection qui règnent dans la haute société, ni le danger d'appeler la vengeance du vainqueur ne purent réprimer l'impulsion que produisit cette scène imprévue. Tous les yeux brillèrent d'une animation si vive qu'en voyant l'affection profonde excitée par l'image de la Patrie, je ne désespérai point que l'Irlande ne trouvât de meilleurs jours.

En ce moment, le gentilhomme qui avait parcouru avec intérêt les papiers du portefeuille de Henri, les lui rendit en disant à haute voix : On ne saurait avoir une plus belle et plus noble extraction que monsieur. Il y a là des preuves que l'un de ses aïeux combattait à Saint-Jean-d'Acre avec Philippe-Auguste et notre Richard Cœur de Lion. Cette déclaration qui faisait un fils des Croisés de ce pauvre garçon qu'on avait pris tout à l'heure pour un mendiant, fut accueillie avec le murmure le plus flatteur. Le cavalier ajouta : je suppose, Monsieur, que mademoiselle Henriette de La Tour est votre sœur? — C'est moi-même, Monsieur, répondit Henri. Cette réplique si inattendue causa une surprise inexprimable; j'en demeurai interdit. — Pardonnez-moi, mon digne ami, me dit Henriette, de ne pas vous avoir révélé ce secret; je n'avais pas le droit de le confier, même à vous qui m'avez sauvé la vie. Mon père m'avait fait lui promettre solennellement de le garder jusqu'à la dernière extrémité. D'ailleurs, poursuivit-elle, si vous aviez su qui j'étais, vous eussiez voulu m'épargner la part de fatigue et de dangers que je devais prendre dans notre périlleux voyage; j'aurais été pour vous une charge et un embarras, et pour ménager ma faiblesse, vous vous seriez exposé encore d'avantage, et j'aurais peut-être été la cause de votre perte, qui eût entraîné la mienne.

Cette métamorphose étrange et subite m'avait jeté dans une si grande stupéfaction, que je dus répondre fort mal, si je répondis du tout. Quant à notre auditoire, un incident aussi romanesque éleva son intérêt au plus haut degré, et servit à souhait ses prédilections, qui, depuis Fingal et Malvina, ne se sont pas affaiblies. Chacun s'extasiait sur cette circonstance que c'étaient les fils des Preux du XIIe siècle qui combattaient pour la République française et la liberté de l'Irlande. Il faut, au reste, convenir en toute humilité, qu'eussions-nous été en ligne directe les descendants de Vercingétorix et de Civilis, comme nous étions enclins à nous en vanter, nous n'aurions encore été que de petits bourgeois, des gens de fraîche date, en comparaison de nos nobles hôtes, qui, pour la plupart, me dit le savant chapelain, remontaient, par leurs aïeux, aux rois de Munster avant la prédication du christianisme en Irlande. Leur arbre généalogique s'étendait même infiniment plus loin, à la vérité, avec quelques lacunes. Ses racines sortaient de Carthage et dépassaient de beaucoup en antiquité les plus vieilles races des patriciens romains. Je ne répondrais pas qu'il en soit exactement ainsi ; mais à coup sûr l'origine des Irlandais est environnée de tant d'obscurité qu'elle doit être bien plus ancienne que celle des autres peuples de l'Europe.

On nous prodigua tous les soins possibles, et ce qui était d'un grand prix, on nous laissa nous reposer de notre terrible voyage et de nos émotions. Soit agitation fébrile, soit parce que j'avais perdu l'habitude de dormir dans un lit, je ne pus sommeiller. Vers l'heure du dîner, le capitaine Patrick, le jeune chef des insurgés, vint me prendre pour me conduire au salon, où une nombreuse compagnie était rassemblée. Grâce à mes habits d'emprunt, je ne ressemblais guère au noyé du Bog, et une dame âgée qui avait habité l'Italie, et y avait pris l'usage de dire tout ce qu'elle voulait, rappela malicieusement que le matin j'avais gardé mon masque,

comme on fait à Venise, pour produire une plus grande
sensation en se montrant tel que l'on est.

Henriette entra avec une jeune dame qui avait voulu
présider à sa toilette ; je doutai que ce fût elle, tant elle me
parut jolie. Sa robe noire faisait ressortir sa blancheur et
l'éclat de son teint; et l'on admira, d'une voix unanime, sa
taille élevée, svelte et gracieuse, qui avait été cachée soigneusement par son père sous des vêtements mensongers.
Ce déguisement était alors d'autant plus facile que les militaires n'étaient point taillés en guêpes, et que l'on prenait,
disait-on, la mesure de leurs habits sur leurs guérites ;
assertion qui, si elle n'était pas vraie, était au moins vraisemblable.

Notre honorable châtelaine nous combla d'attentions et de
bontés ; elle fit s'asseoir Henriette près d'elle, dans une place
réservée, et, quand le cercle fut complet, elle prit son bras
et alla la présenter, selon l'étiquette, aux plus hautes dames
de la société, qui l'accueillirent à merveille. Elle s'empara
de moi en passant près du groupe des cavaliers, où je cau-
sais avec le révérend chapelain, et, nous conduisant dans
une autre pièce, elle me dit que, prévoyant qu'il nous serait
impossible, ma pupille et moi, de nous rapprocher de la
soirée, elle nous réunissait quelques minutes sous la garde
du saint personnage dont j'étais accompagné. Un instant
après nous étions seuls. L'émotion dont j'étais saisi m'ôtait
le pouvoir de parler, et ce fut Henriette qui commença, en
rougissant, cette conversation brûlante. Elle me supplia, les
mains jointes, de ne pas croire que le changement qui s'était
opéré en elle eût altéré la tendre affection qu'elle me portait,
et que j'avais méritée par tant de services et de dévouement ;
elle justifia cette affection par le choix que son père avait
fait de moi, par la confiance que je lui avais inspirée, et par

les dernières paroles qu'il avait prononcées en l'embrassant au moment d'aller à la mort. Elle me rappela, avec une
douceur angélique, l'engagement que j'avais pris en ce cruel
moment, de la protéger et de lui laisser partager mon sort.
« Rien, ajouta-t-elle d'une voix touchante, ne vous fera, je
l'espère, changer de résolution ; et quoi qu'il arrive, vous
me garderez votre amitié, qui m'est aujourd'hui plus chère
que jamais. J'ai vivement désiré cet entretien, poursuivit-
elle, parce que depuis l'aveu que j'ai fait de mon sexe, je
trouve en vous une froideur à laquelle vous ne m'avez pas
accoutumée ; et vous n'avez pas cherché une seule fois à
me parler. Vous savez bien que cet aveu, j'ai dû le faire
pour éviter un mensonge, et les suppositions qu'il aurait
amenées dès qu'on l'aurait découvert. Mais malgré ces motifs, je dois le regretter mortellement, s'il vous a blessé et
s'il altère l'affection que vous aviez pour moi. Peut-être
avez vous cru que j'étais séduite par le luxe brillant qui nous
environne, et que je me complaisais à porter ces vêtements?
Détrompez-vous! je suis prête à les quitter si vous me le
dites, et à revêtir ceux que j'avais quand vous m'aimiez ; je
les ai gardés dans cet intention. » Ce dernier trait, qui répondait à ma mauvaise pensée, me fut au cœur; et je ne
sais comment eût fini cet entretien, si le chapelain, qui
avec une discrétion parfaite s'était éloigné de nous, ne fût
revenu nous annoncer qu'on se rendait à la salle à manger.
Il y conduisit Henriette qui, en me voyant m'éloigner,
faillit éclater en sanglots.

Cette passion de jeune fille, ingénue, dévouée, résolue,
cette affection profonde née au sein du malheur, de la misère et des angoisses de la mort, cette récompense que
mon amitié trouvait inopinément dans un sentiment plein
de charmes et qui promettait tant de bonheur, pouvais-je

refuser ces biens, ce trésor le plus grand qu'il y ait au monde : l'amour d'une douce compagne? Je fus fasciné par ces puissantes séductions, à ce point que, sous leur empire irrésistible, j'aurais proposé à Henriette, si j'avais pu la rejoindre, de reprendre nos habits, de fuir loin du château, et d'aller braver la fortune dans une vie d'aventures, qui, en nous rendant l'un à l'autre, aurait comblé tous nos vœux.

Il y a sans doute des communications mystérieuses, des sympathies électriques entre les cœurs agités par un même amour. Ce beau projet, assez insensé pour être original, Henriette l'avait aussi conçu. Le soir même étant au piano, elle chanta avec une expression délicieuse, et des regards dérobés pleins de tendresse, des stances italiennes dont le refrain est : Une cabane et son cœur.

Lorsque dans notre course périlleuse, Henri et moi, nous avions traversé les campagnes de l'Irlande, nous ne songions qu'aux mauvaises rencontres, et les beaux-arts étaient trop loin de notre pensée pour y faire seulement allusion. Je n'aurais d'ailleurs jamais imaginé qu'un jeune homme qui paraissait avoir trois ou quatre ans de moins qu'Henriette, avait eu le temps d'apprendre autre chose que les premiers éléments d'une bonne éducation. Je fus donc singulièrement surpris quand, après la cérémonie du thé, ma belle pupille devint à l'improviste le coryphée du concert qu'on avait préparé, et dans lequel personne n'avait supposé qu'elle pût prendre un rôle.

Malgré les fureurs de la guerre, la musique italienne avait continué sa marche triomphale à travers l'Europe, pour adoucir les mœurs de ses sauvages habitants. Elle avait pénétré jusqu'en Irlande. La bonne compagnie de cette île en faisait ses délices; on ne se rappelait les airs nationaux que par patriotisme, et les airs anglais par poli-

tique. Tous ceux-ci étant familiers aux nobles exécutants
du concert, ils furent enlevés avec une habileté remarquable. Mais la seconde partie du programme, composée
de musique italienne, se trouva, je ne sais comment, empêchée dans son accompagnement. Notre châtelaine était
désolée. Henriette, en voyant son anxiété, lui demanda
si elle ne pouvait pas être bonne à quelque chose. On s'informa si elle connaissait le morceau ; elle répondit que non,
mais qu'elle espérait que ce ne serait pas une difficulté. Sur
l'invitation de lady French, un personnage qualifié vint
offrir sa main à la jeune virtuose, et la conduisit au piano.
Une vive anxiété, peut-être même une accusation de pré-
somption, se lisait dans mes traits, car Henriette, en ôtant
les gants qui cachaient ses beaux bras, me lança un sourire
que je traduisis par une moquerie de mon inquiétude. Je ne
m'en obstinai pas moins dans ma peur que ne justifiaient
que trop les effets que devait avoir pour nous un échec.
Heureusement je fus bientôt hors de peine. Dès que la dame
qui devait chanter fut prête, Henriette commença le pré-
lude, elle l'exécuta au milieu d'un profond silence avec un
charme inexprimable. On aurait dit que sous ses doigts
l'instrument avait d'autres sons et une harmonie qu'il n'a-
vait pas encore fait entendre. L'effet en fut magique ; chacun fut transporté ; et j'entendis autour de moi comparer
ce jeu plein de science, de grâce et d'âme, à ce que les voyageurs avaient entendu de plus merveilleux à Naples et à
Milan. Henriette procura à la dame dont elle accompagna le
chant, le plus beau succès qu'elle eût eu de sa vie. Aussi
dès qu'elles eurent fini, cette dame l'embrassa avec effusion
et lui demanda son amitié. Ce fut à qui irait complimenter
sur son prodigieux talent la jeune émigrée française, car
c'était sous ce titre fort immérité que notre châtelaine en

avait déguisé un autre qu'il était dangereux de faire connaître. J'arrivai le dernier pour lui offrir mes hommages. « Si j'ai bien joué, me dit Henriette à voix basse, c'est que je voulais vous plaire; je suis satisfaite si j'ai réussi. » On la pressa à la fin du concert de chanter quelque chose; elle s'en défendit; et ce fut quand elle fut forcée de céder par complaisance qu'elle chanta à mi-voix avec une intention qu'elle m'expliqua par un regard, une stance de la romance italienne dont j'ai parlé, et que la génération actuelle a vu reproduire en français. Elle dit pour s'excuser qu'elle tâcherait de faire moins mal une autre fois; et aussitôt un grand concert, où elle dut figurer comme Prima Donna, fut projeté pour le surlendemain. Tout le Munster aristocratique dut s'y trouver.

Ce concert fut magnifique; il y siégeait plus de ducs qu'à notre vieille Chambre des Pairs, et c'étaient des ducs à duchés grands comme des principautés d'Allemagne. Henriette tint le piano pendant une partie de cette splendide soirée. On voulut dix fois qu'elle donnât le morceau de chant qu'elle avait promis; elle différa toujours par une déférence pleine d'égards pour les dames qui désiraient se faire entendre. Enfin, quand l'impatience de l'auditoire ne lui permit plus aucun délai, elle chanta avec une voix mélodieuse de soprano le grand air de Cimarosa, dans *le Mariage secret* : *Pria che spunto in ciel l'aurora.* C'était encore une provocation éloquente à déserter le château en prenant pour guide notre amour. J'ai entendu, dans ses plus beaux jours, Mme Catalani prêter à cet air son immense talent, et je puis dire que si Henriette ne l'égalait pas en science musicale, elle l'emportait par le timbre de sa voix qui était d'une douceur et d'une pureté sans égales.

La race irlandaise est sensible à la musique comme un

peuple méridional, et c'est l'une de ses passions. Qu'on imagine donc quel effet dut avoir le chef-d'œuvre du plus grand maître de l'Italie, chef-d'œuvre connu seulement alors par la renommée, et qu'une belle jeune personne exécutait avec le plus beau talent. L'enthousiasme fut si prodigieux qu'oubliant entièrement l'étiquette d'une réunion britannique de ce temps, les dames se levèrent en foule, et les cavaliers les suivirent au piano, pour venir féliciter Henriette sur son éclatant triomphe.

Il y avait là pourtant, je suis condamné à le dire, un esprit chagrin qu'attristaient ces applaudissements et qu'alarmait cette gloire éclatante. C'était moi. Je réfléchissais que l'ivresse d'un pareil succès ferait chanceler la raison d'un homme, et qu'elle devait avoir de funestes effets sur celle d'une femme trop jeune encore pour apprécier la valeur des opinions du monde. Quoique dégagé de tout esprit de caste, je n'aimais pas à voir la fille des Croisés subir au même titre les mêmes acclamations que la fille d'opéra. J'étais effrayé de ce talent, si grand que le foyer domestique ne pouvait le contenir, si attrayant qu'il entraînait la foule après lui, si avide d'admiration que lors même qu'il n'était qu'un plaisir, il devenait un spectacle. Dans mon humeur ombrageuse, je m'irritais de cette révélation imprudente qui jetait au hasard, dans une société inconnue, la jeune fille que j'aimais. Je frémissais de cette publicité qui venait de s'emparer d'elle, et de cette approbation qu'on lui prodiguait et qui impliquait que la critique pouvait être exercée avec le même droit. Je me révoltais surtout contre cet examen de sa personne, fait au microscope avec la curiosité impertinente de la bonne compagnie à la fin du XVIIIe siècle. Il me semblait voir l'esclave des Antilles inspecté par des acheteurs sur la table des enchères. Au lieu d'aller offrir à la belle cantatrice mon tribut de louanges, je sortis du concert où j'étouffais.

Le lendemain produisit les fruits dont la veille j'avais vu les fleurs. Le chapelain m'apprit en secret que plusieurs messages ou ambassades venaient d'être reçus par lady French, proposant pour Mlle de La Tour, des partis riches et avantageux. Il me montra dans de vieux livres les armoiries des prétendants, ce qui fut très-réjouissant pour moi. Cette communication me fit faire de graves et tristes réflexions. Si Henriette m'aimait d'un amour véritable, elle refuserait les avantages qui lui étaient assurés avec ces chaînes dorées, et dès lors sa destinée, sans parler de la mienne, était livrée à toutes les chances de l'adversité. Si elle acceptait, au contraire, fût-ce même après une résistance respectable, je jouais le rôle fâcheux du tuteur dupé, dans la comédie italienne, et ma passion, augmentée chaque jour par des espérances trompeuses et des séductions perfides, serait récompensée par la plus amère déception et le plus cruel chagrin. Je crois bien pourtant que, malgré les sages conseils de ma raison, j'allais demander à Henriette une explication et prendre sa volonté pour guide de mes actions, lorsque le capitaine Patrick survint et me proposa de monter à cheval pour visiter les nouvelles plantations d'arbres que sa tante avait fait faire. J'acceptai, et pendant plus de deux heures nous suivîmes le rivage, qui offrait les aspects les plus pittoresques. Dans une baie reculée, cachée par des îlets basaltiques, hauts et dentelés, comme des cathédrales du moyen âge, je découvris un brick, que je reconnus au premier coup d'œil pour un corsaire français. Patrick me dit qu'il venait sans doute de débarquer des armes, dans la nuit, et je soupçonnai que c'était là le motif de notre excursion. Je l'engageai à poursuivre son dessein.

pendant que j'irais visiter le corsaire pour recueillir quelques nouvelles de la France. Il ne fit point d'objections, et une nacelle de pêcheurs me conduisit à bord. Le capitaine, à qui je me fis connaître, m'accueillit comme un camarade; il me proposa de faire la campagne avec lui, et de prendre ma revanche de l'expédition malencontreuse en Irlande. Il avait déjà fait plusieurs prises et il espérait bien encore en faire d'autres. J'étais justement en humeur d'exercer toute espèce de représailles. Je consentis sans prendre garde seulement aux avantages qu'il me faisait. Les sacrifices auxquels mon cœur se résignait, ne pouvaient trouver aucune compensation. J'écrivis sur-le-champ une lettre à Lady French, pleine de reconnaissance, une autre à mademoiselle de La Tour, pleine d'amour et de désolation. Je les donnai au pêcheur dont la barque m'avait amené, avec ordre de les remettre au domestique qui gardait mon cheval, et qui dut les porter sur-le-champ au château, afin que Patrick, ne me rencontrant pas au rendez-vous, me crût y être retourné. Une heure après, la marée commençant à descendre et la nuit à venir, le corsaire mit à la voile, et fut bientôt hors de vue de la terre.

J'ai remarqué nombre de fois l'effet puissant qu'exerce sur les passions l'air de la mer. Il semble que l'homme en présence de l'immensité de l'Océan, est forcé de mesurer les intérêts qui l'agitent, et qu'il lui devient plus facile de les apprécier. Aussi, est-ce un refrain de marinier que cet adage :

« Chagrin d'amour ne va pas en voyage,
« Chagrin d'amour ne va pas en vaisseau. »

Le calme rentra peu à peu dans mon esprit, quoique j'eusse encore le cœur bien navré.

Douze jours après nous entrâmes dans la rivière de Mor-
laix, avec deux prises auxquelles j'avais part, suivant les
stipulations faites par mon honnête corsaire lui-même. Un
juif de l'endroit me donna mille francs pour mes droits
qui en valaient le quadruple ; et après avoir pris congé de
mes braves amis les corsaires, je me rendis à Brest. Je
m'enquis vainement de mes anciens amis ; les officiers et
artilleurs de ma compagnie avaient fait place à de nouveaux
venus. On chercha mon nom sur les contrôles sans aucun
succès ; il fallut recourir aux matricules de la demi-brigade,
où il fut trouvé rayé avec cette apostille : Mort dans l'expédition d'Irlande, sous les ordres du général Humbert.
Je fus réintégré sans beaucoup de difficultés, mais quant
au rappel de la solde qui m'était due, on le déclara impossible, ma mort étant un fait accompli dans les états de
payement. Le corsaire m'avait heureusement mieux traité.

Je venais de faire en quelques mois une triste épreuve
des illusions de la vie les plus séduisantes. J'avais rêvé la
gloire de combattre pour la liberté d'un peuple cruellement
asservi, et la fortune, trahissant cette cause sacrée, m'avait
livré aux misères les plus poignantes, et jeté dans des périls
qui auraient fait sourciller les plus intrépides. J'avais vécu
au milieu d'enchantements semblables à ceux du palais
d'Alcine, et j'avais joui un instant du plus grand bonheur
qui soit donné à l'homme sur la terre : un amour réciproque doué, comme celui des anges, d'un caractère élevé au-
dessus des intérêts de ce monde ; mais l'honneur, la raison
sévère, une sollicitude craintive pour le sort de celle que
je chérissais, avaient exigé de moi le sacrifice de cette félicité. Il me restait un prestige : la Patrie dont je ne cessais
de voir l'image pendant ces longs exils au delà des mers,
qui m'étaient imposés, pour la servir, et voilà qu'au retour

d'une expédition dans laquelle j'avais fait mon devoir et
au delà, je suis renié, méconnu, traité comme un mort, et
de plus, la République hérite de moi de mon vivant.

Bien convaincu désormais, quoiqu'un peu tard, de la
vérité du proverbe que nul n'est prophète en son pays, je
sortais du quartier des troupes de la marine, en me demandant si quelque trace était restée de mon existence, lorsqu'une marchande de pommes, établie à la barrière du quartier, se jeta sur mon passage avec des exclamations de joie.
Elle me rappela le chien d'Ulysse, qui seul reconnut à son
retour, le malheureux voyageur. Comment avait-elle gardé
mon souvenir, pourquoi se faisait-elle fête de me retrouver?
et quels rapports pouvaient-ils exister entre nous? C'est ce
que je vais dire, en annonçant par avance que cette pauvre femme m'ouvrit une carrière nouvelle, honorable et
pleine d'émotions, et que je dus à son intervention, des
occupations qui parvinrent à calmer par degrés la douleur
d'être séparé à jamais de la fille des Croisés.

CHAPITRE XV.

Finistère. 1799.

Il y a des gens heureux à qui les avantages de la fortune et la tranquillité des temps permettent de choisir à leur gré, leur profession, ce qui favorise la meilleure application de leurs facultés et met, entre leurs mains, le fil de leurs destinées. Il y en a d'autres qui suivent instinctivement, comme dans les âges primitifs du monde, la profession de leur père, et qui l'apprennent bien et sans peine, par la seule puissance de l'imitation. Les uns et les autres ne savent pas à quel tourment est condamné un jeune homme à qui sont imposés, par un hasard inflexible, les devoirs d'une profession qu'il n'a point apprise, et que l'honneur, la patrie, l'humanité lui prescrivent impérieusement de remplir. Cent fois, dans ma vie agitée, il m'a été dit : Faites ! et je ne savais point ce qu'il fallait faire ; on ne me l'avait point appris, et je n'aurais jamais cru qu'il faudrait jamais que je le fisse.

Un général jetait sur moi un dévolu dans une reconnais-

sance militaire, et me choisissait, entre dix officiers capables, pour lever et dessiner le terrain que nous venions de
parcourir. Cette mission était fort honorable, sans doute,
mais elle était désespérante pour un pauvre étudiant qui
n'avait jamais crayonné que des yeux et des nez de profil,
et qu'un ordre, sans réplique, transformait en ingénieur.

Monsieur! s'écriait un accusé, si vous ne prenez ma défense devant le Conseil de guerre, je suis perdu. Je lui
remontrais en vain mon inexpérience, l'impossibilité où
j'étais de remplir une tâche aussi difficile et aussi grave; il
n'écoutait rien; il embrassait mes genoux, comme si sa vie
eût dépendu de moi. Il avait, disait-il, fait un rêve, il avait
tiré des sorts, et toute sa confiance, seul, je pouvais l'avoir.
Était-il possible que je refusasse à ce malheureux de
devenir son avocat?

Commandant! criaient en chœur les soldats de l'hôpital,
le dernier de nos médecins vient d'expirer; soyez notre
sauveur; vous êtes un savant, vous ne devez rien ignorer;
faites la visite; prenez notre service; au nom de Dieu! ne
nous abandonnez pas sans secours! Si vous ne pouvez
nous empêcher de mourir, au moins, vous nous consolerez.
Quel homme sans pitié eût pu résister au dernier vœu de
ces infortunés?

C'est ainsi que, par une fatalité invincible, je devins tour
à tour, sans cesser mon rude métier d'artilleur, officier du
génie, avocat des pauvres, et médecin des malades abandonnés du ciel et des hommes.

Il faut que je cite quelque exemple de ces coups inévitables du sort.

Un matin, en traversant le port dans le bateau amiral,
pour aller de Brest à Recouvrance, je remarquai, parmi les
passagers, une femme qui pleurait à chaudes larmes. Je lui

demandai la cause de son chagrin, voici ce que j'en appris.
Son mari, cambusier d'un vaisseau, c'est-à-dire chargé de
la manutention des vivres de l'équipage, venait d'arriver
d'une longue campagne. Le bâtiment était entré dans le
port pour s'y désarmer, lorsque inopinément la justice avait
fait une descente à bord, et avait vérifié la quantité de vin
livrée au départ, celle restant à l'arrivée, et les comptes
journaliers de la distribution à bord pendant le voyage.
Elle avait constaté que d'après le sommaire de ces comptes,
dressés par le cambusier lui-même, il manquait dix barriques de vin. Or, la veille, il en avait été précisément saisi
un pareil nombre, qui avaient été débarquées furtivement
sur le quai de Brest, et qui provenaient indubitablement
d'un vol fait dans l'approvisionnement de quelque vaisseau
du port. On n'avait pu arrêter ceux qui se disposaient à
transporter ces barriques dans la ville ; mais, en découvrant le déficit du cambusier, on n'avait fait aucun doute
qu'il ne fût le vrai coupable ; on l'avait envoyé en prison,
et traduit devant la Cour martiale, comme accusé de vol,
commis dans le port, d'objets confiés à sa garde et appartenant à l'armement d'un vaisseau de guerre. L'opinion
publique était fort prévenue contre les comptables, qu'elle
suspectait volontiers d'infidélité ; ainsi l'on ne devait attendre aucun intérêt en faveur de l'accusé, et c'est à peine s'il
pouvait compter sur quelque impartialité. Les protestations de la femme qui venait de nous faire ce récit, me parurent accueillies avec froideur par les passagers, et je fus
le seul qu'émurent ses sanglots. Cependant, un vieux marin
ayant sans doute remarqué, comme moi, les effets de cette
prévention, prit la parole et dit qu'il n'était pas là pour
défendre les cambusiers, mauvaise engeance qui, pendant
ses longues campagnes, lui avait rogné ses rations de vin ;

mais que cette femme étant sa voisine, depuis dix ans, il
pouvait bien certifier sa bonne réputation, et affirmer que
c'était une mère de famille qui élevait ses enfants dans la
crainte de Dieu et le respect du bien d'autrui. Il n'en fallut
pas plus pour dissiper la défiance et rendre un libre cours
aux bons sentiments. Chacun chercha s'il n'y avait pas
quelque moyen d'alléger cette infortune. Je n'en vois point
d'autre, reprit le vieux marin que d'examiner cette affaire,
qui n'est peut-être pas aussi claire qu'elle nous le paraît.
Allons, mon brave jeune homme, ajouta-t-il, en s'adressant
à moi ; vous qui savez lire et écrire, ce que m'apprend votre
habit, il vous serait possible de faire quelque chose en
faveur de cette bonne femme ; peut-être sauverez-vous cette
famille de la perdition. Tous les passagers se joignirent au
vieux matelot, et me décidèrent, par leurs instances à me
rendre à la prison de Pontaniou, pour visiter l'accusé, et
tâcher d'en tirer quelque éclaircissement qui fût utile à sa
cause.

Quoique alors il y eût beaucoup moins de fripons que
maintenant, j'en avais déjà vu quelques-uns, je savais
quelles étaient leurs manières et à quels indices on pouvait les reconnaître. Le prisonnier ne leur ressemblait
point. Il me déclara ingénument qu'il ne concevait rien à
la mauvaise affaire qui allait causer sa ruine. Le déficit ne
pouvait être contesté, et pourtant il affirmait, sur sa part de
paradis, qu'il n'avait pas détourné une pinte de vin. Quant
aux barriques saisies sur le quai, il n'en avait eu connaissance que par l'interrogatoire qu'on lui avait fait subir. Au
reste, il avait appris, par les autres détenus, que c'était un
cas de galères, et pour empêcher qu'on reprochât à ses
enfants d'avoir eu pour père un forçat, il était bien décidé
à se noyer, lorsqu'on le ferait traverser le port pour aller

au tribunal. Ce malheureux ne m'ayant rien dit dont je
pusse tirer quelque utilité pour lui, je résolus, non sans
hésitation, d'aller demander au greffe de la Cour martiale
communication des pièces du procès. J'avais espéré pouvoir découvrir que le vin saisi différait de celui du bord,
dont on prétendait qu'il faisait partie ; mais il se trouva que
les voleurs avaient fait disparaître toutes les marques de
reconnaissance ; et pour compléter mon désappointement,
la qualité des vins variait tellement d'une barrique à l'autre,
qu'aucune induction ne pouvait être obtenue de la disparité
des différentes sortes.

Je n'avais plus d'autre ressource que l'examen des
comptes du cambusier. C'était une collection de cahiers
écrits, dans l'obscurité du faux-pont, par une main pesante et
inhabile, et dont les chiffres étaient tracés en colonnes dé-
viées, qui en rendaient l'addition difficile. Les pièces origina-
les qui les justifiaient étaient encore plus indéchiffrables. Je
demandai quelle vérification avait été faite de ces cahiers
nombreux, et j'appris qu'on en avait relevé les reports seulement pour abréger l'opération qui aurait exigé, disait-on,
un travail immense. Les reports avaient montré qu'il manquait à cette comptabilité précisément les dix barriques de
vin débarquées frauduleusement sur le quai. Mais les
additions qui formaient ces reports étaient-elles justes ?
C'était là une question grave dont la solution me parut anti-
cipée par l'accusation. Je reconnus des erreurs dont je gardai
le secret. Je me bornai à proposer de faire exécuter la vérification générale par un nombre suffisant de fourriers d'artillerie de marine qui seraient assermentés. Ma demande
fut soumise au rapporteur, qui l'accueillit ; et aussitôt, par
mes soins, une demi-douzaine de braves jeunes gens, sans
autre expectative qu'une bonne action, se mirent à dé-

pouiller tout ce fatras de chiffres. Après huit jours de calculs, je pus établir avec évidence que le vin porté en déficit
avait été distribué à l'équipage, et que le journal et les pièces à l'appui en donnaient la preuve. L'erreur n'existait
que dans les reports des pages, qui se trouvaient atténués
considérablement par de mauvaises additions et par des
transformations de mesures pleines d'omissions. Je mis sous
les yeux du commissaire-rapporteur des feuilles où l'on
n'avait point tenu compte des chiffres exprimant la retenue
d'une colonne qui devait être reportée à la suivante, ce qui
diminuait énormément les quantités additionnées. Cette
découverte fit sensation et fut un nouvel exemple des méprises fatales auxquelles la justice est exposée par des apparences trompeuses qui font voir la preuve d'un crime dans
un simple jeu du hasard. Ainsi, toute cette accusation
grave reposait sur l'identité de deux nombres : celui des
barriques en déficit et celui des barriques volées. Le rapporteur, M. Bergevin, se montra, dans cette affaire, digne du
nom qu'il portait, et qui était également honoré dans l'armée navale et dans l'administration de la marine. Il décida
que, pour réhabiliter le pauvre cambusier, la cause serait
portée à l'audience de la Cour. Là il abandonna l'accusation, et il voulut bien dire que c'était à mes soins persévérants qu'était due la lumière qui faisait voir l'innocence du prévenu. Comme il avait exigé que je me pré-
sentasse, pour la forme, en qualité de défenseur, je fus
forcé de répondre à ces paroles obligeantes, en balbutiant, avec timidité, des remercîments. Ce furent les premiers mots que je prononçai en public, autres que ceux
d'un commandement militaire; et ils me coûtèrent plus
que je ne puis l'exprimer. Dans ce temps-là, les jeunes
gens étaient contenus et réservés, et rien n'était plus

rare que la faconde qui est aujourd'hui si commune.

L'accusé, qui n'avait rien compris, comme il arrive souvent, au grimoire de son jugement, tel qu'il était alors libellé, fut saisi d'une joie si grande quand on lui dit, en langage vulgaire, qu'il pouvait s'en aller chez lui, qu'il fut pris d'un évanouissement. Une apoplexie se déclara, et l'emporta dans les vingt-quatre heures. Ainsi mes efforts ne servirent à sa famille qu'en lui sauvant l'honneur, et la justice fut aussi funeste à ce malheureux, en reconnaissant la méprise qu'elle avait faite, qu'elle l'eût été par une condamnation inique. Par bonheur, des dames charitables qui avaient suivi avec intérêt les chances de ce procès, se chargèrent des orphelins, et firent obtenir à la veuve une permission de vendre des fruits à la porte du quartier de l'artillerie de marine.

A mon retour de l'expédition de Killala, je sortais de ce quartier, où l'on venait de me prouver que j'étais mort, remplacé, rayé des contrôles, et déshérité de toute somme qui m'était due, quand cette femme me reconnut et se jeta au-devant de moi. Elle m'avait cherché partout, et la veille encore. L'affaire de son mari, dont elle n'avait pas des idées très-exactes, lui avait fait croire que je possédais un pouvoir libérateur comme jadis le seigneur de Kellern, qui faisait tomber les fers d'un prisonnier, rien qu'en les regardant. D'après cette idée, lorsqu'un jeune soldat avait été récemment condamné à mort pour insubordination, elle n'avait pas hésité à dire que je lui sauverais la vie si j'étais à Brest; et cette opinion fut accueillie par les matelots du vaisseau amiral, où le jugement avait été rendu; tant il est besoin d'orner les tristes réalités de chacun de nos jours par quelque fiction consolatrice! Vaincu par les supplications de cette femme, je dressai sur le comptoir d'un épicier un

pourvoi en révision de la sentence. Pas un instant ne devait
être perdu, car le délai accordé au condamné allait expirer,
et déjà l'on préparait dans le port le ponton qui devait être
conduit en rade, amarré le long de l'Océan, et servir de
théâtre à l'exécution. Dès que l'amiral Latouche sortit de sa
chambre, la bonne femme lui remit le pourvoi qu'il reçut,
en lui donnant l'assurance que le supplice allait être contre-
mandé, et le Conseil de révision convoqué. Une heure
avant sa séance, je me rendis à bord, et j'examinai la procédure ; elle était, comme je l'avais prévu, fort irrégulière ;
et je pus, malgré mon inexpérience, l'attaquer, devant le
conseil, par une douzaine de moyens de cassation. Je réussis pleinement, et il fut ordonné qu'il serait procédé à une
nouvelle instruction qui serait soumise à une autre Cour
martiale. C'était quelque chose qu'un répit ; mais, dans une
quinzaine, l'accusé devait retomber inévitablement dans la
même situation, avec cette différence que, cette fois, profitant de mes enseignements, l'officier rapporteur s'applique-
rait à faire une procédure irréprochable.

Cette prévision me rendit fort malheureux, et m'obligea
à me creuser l'esprit pour y découvrir quelque expédient
qui pût sauver ce pauvre diable de soldat. On devait le surlendemain célébrer, en rade, une fête pour la victoire de
Marengo. Je résolus d'en profiter. Au moment où les
généraux français et espagnols furent rassemblés à bord
du vaisseau *l'Océan* autour de la table d'un somptueux
banquet, l'amiral Latouche, qui commandait en chef,
trouva sous son assiette une épître en vers, dans laquelle
le condamné sollicitait sa grâce, et demandait que le pardon de sa faute lui permît de verser son sang sur les
champs de bataille où triomphait la République, au lieu
de le répandre sur un échafaud dont la seule image ferait

mourir ses frères de honte, et sa mère de douleur. L'amiral, qui était un homme de cœur et d'esprit, prit de suite une généreuse résolution ; il lut les vers à haute voix et avec beaucoup d'âme, puis après avoir conféré avec l'amiral Gravina, il descendit, en sa compagnie, jusque dans la batterie où le condamné était aux fers ; il le fit délivrer devant lui, et lui annonça son amnistie complète, afin que dans ce jour d'allégresse il n'y eût sous ses ordres aucun malheureux.

Le soir, en rentrant chez moi, je trouvai assis sur les marches de l'escalier un jeune soldat qui se jeta à mes pieds et embrassa mes genoux. C'était ce pauvre garçon qui venait d'échapper de si près à la mort. Il avait reçu une feuille de route pour joindre sa demi-brigade à l'armée d'Italie, et il avait la faculté de passer par sa commune pour voir sa famille et embrasser sa mère. Son bonheur et sa reconnaissance me remplirent de joie ; et je ne crois pas qu'aucune profession puisse en procurer autant que celle de l'avocat qui réussit à sauver du supplice un homme plus malheureux que coupable, et qui, pendant un demi-siècle, servira encore son pays et peut-être deviendra l'honneur de l'humanité.

Depuis ce jour, quoique j'eusse à peine prononcé quelques paroles pour obtenir ce succès, on jugea par l'événement mon habileté oratoire, et je devins l'espoir des détenus qui attendaient un jugement dans les prisons du Finistère. Il faut dire qu'alors il n'y avait pas, comme aujourd'hui, la possibilité de choisir entre beaucoup d'avocats. Les plus anciens du barreau étant royalistes s'étaient écartés volontairement quand les occurrences de la Révolution ne leur avaient pas été plus funestes, et tous ceux qui avaient suivi le mouvement, avaient trouvé place dans la

nouvelle magistrature ou dans nos assemblées législatives.
En sorte qu'il ne restait aux accusés que quelques vieux
procureurs, mal disposés à prêter gratuitement leurs services. A cet égard, du moins, j'avais sur eux l'avantage
d'être, en toute occasion, parfaitement désintéressé et de
refuser opiniâtrement les quelques pièces d'argent que de
pauvres hères avaient mis en épargne, pour leur défenseur, en rognant dans la prison chacun de leur repas. Je me
rappelle que les plus indigents étaient précisément ceux qui
insistaient le plus pour me faire accepter leur bourse, tandis que, plus d'une fois, des gens riches et d'un rang élevé
ont oublié qu'ils me devaient des remercîments. J'avais un
autre avantage que les hommes de la profession m'en-
viaient, c'était d'être plus hardi, plus libre, plus indépen-
dant. Les juges me montraient plus de confiance, plus de
sympathie, et ils accordaient plus de tolérance à ma franchise, en considérant mon âge et le rude métier des armes
que je faisais depuis ma sortie du collége ; ils se plaisaient
à m'encourager, même à donner publiquement des éloges à
mes efforts, pour rechercher la vérité ; et, dans plusieurs
occasions, ils manifestèrent le désir que je devinsse, en dé-
finitive, une acquisition pour le barreau du Finistère. Une
si grande bienveillance m'imposa le devoir de la mériter,
sans avoir toutefois l'intention de la mettre à sa dernière
épreuve.

Je ne pouvais accepter la tâche difficile de défendre un
accusé sans posséder une partie des connaissances nécessaires pour la bien remplir. Je me mis donc à l'étude
courageusement. Il me fut aisé d'acquérir les notions
qu'exigeaient la procédure et les lois militaires ; mais, je
trouvai que ce n'était pas assez. Je voulus connaître les
beaux ouvrages qui ont contribué si puissamment à la ré-

forme de nos vieilles lois criminelles. Je lus Beccaria, Filan-
gieri, Brissot, Servan ; je relus Montesquieu. Le passé contenait de trop importantes leçons pour qu'il me fût permis
de le négliger. Je compulsai Domat et les ordonnances de
Louis XIV. Sans doute j'étais bien loin du terme que j'eusse
voulu atteindre ; mais, cependant je fis des progrès rapides
et notables, et j'obtins, avec de respectables suffrages, de
beaux et légitimes succès. Je réussis même à imprimer à la
législation militaire un caractère d'équité, de clémence et
de raison, tout à fait inconnu jusqu'alors. Personne n'aurait pu croire, avant l'événement, que, dans l'humble sta-
tion où la fortune et mon abnégation m'avaient confiné, il
m'aurait été possible d'exercer une influence si importante. Voici comment j'opérai cette bonne œuvre, la plus
importante peut-être de toute ma vie.

. Une loi rendue en pluviôse, an IV, avait été abrogée par
l'institution de nouveaux tribunaux militaires ; elle portait
que lorsqu'il résulterait de l'instruction des circonstances
atténuantes de la gravité du crime ou délit, la peine pro-
noncée par la loi serait modifiée d'après l'appréciation des
juges. Cette disposition n'avait point été reproduite dans le
code de l'an VIII, et elle était totalement oubliée. Je résolus
de la faire revivre, et il ne me fut pas difficile de prouver que,
puisque aucune abrogation spéciale n'en avait été faite, elle
existait dans toute sa force, et devait servir aux Conseils
de guerre pour atténuer dans une juste mesure les terribles peines qu'ils étaient maintenant forcés d'appliquer.
Je montrai, par de nombreux exemples, que la rigueur
excessive de ces peines, étant parfois évidente, les juges,
plutôt que de les prononcer, préféraient acquitter des coupables ; ce qui leur paraissait moins fâcheux que d'envoyer
à la mort un homme qui méritait seulement une déten-

tion. Une innovation aussi considérable, qui changeait l'esprit de la loi militaire, et, d'inexorable qu'elle était, la rendait rationnelle et humaine, ne pouvait passer sans opposition ; il fut assuré qu'une discipline de fer et des châtiments rigoureux étaient des nécessités, et qu'on ne saurait s'en départir aucunement sans le plus grand danger. Plusieurs fois, les Conseils de guerre refusèrent d'accorder des atténuations dont ils admettaient la justice, ils craignaient d'être blâmés par les jurisconsultes de Paris. Je n'en persévérai pas moins dans mes efforts pour faire adopter dans toutes les Cours militaires de l'Ouest cette jurisprudence, et j'eus la satisfaction d'y réussir pleinement.

Tous ces faits advenus, il y a cinquante ans, à l'extrémité de la France, étaient tombés dans l'oubli, lorsque M. Béranger, de la Drôme, président à la Cour de cassation, et de l'Institut, en 1856, guidé par les mêmes sentiments qui m'avaient animé, et se prévalant de ses vastes connaissances en législation, comme aussi de l'influence d'une vie vénérée, a reproduit le système des circonstances atténuantes et l'a fait admettre dans la pratique de nos tribunaux. C'est, à mon sens, l'une des plus belles conquêtes de la raison publique sur l'opiniâtreté des vieilles habitudes professionnelles. Je m'estime heureux d'en avoir eu la pensée et d'en avoir provoqué et commencé l'exécution dans un âge où l'on songe plutôt à ses plaisirs qu'aux souffrances qu'inflige aux hommes la dureté des lois. Je m'honore d'avoir éprouvé, lorsque j'étais encore si jeune et si inexpérimenté, les mêmes sympathies que le légiste illustre qui les a fait entrer dans nos pratiques judiciaires, avec tant d'avantages pour l'humanité.

Mon application, mon activité, l'emploi de tous mes moments pouvaient à peine me permettre de satisfaire aux exi-

gences des causes dont j'étais chargé. J'avais des clients qui
m'appelaient de toutes les prisons civiles, maritimes et militaires. Je fus obligé de plaider jusqu'à trois affaires, en un
jour, devant trois tribunaux diffférents. Je défendis des
milliers de soldats poursuivis pour désertion, vente d'effets
d'habillement, actes d'insubordination, et j'obtins souvent
des commutations de peines ou même des acquittements. Je
dus, en outre, plaider pour un colonel qui avait rudoyé
la musique de son régiment, coupable d'avoir joué l'air : Ça
ira; — pour un capitaine accusé d'adultère, à grand tort,
car c'était la soubrette, et non la maîtresse, qu'il allait visiter
la nuit, quand on le surprit; — pour un garde-magasin
qui se trouva avoir bien au delà de son compte, lorsqu'on
l'accusait de dilapidation; — pour une charmante paysanne
nantaise dont l'amiral Villavicentio avait fait une grande
dame, et qu'on voulait forcer à payer six mille francs un
portrait qui ne valait pas un petit écu; — pour des émigrés rentrés, qui ne pouvaient pas s'habituer à la révolution, et qui se chamaillaient sans cesse avec elle; — pour
des actrices encore plus querelleuses que jolies, mais qui,
je dois le dire à leur éloge, auraient été, si j'en avais cru
leur reconnaissance, les plus généreux de tous mes clients;
— pour des communes qui laissaient dévaliser les voitures
publiques sur les grands chemins de leur territoire; ce
pourquoi elles étaient appelées, non sans justice, à rétribu-
tion; — contre des compagnies d'assurances maritimes qui
dès lors affrontaient leurs assurés, etc., etc.

Parmi les affaires judiciaires qui réclamaient mon intervention secourable, il y avait fort peu de crimes contre les
propriétés ou de violences contre les personnes. Le vol était
fort rare en Basse-Bretagne, et les querelles d'ivrognes
étaient au contraire si communes qu'elles ne pouvaient

être matière à procès. Les têtes cassées s'arrangeaient
entre elles sans le concours de la justice ; mais nombre de
fois, je fus appelé à Quimper, pour plaider des causes de
plus d'importance évoquées devant la Cour d'assises. Son
président, M. de Keréon, qui m'avait pris en affection, con-
tribuait à me faire accepter ces missions fort honorables,
sans doute, mais qui, deux ou trois fois, me firent tomber,
comme on va le voir, dans de dangereux guet-apens.

Un jour, à la demande d'un militaire traduit devant le
Conseil de guerre de la division, je me rendis au château
de Brest. Ce malheureux, qui était recommandé comme un
prisonnier dangereux et très-entreprenant, avait été renfermé dans la cachot de la Tour de César, à quarante ou
cinquante pieds sous terre. Quand le guichetier ouvrit la
porte de cet affreux séjour, je reculai d'horreur, suffoqué
par l'infection qui en sortait. J'obtins des geôliers, qu'on ferait monter l'accusé au milieu de la cour, en l'environnant
d'un cercle de sentinelles. C'était un homme d'une grande
taille, d'une figure rendue sinistre et repoussante par
plusieurs balafres qui lui sillonnaient le visage dans tous
les sens. Il était couvert du fumier pourri sur lequel il couchait dans son souterrain. Il me raconta qu'en sa qualité de
maître-d'armes, il était d'humeur peu endurante, et qu'un
officier l'ayant *cherché*, il avaient eu le malheur de céder à
l'envie de lui donner une râclée. Il savait très-bien son code
pénal, et ne doutait nullement du sort qui lui était réservé ;
mais tout résigné qu'il était, il avait voulu, pour sa satisfaction personnelle, me consulter afin d'être sûr qu'il n'avait
plus aucun espoir à conserver. Cet homme était un vrai
garnement, et pourtant, en parcourant ses papiers de services, j'y découvris des témoignages de faits d'armes tellement honorables que je ne pus me résoudre à le quitter en

lui laissant la mort dans le cœur. « Vous êtes malade, lui dis-je, soyez-le encore plus ; vous serez envoyé à l'hôpital, à la salle des consignés ; on vous fera sortir, à votre tour, dans le préau ; les murs dont il est entouré ont trente pieds de haut ; et un factionnaire veillera sur vous. Un jeune arbre peut rendre votre escalade moins difficile, et vous permettre d'atteindre d'un saut le faîte de la muraille. La sentinelle tirera sur vous ; si elle vous manque, vous vous laissez tomber dans la rue voisine, et vous êtes sauvé. » Le prisonnier me remercia avec effusion et fut reconduit dans son horrible cachot. Je n'en entendis plus parler. Plusieurs mois après, je rencontrai au spectacle le capitaine rapporteur qui avait été chargé d'expédier ce pauvre diable. Je soupçonne, me dit-il, que c'est vous qui m'avez joué le méchant tour de faire évader ce coquin. Je lui demandai comment j'avais dû m'y prendre, et il me fit un récit très-circonstancié, qui me montra que le prisonnier avait exécuté, de point en point, ce que je lui avais dit, comme s'il s'agissait d'une consigne militaire. Je fus émerveillé de l'habileté de cet homme, de son intrépidité et de son bonheur.

A quelque temps de là, j'allai à Quimper plaider devant la Cour d'assises ; l'affaire terminée, il se trouva, lorsque je dus revenir à Brest, que les communications étaient inquiétées par une bande de chouans. Il était bien connu que les choses se passaient de la manière suivante. Dès que la diligence arrivait au bas d'une certaine côte difficile à gravir, les brigands, qui l'attendaient dans les genêts, attaquaient son escorte, lui tuaient quelques hommes avant de se montrer, et la forçaient d'abandonner la voiture. Aussitôt, ils obligeaient les voyageurs à en sortir, et au lieu de les dépouiller ils faisaient une quête, dans un chapeau, pour Notre-Dame

de Recouvrance. Pendant ce temps les plus experts d'entre
eux fouillaient les caches où l'on avait renfermé les remises
en argent du receveur général, et ils en enlevaient les sacs,
après les avoir soigneusement comptés, pour s'assurer qu'il
ne manquait rien à la somme. Ils remettaient ensuite les
voyageurs en diligence, et leur souhaitaient poliment un
bon voyage. Ce récit me parut fort embelli, et j'appris, en
effet, que, parfois, ces honnêtes brigands se dispensaient de
demander ce qu'ils pouvaient prendre.

Il en advint exactement comme on me l'avait raconté,
lorsque la diligence où je m'étais embarqué, fut prise en
route par une nombreuse troupe de chouans. Seulement,
ce à quoi je ne m'attendais guère, c'est que leur chef, en
me voyant, jeta un cri de joie et me fit la réception la
plus affectueuse. C'était le maître d'armes, le prisonnier de
la Tour de César, l'évadé de l'hôpital, qui s'était réfugié
parmi ces voleurs de grands chemins, et qui, par son intelligence et son courage, s'était fait reconnaître l'un de leurs
supérieurs. Il me répéta dix fois qu'il n'oublierait jamais
que j'étais son libérateur: et loin de me ravir ma bourse,
il m'offrit la sienne. Je l'exhortai à quitter au plus vite un
métier mauvais et dangereux; et il me promit de suivre ce
conseil aussi exactement que le premier que je lui avais
donné. Il avait des ressources suffisantes, me dit-il, pour
aller vivre aux États-Unis, en honnête homme. A ma considération, les autres voyageurs ne furent pas rançonnés, et
l'argent du trésor paya pour tout le monde. Les chouans
et leur chef nous comblèrent de politesses et se piquè-
rent de déployer à notre égard les manières les plus cour-
toises. Quand ils nous eurent laissés, fort aises d'en être
quitte à si bon marché, il me fallut bien, pour me disculper
d'une si tendre affection, raconter comment je l'avais ac-

quise. Ceci prouve, dit l'un de mes compagnons de route,
qu'il est bon d'avoir des amis partout, même parmi les voleurs de grands chemins. Chacun se félicitait beaucoup
trop du dénoûment de notre aventure, pour ne pas donner
son approbation à la morale quelque peu relâchée qu'on
venait d'en faire sortir.

Ce voyage aurait dû me servir de leçon ; mais il est rare
que l'expérience soit profitable à la jeunesse. J'allai me jeter
une autre fois dans le même danger.

Deux jeunes gens appartenant à une ancienne famille
étaient traduits devant une Commission militaire, formée à
Quimper. On les accusait du crime d'embauchage, et l'on
annonçait que des preuves formidables seraient produites
à l'audience du tribunal. Je fus pressé, avec instance, de
me présenter comme leur défenseur. Le caractère des juges,
les formes de la procédure et l'exécution prévôtale de la
sentence, intimidaient tous ceux appelés par leur talent à
venir remplir cette épineuse fonction. Je partis aussitôt que
je me fus procuré quelques notions qui me semblaient in-
dispensables. Je trouvai Quimper fort ému de cette affaire,
et très-effrayé de ses résultats probables. Les habitants les
plus notables de la ville me vinrent visiter pour me témoigner l'intérêt qu'ils prenaient aux accusés. Ceux-ci étaient
de beaux jeunes gens, grands chasseurs, alertes, vigoureux, mais privés de toutes les notions justes dont on aurait pu tirer quelque avantage pour leur situation. Ils
croyaient qu'il suffisait de nier pour être mis en liberté, et
qu'on y regarderait à deux fois avant que de leur laver la tête
avec du plomb. Je fus forcé de leur dire qu'il y avait près
d'Auray une prairie dont chaque touffe d'herbe provenait du
cadavre d'un gentilhomme, et qu'on voyait au bagne de Brest
un lit de camp où la nuit étaient enchaînés des hommes

qui, douze ans plus tôt, auraient été admis, pour l'antiquité
de leur noblesse, à monter dans les voitures du roi. Il y a
toujours, parmi les accusés, un nombre considérable d'esprits faux·qui courent à leur perte au lieu de s'efforcer de
la conjurer.

Lorsque j'entrai dans la salle de la Cour d'assises où
siégeait la Commission militaire, je la trouvai comble, toute
grande qu'elle était. Je prévis que cette affluence serait
attribuée par les juges à l'esprit de parti, et qu'elle leur
porterait ombrage. Je fus fort alarmé de la direction
qu'allait prendre l'affaire; il me parut évident que, si les
prévenus étaient préconisés comme des champions de la
réaction royaliste de l'Ouest, ils allaient être traités en ennemis par le tribunal, qui était composé d'officiers de la République; et dès lors, rien ne pouvait sauver mes clients
d'une condamnation et d'une exécution immédiates. Je pris
une résolution grave, avec la rapidité d'une manœuvre militaire décisive.

Je demandai la parole, en mon nom personnel, aussitôt
l'ouverture de l'audience, et je déclarai que je ne m'étais
chargé de la défense des accusés qu'après avoir acquis, par
des preuves matérielles, la conviction intime qu'ils n'étaient
pas coupables; je protestai solennellement contre l'opinion
qu'il fût possible que je voulusse innocenter des hommes
qui, par des actions impies, auraient tenté de rallumer le
feu de la guerre civile: et je m'indignai de l'idée qu'un tel
pacte pût être un seul instant attribué à un grenadier de
Quiberon. Ce prologue eut l'effet que je désirais; il empêcha les juges de me prendre pour un adversaire politique,
et il me permit, par la bienveillance qu'il leur inspira
pour moi, de recourir à un système de défense dont l'innovation me permettait quelques chances de succès. J'avais

fréquemment éprouvé qu'après plusieurs heures de débats, la fatigue des juges ne leur laissait porter qu'une faible attention aux arguments de la plaidoirie, et que d'ailleurs, à cette heure tardive, leur jugement était fait et arrêté. Pour obvier à ce sérieux inconvénient, je projetai de ne plus réserver mes efforts pour une attaque finale de l'accusation, et de combattre les preuves apportées contre les prévenus à fur et à mesure qu'elles seraient produites. Il y a une pratique analogue dans le barreau anglais [1], où la défense, au lieu de laisser passer tranquillement les dépositions des témoins, s'évertue à les assaillir, et réussit souvent à en prévenir l'effet. Sans doute, l'usage qui permet, en Angleterre, une vive collision entre l'avocat et les témoins, au pied du prétoire, n'a pu s'établir en France; mais, alors, devant des juridictions nouvelles, privées de traditions, on pouvait prétendre à s'en servir, surtout en obtenant d'abord la bienveillance des juges, et en se maintenant dans les limites d'une sage réserve. Les faits de la cause vont montrer que d'ailleurs je n'avais pas le choix des moyens pour arriver au but.

Depuis deux mois, plusieurs jeunes gens des campagnes, aux environs de la ville, avaient disparu mystérieusement de leurs communes; et le bruit s'était accrédité qu'ils avaient été racolés pour aller joindre des bandes de chouans. Quels étaient les agents de ces levées insurrectionnelles? On s'était livré à de nombreuses conjectures à cet égard, mais il régnait toujours la plus grande incertitude, quand la justice fut informée des circonstances suivantes. Il y avait au milieu d'une lande, au carrefour de quatre chemins, une grange à moitié en ruine. Un paysan qui était ivre et ne pouvait

---

[1] *Cross-Examination.*

continuer sa route, alla s'y coucher; il fut réveillé, disait-il,
au milieu de la nuit, par des hommes qui, ignorant sa présence, s'étaient réunis dans cet endroit, et qui y discu-
tèrent un marché dont les termes supposaient, dans l'esprit
du témoin, un échange d'argent contre de la chair humaine,
c'est-à-dire un prix payé pour servir avec les chouans.
Ce paysan ne put, dans l'obscurité, distinguer aucun
des acteurs de cette scène; mais il croyait bien reconnaître,
à leur voix, mes deux clients. Je demandai qu'il rapportât
les termes de l'entretien sur lesquels il fondait une accusation capitale; il répondit qu'il était trop effrayé pour s'en
souvenir. Je remarquai alors qu'il était bien étrange qu'un
homme privé de mémoire par la peur se rappelât pourtant
si bien le son de voix de personnes qu'il ne connaissait
point et qu'il pût être persuadé que c'étaient celles-là et
non d'autres. Puisqu'il n'avait pas la mémoire des paroles
dont il rapportait le sens, à plus forte raison ne devait-il
pas distinguer si subtilement les intonations des mots, qu'il
pût attribuer ceux-ci à un habitant sur cent mille du dé-
partement. Il croyait, disait-il, que c'étaient les accusés;
mais pourquoi le croyait-il? parce qu'il le croyait, répondit-
il. Je fis observer qu'il fallait que cette réplique fût bien
mauvaise puisqu'elle avait été mise, par Molière, dans la
bouche de maître Jacques, qui était un personnage ridicule.
Or, la veille, on avait joué l'*Avare*, et tout le monde se prit
à rire. La justice ne demandait pas au témoin ce qu'il
croyait; elle lui demandait ce qu'il avait vu. Avait-il, oui ou
non, reconnu les prévenus dans un conciliabule tenu la
nuit pour embaucher des paysans? S'il prétendait les avoir
reconnus et s'il était établi incontestablement, comme je
l'espérais bien, qu'il était impossible que cette assertion
fût vraie, rien ne pourrait le préserver de la condamnation

aux fers encourue par les faux témoins ; et dès ce moment, je faisais toutes les réserves nécessaires pour le poursuivre immédiatement à raison de ce crime. Cette déclaration effraya tellement cet homme, qu'il commença à tergiverser, et que sa déposition perdit en partie la puissance de nuire à mes jeunes clients.

Mais, après lui, deux témoins redoutables furent introduits. Il s'éleva dans l'auditoire, à l'instant de leur apparition, un sourd murmure qui m'annonça que le péril de la situation allait éclater. Leur physionomie ne me laissa aucun doute sur leur caractère ; mes adversaires étaient des paysans madrés, narquois, résolus et non moins audacieux que rusés. Ils étaient riches, et leurs voisins, qui les craignaient, subissaient leur influence. La déposition de l'un fut calquée sur celle de l'autre. Le concert était évident. Ils dirent qu'ayant appris, par le premier témoin, qu'un second rendez-vous avait été donné pour conclure dans le même lieu l'affaire d'embauchage, commencée la veille, ils avaient voulu connaître les personnages de ce marché. Dans cet objet s'étant cachés dans les genêts, ils avaient vu arriver, vers minuit, plusieurs jeunes gars, et bientôt après les deux accusés, qui s'étaient mis en conversation avec eux. Ils affirmèrent que c'étaient bien mes deux clients, qu'ils les avaient parfaitement reconnus à l'aide du clair de lune, et qu'ils avaient même remarqué que l'un et l'autre étaient armés de leurs fusils de chasse.

L'identité des deux dépositions, la fermeté des assertions, leur coïncidence parfaite avec les charges du témoignage précédent, et surtout la vraisemblance des faits affirmés d'une manière si positive jetèrent le découragement dans l'âme de tous ceux qui déploraient le sort réservé aux accusés. Je restai calme et serein, comme un homme qui n'avait rien à redouter de la vérité, et qui allait joindre tous ses efforts à ceux du rapporteur, pour la faire sortir de l'obscurité où jusqu'à ce moment elle avait été cachée. Je fis d'abord répéter aux témoins l'assertion qu'ils avaient vu mes clients armés de leurs fusils; et, de suite, en contradiction à leur dire, je prouvai que celui de l'un d'eux était alors à Quimper, chez l'armurier, et que l'autre, ayant été prêté la veille à un autre chasseur, les accusés n'avaient point de fusils en leur possession; ce qui impliquait qu'en affirmant en avoir vu entre leurs mains, on commettait une erreur capitale ou un coupable mensonge.

Pour confondre les témoins qui disaient avoir reconnu mes clients, à minuit, au milieu de la lande, il aurait suffi de prouver qu'ils étaient ailleurs en ce moment; mais je faisais l'aveu que cette preuve m'était impossible, car ils dormaient alors dans leurs chambres, où personne n'avait pu les voir et constater leur présence. Cependant ce défaut de preuve n'avait rien de bien concluant; car, en se couchant, aucun de mes auditeurs n'avait jamais songé, pour établir un alibi, qu'il devrait prouver avoir passé la nuit dans son lit; et, par conséquent chacun pouvait être en butte à l'accusation d'avoir été vu ailleurs. Mais, en l'absence d'un témoignage direct, je pouvais en produire un presque également certain. Les accusés avaient chacun un chien de chasse qui leur était tellement affectionné, que, pour ne pas en être suivi, quand ils sortaient, il fallait le mettre à l'attache. Alors l'animal remplissait l'air de ses cris et de ses gémissements. Or, rien de pareil n'avait eu lieu dans la nuit où l'on prétendait avoir vu les accusés loin de leur demeure. S'ils étaient sortis réellement de chez eux, leurs chiens auraient réveillé toute la maison quand on les aurait mis à l'attache; et s'ils avaient suivi leurs maîtres, en arrivant à la grange, ils auraient couru aux témoins cachés dans les genêts et ils auraient fait lever au plus vite ce gibier immonde. Au contraire, des gens dignes de foi les avaient vus, à onze heures du soir et au point du jour, couchés, suivant leur habitude, à la porte de leurs maîtres. Ainsi l'alibi, s'il n'était pas prouvé par des hommes, l'était par des animaux dont l'instinct fidèle a plus d'une fois guidé la justice lorsque les plus mauvaises passions humaines s'efforçaient de l'égarer.

Il est vrai qu'à l'encontre de ces preuves négatives, il y avait là deux témoins qui affirmaient sous serment qu'ils avaient vu et reconnu les accusés dans un conciliabule dont le but était criminel; mais comment avaient-ils pu, au milieu de la nuit, distinguer leurs traits, sans incertitude, sans erreur? Très-facilement, répondirent-ils l'un après l'autre; il faisait clair de lune; et, pour satisfaire à mes questions pressantes, ils particularisèrent la circonstance de l'ombre des genêts qui les cachaient eux-mêmes, et celle de la lumière de la lune qui frappait la figure des prévenus. Lorsqu'ils eurent bien établi ce thème, je produisis contradictoirement un document dressé sous l'autorité du président du tribunal civil de Brest, par lequel M. Rochon, astronome de la marine et membre de l'Institut, attestait, sous la foi du serment, et conformément à la notoriété publique, que dans la nuit indiquée il n'y avait point eu de clair de lune. C'était au jour seulement que le lever de la lune avait eu lieu.

Un cri de surprise s'éleva dans l'auditoire, et les juges ainsi que les accusés furent jetés dans le même étonnement que le public. Je dus faire lentement une seconde lecture de cette pièce décisive, qui donnait la preuve irréfragable du faux témoignage dont mes clients avaient failli être victimes

J'expliquai rapidement, en produisant un autre document tiré du greffe des tribunaux de Quimper, comment les témoins avaient été conduits à tramer par esprit de vengeance cette conspiration diabolique. Une juste condamnation pour destruction d'une quantité de jeunes arbres leur avait inspiré, contre la famille des prévenus, une haine astucieuse et sauvage, et ils avaient épié, pendant plusieurs années, l'occasion d'assouvir leur rage féroce.

Je renonçai à toute plaidoierie, déclarant me confier entièrement dans la justice de la Commission militaire. Les juges furent aux voix sans désemparer, et le président prononça le jugement rendu à l'unanimité, pour acquitter les deux accusés. Le rapporteur fut chargé de poursuivre les faux témoins. Je fus félicité et remercié, à la sortie de l'audience, par les personnes distinguées qui avaient suivi ce procès dans ses palpitantes péripéties. Les membres du tribunal descendirent de leurs siéges pour m'exprimer leur satisfaction d'avoir retrouvé au barreau un militaire déjà éprouvé, malgré son jeune âge, et conservant les caractères distinctifs de la profession : l'amour de la vérité et celui du pays. Je refusai obstinément les témoignages de la gratitude de mes clients, et je leur dis qu'après l'extrême danger qu'ils avaient couru, ils devaient rendre des grâces à la Providence, et lui témoigner leur reconnaissance par des actes de charité. J'ajoutai qu'étant tombés en suspicion dans l'opinion publique, il serait sage et avantageux qu'ils s'éloignassent, et j'insinuai que si leur famille n'y était pas trop contraire, il serait utile à leur fortune qu'ils partissent pour Paris et demandassent au Premier Consul de servir dans les guides. Leur nom et leur bonne mine feraient accueillir leurs vœux, et ils s'ouvriraient une belle et honorable carrière. Chez M. de Kéréon, où j'allai souper, car on soupait encore dans ce temps et dans ce pays éloigné, on appouva vivement le conseil que j'avais donné et qui fut adopté plus tard par mes deux jeunes clients. J'appris par la suite qu'ils s'étaient distingués dans les grenadiers à cheval de la garde impériale.

J'avais fort bien réussi, ainsi qu'on l'a vu dans les affaires des autres; je me tirai fort mal des miennes, comme je vais le dire, en terminant ce long récit. Au reste je n'ai jamais fait autrement dans toute ma vie.

A la fin d'une soirée agréable et prolongée, je m'en retournais à mon hôtellerie, lorsqu'en passant sur la grande place de la cathédrale, je m'arrêtai, frappé d'admiration à l'aspect qu'offrait cette vaste église gothique, dont les combles festonnés, les clochetons, les arceaux étaient éclairés en ce moment par un magnifique clair de lune. Une dame, qui me parut jeune et jolie et dont la mise était simple et élégante, traversait alors la place; une exclamation qui lui échappa en me voyant, me fit lui demander avec une extrême politesse si j'avais le bonheur d'être connu d'elle. Je vous dois, Monsieur, répliqua-t-elle, une journée d'émotions dont j'éprouve encore le trouble et le plaisir. C'est vous dire assez, ajouta-t-elle, que j'étais à l'audience où vous avez obtenu un si beau succès. Elle continua de m'exprimer, en très-bons termes, des choses gracieuses qui s'embellissaient du charme d'une voix vibrante et animée. La conversation devint, de ma part, courtoise et galante, et de la sienne, vive, spirituelle et pleine d'effusion. J'étais fort intrigué de savoir à qui je parlais. Très-évidemment, la belle inconnue savait par cœur les grandes familles du pays, et partageait leurs opinions royalistes, mais sa verve, sa franchise, le laisser-aller de ses sentiments me mettaient en doute si c'était une grande dame ou sa fringante soubrette.

Après tout, dans ces temps fabuleux d'égalité sociale, cela n'importait qu'assez peu, puisque c'était une charmante personne qui, malgré l'expérience dont elle se vantait, comptait tout au plus vingt ans. Quand je lui demandai si cette promenade à laquelle j'attacherais le plus doux souvenir, me laisserait le regret d'être unique dans ma vie, elle me répondit que c'était un regret partagé, mais inévitable et qu'elle partait le lendemain au point du jour pour habiter un séjour d'où n'approchaient jamais des sentiments tendres ou affectueux. Je crus qu'elle allait dans quelque couvent rigidement cloîtré; c'était bien pire encore, m'assura-t-elle; elle avait pour demeure habituelle un vieux château féodal, au milieu des landes et des bois, et souvent il s'écoulait huit jours sans qu'elle prononçât un seul mot qui ne fût pas gaëlic et qu'elle vît aucune figure humaine, autre que celles des paysans les plus rudes et les plus hargneux de la Basse-Bretagne. Je me récriai sur une aussi odieuse destinée, et je lui demandai de m'emmener pour lui tenir compagnie. Mon Dieu, répondit-elle, j'en avais la pensée et j'en ai bien le pouvoir, puisqu'on m'annonce que je vais rester absolument seule au château; mais, s'empressa-t-elle d'ajouter en riant, entre les murs épais de ma tourelle et sous mes bosquets de chèvrefeuille, il y aurait dans la solitude une occasion trop propice à une grande passion, et nous ne pourrions nous en défendre. Sans avoir une pénétration bien profonde, je crois que vous m'aimeriez; et lorsqu'à l'audience, j'ai fixé sur vous toute mon attention, je n'ai pu me dissimuler que c'est ainsi que devait être celui que j'avais rêvé. Cet aveu flatteur ne servit qu'à prolonger notre entretien et à rendre plus pénibles nos tendres adieux.

Enfin, nous venions de nous séparer, sans aucun espoir

de nous revoir jamais, quand, revenant sur ses pas, elle me
demanda comment je comptais partir. Je répondis que
c'était par la diligence du lendemain, à moins d'événements
sur la grande route ; et j'observai que, d'ailleurs, les voyageurs n'avaient même dans ce cas presque rien à craindre.
À la bonne heure, reprit-elle, mais si, par malheur, les choses venaient à se gâter, rappelez-vous de crier sans faute :
Oh ! hé ! Jacquot ! que le diable t'emporte ! cela suffit ; et
pourtant dans une extrémité, n'oubliez pas de dire : Je suis
des amis du marquis, ventre-de-biche ! Je n'eus pas le
temps de la remercier de cette marque de confiance ; elle
était déjà disparue dans l'ombre projetée par la cathédrale.
Rentré dans ma chambre, après une journée pleine de tant
d'agitations, je me demandai si ce n'était pas un prestige
qui m'avait fait prendre quelque vieux chef de chouans
pour une belle jeune fille, et si le mot d'ordre des insurgés,
qui semblait m'être donné par une jolie bouche, n'était pas
quelque piège tendu à ma crédulité. Il me fallut bien toutefois reconnaître que tout n'était pas fantastique dans cette
vision du parvis de l'église, car j'étais poursuivi par la fas-
cination du regard brillant de la charmante inconnue et
celle du profil élégant de son riche corsage ; promesse séduisante dont la réalité est bien plus certaine dans le Finistère que dans maint autre pays du monde.

Le lendemain à midi, la diligence qui devait être partie
de grand matin, n'était pas encore chargée. Elle se mit en
route pesamment, accompagnée d'une escorte d'infanterie qui ralentissait encore ses progrès. Je m'endormis
d'ennui et je n'ouvris les yeux qu'au moment où la
voiture s'arrêta au milieu d'une troupe de chouans. Nos
soldats intimidés par leur nombre supérieur s'étaient re-
pliés sans tirer un coup de fusil. On aurait dit que tout

était convenu d'avance, et ceci me rappela que dans la cour
des messageries, on avait attribué le retard qu'on mettait
à partir, à ce que les brigands n'étaient pas encore en mesure d'attaquer la diligence. Tous ces crimes étaient devenus des intérêts où chacun prenait part.

Les choses se passèrent aussi régulièrement que dans un
siége : on fit descendre les voyageurs, et nous fûmes rangés
comme des prisonniers de guerre le long du mur d'un
cabaret situé près du grand chemin ; deux sentinelles nous
gardèrent à vue, pendant que la bande s'empressait de
fouiller les bâches, les vaches et les caves, où devait être
cachée une grosse somme appartenant au trésor. J'examinais les paysans qui faisaient ce métier de voleur, et je
remarquais que, déguenillés comme ils l'étaient, ce devait
être une misérable profession, quand inopinément notre
escorte de volontaires, qui s'était ralliée en arrière, arriva au
pas de course sur les chouans dispersés, et fit sur eux une
charge meurtrière à la baïonnette. Elle reprit la diligence,
lui fit tourner bride, et la mit au galop pour retourner à
Quimper. Furieux de se voir ravir une proie dont ils se
croyaient les maîtres, les brigands coururent après, harcelant nos soldats par leur feu sans oser les approcher. Je prévis
qu'en voyant leurs efforts infructueux ils allaient bientôt
revenir aux voyageurs, pour se dédommager sur eux de leur
revers de fortune. Profitant donc, quand ils nous eurent
assaillis, de l'éloignement de leurs sentinelles qui avaient
été joindre leurs camarades, je partis lestement, continuant
ma route sans tenir davantage compte de la diligence, qui,
loin de donner aucune sécurité, servait bien plutôt à allé-
cher l'ennemi, et à vous faire tomber entre ses mains.

Je commençais à trouver ma journée assez longue, et je
projetais une halte dans un village que j'apercevais au loin,

devant moi, sur une hauteur, quand inopinément deux
paysans armés de fusils sortirent d'un bas chemin, et me
couchèrent en joue, avec des menaces dont je compris
seulement le sens. Leur apparition fut si brusque que je ne
retrouvai dans ma mémoire qu'un moment après la formule
du mot d'ordre. Aussitôt qu'elle me fut revenue à l'esprit,
je toisai hardiment mes deux coquins, et je leur criai : Oh !
hé ! Jacquot, que le diable t'emporte ! Je n'étais pas très-
rassuré sur la puissance de ce talisman ; et ce fut avec une
vive satisfaction que j'en vis les effets. A ces mots les pen-
dards abaissèrent leurs mousquets et me regardèrent d'un air
surpris et hébété tout à fait réjouissant. Je sais, dis-je au
plus vieux, que tu parles français comme moi ; allons, donne-
moi des nouvelles du marquis ; suis-je encore loin du château ? Il me répondit d'abord d'une manière inintelligible ;
mais dès que je lui eus dit : Ventre-de-biche ! je suis des
amis du marquis, il s'expliqua clairement, et me montra
par-dessus les chênes d'un bois voisin de hautes murailles,
aussi noires que des constructions cyclopéennes. C'était là
le vieux manoir qui renfermait ma jeune et belle inconnue.
J'ordonnai aux brigands de m'y conduire ; ils obéirent
sans hésitation ; mais il n'était pas facile de pénétrer dans
cette sombre demeure ; les ponts étaient rompus et les po-
ternes murées ; en sorte qu'il nous fallut, pour entrer dans
la cour, grimper, descendre et passer à travers des brèches
que cachaient des draperies de lierre et des fascines d'arbrisseaux épineux. Enfin, sous un porche voûté, nous trouvâmes une porte qui s'ouvrait dans une grande salle obscure,
ressemblant au réfectoire d'un monastère. Devant une che-
minée vaste comme un appartement, et où brillait un grand
feu, était assise une dame, enfoncée dans un immense fauteuil qui ne me laissait voir que son élégante chevelure.

Voici, dit mon conducteur en entrant, l'un des amis du
marquis. Mécontente, sans doute, d'être troublée dans ses
réflexions, la dame répondit d'une voix impérative et sans
daigner se retourner : Va te promener avec eux, Jacquot!
que veux-tu que j'en fasse à présent? Voilà, m'écriai-je, une
bien gracieuse hospitalité! En entendant ma voix, la dame,
qui n'était autre que ma belle inconnue, se leva vivement
et cédant à l'entraînement de la surprise et d'un plaisir
inespéré, elle courut se jeter dans mes bras. Je songeais à
vous, me dit-elle, et je me reprochais amèrement de vous
avoir refusé de m'accompagner ici ; il me semblait qu'en
vous quittant, je perdais le seul jour de bonheur que j'aurai
de ma vie. Elle s'aperçut un peu tard que nos transports
avaient pour témoin mon vieux conducteur. Elle le remercia
du prisonnier qu'il lui avait amené, et le chargea d'aller à
la cuisine commander un excellent souper dont il aurait
sa part, elle ajouta avec bonté : Je t'ai rudoyé, mon pauvre
garçon ; mais tu sais combien j'ai de motifs d'humeur et de
chagrin. En entendant sa maîtresse lui parler ainsi, ce sauvage paysan fut si touché qu'il se mit à verser des larmes.
C'était ce même homme qui, un quart d'heure auparavant,
m'aurait volontiers tiré comme un lièvre dans la bruyère et
m'aurait enterré dans un fossé.

Ma charmante amie m'emmena, par des escaliers et des
corridors sans fin, dans la partie du château qu'elle habitait.
C'était un donjon circulaire, appuyé sur quatre tourelles, dont
elle avait fait son alcôve, son cabinet de toilette, sa bibliothèque et la volière de ses oiseaux. Pendant que j'examinais
ses livres, elle changea son amazone contre une robe
légère qui la rendit encore plus ravissante. En la regardant, je m'enivrais de sa beauté, et certes, les philtres magiques de l'Orient n'ont jamais eu une pareille puissance.

C'était une jeune fille d'une taille élevée, qui réunissait à la
fois la force, la souplesse et la grâce. On reconnaissait en
elle le type de la race illustre des Cimbres [1], qui, dans
son alliance avec les Gaëls [2], conserve parfois ses caractères
distincts. Elle avait une longue chevelure noire avec de
grands yeux bleus, de l'azur le plus foncé. On voyait couler la vie sous sa peau blanche et satinée, et ses moindres
émotions coloraient ses joues de l'incarnat d'un sang impétueux. Sa santé robuste et brillante lui avait donné, par
anticipation sur son âge, les charmes les plus séduisants.
On ne pouvait voir rien de plus parfait que ses épaules,
son cou et ses bras. Elle avait, comme ceux de sa race, la
main d'une petitesse remarquable et un pied d'enfant.

Ma foi! j'oubliai que j'étais sous-lieutenant de la République. Je passai à l'ennemi, et je me livrai sans réserve à
ma vive admiration. Mon Dieu, m'écriai-je dans mon
extase, que vous êtes donc belle! — Combien j'en suis aise,
répliqua-t-elle avec son ingénuité bretonne; je pensais
justement, quand vous êtes arrivé, que le clair de lune
m'avait probablement flattée à vos yeux, et que, si vous me
revoyiez au grand jour, vous ne voudriez peut-être plus
m'aimer ni même me reconnaître. Heureusement un personnage intervint à travers de ce trop tendre entretien
pour en suspendre les transports. C'était Ursule, paysanne
qui ressemblait beaucoup aux gaillards des grands chemins dont j'avais fait plusieurs fois la mauvaise rencontre. Elle était la cuisinière, la femme de chambre, et au
besoin le page de la châtelaine, qui, pendant qu'elle mettait le couvert, me raconta qu'en plusieurs occasions; elle
s'était comportée comme un César. En considérant avec

---

[1] Les Kymris.
[2] Les Keltes, Celtes, Gaulois, Armoricains.

attention cette mine réjouie, il me sembla la reconnaître. Mais, Ursule, lui dis-je, est-ce que tu n'étais pas ce matin à Kerzu? Ce n'est pas moi, Monsieur, répondit la fille, c'est mon frère. Bon! reprit la dame, tu vas faire croire à notre hôte qu'il est tombé dans une caverne de brigands. Les éclats de rire d'Ursule pouvant accréditer cette opinion, ma belle amie m'expliqua que ces Messieurs du conseil, qui n'avaient pas de percepteurs, comme la République, pour lever les impôts, avaient trouvé expédient d'en recueillir l'argent lorsqu'ils étaient tout levés. Il suffisait pour cet objet de se tenir informé exactement des mouvements des fonds publics, quand ils étaient transportés d'un endroit à l'autre, par les diligences ou autrement. Dans ce cas, une troupe d'hommes dévoués les interceptait, et les versait, moyennant une prime, dans le trésor des royalistes de l'Ouest. L'argent prélevé par ces moyens était légitimement recouvré, puisque c'était un gouvernement usurpateur qui l'extorquait aux populations pour s'en servir contre la bonne cause.

Au milieu des occurrences diverses et précipitées où j'étais depuis la veille, la réflexion ne pouvait trouver place pour me guider ; pourtant j'avais compris que le côté politique de mon aventure n'était pas le plus beau ; et j'étais résolu à m'en tenir écarté. J'avais donc évité avec la plus grande discrétion de rien demander, crainte de révélations qui m'eussent désenchanté ; et j'étais bien persuadé que tout ce que je pourrais apprendre ne vaudrait pas ce que je voyais. J'ignorais jusqu'au nom de ma belle amie ; et ce fut par je ne sais quelle suite de propos qu'Ursule, en me parlant d'elle, la nomma mademoiselle Nanine. Comme je ne m'étais pas interdit les inductions, j'en tirai deux conséquences : l'une qu'elle était maîtresse de disposer de son

cœur; l'autre que, malgré son éducation et ses manières
distinguées, elle n'appartenait pas à l'aristocratie. Cependant cette conséquence me parut hasardée quand je me
souvins que j'avais vu au Palais-Royal une charmante
jeune personne qui n'était pas étrangère à la plus noble
maison de l'Europe, et qui s'appelait Pamela. Une scène
assez singulière dissipa tous mes doutes.

Pendant qu'Ursule tournait autour de nous, comme si
elle avait quelque grosse préoccupation, sa maîtresse lui
demanda comment elle me trouvait; mais, répondit la ma-
licieuse fille, je suis comme Mademoiselle, je trouve que
c'est un beau monsieur . Eh bien! mon enfant, reprit Nanine, tu l'aimeras bien davantage quand tu sauras qu'il a
délivré hier soir mes deux cousins de leur prison, alors
qu'ils devaient être fusillés. Mon Dieu! mon Dieu! que je
vous remercie! s'écria la jeune paysanne; et se jetant à
genoux, elle croisa ses bras sur sa large poitrine, et se mit
à prier avec une ferveur qui m'émut profondément. Puis
se traînant jusqu'à moi, elle me prit les mains et voulut les
baiser. Je me hâtai de la relever; et l'embrassant avec
effusion, je lui dis qu'elle était une bonne et brave fille,
qui méritait bien l'affection que sa maîtresse lui portait.
Nanine, qui venait de découvrir, sans y prendre garde, ce
qu'elle était, fut attendrie jusqu'aux larmes en voyant
combien j'appréciais en elle les qualités du cœur, qui
inspiraient à ses serviteurs un attachement si tendre et si
dévoué.

Ursule avait mis dans sa tête bretonne qu'il fallait un
festin pour célébrer un si beau jour, en sorte qu'elle servit
le souper à l'heure où l'on fait le réveillon. Il est vrai
qu'elle avait employé le temps à merveille, elle avait fait
main basse jusque sur la volière du marquis, et changé

ses cailles privées en cailles rôties, grosses comme des pou-
lets. Son perroquet gris lui-même n'aurait point échappé,
s'il n'avait été, aussi maigre, et surtout s'il ne se fût écrié
en la voyant : Bon jour, ma mie ! tout comme aurait pu le
faire un chrétien. Pour augmenter le prix des mets et exciter mon appétit, la savante cuisinière m'expliquait leur
origine ou plutôt les traditions qui s'y rattachaient. Je me
souviens seulement qu'elle servit un agneau nourri de
l'herbe d'un pré qu'arrosait l'eau du puits de Sainte-Yvone,
ce qui en garantissait la parfaite bonté. Quant aux vins précieux, qu'elle avait tirés d'un caveau secret, elle recourut à
ma science pour déchiffrer les étiquettes qui étaient leurs
titres de noblesse. Nanine et moi, nous étions fort peu
dignes de toutes ces richesses ; nous ne buvions que de
l'eau, mais il fallut bien nous départir de cette habitude,
pour satisfaire Ursule, et trinquer suivant l'antique usage,
en faisant des vœux pour nos chères amours. Jamais repas
ne fut plus gai, plus animé et ne fut l'heureuse occasion
d'aussi tendres épanchements. Les dangers qu'ils pouvaient
avoir, pour des amoureux de notre âge laissés au milieu de
la nuit et de la solitude dans un tête-à-tête prolongé,
menaçaient de s'accroître d'instant en instant, quand tout à
coup Jacquot accourant effaré entra en criant : Madame,
les bleus ! voici les bleus ! Il ouvrit une fenêtre, et nous
vîmes, à la lueur de la lune, une multitude de volontaires ou
de soldats, comme on dit maintenant, qui jetaient des fascines dans les fossés pour les traverser, et qui déjà esca-
ladaient la première enceinte du château. Allons, dit Nanine sans montrer le moindre trouble, il faut céder à la
mauvaise fortune, en attendant que nous puissions prendre
notre revanche. Elle s'informa de Jacquot s'il avait, en
montant au donjon, fermé aux verrous toutes les portes de

l'escalier; et sur sa réponse affirmative, elle m'assura qu'il
nous restait le temps nécessaire pour nos préparatifs. Elle
donna ses instructions au vieux paysan, qui sortit sur-le-
champ; elle revêtit son amazone, jeta au feu des papiers
compromettants, recueillit quelques bijoux précieux de sa
famille, et prescrivit à Ursule d'ouvrir aux soldats quand
ils se présenteraient, en déclarant à leur chef qu'elle était
à Quimper, et que le marquis était parti la veille. Elle lui
promit que, dans deux heures il lui viendrait du secours
de façon ou d'autre; et nous sortîmes, en prenant chacun une bougie à la main pour nous éclairer. J'ai vu des
généraux d'armée faire des dispositions devant l'ennemi,
et je puis garantir que pas un seul ne surpassait en sang-
froid, en présence d'esprit, cette intrépide jeune fille. Le
péril qui la menaçait, était pourtant imminent: car les
souterrains du château contenaient encore de la poudre et
des armes; et la Commission militaire aurait été sans pitié
pour la gardienne de ces munitions de guerre, si, comme
il était très-possible, on parvenait à les découvrir dans les
recès profonds où elles étaient cachées.

Une porte masquée nous conduisit à un escalier en spirale, qui descendait jusqu'aux fondements du vieux manoir.
Là, nous entrâmes dans une étroite galerie, pareille à celle
des mines d'une place fortifiée. Il nous fallut la parcourir
si longtemps que je ne doutai point qu'elle n'aboutît fort
au loin dans la campagne. En effet, elle donnait issue, au
delà du parc, dans un bois très-fourré. Deux chevaux vigoureux venaient d'y être amenés par le fidèle Jacquot; nous
les montâmes silencieusement, et nous partîmes au galop.
Quelques instants après, nous nous élancions à travers des
landes immenses dont l'herbe rase amortissait le bruit de
notre course rapide. Le clair de lune si propice, la veille,

sur le parvis de la cathédrale, protégea notre fuite, en dirigeant nos pas au milieu de ce désert ; mais, quand il se
confondit avec la lumière du jour naissant, il me ravit, en
s'éclipsant, tout le bonheur qu'il m'avait apporté ; comme
s'il était vrai que les astres exercent une influence mystérieuse sur les destinées des hommes. A l'instant où la lune
disparut, nous débouchions par un bas chemin sur la
grande route. Nanine s'arrêta, et me dit : Cher ami, vous
voilà sauf! Dieu m'est témoin que toute ma crainte était
que vous ne fussiez compromis et gravement exposé par
l'amour que vous m'avez voué. Il faut maintenant que je
m'occupe de la pauvre Ursule. J'ai, par ici, de grands parents qui ont fait leur paix avec la République; je vais les
envoyer à son secours. Quant à moi, que deviendrai-je?
je l'ignore ; peut-être ferais-je bien d'aller à Paris, comme
mes cousins. N'importe, ajouta-t-elle d'une voix émue,
soyez bien persuadé que votre souvenir restera dans mon
âme. Tenez, prenez ce papier; c'est l'indication d'une cache
que j'ai faite dans le parc. Si, par la fatalité qui me pour-
suit, vous n'avez pas de mes nouvelles d'ici un an, ouvrez-
la; c'était ma dot, ce sera mon héritage. Nous nous embras-
sâmes comme des amis qui ne se verront plus jamais, et
elle s'éloigna de moi pour toujours.

Une demi-heure après, j'étais à Châteaulin. Je remis
mon cheval à un hôtelier qui le connaissait, et je me rendis au Port-Launay, où je me jetai dans un bateau prêt à
descendre la rivière, pour traverser la rade de Brest. J'arrivai enfin dans cette ville, l'esprit troublé, le cœur bien
gros, et donnant au diable la politique qui me séparait de
ma belle amie, parce qu'elle était blanche et que j'étais et
voulais rester bleu.

CHAPITRE XVI.

Septembre 1800.

Vers la fin de l'été, le cours de l'existence studieuse que je m'étais faite à Brest, fut suspendu inopinément par les nécessités de la guerre. L'Angleterre, mécontente du faible succès de l'escadre qui bloquait ce port, avait projeté, disait-on, une expédition chargée de forcer la rade et de venir brûler nos vaisseaux au mouillage, comme le fut, dix ans plus tard, notre escadre de Rochefort. Mais il était d'abord fort difficile de traverser le Goulet sous le feu de ses trente batteries; il l'aurait été bien plus encore de sortir de ce détroit, attendu qu'il aurait fallu attendre un vent favorable qui pouvait laisser la flotte anglaise pendant trois mois dans une souricière, et ne lui permettre de sortir que pour être battue en brèche, comme celle de l'amiral Duckworth, au passage des Dardanelles.

Néanmoins, pour éviter ces éventualités, un inspecteur général fut envoyé de Paris, afin d'examiner les défenses de la rade ; et son rapport fut sans doute très-défavorable, car il fut expédié des ordres sévères pour changer l'armement des forts, et pour remplacer les vieilles constructions des batteries, érigées sous Louis XIV, par des travaux de défense mieux exécutés et beaucoup plus formidables. Aussitôt de nombreux détachements d'artilleurs partirent pour tous les points où ces travaux devaient être entrepris. Je fus désigné pour aller prendre poste au Portzic.

Ce fort, tracé par Vauban, embrasse dans son enceinte étendue un promontoire très-élevé, qui resserre l'entrée de la rade de Brest, et ne laisse aux vaisseaux qu'un passage large d'une demi-lieue entre ses escarpements de granite et ceux de la rive opposée. C'est ce détroit qu'on appelle le Goulet. Plus loin, vers la haute mer, les deux côtes s'éloignent l'une de l'autre, et forment par leurs rentrants semi-circulaires deux rades extérieures qui portent le nom de Camaret et de Berthaume. L'ouverture du Goulet est divisée en deux passes très-profondes par une haute roche sous-marine, qui, taillée à pic, se projette du fond des flots et vient montrer à leur surface sa tête rembrunie, environnée de brisants écumeux. Cet écueil formidable est la Roche-Maingan. Lors de la grande croisière d'hiver, en 1794, le vent du nord-ouest, qui avait cessé quelques heures dans la journée du 30 décembre, ayant repris son cours impétueux pendant la sortie de notre flotte, le vaisseau à trois ponts *le Républicain* fut jeté sur cette terrible roche, et y périt avec la plus grande partie de son nombreux équipage.

Une escadre ennemie qui voudrait pénétrer dans la rade devrait passer entre cet écueil et le rivage escarpé du Portzic où gisent sur toutes les corniches des batteries de gros calibre. Elle trouverait devant elle le front d'attaque de la forteresse qui fait face à la haute mer et qui est garni de défenses étagées ; et quand elle serait entrée dans le Goulet,

il lui faudrait défiler devant un autre front d'attaque où
sont encore plus multipliés les canons de 36 et les mortiers
de douze pouces. Cette artillerie couronne des falaises baignées par la mer et hautes de quatre-vingts pieds.

La tâche qui nous était dévolue, était celle de transformer
en batteries rases à barbette toutes ces batteries à embrasures, et de changer leurs vieux affûts marins à roulettes
contre des affûts à châssis, permettant de tirer circulaire-
ment. L'avantage en était immense, puisqu'on pouvait par
leur moyen atteindre les vaisseaux ennemis dans toutes
leurs positions, tandis que le feu des embrasures donnait
tout au plus trois coups par pièce. Nous mîmes tant de zèle
et d'activité à cette rude besogne, qu'elle fut achevée bien
avant le temps qu'on avait cru nécessaire pour la terminer.
La batterie dont les travaux m'avaient été confiés, n'attendait plus que l'inspecteur général qui devait les approuver, et l'ennemi qui devait en éprouver les effets,
quand un événement assez extraordinaire faillit retrancher
plus d'un demi-siècle à ma vie.

Les artilleurs du fort vivaient en bonne intelligence avec
les paysans des environs, qui leur savaient gré de ne pas
aller marauder dans leurs champs, comme cela s'était vu
autrefois. Quand le commandant faisait jeter la seine dans
quelque anse du voisinage, les habitants des hameaux
d'alentour sortaient de leurs tanières et venaient donner un
coup de main pour tirer sur le sable l'immense et pesant
filet. Il est vrai qu'il leur était réservé une bonne part du
poisson pris, mais, dans leur conduite, il y avait, outre
l'inspiration de leur intérêt, celle d'une confiance affec-
tionnée qu'ils accordent très-difficilement. Un soir, les
plus notables d'entre eux vinrent en députation nous inviter
à une journée solennelle, moitié fête, moitié travail, comme

dans la vendange et la fenaison des autres pays. Il s'agissait, le jour de l'Equinoxe d'automne, époque des grandes
marées, de profiter des six heures pendant lesquelles les
flots abandonnent des plages étendues au pied des falaises,
pour venir y recueillir les goëmons dont la laisse de la mer
est tapissée entièrement. Ces herbes marines étant ensuite
réduites en cendres et mêlées à des débris de coquillages
pulvérisés, forment l'engrais qui fertilise les champs pierreux du Finistère, et qui en obtient des moissons supérieures aux plus belles récoltes de nos départements. L'autorisation d'aider les paysans dans cet utile travail nous
ayant été donnée par le commandant, nous attendîmes avec
impatience le jour fixé par la marche du soleil.

Dès les premières lueurs du matin, je me levai pour consulter le temps ; il promettait d'être propice, et le vent d'Est
devait, en poussant les eaux de la mer dans leur retraite,
hâter l'évacuation des surfaces qu'il nous fallait exploiter.
En visitant la batterie, j'y trouvai, s'ébattant sur les gazons
de nos revêtements qui nous avaient donné tant de peines,
un oiseau de mer, de grande taille, un goëland. Il s'en-
vola à mon approche, mais il revint quand je m'éloignai,
et il recommença ce manége plusieurs fois avec obstina-
tion. L'impatience me prit ; je saisis le fusil de la sentinelle,
et je tirai sur lui. L'oiseau tomba à mes pieds ; il étendit ses
ailes nerveuses, ouvrit son large bec, roula ses yeux blancs
et mourut en poussant un cri aigu et sauvage. Pendant que
je l'examinais, le factionnaire du mât de pavillon descendit
vers moi, avec l'air alarmé. C'était l'un de ces paysans bas-
bretons dont il avait fallu faire des gardes-côtes parce qu'ils
désertaient ou bien mouraient de chagrin dès que, de leur
garnison, ils ne voyaient plus le clocher de leur paroisse.
Celui-ci s'approcha de moi, et me fit en gaëlic un discours

auquel je ne compris rien, sinon que c'était une élégie sur l'oiseau que j'avais tué. J'avais amené avec moi au Portzic, pour m'aider de sa vieille expérience, le caporal Parmentier, mon excellent camarade dans ma première campagne d'Amérique; il m'expliqua les doléances dont le goëland était l'objet. Dans la croyance des habitants de ces côtes, me dit-il, ces oiseaux, qui volent autour des écueils, sont les trépassés qui y ont fait naufrage, et dont les cadavres roulent encore dans les profondeurs de l'Océan. Ils indiquent aux pêcheurs, par leurs cris, le voisinage des brisants et l'approche de la tempête, et leurs présages sont plus sûrs que ceux des meilleurs marins; aussi sont-ils placés sous la sauvegarde de la vénération publique. Malheur à ceux qui les tuent; ils sont maudits par les oiseaux expirants, et les effets de cette malédiction ne se font pas attendre. Il était avéré, disait-on, que, le matin de la terrible catastrophe du *Républicain*, le capitaine de ce vaisseau avait tiré des goëlands au vol, du haut de sa dunette, et j'étais menacé de quelque grand malheur, pour avoir commis un méfait semblable. Cette prédiction m'effraya fort peu, et il fallut, pour me la rappeler, l'événement dont elle fut suivie.

Déjà s'avançaient sur tous les points accessibles de la côte les habitants des villages de l'intérieur, précédés de leurs maires, de leurs curés et des joueurs de bignou, sorte de musette celtique dont les sons aigres et glapissants perçaient l'air dans toutes les directions. Cette population armée de crocs, de fourches, de râteaux de fer, descendait avec des cris de joie du haut des falaises, par des traces où les chèvres auraient refusé de s'engager; et le bord de la mer se couvrait d'hommes, de femmes et d'enfants qui s'établissaient dans l'endroit où quelques heures auparavant des vaisseaux de ligne avaient passé. Nous nous joignîmes

à ces troupes joyeuses, et nous nous préparâmes à partager
leurs travaux.

L'aspect de la vaste surface que la mer venait de nous
abandonner, était pour moi un spectacle curieux, et qui me
paraissait digne de beaucoup d'intérêt. C'est ainsi, me disais-je, que les contrées du globe ont été émergées et sont
venues du fond des gouffres de l'Océan primitif demander à
la lumière et à la chaleur du soleil leur prodigieuse fécondité. J'avais là sous les yeux l'image qu'offraient nos fertiles campagnes le jour où les flots les découvrirent pour les
livrer aux bienfaisantes influences de l'atmosphère. C'était
à perte de vue une prairie marine, d'un vert glauque lui-
sant, formée par un lit épais, élastique de fucus rameux,
feuillés, à tiges longues et entrelacées et qui paraissaient au
jour pour la première fois. L'abondance de ces plantes, qui
végètent sous la pression d'une colonne d'eau de quatre-
vingts pieds, était vraiment prodigieuse ; il y avait là, en
herbe, des engrais pour tout le Finistère ; mais cette richesse n'était pas d'une exploitation facile, et la certitude
de l'acquérir était exposée à de terribles chances.

La première opération de nos artilleurs fut une chasse au
profit de leur cuisine. Sous la couche des goëmons qui couvraient le lit de la mer, étaient des cavités encore remplies
d'eau et où s'étaient réfugiés des poissons et des crustacés,
quand ils avaient été surpris par la retraite extraordinaire
des flots. Il fallut attaquer et enlever de vive force dans leurs
repaires ces monstres marins, qui étaient d'une grandeur
et d'une force prodigieuses. Je vis là des crabes, comme
ceux qui mangèrent, dit-on, tout vivant le capitaine Drake,
et des congres qu'un journal américain aurait proclamé devoir être des serpents de mer. Les mordants des uns et les
dents pointues des autres pouvaient amener des combats

sérieux ; et plusieurs fois il fallut des efforts acharnés pour
devenir les maîtres de ces animaux féroces et doués d'une
grande vigueur.

A mesure que la mer descendait, la population s'emparait
de sa laisse ; elle en arrachait les goëmons et en formait
des meules très-hautes, consolidées par des liens, le mieux
qu'il était possible. Ces meules, tirées par des cordelles et
gouvernées par des hommes munis de perches et d'avirons,
devaient attendre le retour de la marée, qui, les poussant
devant elle, était chargée de les faire atterrir sur la grève
de l'anse la plus proche. On conçoit que cette navigation,
qui est parfois d'une à deux lieues, ne laisse pas d'être fort
aventureuse et qu'elle exige pour première condition de son
succès un temps calme et une mer unie. La journée avait
été si belle que nous croyions pouvoir compter sur ce
double avantage ; et déjà on se félicitait d'un succès bien
plus grand que dans les années précédentes, lorsque la
marée montante nous amena dans l'atmosphère un changement menaçant. La zone bleu foncé de l'horizon maritime
s'effaça graduellement ; la perspective s'assombrit, le ciel
fut voilé par la brume, le vent tourna à l'ouest, il souffla
par rafales et la mer, au lieu de reprendre son lit avec
tranquillité, revint à la course en mugissant. J'étais au sommet d'une meule énorme avec plusieurs canonniers quand
ces mauvais signes apparurent. Parmentier, toujours attentif
et prévoyant me pressa de gagner le rivage, pendant qu'il
en était encore temps. Je m'y refusai en voyant une qua-
rantaine de meules passer auprès de nous, s'acheminant,
avec l'équipage qu'elles portaient, vers l'anse des Fiancés,
située à une demi-lieue de là. Nous pouvions bien, ce me
semblait, courir les mêmes hasards. Mais par une fatalité
imprévue, notre meule, que, dans notre ambition insensée,

nous avions faite beaucoup plus grosse que les autres, ne
dérâpa point comme elles, et, quand après un retard d'un
quart d'heure, elle se mit à voguer, l'ouragan était sur
notre tête. Cependant comme nous étions là cinq gaillards
alertes et féconds en expédients, nous réussîmes à tenir
notre lourde embarcation dans le courant qui l'emportait,
en évitant qu'elle fût entraînée au large ou qu'elle vînt
heurter le pied des falaises. En voyant du haut de la forteresse notre situation, on la jugea désespérée. La cloche de
secours fut sonnée, et les rochers que nous côtoyions, nous
montrèrent, appendus à leur flanc, de braves camarades qui
risquaient leur vie pour nous jeter une corde dont nous
pussions obtenir notre salut. La distance où nous étions,
rendait inutiles tous ces efforts. Les hautes vagues du large;
poussées par un vent impétueux, vinrent fondre sur nous
et nous auraient enlevés, si nous ne nous fussions cramponnés aux cordages qui ceignaient la meule. Je craignis
qu'elles ne fissent chavirer notre montagne flottante, qu'elles
inclinaient parfois d'une manière effrayante. Mais notre
perte devait prendre sa cause ailleurs. Parmentier, dont le
sang-froid était imperturbable dans cette extrémité, me fit
remarquer que le sommet où nous gisions, perdait notablement de son élévation au-dessus de la surface de la mer, et
nous reconnûmes bientôt que les lames, en passant sous la
meule, la démolissaient en dessous, et emportaient en
s'éloignant les masses de fucus dont sa base était formée.
Dès lors la conservation de notre vie devint une question
de temps. Arriverions-nous au port avant la destruction
complète de notre radeau, ou bien allait-il, loin du rivage,
s'abîmer sous nos pieds? La solution funeste de cette question ne se fit pas attendre. Une vague de fond s'élevant avec
une force immense, acheva de disloquer le monceau de

feuillages auquel nous étions accrochés et nous lança tous
dans la mer. La puissance de projection qui nous enveloppa, fut si grande et si rapide qu'elle m'épargna l'an-
goisse des approches de la mort. Dans cet instant les dernières choses dont j'eus la perception, furent une sensation
de chaleur, l'eau étant moins froide que l'air agité par la
tempête, et un saisissement de crainte en voyant s'accroître
l'obscurité à mesure que je descendais dans la profondeur
de la mer. J'imagine que je ne perdis entièrement connaissance qu'en revenant à sa surface, après avoir parcouru en
deux sens inverses une ligne perpendiculaire de plus de
quatre-vingts pieds.

Mes camarades, la plupart déterminés nageurs et qui, de
plus, prévoyaient notre catastrophe, ne furent point comme
moi visiter le fond de l'Océan ; ils se tinrent sur l'eau à l'aide
des perches et des avirons, et furent recueillis sur la côte
après avoir été en dérive fort loin.

Parmentier, qui, dans ce péril extrême, gardait sa présence d'esprit et son courage résolu, attendit pour venir à
mon aide que je reparusse à la surface de l'eau ; il me
saisit par les cheveux, au moment où j'allais plonger pour
la dernière fois, et il m'entraîna vers le rivage à son point
accessible, en nageant avec non moins d'adresse que de
vigueur. Le coup de vent qui avait alors atteint son plus
haut degré de violence, nous fit submerger sans relâche,
pendant ce trajet, sous des lames hautes comme des collines, et qui s'entre-brisaient sur nos têtes. Près d'arriver au
port, en doublant la pointe qui ferme la petite anse des
Fiancés, une vague énorme, poursuivant sa proie, nous
atteignit et nous précipita contre les rochers. Mon intrépide
libérateur me sauva de ce danger, non sans avoir été blessé
par le rude contact des granites du rivage ; enfin, prenant

terre avec son fardeau, il m'enleva dans ses bras et me déposa sur le sable de la grève.

Tant de dévouement aurait été stérile, si, dans ce temps, nous avions porté les cheveux courts comme aujourd'hui ; mais l'armée de la République était tout autrement. Nous avions les cheveux nattés de chaque côté et réunis derrière en un faisceau attaché très-bas, ce qui permit à mon excellent camarade de s'en servir si heureusement pour moi.

Quand je revins à moi, je crus que j'étais encore au fond de la mer, ballotté par les flots, et je m'étonnai d'être si longtemps à me noyer. Cette illusion pénible qui avait une cause réelle, me fit faire un violent effort pour ouvrir les yeux. Je n'ai pu oublier la scène étrange qui frappa mes premiers regards. J'étais étendu au milieu de la grève, sur un monceau de vêtements de laine, entre lesquels des mains vigoureuses me roulaient d'un côté sur l'autre aussi durement que venaient de le faire les vagues de l'Océan. Parmentier qui, meurtri, brisé par les rochers, gisait près de moi sans pouvoir bouger, commandait cependant la manœuvre, et ses ordres étaient exécutés avec toute la ponctualité militaire, par des artilleurs à qui se joignait avec zèle un volontaire bas-breton, le même qui, le matin, m'avait averti du sort jeté sur moi par l'oiseau des Trépassés. Derrière, étaient des femmes qui priaient et pleuraient. Après m'avoir ôté mes vêtements ruisselant d'eau, tout ce monde s'était dépouillé de ses habits pour m'en couvrir. Les canonniers m'avaient fait un lit avec leurs capotes, des paysans y avaient ajouté leur souquenille, et leurs femmes avaient voulu y contribuer par leurs jupes de bure et leurs mantes de ratine. Chacun de ces braves gens était là exposé presque nu au vent froid de l'ouragan, afin de prendre part aux efforts qui devaient me rendre à la vie.

J'espérais être quitte du mal et des remèdes, quand on apporta de la Maison-Blanche, qui était le plus célèbre cabaret de la côte, une vaste soupière remplie d'un vin renommé parmi les buveurs. Pour en rendre la vertu plus énergique et plus salutaire, on l'avait épicé fortement, et d'ailleurs, il bouillait encore. Je refusai de goûter de ce breuvage d'enfer; mais je fus obligé de me soumettre, tout ce monde jurant ses grands dieux, que c'était la coutume invariable des noyés du pays, de prévenir les effets pernicieux de l'eau qu'ils avaient bue, en y mêlant beaucoup de vin. Je perdis plus vite connaissance en prenant ce remède héroïque que lorsque quinze brasses d'eau de mer s'étaient appesanties sur ma tête. Mais cette fois, au lieu de s'en effrayer, chacun s'en applaudit comme d'une crise heureuse qui devait assurer mon retour à la santé. Je fus transporté au fort ainsi que Parmentier, qui n'était pas en meilleur état que moi; et nous fûmes accueillis par les cris de joie de la garnison qui, du haut des rochers, avait été témoin de notre désastre et de la conduite intrépide et dévouée de mon brave caporal.

Nos amis les paysans ne furent pas aussi maltraités que nous. Leurs meules de goëmons, moins pesantes que la nôtre, se mirent plus vite en mouvement et leur donnèrent un avantage dont il surent profiter. Celles faites devant la baie Sainte-Anne, commençaient à flotter quand les anciens des villages qui, de la crête des falaises, découvraient la haute mer, reconnaissant les pronostics de l'ouragan, donnèrent le signal de sauve qui peut. La foule effrayée, n'eut que le temps d'évacuer le lit où la mer revenait avec une effroyable vitesse; les conducteurs des meules gagnèrent la côte à la nage, abandonnant avec chagrin la récolte qu'ils croyaient déjà en leur possession. Mais plusieurs d'entre eux, privés de leurs remorques et engagés au pied des grands escarpements du rivage, perdirent cette chance de salut; ils furent forcés de continuer leur route, poursuivis par la marée montante qui menaçait de disjoindre et d'abîmer leurs frêles radeaux. Quelques-uns passèrent près de nous ; ils se recommandaient à Dieu et faisaient des vœux à Notre-Dame de Recouvrance. Enfin, ils touchèrent le sable des anses de la côte, après avoir lutté pendant plusieurs heures, avec courage, contre les éléments déchaînés. Un seul manquait encore ; on l'attendit, on le chercha vainement, et personne ne fut étonné de son malheureux sort, quand on apprit qu'il avait la veille, déniché de jeunes goëlands, et les avait donnés en pâture à son chat. Cet exemple ne fut pas perdu ; et, lorsque cinq ou six ans après, ayant retrouvé Parmentier à la Martinique, je lui fis donner le gouvernement de l'Islet à Ramiers, je l'engageai à n'avoir aucun commerce avec les goëlands, qui prenaient gîte dans les rochers basaltiques de sa forteresse. C'était assurément une exhortation inutile ; il leur portait encore plus de respect que de rancune ; et tout intrépide qu'il était, il avouait franchement que ces oiseaux pourraient bien venir nicher dans son chapeau, sans qu'ils risquassent de perdre à ce jeu la moindre de leurs plumes.

Ma mission étant achevée, je retournai à Brest, où je continuai mes études et mes travaux. Je rapportai de mon excursion, une conviction nouvelle appuyée sur l'expérience la plus certaine, que parmi les militaires incultes et les paysans sauvages au milieu de qui j'avais vécu, il y avait fréquemment d'admirables vertus que devrait connaître le monde civilisé, afin qu'elles lui servissent de modèle. Je me promis de les lui révéler si, dans l'avenir, j'en trouvais l'occasion ; et c'est pourquoi j'ai tracé ces lignes.

CHAPITRE XVII.

SAINT-DOMINGUE. — UNE NUIT AU CAP FRANÇAIS.

Décembre 1801.

Au commencement du siècle, Brest était une ville populeuse, animée, riche, joyeuse et un séjour agréable. Cependant elle n'avait ni commerce, ni industrie, et son territoire,
quoiqu'il ne manquât pas de fécondité, était encore à moitié
inculte. Ses avantages résidaient dans son excellent port et
sa magnifique rade, qui, pendant la guerre, étaient le centre
des opérations maritimes contre l'Angleterre. Il s'ensuivait
l'armement et l'équipement de nombreux vaisseaux, d'immenses préparatifs pour des expéditions lointaines, la con-
centration des troupes destinées à être embarquées, les
grands approvisionnements nécessaires à subvenir aux besoins de 40 à 50,000 hommes, et la dépense que font toujours les marins, avant de partir, de leur solde du passé,
de leurs avances de plusieurs mois, et de leurs parts de
prises escomptées ou seulement en espérance. Toute cette
population flottante, jeune et amie des plaisirs, ne pouvant
d'ailleurs compter, avec le périlleux métier qu'elle faisait,

sur une vie prolongée, mettait le plus grand empressement
à la rendre aussi bonne qu'elle devait être courte et glo-
rieuse. En conséquence, les tabagies, les cafés, les restau-
rants, les bals champêtres, le spectacle étaient toujours
pleins de buveurs, de dîneurs, de danseurs, de spectateurs; et l'on aurait dit volontiers, en voyant cette perpétuelle affluence que, dans ce coin du territoire de la République, on n'avait d'autre souci que celui de s'amuser en
narguant la destinée menaçante du lendemain.

Les classes supérieures éprouvaient le même entraînement, et ne différaient du vulgaire que par le choix raffiné
de leurs plaisirs. Lors de la paix d'Amiens, la société du
XVIIIe siècle, galante, spirituelle, lettrée, promettait de re-
naître là bientôt, avec tous les charmes dont elle embel-
lissait la vie de nos pères; elle était déjà rappelée par des
dames singulièrement jolies, élégantes et gracieuses, et un
essaim de jeunes demoiselles qui s'empressaient à l'envi de
les égaler. Les hommes étaient la plupart distingués, par
l'éducation et les talents qu'avait exigés leur promotion à
des grades élevés dans les armes savantes. Leurs voyages
dans les contrées les plus éloignées leur avaient fait acquérir une expérience précoce; et l'on voyait de jeunes navigateurs qui l'auraient emporté sur lord Anson et le capitaine
Cook. Les soirées du Lycée et celles de plusieurs cercles
particuliers étaient incomparables non-seulement par les
fraîches et délicieuses figures qu'on y voyait, mais encore
par la réunion de personnages historiques, illustres dans
les fastes de la marine française, et qu'on ne pouvait trouver nulle autre part. Le théâtre était très-suivi et méritait
de l'être, par la bonté de ses acteurs et par le choix des
pièces qu'il donnait. La capitale s'est bien trouvée des em-
prunts qu'elle lui a faits, et Joanny, qui a paru longtemps

avec honneur, comme successeur de Talma, aux Français, appartenait auparavant au théâtre de Brest. Les promenades mêmes étaient, contre l'ordinaire de la province, fort bien peuplées, et sous un modeste chapeau ou un petit bonnet à rubans, on découvrait souvent de charmants minois ornés d'un fin sourire, qui faisait croire qu'il y avait là des esprits délicats et des cœurs dignes d'une sincère affection.

Au milieu de ce monde, sans cesse livré à toutes les joies de la jeunesse, je m'étais fait des occupations actives et studieuses. Un service journalier, grave et important, celui du Conseil de guerre de la marine, l'étude des langues, des essais littéraires, et surtout des plaidoiries plus ou moins solennelles devant les tribunaux civils ou militaires de la ville, et jusque devant la Cour d'assises de Quimper, remplissaient mes jours et une partie de mes nuits. Mes habitudes laborieuses me rendaient ce travail léger, et je pouvais encore perdre du temps ou l'employer encore moins bien. Tel fut, par exemple, un tout petit voyage que je fis au couvent de Pont-l'Abbé. Il avait commencé par une lettre d'amour; il aboutit à me conduire au spectacle de la plus terrible catastrophe qu'on puisse imaginer.

Une jeune recluse, ou plutôt, comme on disait alors, une victime cloîtrée, s'ennuyant à mourir dans un monastère nouvellement restauré et où l'avait reléguée la rigueur d'un père barbare, m'écrivit un jour, qu'après y avoir mûrement réfléchi, elle s'était résolue à une fuite nocturne, et à venir, au moyen d'un déguisement, réclamer l'hospitalité chez moi. Cette lettre, qui d'ailleurs était charmante, me causa la plus horrible peur que j'aie eue de ma vie. Chaque fois qu'on frappait à ma porte, je croyais voir entrer en habit d'aspirant de marine, le chapeau sur l'oreille, ma belle étourdie, riant de tout son cœur du tour

excellent qu'elle venait de jouer aux siens. Il me semblait
voir à sa suite le procureur de la république, le conseil de
famille, les familiers de la police, et surtout les médisants
de la ville qui mettaient en une complainte notre aventure.
Pour prévenir ce fatal départ, je n'avais qu'un seul parti à
prendre, c'était d'aller moraliser la jeune personne et la
sermonner de manière à lui faire abandonner le projet qu'elle
avait formé, celui d'en venir en un tel éclat, qu'il n'y aurait
plus aucun autre remède que de nous marier. Le surlendemain, j'étais à Pont-l'Abbé. A la brune, enfermé dans
mon manteau, je suivais, non sans inquiétude, le sentier
qui longeait les murs du couvent ; parvenu à leur extrémité,
je fis un signal convenu, et aussitôt la petite porte du jardinier s'ouvrit ; une voix douce et caressante prononça mon
nom ; je ne sais plus ce qui arriva ensuite, sinon que j'oubliai de gronder, comme je me l'étais promis, cette pauvre
enfant si malheureuse, un peu par ma faute.

Huit jours après, je m'arrachais aux enchantements de
Pont-l'Abbé, laissant ma belle amie, sinon plus résignée,
du moins assez calme pour ne pas écouter les conseils du
désespoir. Je lui avais fait la promesse de tout sacrifier pour
opérer sa délivrance et de m'éloigner de Brest momentanément, pour lui donner le moyen péremptoire d'obtenir sa
liberté et de rentrer au bercail. Nous ne pensions guère que
cet engagement allait être pour nous une source de malheurs et deviendrait la cause première d'une séparation
éternelle.

Dès l'instant de mon départ, je fus assailli par mille tribulations, qui se multiplièrent et se perpétuèrent tellement
que j'imaginais avoir épuisé dans cette bienheureuse semaine tout le bonheur qui avait été départi à ma vie entière. Le vent d'Ouest, qui avait retenu son souffle tempê-

tueux, pour ne pas troubler nos douces promenades dans
ces campagnes pittoresques et solitaires, se déchaîna aussitôt que je fus en route ; je lui dois cependant cette justice,
qu'il contribua puissamment à apaiser le trouble de mon
esprit, et, j'en ai fait l'expérience, rien n'est plus efficace
qu'un vent violent pour calmer une passion violente. Un
cheval rétif et des chemins affreux ajoutèrent à mon expiation ; mais ce n'était là que le commencement de mes mésaventures. En arrivant à Landevenec, mauvais hameau
servant de port aux bateaux de passage qui conduisent à
Brest, je trouvai la plage déserte ; aucun des patrons que
j'allai chercher dans les cabarets de l'endroit, ne voulut
partir, parce que le temps menaçait de devenir encore pire
qu'il n'était. Dans mon dépit, je fus tenté de m'en retourner
à Pont-l'Abbé ; et tout extravagante que pût être cette résolution, j'aurais bien fait de la prendre. Je rencontrai un
matelot qui me dit qu'une grande chaloupe du port était
là dans une anse voisine, attendant des personnages de Paris pour les transporter à Brest. Je m'enquis de ces personnages, et je les découvris dans une triste chambre d'auberge, également effrayés d'y passer la nuit ou de se hasarder
par un coup de vent à essayer de traverser la rade, dont la
largeur est au moins de quatre lieues. Ces voyageurs dont
le hasard me rapprochait, étaient d'abord un gros homme
qui s'appelait Crosnier, et que par un jugement précipité
je pris pour un vieux fat, mais qui se trouva être, d'après
son dire, un savant chargé par le Premier Consul de l'éducation de deux jeunes princes. Ce propos me fit croire que
j'étais en pleines Mille et une nuits, ou bien que mon interlocuteur n'était, malgré son air important, que quelque ba-
teleur de la foire. Il disait vrai pourtant. A force d'écarquil-
ler mes yeux, je discernai dans l'obscurité de la chambre

ceux qu'il qualifiait si splendidement. Je n'avais pu les voir
parce qu'ils étaient de la couleur de l'ombre et se confon-
daient avec elle. C'étaient deux jeunes gens de 18 à 19 ans,
l'un nègre parfait, au nez écrasé, aux lèvres débordées, aux
cheveux recroquevillés comme la laine des moutons ; il était
le fils d'un nègre pur sang et d'une négresse. L'autre ressemblait à un mulâtre, il avait aussi la chevelure lanugi-
neuse, les lèvres épaisses, mais il y avait dans ses veines
quelques gouttes de sang de la race blanche ; et par conséquent sa peau était basanée au lieu d'être noire. Le mélange provenait de sa mère, qui devait être une métisse ; il
se nommait Isaac et il était frère de père de l'autre jeune
garçon qui s'appelait Placide. Les différences physiques
qui existaient entre eux étaient encore bien moins frappantes
que les différences morales et intellectuelles. Le nègre était
taciturne, sournois, orgueilleux et farouche ; il avait dédai-
gné d'apprendre les vaines sciences des blancs, et sa haine
contre eux était instinctive, comme celle des bull-dogs contre
les bœufs. Il ressemblait à son père. Le mulâtre avait profité de son éducation ; il se montra en toute occasion pendant cette longue journée communicatif et affectueux ; et
lorsqu'il fut en face du péril, il ne manqua pas d'intelligence
et de résolution, tandis que son frère était comme une
masse inerte privée de sentiments. Je n'ai jamais vu avec
plus d'évidence le grand phénomène physiologique de la
différence des races, continuant de se manifester jusque par
les derniers atômes de l'une d'elles, transmis pourtant à
travers l'intermédiaire de plusieurs générations adultérées.

Mais qui donc étaient ces princes africains que je ren-
contrais dans un cabaret enfumé de la Basse-Bretagne, et à
qui s'intéressait le Premier Consul, à ce point qu'il avait
voulu qu'ils apprissent à lire et qu'ils eussent des souliers ?

Je ne m'en étais guère inquiété, tout entier que j'étais à
l'idée de mettre la mer entre deux tendres amants, pour les
empêcher de se rejoindre. Il fallut bien cependant que j'en
apprisse l'histoire, car le savant précepteur en tirait plus de
vanité que s'il eût été Fénelon, et qu'il se fût agi des descendants de Louis XIV. Ce n'était rien autre que les enfants
de Toussaint-Louverture, nègre esclave sur une habitation
de Saint-Domingue, et devenu dans la guerre civile de cette
colonie, chef de partisans, puis général, et enfin, après la
destruction de l'autorité de la métropole, gouverneur ou
plutôt souverain de cette île. La paix avec l'Angleterre, après
neuf ans de combats sanglants, permettait à la France d'entreprendre de faire reconnaître ses droits sur une colonie
qu'elle avait fondée et élevée à la plus haute prospérité. Une
expédition qui avait cet objet, était préparée à Brest ; et
dans l'éventualité de trouver de la résistance parmi les
chefs des nègres émancipés et organisés, une armée de
trente mille hommes était confiée au général Leclerc, beau-
frère du Premier Consul, pour recouvrer par la conquête
cette belle possession, la plus riche et la plus peuplée
qu'aient eue les Européens aux Indes occidentales. Pour
mieux disposer Toussaint, le gouvernement lui renvoyait
ses enfants sous la conduite du précepteur qui les avait
élevés.

C'était cette troupe que je venais de rencontrer fort empêchée de sortir d'embarras. En la voyant tout aussi pressée
que moi de gagner Brest, je m'offris de la mettre en route
malgré vent et marée. A cet effet, j'allai chercher le patron
de la chaloupe dans un cabaret où il achevait de s'enivrer,
et je le conduisis à son bord, au moyen d'une profusion de
juremens et de menaces dont l'éloquence était irrésistible.
Nous partîmes sans nous laisser arrêter par les mauvais

pronostics des bateliers de l'endroit, que j'attribuai à une jalousie de métier ; et, pendant assez longtemps, nous pûmes naviguer à la voile, ce qui ménagea nos nageurs. Jusqu'alors, le patron avait pu tenir le gouvernail, mais le grand air ayant agi sur son cerveau, le sommeil de l'ivresse s'empara de lui, et il fallut le coucher sous les bancs. Je pris la barre d'autorité avec le commandement, et j'imprimai à la marche de la chaloupe une direction ferme et prudemment combinée. Il était grand temps. Aussitôt que nous eûmes perdu l'abri des terres, en dépassant le saillant de la Pointe espagnole, le vent devint d'une effrayante impétuosité, et nous eûmes à peine le temps de serrer notre voile. Les lames de l'Océan, lancées par la bourrasque dans le Goulet, arrivaient dans la rade avec toute leur furie ; elles prirent la chaloupe en travers, les unes la soulevant d'un bord pour la chavirer, et les autres tombant au milieu de nous pour nous submerger. Pendant un quart d'heure nous fûmes sous le coup de la mort. Il fallut fuir devant la tempête, abandonner notre route et chercher notre salut dans les eaux moins dangereuses des parties reculées de la rade. Dès le commencement du péril, Isaac, celui des deux frères qui n'était que mulâtre, me dit de disposer de lui, et il prit un aviron dont il se servit très-bien. Au contraire, Placide, celui qui, disait-on, ressemblait à son père, s'enveloppa dans son manteau bordé d'or et se coucha au fond de la chaloupe, attendant l'événement fatal, comme s'il était écrit que rien ne pouvait le détourner. Le savant précepteur promit à nos marins, épuisés de fatigue, une encourageante gratification qui soutint leur courage jusqu'au port ; et je ne sais trop si, dans sa terreur, il ne leur aurait pas donné les mines d'or du Cibao. Je dois avouer que le danger fut si grand, que je n'en ai pas rencontré un pareil dans dix campagnes d'outre-mer. Il ne s'agissait pourtant que d'un passage de quatre lieues dans une embarcation ouverte ; mais, c'est précisément dans ces occurrences qu'on se noie ; et, dans la raffale que nous éprouvâmes, un canot qui contenait dix hommes fut englouti.

Quand nous entrâmes dans le port, nous étions inondés et transis ; nous débarquâmes à la cale de la mâture ; et après avoir été reconnus, on nous fit sortir de l'enceinte du port. Je chargeai un artilleur de piloter à une grande et bonne auberge mes compagnons d'aventures, et je me hâtai de gagner mon logis, sans me douter que mes chères amours allaient périr par le naufrage d'où j'avais sauvé ces nègres maudits. Voici comment ce malheur m'arriva.

Étant allé voir, le lendemain, Mme de Kéréon, dont le nom est l'un des plus recommandables du Finistère, je fus amené par la conversation à lui raconter ma tempête de la veille ; et, plein de l'émotion qu'elle m'avait causée, je la fis aussi belle que celle de Pierrot dans le *Tableau parlant*. Pendant mon récit, survint l'amiral Villaret, qui était le beau-frère de la dame ; il s'étonna de n'avoir pas encore appris l'arrivée des jeunes Toussaint, qu'il attendait très-impatiemment. Je lui dis que, dans l'état piteux où les avait mis notre traversée, ils devaient être encore dans leur lit, mais que s'il le trouvait bon, j'allais les lui amener. D'après sa réponse, je fus les chercher, et leur étonnement fut extrême de trouver dans leur pilote de la veille l'aide de camp du Capitan-Pacha. Je m'esquivai pour aller à mes affaires et réparer le temps perdu pour elles ; je comptais sans mon hôte. Un message de l'amiral me manda d'aller chez lui dans la soirée. Il y avait là cent généraux ou amiraux, et les colonels y trouvaient à peine place. Je traversai modestement cette foule dorée pour aller saluer l'amiral, qui me

prit aussitôt par un bouton de mon habit et me présenta au
général Leclerc, capitaine général de Saint-Domingue. Il
lui dit beaucoup de choses que j'ignorais qu'il sût, par
exemple, qu'on m'avait fait tort du grade que j'avais eu
pendant deux campagnes ; il joignit même à sa recommandation celle de l'amiral Bruix, qui, disait-il, me voulait
beaucoup de bien. Le général Leclerc me toisa d'un air
distrait, comme un homme dont l'esprit est ailleurs, et qui
a par-dessus la tête de l'humanité. Il appela un aide de
camp, et je reçus immédiatement une lettre de service qui
me nommait lieutenant d'artillerie, attaché à l'état-major
de l'expédition. Un ordre d'embarquement sur le vaisseau
amiral *l'Océan* me fut adressé le lendemain avec injonction
de ne pas différer un moment. J'en atteste les puissances
invisibles qui connaissent, dit-on, les pensées de notre
âme ! je n'éprouvai pas en subissant cette fortune inespé-
rée le moindre orgueil, la plus légère satisfaction. Je pris
mes insignes comme une croix d'affliction, et je songeai
seulement que mon départ pour un pays lointain et un
service si hasardeux, devaient rendre la liberté à Adèle.

Pour s'en faire une idée, il faut avoir vu un vaisseau à
trois ponts armé, comme *l'Océan*, pour une grand expédition, avec un équipage de mille hommes et deux mille de
débarquement. Autour de ce Léviathan, long de trois cents
pieds, se presse une multitude d'embarcations chargées
de pourvoir à ses besoins : une citerne grande comme un
étang et dont les pompes mues par une troupe de forçats
enchaînés versent des flots d'eau douce dans les mille tonneaux rangés symétriquement au fond de la cale ; — une
poudrière dont le pavillon jaune annonce qu'elle porte dans
ses flancs le salpêtre préparé qui est l'âme des batailles ; —
un parc à boulets, qui passent dans le puits du vaisseau et

lui fournissent les éléments du carnage et de la destruction ;
— et, complétant le tableau par une scène animée de toutes
les nécessités de la vie, un marché de comestibles, une foire,
un bazar établis dans une foule de bateaux de toutes sortes,
habités par des harengères, des juifs, des paysans, et par
tous ceux qui croient trouver là à vendre ou à acheter, y
compris des bijoutiers et des marchands de vieux habits.

La variété, le bruit, le tumulte ne sont pas moins grands
dans l'intérieur de ce vaste édifice de chêne et de sapin.
Les habitants en sont distribués dans toute l'étendue de ses
cinq étages et demi du faux pont jusqu'à la dunette. La
nuit, ils sont rangés sur trois de hauteur dans les batteries ;
deux sont couchés dans des hamacs superposés, et le troisième sur le tillac. Cette accumulation d'hommes au milieu
de l'obscurité, dans un local fermé hermétiquement, produit une chaleur infecte et suffocante, qui fait du séjour
des entreponts un véritable supplice, surtout aux approches
des tropiques. Pour échapper à ce tourment, je me réfu-
giai dans la Sainte-Barbe, en me prévalant auprès du
maître canonnier de mes vieux services dans les fonctions
qu'il remplissait. Je fus là comme un enfant de la maison,
et pendant tout le voyage j'eus l'avantage d'y demeurer et
d'y manger, sans me soucier du privilége de prendre place
à l'état major, où la foule était si grande qu'on s'y disputait
les morceaux.

Le vent d'Ouest, qui avait été la première cause de ma
fortune et des malheurs qui s'y attachaient, continua ses
opiniâtres persécutions ; il empêcha l'escadre de mettre à la
voile à l'époque fixée, et il recula son départ jusque dans
les mois d'automne les plus tempêtueux. Ce ne fut que le
2 décembre 1801 (28 brumaire an X), qu'enfin nous pûmes lever l'ancre, au nombre de huit vaisseaux seulement.

Mais nous ralliâmes sous Belle-Ile la division de Lorient,
et si nous manquâmes celle de Rochefort, qui devait nous
joindre aux Canaries, nous la retrouvâmes avec les vaisseaux espagnols de l'amiral Gravina, à l'atterrage de Saint-
Domingue. La division de Toulon fit sa jonction devant
le Cap.

Avant d'atteindre ce but de nos opérations, nous eûmes
à lutter contre la plus rude traversée qu'ait faite une expédition transatlantique. Le temps fut constamment mauvais,
a mer houleuse et l'atmosphère obscurcie par la brume.
Nous étions partis trois ou quatre mois trop tard ; ce qui
nous fit prolonger notre voyage pendant quarante-six jours,
ou quinze en sus de la durée qu'il devait avoir. Les troupes
de débarquement souffrirent beaucoup ; et quoique leur
santé ne parût pas gravement altérée, elles furent mal disposées par cette pénible épreuve à celle plus dangereuse
encore de leur acclimatement sous un ciel nouveau.

Samana, qui était le rendez-vous général, est une grande
presqu'île située au nord-est de Saint-Domingue, dans
l'ancienne partie espagnole de cette île. Le 14 janvier, les
bâtiments qui avaient à leur bord la division du général
Kerverseau, nous quittèrent pour se porter par le grand
canal de Porto-Rico vers la côte méridionale où gît la ville
de Santo-Domingo. L'état de la mer rendit le débarquement
difficile, mais le succès de l'opération fut complet, et, malgré la défense qu'opposèrent les troupes nègres, le général
prit possession de la ville et du beau pays qui l'avoisine.

Pendant ce temps la flotte prolongeait la longue côte du
nord de Saint-Domingue, et, au moyen des pilotes que
nous prîmes parmi les marins espagnols qui nous visi-
tèrent, nous nous dirigeâmes vers le grand rentrant du
rivage, au fond duquel est située la ville du Cap-Français,

alors capitale des vastes et riches provinces dont se composait la colonie. En exécution du plan arrêté d'avance par le général en chef et l'amiral Villaret, deux divisions navales, avec des troupes de débarquement, se dirigèrent, l'une sur la ville du Port-au-Prince, et l'autre sur le Fort-Dauphin. La première avait pour chef l'amiral Latouche et le général Boudet ; la seconde porta le général Rochambeau dans la baie de Mancenille. Le reste de la flotte fit voile vers la rade du Cap, où devaient avoir lieu les principales opérations maritimes et militaires.

Dans cette partie de l'île les approches du rivage sont défendues par des cayes, récifs de corail qui laissent entre eux des passages étroits, mais assez profonds pour permettre aux vaisseaux d'y pénétrer. Toutefois il y a beaucoup de dangers à manœuvrer dans leur voisinage, parce que les courants ou les vents peuvent y naufrager les vaisseaux les mieux gouvernés, et que le moindre choc de ces rochers aigus et coupants défonce soudain les bâtiments, comme il arriva à deux vaisseaux de 74, *le Desaix* et *le San-Genaro*. Un autre obstacle à l'entrée des navires dans le port est une alternative des courants d'air, qui, le jour, viennent du large, et la nuit soufflent de la terre ; en sorte que si l'on manque le moment favorable, il faut ajourner au lendemain l'opération qu'on peut avoir le plus grand intérêt à ne pas différer. Ces marées atmosphériques sont causées par la différence de température qu'ont, tour à tour, l'île frappée par les rayons du soleil, et la mer échauffée par leur action.

Ces phénomènes purement météorologiques eurent l'influence la plus désastreuse sur les événements historiques. Il aurait fallu, avant d'arriver en leur présence, les connaître parfaitement, apprécier et calculer leurs effets, ainsi que les conséquences qui pouvaient en sortir. L'étude du monde physique est considérée comme un luxe intellectuel, qui ne doit appartenir qu'aux savants de profession, et cependant sans elle les projets les mieux conçus, les plus habilement exécutés peuvent échouer misérablement comme il nous arriva.

Le 19 janvier (14 pluviôse) vers deux heures après midi, quand la brise du large soufflait vers la terre depuis longtemps, deux de nos frégates furent envoyées à l'ouvert de la rade du Cap, pour s'assurer des dispositions du commandant de la ville; elles firent des signaux de reconnaissance, qui ne reçurent aucune réponse. Il était dès lors évident que Toussaint-Louverture, ce nègre qui était parvenu à ranger l'île entière sous sa domination, se mettait en hostilité contre la France et qu'il allait refuser de reconnaître l'autorité de la métropole. Il aurait fallu que la flotte pénétrât sur-le-champ dans la rade et fît débarquer toutes les troupes sur les quais de la ville et les rivages voisins. Mais le vent allait bientôt manquer pour une si grande et si rapide opération, et dès lors l'escadre était forcée de s'éloigner en prenant la bordée du large, pour se garder des récifs.

L'amiral impatient d'apprendre quel était l'état des choses fit signal au cutter *l'Aiguille* de l'accoster. Le capitaine vint à bord de *l'Océan* recevoir ses instructions; c'était l'une de mes anciennes connaissances des pays lointains. Au moment où il retournait à son bâtiment, je lui demandai de m'emmener; il répondit qu'il le ferait volontiers si j'en avais la permission. L'amiral qui était sur la dunette ayant fait un signe de tête, je descendis avec le capitaine, et nous partîmes toutes voiles dehors.

L'Aiguille, disaient les matelots, glisse sur les cayes comme un coulirou et fend l'air comme un paille-en-queue.

Bien nous en prit de tirer très-peu d'eau et de marcher
vite. Par une précaution cauteleuse, toutes les balises qui
marquaient les écueils et servaient à piloter entre eux les
navires, avaient été détruites afin que nos vaisseaux allas-
sent se jeter sur les hauts-fonds cachés par la mer; mais
notre cutter passa partout en bravant les dangers, et nous
entrâmes rapidement. A la droite de la ville qui se montrait
déjà devant nous, était le fort Picolet, armé de batteries de
mer qu'on disait être formidables. En voyant la fumée qui
s'élevait derrière son parapet, il me fut facile de prédire
qu'on allait tirer sur nous à boulets rouges. C'était nous
faire beaucoup d'honneur, attendu qu'avec des bordages
épais de trois pouces, l'*Aiguille* pouvait être coulée par
quelques biscaïens dans sa flottaison. Heureusement les canonniers ennemis avaient moins d'adresse que de bon vouloir; ils nous visèrent de but en blanc, et leurs boulets
vinrent tomber derrière nous, dans l'endroit que nous venions de quitter. Un seul égaré traversa nos voiles comme
pour nous montrer à quel péril notre vitesse et notre résolution nous avaient fait échapper. Le capitaine voulant
éviter une récidive se hâta, en arrivant au mouillage, d'aller
jeter l'ancre au milieu des navires marchands, venus là
pour le compte du commerce de leurs différents pays. Tous
hissèrent leurs pavillons pour saluer le nôtre et nous accueillirent par des acclamations. Cette réception nous fit grand
plaisir, et nous fûmes satisfaits de trouver dans cette ancienne colonie de la France, dont les habitants tiraient sur
nous à boulets rouges, des étrangers qui nous témoignaient
tant d'affection.

L'ennemi, doublement irrité de nous avoir vus braver le
feu de ses batteries et de ne pouvoir empêcher qu'au milieu
de sa rade on ne célébrât notre bienvenue, résolut d'en

venir aux extrémités les plus violentes. Deux chaloupes du port ayant à leur bord des troupes nègres et portant chacune au moins cinquante hommes, se détachèrent de la cale de l'État, et se dirigèrent sur le cutter. A leur approche, notre capitaine les héla, et les arrêtant à distance, déclara qu'il ne recevrait que leur commandant. Celui-ci, en montant à bord, put juger que nous étions préparés à nous défendre à outrance ; il nous notifia qu'il était chargé par le général Barradas de prendre possession de notre bâtiment. Pour toute réponse notre capitaine appela le maître canonnier, lui fit allumer quatre lances à feu et lui ordonna de faire sauter le cutter aussitôt que les troupes nègres monteraient à son bord. Alors se retournant vers l'envoyé du commandant de place il lui dit froidement de faire exécuter à son gré les ordres qu'on lui avait donnés. A la vue des lances flamboyantes, prêtes à faire tout disparaître dans une explosion de la Sainte-Barbe, le capitaine noir battit en retraite pour aller consulter son chef, et dit en s'en allant : Eh ! eh ! Beket-là, li méchant du moins ! Ce fut ainsi qu'avec une admirable résolution, notre chef nous délivra du malheur de tomber entre les mains de ces misérables. Quand il faut allier l'intelligence, l'audace et le courage pour une action d'éclat, le militaire français est incomparable, et cette belle conduite semble si naturelle, que je ne crois pas que l'on ait jamais publié le fait qui vient d'être rapporté, quoique j'en aie rendu compte à l'amiral Villaret, qui sans aucun doute en récompensa le commandant du cutter.

A peine les chaloupes ennemies s'étaient-elles éloignées que nous fûmes environnés par les canots élégants des navires mouillés autour de nous. Les Américains, les Espagnols, les Anglais, les Danois s'empressèrent de nous rendre visite et de nous faire des offres de services. Le consul des

Etats-Unis s'attacha à moi particulièrement et me fit mille
instances pour m'emmener dîner à son bord. Notre capitaine, qui ne pouvait s'absenter, désira que j'acceptasse l'invitation et que je m'en prévalusse pour faire un précis de la
situation de l'île, afin de pouvoir en informer l'amiral
promptement et d'après des témoignages irrécusables. Je
me rendis donc sur le navire américain où le consul avait
pris sa résidence, dans l'appréhension qu'il avait conçue
que Toussaint n'eût adopté quelque parti désespéré. Pendant que nous étions à table il survint un incident singulier. Les troupes nègres ne pouvant occuper le cutter,
furent postées sur les navires qui l'entouraient et purent
ainsi le mettre en surveillance. Mais l'exécution de ce dessein était à peine commencé, que *l'Aiguille* leva l'ancre et
s'en fut dans un mouillage solitaire, laissant ses espions
fort désappointés. Aussitôt la nuit, elle se glissa hors·la
rade et alla rendre compte qu'il n'y avait plus aucune espérance que dans la victoire de nos armes. Une notification
fanfaronne avait déjà montré à nos généraux qu'il n'y avait
point d'autre chance. Le capitaine de port du Cap, un laid
mulâtre, couvert de broderies d'or, et qui portait le nom de
mauvais augure : Sangos, s'était rendu dans son grand
canot à bord de *l'Océan* ; et là il avait déclaré au nom du
lieutenant de Toussaint, le général nègre Christophe, que
la flotte française devait attendre dehors la réponse de leur
chef, et que si elle entrait dans la rade, la ville serait réduite
en cendre et tous les blancs massacrés. Une députation de
la municipalité vint supplier l'amiral de différer de forcer
la baie, sans quoi tout serait perdu. Il fallut bien accorder
un fatal délai, puisque déjà la soirée était assez avancée pour
que la brise de terre soufflât et rendît impossible aux vaisseaux de pénétrer dans la rade. Tout le monde sur *l'Océan*

prit les menaces de Christophe pour une gasconnade de
nègre ; l'amiral seul les jugea fort sérieuses, ce qu'on put
voir à sa tristesse ; il garda Sangos comme otage d'un officier qu'il envoya au Cap pour tenter un dernier effort.

Pendant ce temps, le consul américain, qui croyait encore à
un dénoûment pacifique, me faisait les honneurs de l'hospitalité avec un luxe de bonne chère dont je n'avais guère
eu d'exemples dans mes faméliques expéditions. Le navire
où il s'était installé, était un vrai bijou. Le dîner fut servi
sous une tente élégante qui couvrait le gaillard d'arrière ; il
fut copieux, succulent, prolongé, arrosé de vins français et
espagnols et de liqueurs des quatre parties du monde. La
conversation fut curieuse et instructive ; elle m'apprit dans
le plus grand détail comment, à force d'idées fausses, de mesures extravagantes, de mauvais choix d'hommes ignorants,
passionnés, sans talents et sans probité, la France était par-
venue à perdre la magnifique colonie de Saint-Domingue,
œuvre de deux siècles d'immenses travaux dont la fortune
avait protégé le succès ; comment les esclaves étant devenus
les maîtres, les plus habiles d'entre eux avaient subjugué
leur population imbécile, et établi un gouvernement militaire, puisant sa force dans douze demi-brigades d'infanterie régulière, avec un corps de cavalerie de mille cinq
cents hommes, et soutenu par une levée en masse des nègres des campagnes, désignés sous le nom de cultivateurs.
Toussaint-Louverture était le chef de ce gouvernement ; il
en était le moteur invisible, car on ne savait jamais où il
était, et même dans les actions les plus décisives de la campagne qui allait commencer, il ne parut jamais à la tête de
ses troupes. Ses lieutenants : Christophe et Dessalines, le
représentaient partout, comme s'ils étaient les visirs de ce
sultan mystérieux. C'étaient deux nègres nés à Saint-Do-

mingue, astucieux, félons, cruels à l'égal des chefs Achantis
ou du Dahomet; ils ne s'étaient approchés de la civilisation
que pour en prendre les vices [1].

Mon hôte qui avait au Cap, en marchandises ou en
créances, des intérêts montant à plusieurs millions, voulut
aller à terre après dîner, et il me proposa de m'y mener
visiter la ville, à la condition expresse de ne pas dire un mot
français, afin de pouvoir passer pour un attaché au consulat américain. J'acceptai avec empressement. Nous trouvâmes une garde à la cale où nous descendîmes. Mais le
consul étant connu et affectionné, on nous laissa passer sans
aucune objection.

Dans la demi-teinte du soir, la ville me parut belle et
certainement elle était très-grande. La perspective de ses
rues fuyait dans le lointain à une énorme distance. Tout y
portait l'apparence de la richesse et d'un luxe splendide,
entièrement étranger aux autres colonies. Il y avait très-
peu d'hommes dans les quartiers que nous parcourûmes;
mais les femmes y fourmillaient, elles étaient toutes parées
des plus beaux tissus de l'Inde et d'une multitude de joyaux
précieux. On voyait percer l'inquiétude, l'effroi dans chaque
contenance; et l'on aurait dit que, comme aux approches
de l'ouragan ou du tremblement de terre, un instinct secret
donnait aux esprits la prévision d'une affreuse calamité. Pas
un seul Européen ne se montrait dans cette cité pantelante,
qui touchait à l'heure fatale de sa ruine; et, comme Pline à
Pompéia, je fus le dernier qui la vit à son dernier instant.

Après avoir fait un long circuit dans ces rues peuplées
d'une population qu'agitait une fièvre brûlante, le consul
me proposa d'aller nous rafraîchir, dans une maison qu'il

[1] Christophe vient de mourir en Angleterre dans une maison de
travail forcé (work house) où il vivait depuis plusieurs années.

visitait habituellement, et où il était attendu avec la plus
grande impatience. Nous en trouvâmes la maîtresse dans
une galerie haute, fermée par des jalousies, qui, laissant
pénétrer la brise, en faisaient un lieu d'une température
délicieuse. De grandes tables d'acajou massif, des sofas en
treillis de jonc, et une profusion de fleurs admirables en
composaient tout l'ameublement. L'hôtesse était l'une de
ces femmes de couleur si célèbres de Saint-Domingue, pour
leurs enchantements irrésistibles. Quoiqu'elle n'eût pas
encore vingt-cinq ans, elle était déjà presque sur le retour,
sa vie sédentaire et inoccupée l'ayant affligée d'un embonpoint prématuré dont les séductions actuelles ne pouvaient
être d'une longue durée. Elle était mise avec une simplicité
magnifique. Sa robe de mousseline des Indes, superbement
brodée, avait une queue traînante, des manches extrêmement courtes, qui laissaient voir tout à fait des bras admirables et un corsage dont la double échancrure était encore
plus ravissante. Ses pieds et ses mains n'auraient pu
trouver leurs pareils qu'en Espagne. Avec une toilette digne
d'une princesse et qu'elle portait avec autant d'aisance et de
fierté, elle avait pour coiffure, suivant l'usage créole, un madras rouge et jaune, arrangé comme celui de Virginie, mais
qui valait tout seul un champ de cannes à sucre ou la récolte d'une caféière. Autour d'elle étaient sept ou huit
jeunes filles ses sœurs, nièces ou cousines, toutes plus
jolies les unes que les autres, et animées d'un vif désir de
plaire et d'être aimées, le seul bonheur que puissent avoir
jamais les femmes sous le ciel des tropiques et même au
delà. Tout ce monde parlait indifféremment français ou
anglais, mais dans le dialecte mignard et enfantin des colonies, avec une foule de mots qui ne sont dans aucun dic-
tionnaire.

Les présentations, qui se firent à l'anglaise avec une gravité comique, m'apprirent que la dame de la maison s'appelait Lucie, et les jeunes personnes : Aglaé, Hortense, Ida,
Eucharis. Je n'avais pas besoin de ce dernier nom pour reconnaître que j'étais dans l'île de Calypso. Un thé somptueux fut servi, accompagné de toutes les friandises créoles,
entre autres de fruits confits très-divers, environnés de cris-
tallisations de sucre, blanches ou colorées, d'une grandeur et
d'une régularité étonnantes. Je me fis expliquer chaque
chose; et ce fut à qui se chargerait de m'instruire. Le même
empressement fut prodigué pour me préparer les cent breu-
vages par lesquels on cherche aux Antilles à apaiser la
soif dont on est sans cesse dévoré; mais je refusai également la limonade glacée et le punch brûlant, et je m'en
tins, avec la sagesse dont aurait dû faire preuve l'élève de
Mentor, à quelques verres d'eau mêlée d'un peu de vin de
Madère. Le Consul, qui ne perdait pas de vue ses affaires,
nous quitta pour faire évacuer à bord des navires de la rade
les marchandises américaines qui étaient emmagasinées
dans la ville. Cet acte de prudence me parut d'assez mauvais augure, mais le vice-consul, qui resta avec nous, m'as-
surant qu'il ne s'agissait que de l'exécution de quelques ordres déjà donnés le matin, je continuai de tenir tête aux
belles questionneuses dont j'étais entouré. Ce qu'elles
avaient surtout à cœur de savoir, c'était comment en France
un cavalier galant et bien épris faisait connaître son amour,
et comment y répondait une jeune fille sage, sensible et bien
élevée. Il paraît qu'en essayant de satisfaire leur curiosité,
mes paroles et l'imitation du langage des amoureux repro-
duisirent si bien ce qu'elles en savaient, que leur malice et
leur gaieté en furent excitées au plus haut degré. Elles me
sollicitèrent avec les plus vives instances de leur raconter

quelque histoire d'amour, — *love story*. J'y consentis, et
toutes ces jeunes filles vinrent s'asseoir à terre sur des nattes,
des coussins, au pied du sofa où Lucie et moi étions placés,
se groupant ensemble, s'appuyant affectueusement les unes
sur les autres et formant le plus joli parterre de fleurs qu'on
puisse imaginer. Le conte que je fis eut un succès si grand,
qu'il aurait mérité que je me le rappelasse. Boccace en eût
été jaloux s'il avait vu mon charmant auditoire, la tête pen-
chée, les lèvres entre ouvertes, la poitrine palpitante, fré-
missant des malheurs dont étaient menacés de tendres
amants, et se réjouissant des bons tours qu'ils jouaient à
leurs méchants persécuteurs. L'image colorée des chagrins
et des joies de la jeunesse dans un autre monde, faisait battre le cœur de toutes ces belles personnes qui, privées de
société, de spectacle, de lecture, devinaient cependant
qu'une vie moins monotone que la leur existait quelque
part. Des expressions de reconnaissance pour mon intéressant récit sortirent de toutes les bouches; et madame
Lucie, pour mieux me témoigner sa gratitude, tira de la profondeur de son corset de satin blanc une fleur rare qu'elle
me présenta. C'était une rose sans épines, attachée avec
un fil d'argent à une branche de myrte à grandes pétales
blanches. Rien de plus joli sans doute, mais aussi rien
de plus dangereux que ce bouquet, car il est bien connu
aux Antilles que son odeur suave et pénétrante inspire
magiquement une passion mortelle! Pour éloigner de moi
ce talisman, je m'empressai de demander qu'il me fût permis de lui rendre la place enviée qu'il avait occupée, et je
sollicitai galamment le prix de sa rançon. J'allais le recevoir, et les jeunes filles, entraînées par l'exemple, détachaient
déjà leurs bouquets pour me les donner, sauf à les reprendre aux mêmes conditions, quand tout à coup vingt coups

de fusil à balles, tirés à quarante pas de la maison, firent retentir l'air de leurs détonations et de leurs sifflements, et furent suivis de cris affreux d'effroi et de douleur.

Mon compagnon, le vice-consul américain et moi, nous courûmes à nos armes, et en un clin d'œil nous fûmes dans la rue. La foule éplorée nous conduisit sur une petite place voisine où nous vîmes avec horreur, à la lueur des torches, huit cadavres étendus à terre. C'était toute une famille de blancs qui venaient d'être surpris dans la tentative d'aller rejoindre la flotte française. Christophe avait ordonné leur mort ; et leur escorte, sans aller plus loin, les avait fusillés en cet endroit, à bout portant, puis s'était éloignée à la hâte, n'étant pas encore en ce moment familiarisée avec ces exécutions, comme elle le fut depuis par leur réitération. Du milieu de ces morts surgit inopinément une femme qui se dressa sur son séant, et se mit à crier d'une voix lamentable : Achevez-moi ! achevez-moi ! Je fus pour la secourir ; mais elle se rejeta en arrière, avec un bruit d'ossements brisés ; et aussitôt ses membres se tordirent, son corps se replia, sa bouche se distendit horriblement, ses yeux sortirent de leurs orbites, et elle fut prise du râle de la mort. C'est fini d'elle, dit un spectateur, elle a le tétanos.

En fuyant cet affreux Golgotha, nous tombâmes au hasard dans une large rue que remplissait une foule d'habitants de tout sexe, de toute couleur, de tout âge. C'était la population qui, alarmée sur les mauvais desseins de Christophe, allait en masse se jeter au pied de ce général pour le supplier d'épargner la ville, de sauver les propriétés et de préserver les personnes de la misère, de la famine et d'une lente et douloureuse agonie. Déjà ce barbare avait répondu à l'aide de camp de l'amiral par des menaces et des paroles arrogantes, déclarant qu'il bravait l'autorité de la France,

et qu'il le lui montrerait bientôt. Son insolence n'eut plus
de bornes, lorsque ayant rassemblé ses troupes et leur ayant
fait prêter serment de combattre les Français jusqu'à la
mort, il se vit assuré de forces assez grandes pour exécuter
ses projets. Les autorités municipales, les familles les plus
distinguées de chaque caste, les femmes, les enfants se pros-
ternèrent à ses pieds pour le fléchir. Un homme de sa couleur, le nègre Télémaque, qui était maire de la ville, l'ad-
jura avec des larmes, par les raisons les plus puissantes, de
ne pas attacher à son nom un souvenir qui le ferait exécrer.
Il ne répondit que par des injures et des vociférations, répé-
tant que si l'escadre française pénétrait dans la rade, il ne
resterait pas pierre sur pierre, et que la terre même brû-
lerait.

L'esprit sanguinaire du chef animait déjà ses soldats et
leur inspirait les actions les plus révoltantes. En passant
sur une place où s'élevait une église, nous y trouvâmes
une multitude de femmes agenouillées à terre, priant Dieu
avec ferveur de détourner les malheurs dont leurs familles
étaient menacées. Un prêtre vénérable les exhortait à cette
vertu chrétienne si difficile à pratiquer quand on est au comble de l'infortune : la résignation. Ses paroles furent inter-
rompues par un tumulte, des cris, des gémissements. C'était
un escadron de la cavalerie nègre, qui s'était rué sur ces
malheureuses créatures, les foulant aux pieds des chevaux,
et marquant chacun de leurs pas par un nouveau meurtre
ou d'horribles blessures. Parmi cette foule prosternée, il y
avait des femmes de toutes couleurs, et les monstres qui
les écrasaient portaient la mort dans les flancs de celles dont
ils avaient reçu la vie. Le prêtre, pour sauver ces infortu-
nées, les fit entrer dans l'église dont il défendit la porte en
y élevant un autel où il exposa le Saint-Sacrement. Il resta

lui-même dehors pour repousser l'ennemi par la prière ou l'anathème. Mais, pendant qu'il gardait ce poste, les cavaliers, tournant l'église, y mirent le feu, et la plupart des femmes qui s'y étaient réfugiées périrent dans l'incendie.

La terreur que répandait la cruauté de Christophe avait paralysé le courage des hommes, et ce furent des femmes qui seules opposèrent de la résistance. Un blanc qui avait reçu un coup de fusil d'une sentinelle noire, vint chercher un asile, pour mourir tranquille, chez une mulâtresse dont il était aimé. Bientôt une patrouille vint le chercher, sans doute pour l'achever au coin de la rue. Sa maîtresse, déterminée à le défendre jusqu'au dernier soupir, s'arma d'une hache bien affilée, et, s'embusquant dans l'obscurité derrière la porte, elle tua les quatre premiers soldats qui voulurent entrer ; puis, se jetant sur les autres dans l'escalier en bravant leur fusillade, elle en renversa encore autant. Quand nous passâmes devant sa maison, nous la vîmes, qui, avec l'aide d'une vieille négresse, précipitait tous ces cadavres du haut de son balcon, aux acclamations de la foule pleine d'admiration pour son courage qu'elle n'osait pas imiter.

Jusqu'alors l'insurrection ne s'était engagée que par des fanfaronnades et des atrocités, et j'avais encore quelque espoir qu'en voyant entrer, peu d'heures après, la flotte française, elle reculerait devant l'exécution de ses projets. Je ne tardai pas à être détrompé. Une lumière subite, une violente détonation et les sifflements aigus de mille débris projetés dans les airs, nous apprirent, à nos risques et périls, qu'une grande explosion avait lieu. C'était celle d'un magasin à poudre auquel Christophe avait fait mettre le feu. Je jugeai que l'évacuation de la ville allait suivre cette mesure et qu'elle en précédait l'incendie, crime que j'avais

refusé de croire possible tant il était sauvage et barbare,
Cette conviction nous détermina, mon compagnon et moi,
à gagner, par des rues détournées, la demeure de Mme Lucie, pour l'emmener avec sa famille chercher un refuge à
bord de quelque navire de la rade. Chemin faisant, nous
fîmes mille rencontres, nous eûmes mille aventures plus
dangereuses les unes que les autres ; enfin, nous arrivâmes
pour trouver la maison fermée, abandonnée, mais défendue par le pavillon américain, qui était arboré sur la porte
entre deux gros lampions. Le consul nous avait prévenus ;
il avait conduit ces dames en rade, et pour tâcher de sauver
leur habitation, il l'avait mise sous la protection du drapeau
des Etats-Unis.

Notre longue course nous avait donné cette soif brûlante
qu'on éprouve aux Antilles dès qu'on fait quelque exercice. Pour l'apaiser, mon compagnon s'introduisit, je ne
sais comment, dans la maison, et vint m'en ouvrir une
porte que nous refermâmes soigneusement. A notre grand
étonnement, nous découvrîmes dans une salle un matelot
américain qu'on avait laissé là comme un gardien, mais
qui, dans son ennui, ayant trouvé du rhum, en avait bu
suffisamment pour enivrer tout un équipage. Dans l'état où
il était, cet imprudent eût été perdu, si nous ne fussions
survenus. Pour chasser au plus vite son ivresse, je lui fis
prendre, bon gré malgré, une pinte d'eau et de sel, dont
l'effet fut violent, il est vrai, mais radical. Pendant que ce
remède opérait, j'écrivis à l'amiral un récit exact et détaillé
des terribles occurrences dont j'avais été témoin, et je lui
prédis qu'au moment où il lirait ma lettre la superbe ville
du Cap-Français, l'orgueil des colonies des Indes occidentales, ne serait plus qu'un monceau de cendres. Le matelot américain, qui grâce à ma recette médicale, avait re-

couvré complétement la raison, se chargea de porter ma
dépêche à bord de *l'Océan*, et de la remettre à l'amiral lui-
même. Ce brave et intelligent marin réussit à remplir cette
difficile mission, quoique l'escadre fût à trois lieues au
large pour éviter les écueils du rivage. L'amiral, n'ayant
aucune nouvelle de la ville, était dans une mortelle inquiétude, lorsque ma lettre lui parvint ; il la communiqua sur-
le-champ au général en chef Leclerc, et ils prirent, en
conséquence, d'importantes dispositions. Dix ans après,
dans un temps rempli de si grandes choses, l'amiral se
ressouvenait encore de cette lettre comme d'un service remarquable qui avait justifié l'opinion qu'il avait de moi.
Mon messager reçut une belle-gratification, et le pilotage
d'un vaisseau lui fut confié.

Il eût été sage de quitter la ville en même temps que lui,
et je l'aurais fait sans doute si j'eusse été seul ; mais mon
jeune compagnon connaissait si bien les localités qui devaient protéger notre retraite, il était à la fois si calme et si
intrépide, que le danger de rester jusqu'à la dernière extrémité me parut pouvoir être affronté. Notre résolution ne
tarda pas à être mise à l'épreuve. Une effroyable explosion
secoua la maison si violemment que nous crûmes qu'elle
s'abîmait sur nous. C'était un autre magasin à poudre que
les nègres faisaient sauter. Une grêle de brandons de feu
tombant sur tous les édifices des environs, l'incendie menaçait de nous entourer. Pour reconnaître notre situation,
nous montâmes sur une terrasse qui dominait les toits, et
que, dans des temps plus heureux, on avait ornée de caisses
d'arbrisseaux rares, odoriférants. Nous ne pûmes d'abord
rien distinguer qu'une pluie d'étincelles traversant une atmosphère de fumée bleuâtre, avec des reflets roux et dorés.
On avait peine à respirer au milieu des vapeurs sulfureuses

et enflammées qui remplissaient l'air. Mais le vent de terre,
soufflant par rafales, chassa ces nuages vers la rade et
nous permit de découvrir la ville et de planer sur une vaste
étendue de ses quartiers les plus beaux. La nuit n'y apportait aucun obstacle, car des lueurs qui s'élançaient vives et
abondantes de plusieurs foyers éclairaient les édifices, les
rues, les places publiques, et faisaient discerner, à l'aide
de ce jour faux et sinistre, la population éperdue, ainsi que
les soldats postés à chaque carrefour pour s'emparer d'elle
et la soumettre aux violences, aux outrages, aux indignités
qu'infligent à leurs prisonniers les hordes africaines les
plus barbares. Ces foyers de lumière étaient six ou sept
incendies partiels dont les flammes s'élevaient au-dessus
des maisons de la ville. Mon compagnon s'orienta, et reconnut que les édifices les plus utiles, les plus grands et les
plus beaux étaient ceux déjà livrés à la destruction. C'étaient
notamment : le palais du gouvernement, l'arsenal, les casernes, les bureaux de la marine, les magasins de l'État,
le greffe des tribunaux et une partie du vaste hôpital de la
Providence, où gisaient une multitude de malades, avec
des femmes, des enfants, qui étaient venus y chercher un
refuge.

Pendant que ce spectacle effrayant se développait dans
la vaste perspective de la ville, notre attention fut attirée
par des clameurs si fortes, qu'elles semblaient la voix de
tout un peuple. Cet immense tumulte grandissait en s'approchant, comme le bruit des flots irrités de la marée montante; il venait vers nous lentement par l'extrémité de la
rue aboutissant au rivage, et se dirigeait vers le haut de la
cité, là où s'élève une ceinture de mornes escarpés et stériles, sans autre habitation qu'une vigie, et sans autres chemins que des sentiers âpres et sinueux. Notre anxiété déjà

si grande redoubla, quand nous distinguâmes, au milieu
de cet assemblage de sons d'abord confus, des cris, des
sanglots, des imprécations, les plus terribles expressions
du désespoir des victimes et de la fureur de leurs bour-
reaux. Enfin nous vîmes arriver et passer sous nos yeux,
en bas de la terrasse où nous étions embusqués, la malheureuse population de cette ville, naguère encore si pros-
père, marchant entre deux rangs de soldats noirs qui, sans
pitié pour les femmes, les vieillards, les enfants, hâtaient
leurs pas chancelants par des menaces et des coups. Arra-
chés pendant la nuit à leurs foyers domestiques, ces captifs
étaient à peine vêtus; les uns emportaient dans un chétif
paquet, encore trop pesant pour leurs forces, tout ce qui
devait leur rester de leur prodigieuse fortune ; les autres ne
songeant qu'à leur famille, étaient chargés de leurs vieilles
mères et attiraient après eux leurs enfants en pleurs; on
en voyait qui s'associaient pour transporter leurs malades,
pour soutenir des blessés dont le sang ruisselait encore,
pour entourer des jeunes filles à demi-nues et les préserver,
s'il était possible, des violences de la soldatesque effrénée,
maîtresse de leur vie et de leur honneur.

Une troupe de nègres, choisis parmi les plus féroces de
ces brigands, devançait la colonne pour la grossir, en tirant
par force de leurs maisons les habitants de l'un et de
l'autre côté de la rue. Quand les portes étaient fermées, ils
les forçaient avec des pinces de fer; ils s'introduisaient
dans les appartements, prenaient tout ce qui était à leur
convenance, bouleversaient chaque chose pour découvrir
les trésors cachés, et saisissant les hôtes de ces demeures,
ils les traînaient dehors, pour les réunir aux autres captifs.
Des scènes qu'on ne peut décrire se passaient dans ces
affreux moments. Des femmes blanches qui étaient restées

dans l'espoir d'échaper aux recherches de ces barbares,
étaient trouvées par eux dans quelque réduit ; on les voyait
s'élancer à leur balcon, pour se précipiter sur le pavé, et
demander un asile à la mort ; mais des bras noirs et mus-
culeux s'alongeaient pour les retenir par leurs vêtements ;
une force irrésistible les attirait dans l'obscurité de leur
chambre ; on entendait des cris affreux, une lutte, et puis
rien, sinon le râle de l'agonie. Un instant après, un nègre
hideux sortait de la porte, le rire à la bouche et les mains
couvertes de sang.

Dès que la colonne des captifs était passée, une autre
troupe de bandits, commandée par des officiers nègres,
couverts d'habits brodés d'or, se jetait dans la maison dé-
vastée, y ramassait tout ce qu'il y avait de combustibles, et
au moyen des lances à feu dont elle était armée, embrasait
en un instant chaque édifice. Bientôt les flammes qui s'é-
lançaient par toutes les issues, qui se frayaient un passage
à travers les toits, qui, surbaissées par le vent, s'étendaient
d'un côté des rues à l'autre côté, ne formèrent plus, en se
réunissant, qu'une nappe de feu, grande de plus d'une
lieue carrée, et représentant, avec une effroyable réalité, le
lac infernal du Dante.

Plus d'une fois l'incendie, dans ses progrès rapides, dé-
vora des maisons où il restait encore des habitants qui,
cachés sous les combles, avaient trompé les perquisitions
faites dans leur domicile. On les voyait fuir devant le feu
qui les poursuivait de chambre en chambre, d'étage en
étage ; puis ils disparaissaient dans des tourbillons de
flammes et de fumée quand les planchers s'abîmaient sous
leurs pas, ou lorsqu'un mur s'écroulait sur leur tête avec
fracas. C'était le sort qui nous semblait réservé, car si la
maison où nous étions n'avait pas été incendiée, par respect

pour le pavillon des États-Unis qui la couvrait, il était impossible qu'elle continuât longtemps encore d'échapper au contact de la flamme qui consumait les maisons voisines. Il était temps que nous fissions notre retraite. Un incident vint la retarder. Voir ces horreurs, ces désastres, assister à cette Sainte-Barthélemy, au sac, au pillage, à la destruction d'une grande ville, à la ruine d'une colonie splendide, au massacre de ses habitants, c'était plus qu'il me fût possible de supporter. Je fus atteint d'une douleur cérébrale si atroce, qu'il semblait que ma tête s'entr'ouvrait. Des vomissements convulsifs ne me soulagèrent point ; et j'allais être pris complétement de vertiges, lorsqu'un instinct pareil à ceux des animaux qui se sentent mourir, me conduisit à un réservoir dont l'eau servait à l'arrosement des fleurs de la terrasse. J'y plongeai la tête entièrement à plusieurs reprises, et j'y restai immergé jusqu'à suffocation. Ce remède héroïque réussit et me rendit mes facultés. Toutefois, le germe du mal ne fut point étouffé ; et à dater de cette nuit funeste, j'ai éprouvé des crises analogues, quoique moins violentes, lorsque j'étais sous l'empire de quelque vive émotion. Cette irritation cérébrale s'est prolongée pendant trente ans, et son premier effet fut de faire blanchir mes cheveux. Quand ils commencèrent à changer de couleur, je n'avais encore que vingt-trois ans.

Pendant cette crise si dangereuse, dans la position où nous étions, mon compagnon, M. Robert Brown, se dévoua à mon salut avec un courage admirable. Un quart d'heure qui s'était écoulé, avait permis à l'incendie de nous resserrer plus étroitement. Des pyramides de flammes surgissaient autour de notre asile et faisaient pleuvoir sur nous des charbons ardents. Nous quittâmes notre belvéder et sortîmes de la maison par une porte donnant sur la rue de derrière. De là nous pûmes gagner des jardins en franchissant leur clôture, et traverser des rues dont les édifices moins considérables fournissaient moins d'aliments au feu. Il y en eut une cependant où nous faillîmes rester; la flamme de chacun de ses côtés se rejoignant presqu'au milieu où nous devions passer, dans un défilé très-étroit. Il nous fallut braver une fumée étouffante et une température de four à boulets rouges. Mon brave camarade y perdit sa belle chevelure saxonne; j'en fus quitte pour quelques brûlures. Arrivés au bord de la mer, nous tombâmes dans un cordon de troupes noires; mais le vice-consul se fit reconnaître, et nous passâmes sans trop de difficultés. Une embarcation nous conduisit à bord du navire américain, où le consul lui-même avait établi son quartier général. Nous y trouvâmes toute la compagnie des dames qui, la veille, nous avaient fait passer une si gracieuse soirée. Les temps étaient bien changés. Cependant elles n'en furent pas moins bonnes et affectueuses. Je dois avouer qu'en ce moment j'avais bien moins besoin de tendresse que de sommeil; aussi allai-je dormir dans un coin pendant une heure ou deux, sans prendre aucun souci de l'amour et de la gloire. Je fus réveillé par le canon, et quand j'ouvris les yeux, ce fut pour voir un spectacle qui me fit battre le cœur, comme une manifestation de la Providence libératrice et vengeresse dont nous croyions être abandonnés.

C'était la flotte française entrant à pleines voiles dans la baie du Cap, aussitôt que le premier souffle de la brise de mer s'était fait sentir. En tête de la colonne de nos vaisseaux était *l'Océan*, les flancs hérissés de ses cent vingt canons, portant à son arrière le pavillon tricolore, et à son grand mât le pavillon carré de l'amiral commandant en chef. Sa dunette, ses gaillards, ses passavants étaient couverts de

vieux soldats de la République, qui sous Hoche et Moreau
avaient fait la campagne d'Allemagne et de l'armée de
Sambre-et-Meuse. Ayant toujours été à bord de nos escadres
lorsqu'elles entraient dans un port, j'étais comme ces acteurs
qui jugent imparfaitement l'aspect de la scène où ils jouent
un rôle. Cette fois j'avais payé fort chèrement le droit d'être
simple spectateur, mais je dois dire que j'en fus bien récompensé par la magnificence du tableau qui s'offrit à mes
yeux. Notre flotte entra dans la passe, entre les récifs privés
de leurs balises, et s'avança majestueusement vers le mouillage, sans tirer un seul coup de canon. A la vue de *l'Océan*,
qui s'élevait sur la mer comme une montagne flottante,
armée de batteries étagées, formidables, les canonniers
nègres des forts Picolet et Saint-Joseph abandonnèrent leurs
pièces et donnèrent à la garnison le signal de la fuite.
D'autres défenses, où Christophe avait placé les officiers les
plus sûrs, les forts Belair et Saint-Michel, et la batterie de
l'arsenal eurent l'audace de tirer sur nos vaisseaux, qui dé-
daignèrent de répondre à leur attaque. Ce fut seulement
quand l'escadre eut jeté l'ancre, qu'en voyant à la Petite
Anse une troupe de nègres qui incendiaient les maisons,
les vaisseaux *le Jean-Jacques Rousseau* et *le Patriote* lâ-
chèrent une bordée, qui fit disparaître ces brigands.

Je me rendis à bord de *l'Océan*; l'amiral Villaret me
reçut avec bonté et me chargea de dresser un rapport de
tout ce que j'avais vu dans cette nuit fatale, dont le souvenir
l'a poursuivi implacablement. J'allai me vêtir de mon uniforme, et je débarquai avec les troupes de marine que commandait le capitaine de vaisseau Laroque. Nous fûmes
rejoints par des troupes de ligne et par le général Humbert,
qui nous donna l'ordre d'enlever au pas de course, comme
on faisait alors, le fort Belair, où l'ennemi tenait encore.

Dès notre approche, l'ennemi l'évacua, se sauvant à vau-
de-route, en déchargeant ses armes de loin. Notre marche en
avant eut un double effet : elle délivra les habitants qui avaient
survécu à leur malheureuse cité, et leur permit de venir en
visiter les décombres fumants. Toute la population, moins
celle massacrée ou consumée dans l'incendie, avait été conduite en captivité dans les mornes déserts du Haut-Cap. Le
colonel nègre Ignace, jaloux de ce qu'elle trouvait dans ce
lieu l'abri du bâtiment de la vigie et d'une petite habitation, les en chassa et y mit le feu. Notre arrivée libéra
de son odieuse tyrannie ces infortunés qui purent descendre dans la ville, et chercher dans les ruines de leurs
maisons si l'incendie et la méchanceté des hommes n'y
avaient pas laissé quelques vestiges de leur ancienne richesse,
qui pût leur rendre la misère moins poignante et la vie
moins amère.

Un autre effet de notre attaque fut de chasser l'ennemi
des positions dans lesquelles il attendait les colonnes de nos
troupes débarquées la veille dans la soirée, à trois ou quatre lieues sur les flancs de la ville, au port à Margot et à
l'anse du Limbé. En prenant ces positions à revers, nous
les fîmes évacuer de suite et nous empêchâmes qu'elles
n'arrêtassent la marche de l'armée qui put couronner sans
obstacle les hauteurs du Cap, et préserver de l'incendie les
belles cultures de la plaine adjacente. Christophe, qui avait
concentré ses troupes au morne aux Anglais, fut serré de si
près que, cette fois du moins, il ne put réussir dans ses projets de dévastation.

Le lendemain, je retournai à bord de *l'Océan*, où mon
service me retint attaché, et je n'appris guère les événements
que par les rapports qui parvenaient à l'amiral, et qui
étaient tous plus désolants les uns que les autres.

Au moment du débarquement de nos troupes, presque
toutes les villes de la colonie furent incendiées par ordre de
Toussaint, comme celle du Cap. Il ne resta rien de Léogane,
de l'Arcahaye et de la Croix-des-Bouquets. Dans la première, il n'échappa que cinq ou six habitants ; tous les autres furent égorgés. Le général nègre Dessalines, qui riva-
lisait de cruauté avec Christophe, fit massacrer à Jacmel
tous les blancs de la ville et il força le reste de la population,
le couteau sur la gorge, à signer une adresse exprimant
leurs regrets de perdre le bon gouvernement de Toussaint.
J'ai eu ce document original entre les mains. Véritablement, ces chefs qui faisaient une croisade pour la liberté
des noirs, étaient bien les despotes les plus absolus et les
plus insolents qu'on puisse imaginer ; et l'instinct malfai-
sant de leur race leur faisait trouver, malgré leur profonde
ignorance, tous les moyens de nuire aux hommes et de les
enchaîner, dont se servent les tyrans les plus raffinés et les
plus corrompus par la civilisation.

La campagne qui s'ouvrit au moment où nos troupes mirent le pied à terre, ne fut pas moins étrange que désastreuse. L'ennemi ne tint nulle part, et pourtant il ne cessa
pas d'être maître du pays. Vainqueurs partout, nous ne
possédions rien au delà de la portée de nos fusils. Toute la
guerre était dans l'exercice des jambes ; et par cela seul, sous
un climat brûlant, elle avait des fatigues accablantes plus
meurtrières que la fusillade et le canon. Le mérite militaire
n'était plus dans la stratégie, dans l'intrépidité à braver le
feu de l'artillerie ou les salves des bataillons ; il consistait à
gravir un escarpement, à passer un ruisseau gonflé changé
en un torrent impétueux, à s'embourber jusqu'à mi-corps
dans la vase infecte des palétuviers, à souffrir les piqûres
cuisantes des cactus, des campêches, des grandes urticées

et des mille plantes épineuses des Antilles, à porter sans
avoir la fièvre des vêtements constamment mouillés par la
sueur, par la pluie ou par des rivières, à coucher sur la
terre inondée sans abri contre la fraîcheur des nuits, à se
refuser au bonheur de boire l'eau glacée des sources ou
à se délecter avec les plus beaux fruits des Hespérides,
à repousser avec un héroïsme encore plus grand des
liaisons séduisantes, toujours dangereuses et souvent mortelles.

Le régime des troupes n'était pas seulement funeste parce
qu'il changeait vivement leurs habitudes, mais encore parce
qu'il détruisait leur force et leur santé. La soupe, qui est
l'aliment ordinaire du soldat français, était un mets rare et
d'un usage difficile. On ne pouvait en faire avec la viande
salée à moitié corrompue qu'on distribuait au camp ; et
quant à la viande fraîche qu'on se procurait parfois, elle
était si maigre et si sèche qu'elle ne donnait que de mauvais
bouillon ; et de plus, il fallait se résoudre à l'alternative de
la manger palpitante ou gâtée, tant le climat la décomposait
promptement. Nous n'avions pas, comme dans la guerre de
Belgique ou d'Allemagne, la ressource abondante des porcs.
Ceux de la colonie avaient disparu ; et d'ailleurs, ils étaient
si petits qu'une seule compagnie aurait mangé tout un
troupeau.

Nos soldats s'accoutumèrent assez vite à substituer au
pain les racines féculifères du pays ; mais une privation
leur parut fort dure. Sous ce climat ardent, où l'on éprouve
une soif insatiable, il n'y a rien pour l'apaiser, ni vin, ni
bière, ni cidre ; rien, si ce n'est de l'eau ou du tafia, alcool
tiré des cannes à sucre et dont la violence est extrême.
L'homme qui a pris l'habitude d'en boire ne laisse plus
d'espoir. C'est le breuvage de Circé qui, avant de causer la

mort, produit la perte une à une de toutes les facultés de l'esprit et du corps.

Une autre privation aussi pénible que dangereuse était celle d'un sommeil paisible et réparateur. On ne pouvait dormir, quoiqu'on en eût toujours envie, parce qu'aussitôt qu'on fermait les yeux on était assailli par des nuées de mouches armées de dards acérés qui versaient dans chaque blessure qu'elles faisaient une goutte de venin causant une tuméfaction, une irritation et un prurit tel qu'on ne pouvait s'empêcher de se gratter jusqu'au sang. Plusieurs fois dans des rondes de nuit, il m'est arrivé d'entendre dans un campement un grand tumulte. C'était une demi-brigade qui était aux prises avec les moustiques, et qui rugissait de fureur d'être en butte aux cuisantes piqûres de ces insectes sans pouvoir s'en défendre.

Les déconvenues de la vie militaire n'étaient ni moins grandes, ni moins nombreuses que celles de la vie privée. Le brave général Debelle, le beau-frère, l'ami de Hoche, me disait avec une profonde émotion : Nous sommes tout déroutés, c'est à perdre l'esprit. En effet, il n'était plus question de ces beaux feux de bataillons déployés qui ébranlaient d'abord l'ennemi, puis de ces rapides formations en colonnes serrées pour l'aborder au pas de charge, la baïonnette en avant, au chant de la *Marseillaise* ou au bruit du tambour battant l'air des grenadiers français. La guerre n'était rien de plus qu'un feu de bilbaude, comme celui des chasseurs tirant aux lièvres cachés dans les buissons. Il était rare qu'on vît l'ennemi et qu'on pût le joindre. Mais ses coups imprévus, invisibles, n'en étaient pas moins assurés dans les embuscades qu'il nous tendait, et où nous tombions sans cesse avec la plus opiniâtre imprudence. Une ruse africaine, grossière et ridicule, réussissait constamment. Un nègre tout nu paraissait tout à coup devant l'un de nos postes à une faible distance ; il s'avançait encore en batifolant pour amuser les soldats par ses grimaces ; puis il se moquait d'eux et les provoquait par des gestes outrageants. Leur patience était bientôt épuisée et ils lui envoyaient quelques balles qui ne l'atteignaient pas, car il était alerte à se jeter de côté ou à plat ventre. Irrités de leur propre maladresse, les nôtres s'avançaient pour mieux le viser ; bientôt ils étaient entraînés à sa poursuite ; d'autres les suivaient, et tous ensemble ils allaient donner tête baissée dans une embuscade préparée de longue main, et où quelques-uns d'entre eux restaient toujours. Moi-même, qui avais fait avec les Caraïbes l'étude de ce genre de stratégie, je manquai deux ou trois fois d'être pris, ce qui m'aurait conduit à être fusillé irrémissiblement.

Une fois, entre autres, des officiers du bord m'emmenèrent près du Limbé chez un riche colon dont les esclaves étaient restés fidèles et par qui nous avions été invités à dîner. Nous pûmes juger par la réception qu'il nous fit, de ce qu'elle eût été dans un temps meilleur. Pendant qu'on préparait un splendide repas, je fus, suivant ma coutume, herboriser dans les environs, mais en me tenant sur mes gardes. Je ne m'avançai guère sans reconnaître, en me prévalant de ma vieille expérience, que les halliers ou fourrés de bois dont la campagne était entre-coupée, servaient de repaires à des hommes ou à des animaux. A la Martinique, j'aurais pris les frôlements que j'entendais pour ceux des serpents fer-de-lance ; à Saint-Domingue, je les attribuai à des nègres tapis sournoisement dans les broussailles pour quelque mauvais objet. Je fis ma retraite, face en tête à l'ennemi, sachant fort bien que les gens à qui j'avais affaire, frappaient beaucoup plus volontiers par derrière que par de-

vant. Lorsque, de retour à l'habitation, je fis part de mes
observations, on prétendit que j'avais entendu des Anolis,
sorte de lézards fort multipliés; et sans plus de soucis on
se mit à table ; mais, à la moitié du dîner, plusieurs coups
de fusil furent tirés près de nous. Aussitôt chacun saisit ses
armes, se précipite hors de la maison, et s'avance dans la
campagne au-devant de l'ennemi. Rien ne s'offre à nos regards, et déjà on faisait des railleries de la terreur panique
qui avait si brusquement interrompu notre excellent repas,
quand un nègre se présente à distance et se met à danser
avec mille contorsions. Je préviens mes compagnons que
c'est infailliblement le loustic chargé de nous entraîner dans
quelque guêpier ; personne n'en tient compte ; on le pour-
suit, il gagne au pied et nous provoque par des insultes. On
tire sur lui, aussitôt des coups de fusil partent des halliers
pour nous répondre ; nous marchons en avant. Soudain des
cris s'élèvent en arrière; c'est l'habitation qui est en feu,
et dont l'incendie ne peut être arrêté. Cette fausse attaque
avait pour objet de nous en éloigner, et par un raffinement
d'audace les insurgés avaient voulu que nous fussions les
témoins impuissants de ce désastre qu'ils avaient prémédité.
Après une telle déclaration de guerre, nos hôtes ne pouvaient rester sur les ruines de leur maison, et nous fûmes
obligés de donner à bord une humble hospitalité à ceux
qui deux heures auparavant nous avaient fait une réception
royale.

Cette guerre m'était odieuse, elle ressemblait à ces chasses
dans l'intérieur de l'Afrique où les bêtes féroces vous mettent en pièces, si vous ne les exterminez pas. Tous les sentiments d'humanité qu'on y apportait, étaient récompensés
constamment par les plus infâmes perfidies. Je me rappelle
que commandant un poste avancé j'avais fait garder une

fontaine naturelle qui était entre nous et l'ennemi, et dont l'eau nous était absolument nécessaire. Un parlementaire me fut envoyé pour obtenir que je retirasse momentanément mes sentinelles, afin de permettre aux troupes nègres qui se mouraient de soif de venir s'approvisionner en cet endroit. Un refus m'aurait semblé une cruauté, car la privation de l'eau est un supplice sous ce ciel brûlant. Le lendemain, quand nous descendîmes à la fontaine, nous trouvâmes que les nègres avaient profité de ma confiance, pour combler pendant la nuit le bassin de cette source avec des cadavres d'hommes en putréfaction.

Une autre fois, les éclaireurs me prévinrent qu'un corps de troupes françaises devait être dans notre voisinage, car on découvrait déjà ses sentinelles perdues. Quand nous arrivâmes pour nous mettre en communication avec elles, nous vîmes avec horreur, qu'au lieu d'un poste de notre armée, c'étaient les têtes de plusieurs de nos soldats prisonniers qui avaient été mises au bout d'un pieu revêtu de leurs uniformes pour simuler des factionnaires, et nous attirer par cette cruelle déception.

En retournant à bord, je croyais cette triste campagne terminée pour moi, car le bruit courait que la paix avec l'Angleterre allait être rompue; et dès lors l'escadre devait au plutôt rallier les ports de France. Mais, soudain, l'ordre fut donné de débarquer l'artillerie et l'infanterie de marine avec deux à trois mille matelots, afin de défendre la ville du Cap, menacée par l'ennemi qui était en force à la vue de ses avant-postes. Peu s'en fallut même qu'elle ne fût surprise, lorsque nous avions une armée de 20,000 hommes pour la couvrir, et que les troupes nègres fuyaient de de toutes parts; cette singularité peint très-bien la guerre que nous faisions. Nous étions victorieux partout; et pourtant la possession du pays nous échappait sans cesse. Nous poursuivions à outrance une nuée de fuyards vers les mornes de l'intérieur ; et en passant dans la profondeur des ravins entre nos colonnes, des bandes nombreuses se glissaient sur les derrières de nos troupes, et venaient attaquer vivement les corps de garde de la ville , qu'on croyait dans la plus grande sûreté. Elles faillirent enlever l'hôpital de la Providence, et égorger nos blessés dans leurs lits. La rapidité de notre débarquement et de notre marche en avant fit échouer cette entreprise au moment de son succès. Des chaloupes armées placées judicieusement coupèrent la retraite à des corps ennemis, et leur firent perdre beaucoup de monde. L'esprit de vengeance animait tellement nos artilleurs, qu'oubliant toute prudence, ils chargèrent leurs pièces jusqu'à la bouche avec des boulets et des grappes de raisin. La terrible exécution que fit notre feu, m'apprit leur heureuse témérité. Dans cette occasion les nègres tinrent beaucoup plus longtemps qu'à l'ordinaire , soit parce qu'ils s'étaient aguerris ou bien parce qu'ils étaient alléchés par nos magasins, qu'ils savaient contenir plusieurs cargaisons de vin de Bordeaux. L'ennemi perdit beaucoup d'hommes, mais nous eûmes un grand nombre de blessés , la plupart atteints aux jambes par le feu des tirailleurs couchés à plat ventre dans les herbes ou dans les cannes à sucre. Ces blessures devenaient mortelles , quoique légères, le tétanos ou la pourriture d'hôpital survenant presque toujours. Voici comment je fus témoin de ces terribles complications.

Une nuit en rentrant dans la ville, accompagné d'un canonnier qui portait une torche pour reconnaître le chemin à travers les décombres des maisons, j'entendis dans une rue déserte la voix d'un Européen, dont les paroles annonçaient le péril. Nous courûmes à son secours, et trouvâmes

une demi-douzaine de nègres armés de coutelas, qui voulaient le dépouiller et sans doute l'assassiner, mais qu'il tenait en respect avec des pistolets. Néanmoins, l'un d'entre
eux, qui s'était glissé entre lui et la porte, l'avait déjà saisi
par derrière, quand mon artilleur le fit lâcher prise en lui
portant sa torche à la figure. En un clin d'œil les brigands
avaient disparu, et ce fut alors que je reconnus dans l'Européen que nous venions de délivrer, le docteur Delorme,
chirurgien en chef de la division de l'amiral Gantheaume,
et l'un de mes vieux amis de Brest. On l'avait attiré perfide-
ment en cet endroit pour y secourir, disait-on, un créole
mourant; et il y avait trouvé au lieu d'un malade des bandits, qui avaient failli l'égorger. Je fus heureux de rencontrer pour distraire mes tristes pensées, un homme distingué
par sa science éprouvée et par l'énergie de son caractère.
Nous nous quittâmes le moins possible, et ce fut d'après son
conseil que, pour vaincre mes répugnances et une sensibi-
lité pernicieuse, je fréquentai l'hôpital de la Providence, où
son service le retenait presque sans cesse. Vous ne savez
pas, me disait-il, si quelque jour vous ne serez pas obligé
de faire malgré vous mon dur et cruel métier. Apprenez-le
donc, en appliquant votre talent d'observation aux objets
qui s'offrent à vos regards, et dont l'étude est digne d'éloges,
puisqu'elle tend au soulagement de l'humanité. Il m'avait
déjà fait faire autrefois un cours d'anatomie, et il insista
pour me déterminer à suivre sa clinique. Une fois, entre
autres, que je l'accompagnais dans sa visite, il appela particulièrement mon attention sur un malade, et il me recommanda de l'examiner soigneusement; car, ajouta-t-il, avec
un air mystérieux, vous découvrirez en lui le type du grand
événement qui va mettre fin à l'expédition et à l'espérance
de recouvrer jamais la colonie de Saint-Domingue. Le len-

demain ce malade était mort, et son corps s'était teint d'une vive couleur d'oranger, avec des taches bleuâtres, qu'on nomme pétéchies. C'était le premier cas de fièvre jaune que je voyais, et le premier qu'on eût observé au Cap, depuis notre arrivée. Trois ou quatre jours après, on comptait déjà à l'hôpital vingt hommes atteints du même mal, et qui devaient inévitablement avoir la même fin.

Ainsi que mon ami Delorme l'avait prévu, ce fléau formidable s'étendit de proche en proche à toute l'armée, comme l'aurait fait la peste. Il enleva vingt mille soldats et mille cinq cents officiers, y compris le général en chef; il tua six à sept mille matelots et quatre à cinq mille employés de l'administration ou individus venus à la suite de l'expédition. Il périt au moins trente mille personnes par les seuls effets de cette terrible maladie, et sans compter les militaires morts sur le champ de bataille. La moitié des quarante-quatre généraux employés dans l'expédition furent enlevés par la fièvre jaune.

Cet effroyable désastre ne laissant aucune ressource au général Rochambeau, devenu le chef du reste de nos troupes, réduites à deux mille hommes, l'île fut évacuée à la suite d'une capitulation; mais l'escadre anglaise intercepta ces malheureux, et les conduisit dans les prisons de Portsmouth, pour y mourir.

La destinée m'épargna du moins la douleur d'être témoin des calamités qui perdirent l'expédition et détruisirent jusqu'à ses derniers débris. La flotte avait rempli sa mission en transportant l'armée, et en la débarquant; elle était inutile dans les ports de Saint-Domingue, pendant les opérations de nos troupes dans l'intérieur de l'île; et au contraire son retour en France semblait commandé par les dispositions hostiles de l'Angleterre. Il ne fallait pas renou-

veler la catastrophe d'Aboukir, qui aurait été évitée, si notre
escadre après avoir débarqué l'armée d'Egypte, eût mis à la
voile, pour retourner dans nos ports, au lieu de se laisser
surprendre et attaquer au mouillage. D'ailleurs l'amiral
Villaret, qui voyait conduire assez mal la guerre contre les
nègres, était sans doute empressé d'en répudier la responsabilité, et il avait hâte de se justifier du reproche d'avoir
laissé à l'ennemi le temps d'incendier la ville du Cap, en
hésitant à entrer dans la baie et à débarquer nos troupes.

L'escadre forte seulement de huit vaisseaux partit enfin
à la grande satisfaction de tous les équipages. Nous étions
arrivés devant Saint-Domingue le 9 pluviôse ; nous mîmes
à la voile le 20 germinal, après soixante-un jours de batailles et d'horreurs. Nous jetâmes l'ancre sur la rade de
Brest le 1er prairial. La traversée avait été de quarante jours,
et la campagne entière de cinq mois.

Cette expédition lointaine, qui devança de dix ans celle
de Russie, aurait pu servir d'enseignement utile lorsque
cette dernière fut projetée. L'une eut avec l'autre plus d'un
trait de ressemblance. Elles furent toutes deux signalées
par cet événement monstrueux d'une capitale brûlée de
fond en comble par son propre gouvernement, avec une
perte de cent millions de propriétés. Chacune d'elles entraîna la destruction complète de l'armée d'invasion, là par
le froid, ici par la fièvre jaune. Et enfin, elles furent cause :
l'une de la ruine de l'empire français en Europe, l'autre de
la destruction de la puissance coloniale de la France, aux
Indes occidentales.

Je m'étais embarqué dans cette fatale expédition par des
motifs honnêtes, par un scrupule de probité, par une affection dévouée. Je fus mal récompensé de ces vertus. Je
revins avec une santé délabrée, l'esprit rempli des plus

tristes souvenirs et le cœur plein de pressentiments funestes.
Il me semblait que de tant de malheurs, il ne pouvait sortir
que des malheurs qui m'envelopperaient, en me poursuivant jusqu'au rivage de la France. Je ne me trompais point.
En arrivant à Brest, j'appris que ma jeune et faible amie,
abusée par des impostures, s'était laissé marier un mois
auparavant et qu'elle était, m'écrivait-elle, la plus malheureuse des femmes. Il me fut annoncé presque aussitôt que
la confirmation de mon grade ne me serait pas accordée,
parce que le capitaine général Leclerc avait, disait-on, dé-
passé le nombre des nominations dont il pouvait disposer.
Le motif réel était que le ministre n'osait proférer le nom
de Saint-Domingue devant le Premier Consul, irrité de
l'issue d'une expédition qu'il croyait avec raison devoir
complétement réussir. Quand j'en parlai à l'amiral Villaret,
qui regardait le ministre comme son adversaire personnel,
il se mit en fougue, lâcha son gros juron, et me dit : « Mo-
quez-vous-en ; je pars dans quinze jours et je vous em-
mène. » Il tint parole et cette fois, mon expatriation dura
quatorze ans. J'avais quitté la France, pendant la paix
d'Amiens, victorieuse de l'Europe coalisée ; quand j'y revins, les arbres du bois de Boulogne alimentaient les feux
de bivouac de l'ennemi, et ceux des Champs-Elysées étaient
dépouillés de leur écorce, qui servait de pâture aux chevaux
des Cosaques et autres sauvages de l'Asie.

CHAPITRE XVIII.

LA MARTINIQUE.

Septembre 1802.

La paix d'Amiens avait ouvert à la France une grande perspective de prospérité. Le Premier Consul, qui s'était élevé par ses victoires au-dessus des plus grands capitaines des temps anciens et modernes, venait d'établir et d'organiser un gouvernement dont l'activité, l'énergie, l'habileté et la puissance surpassaient tous les exemples mémorables que nous a laissés notre histoire. Il est vrai qu'il disposait des merveilleux éléments que lui avaient légués le génie vaste et audacieux de la révolution, et que jamais aucun souverain, pas même Louis XIV, n'a reçu pour l'exécution de ses desseins le concours d'hommes éminents aussi nombreux et aussi expérimentés dans l'administration, la politique et la guerre, que ceux dont les rangs se pressaient autour de lui.

Mais ce n'était pas encore assez que la France fût victorieuse de ses ennemis et qu'elle fût bien administrée, il fallait, de plus, qu'elle devînt florissante et que l'aisance domestique se répandît dans toutes les classes de la popu-

lation. Or, depuis douze ans qu'elle avait perdu son commerce maritime, ses plus belles manufactures et jusqu'à la
dernière de ses nombreuses colonies, les sources de la richesse publique étaient taries. Le Premier Consul conçut
le projet de faire sortir ces colonies des ruines sous lesquelles de terribles désastres les avaient enfouies; il reprit
à l'Angleterre, par le traité d'Amiens, les établissements que
de faciles succès lui avaient livrés, et il résolut d'arracher
à l'insurrection des esclaves celles que de funestes erreurs
avaient fait tomber en leur pouvoir. L'exécution complète
de ce plan général d'opérations aurait doublé la valeur du
commerce de la France, et augmenté, dans une proportion
analogue, le revenu public.

L'Europe vit alors une nouvelle preuve de cette vie forte
et puissante que la France manifeste, alors qu'on la croit
épuisée. Tout le monde était convaincu que nous n'avions
plus ni marine, ni marins, et l'on apprit avec étonnement
que quatre expéditions transatlantiques, portant 40,000
hommes de débarquement, venaient d'être armées dans nos
ports et mettaient à la voile. La première, formée de 16 vaisseaux et d'une armée de 22,000 hommes, fut destinée à
recouvrer Saint-Domingue, dont les nègres insurgés étaient
restés les maîtres. La deuxième fut chargée de reprendre
possession des îles de France et de la Réunion qui étaient
entre les mains des Anglais, et qui allaient nous donner
une étape sur la route de l'Inde. La troisième eut pour
mission de reprendre la Guadeloupe sur les mulâtres, dont
Pélage était le chef, et qui s'étaient emparés de la colonie,
en renvoyant en France le capitaine général et le préfet.
Enfin la quatrième eut pour objet d'occuper la Martinique
et Sainte-Lucie, îles fécondes au centre de l'archipel des
Antilles, et les seules qui aient l'avantage de ports vastes et

sûrs, propres aux vaisseaux de guerre. Il y avait huit ans
que ces colonies avaient été prises par les Anglais ; et c'était
ce malheur qui les avait fait échapper aux ravages de l'insurrection.

Le Premier Consul avait choisi pour capitaine général de
ces belles possessions l'amiral Villaret-Joyeuse ; M. Bertin
en avait été nommé préfet, et le général Noguès, officier
également distingué par ses services, ses lumières et son
caractère, fut investi du commandement de l'île de Sainte-
Lucie.

Ma fatale étoile avait voulu que je fisse l'expédition de
Saint-Domingue, qui, par un enchaînement de malheurs,
m'entraîna dans celle de la Martinique. L'amiral Villaret,
désobligé du mauvais succès de la protection qu'il m'avait
accordée, et dont il n'avait pas été tenu plus de compte que
de mes services, se prévalut des pouvoirs extraordinaires
qu'il avait reçus avec le titre de capitaine général, et il me
confirma le grade auquel j'avais été nommé déjà deux fois,
et dont j'avais exercé les fonctions dans trois rudes campagnes. Je devins lieutenant des grenadiers d'artillerie, et
le jour du débarquement à la Martinique, deux lettres de
service m'annoncèrent : l'une, que j'étais adjoint à l'état-
major du général Devrigny, commandant l'armée et les
gardes nationales, et l'autre, que j'étais appelé à remplir
les fonctions de rapporteur près du conseil de guerre permanent. C'était assurément beaucoup d'honneur et de bonheur surtout, car je n'avais rien demandé. Je n'en étais
pas plus heureux ; j'avais le cœur serré, l'esprit agité, la
tête douloureuse, c'était un avertissement que j'allais engager ma vie dans une voie funeste. Ce pressentiment ne
me trompa point.

Dans les circonstances ordinaires, celui qui est en proie

à quelque douleur secrète, peut, en s'écartant du monde
diminuer les contrariétés dont s'irritent ses souffrances.
Mais à bord d'un vaisseau, pendant une longue traversée,
on n'a pas la satisfaction d'être seul un instant; on est toujours sous les yeux et l'observation d'autrui, et il faut répondre sans cesse à mille questions oiseuses, à mille politesses ennuyeuses ou traîtresses, sous peine de se faire de
mortels ennemis qu'on a pendant six semaines à ses côtés.
J'avais déjà bien assez du grave méfait de ne pas partager
la gaieté commune, qui me paraissait un véritable délire, et
que ma tristesse semblait condamner.

Si cette gaîté était fort mal justifiée, ainsi que le prouva
l'événement, elle pouvait néanmoins s'expliquer. Les colonies étaient alors considérées comme des contrées où l'on
était certain de faire fortune subitement. On admettait
comme des faits incontestables, que toutes les femmes à
marier y avaient de riches dots ou de prodigieux héritages,
que toutes les places y étaient rétribuées comme celles des
anciens fermiers généraux des finances, et que d'ailleurs
il s'y trouvait attaché une multitude de moyens plus ou
moins honnêtes d'y devenir-millionnaire. Ces fables avaient
pour fondement l'ancienne opulence de Saint-Domingue,
dont j'avais vu trois mois auparavant les derniers habitants,
assis sur les ruines fumantes de leurs habitations, subsister
du pain de munition que nos soldats partageaient avec eux.

Au moment où la paix avait fait licencier les administrations de nos armées et réduit les fournisseurs de la République à chercher quelque autre spéculation, la nouvelle
carrière qu'offraient les colonies avait fait naître les plus
brillantes illusions. Une foule avide s'était précipitée vers
ces pays lointains que l'on se figurait devoir ressembler
à l'El Dorado de Raleigh. Trois mille aventuriers, sortis

la plupart de la capitale, s'étaient attachés au général Leclerc, et quand j'avais quitté le Cap-Français, presque tous,
au lieu de la fortune avaient trouvé la mort qui les attendait
sur le rivage. On ignorait encore leur destinée, à Paris, du
moins, où nos revers de Saint-Domingue étaient dissimulés
par l'autorité, et même à moitié cachés au Premier Consul
lui-même. Aussi, lorsque l'expédition de la Martinique fut
préparée, la brigue et la faveur s'empressèrent-elles de la
grossir. Les administrations furent portées au décuple de
la nécessité et n'en restèrent pas moins impuissantes et
incapables. Les états-majors furent aussi nombreux que
brillants, mais sans aucune notion des devoirs qu'allaient
leur imposer un climat si différent et des opérations militaires d'une diversité si grande. Enfin, il vint à la suite de
l'armée une foule d'individus qui, sans titres, sans destination, prétendaient être bons pour tout emploi et qui
avaient les protections les plus superbes. Le général Devrigny ne comptait pas moins de six secrétaires, dont pas un
seul ne pouvait écrire sous dictée ; en sorte que, lorsque
j'organisai les bureaux de l'état-major général, je dus recourir au service des fourriers des troupes. Ce fut partout à
peu près ainsi, et chez le capitaine général, qui avait amené
quarante écrivains, on se plaignait de n'avoir personne pour
expédier une lettre.

Il fut fort difficile d'embarquer toute cette multitude, et
il le fut encore plus de la tenir à bord jusqu'au moment
d'appareiller. La plupart avaient des idées si étranges sur
leur position, qu'ils croyaient qu'on ne pouvait partir sans
eux, et ils furent fort étonnés lorsque, au milieu des plaisirs qu'ils prenaient à terre, on les avertit que l'escadre
était sous voiles. Il leur fallut se jeter dans des barques
pour tâcher de la rejoindre en payant fort cher les efforts

des rameurs et en s'exposant à beaucoup de dangers. Nous
étions déjà hors du goulet, qu'il nous venait encore des
passagers attardés, mouillés jusqu'aux os par la houle, et
ayant, qui pis est, laissé leurs bagages derrière eux.

L'appareillage de l'expédition eut lieu le 12 octobre 1802.
L'amiral Villaret s'était établi à bord du vaisseau *le Jem-*
mapes, qu'il affectionnait, comme le digne représentant de
la grande bataille du 1er Prairial, où il avait failli éprouver
le sort du *Vengeur.* L'amiral Villeneuve, qui commandait
la division navale, arbora son pavillon sur le vaisseau *le*
Berwick. Il y avait de plus deux frégates et une gabarre, *la*
Torche, dont la mauvaise marche nous retarda considérablement. Le soir, on lui donnait dix lieues d'avance, et le
matin, on la découvrait à dix lieues en arrière. Alors il
s'élevait contre elle une tempête de malédictions, car c'est
l'une des plus rudes épreuves que puisse subir la patience
des marins.

Je n'avais fait jusqu'alors que des expéditions de guerre ;
dans cette occasion, je dus en faire une de paix, et je trouvai que la différence n'était pas, comme on devait le croire,
en faveur de la dernière. Le vaisseau *le Berwick,* auquel
j'étais échu, offrait une image fidèle de l'arche de Noé. On
y entendait les cris de tous les animaux de la création, et,
en outre, un bruit confus de voix humaines vraiment assourdissant. On pourra s'en faire une idée en apprenant
qu'il y avait là, entre les ponts, pendant la nuit, mille huit
cents hommes et quatre-vingts femmes, superposés sur trois
de hauteur dans de longues galeries fermées de toute part
hermétiquement. Chaque circonstance était une occasion
de tapage ; une moitié de cette population ronflait, l'autre
riait aux éclats, jurait tous les dieux, ou hurlait des lamen-
tions. Vers le matin, quand de guerre lasse, on s'assoupis-

sait, un enfant s'éveillait et jetait les hauts cris ; un second
faisait chorus, un troisième les imitait, et ainsi de suite. Les
mères fouettaient les enfants pour les faire taire et un concert d'imprécations s'élevait de tous les hamacs de la batterie.
Alors le canon eût été tiré qu'on ne l'eût pas entendu.

Le nombre de femmes embarquées légalement n'atteignait
pas, à beaucoup près, au chiffre que j'ai indiqué. Mais
quand nous fûmes au large, il en parut une douzaine au
moins, qui s'étaient introduites à bord furtivement, et s'é-
taient cachées dans des caisses, des barriques ou s'étaient
déguisées en novices. On les menaça de les mettre à terre
à la première relâche ; mais il fallut bien leur donner des
vivres et leur assigner des places, pour éviter qu'elles n'en
trouvassent en se réclamant au bon cœur des marins. On
prétendait, témérairement sans doute, que ces passagères ne
le cédaient à aucun égard à celles qui avaient une autorisation, et l'on faisait honneur de leur conduite à la fidélité
de leur affections.

Des nécessités inexprimables avaient fait rassembler la
plupart des femmes dans un poste étendu, réservé dans la
première batterie et environné d'une toile que son épaisseur rendait vraiment claustrale. Il fallait défendre les approches de ce Gynécée par des rondes, des consignes et
une surveillance continuelle, car pour découvrir pendant
la nuit, seulement l'ombre d'une cornette, nos jeunes aspi-
rants auraient bravé la fosse aux lions ou une faction aux
barres de perroquets, à cent pieds du tillac. Cette contrainte
fit surgir de l'excitation fébrile des cerveaux des chefs-d'œuvre épistolaires. Vingt correspondances s'établirent d'un
étage à l'autre par mille moyens ingénieux. En se penchant
sur le flanc du vaisseau, on voyait souvent un billet sortir
d'un sabord de la seconde batterie, suspendu à un fil qui

le conduisait devant l'un des hublots de la première, où de blanches mains s'empressaient de le saisir ; mais plus souvent c'étaient nos petits mousses qui servaient à porter discrètement ces messages. Des prodiges d'adresse étaient nécessaires pour écrire ces lettres à la dérobée ou pour trouver le moment de les lire, au milieu d'une foule de curieux impertinents. Plus d'une fois, l'impatience, la maladresse livrèrent ces secrets du cœur à la malignité, et l'on vit des billets interceptés servir de thèmes à des vaudevilles piquants.

Dès que la satire eut visité cette petite ville flottante, elle devint l'âme de ses plaisirs les plus vifs. Elle s'était d'abord moquée des folles amours ; elle fit mieux, elle attaqua les vices. La passion du jeu réunissait jour et nuit, dans la grande chambre, autour d'un tapis vert, tous les passagers qui, par habitude, continuaient à la mer leur vie parisienne du Directoire. Un jeune homme esquissa spirituellement ces personnages, et les mit en scène avec une singulière ressemblance ; il avait saisi les traits distinctifs de chacun d'eux et fait ressortir comiquement leur cupidité. Il vint me consulter sur la légende de sa caricature, et d'après mon conseil, au lieu d'une désignation personnelle, il inscrivit au-dessous de chaque joueur l'exclamation qui lui était habituelle, son jurement favori, son cri de détresse ou son chant de triomphe. L'auteur, qui est devenu l'un de nos meilleurs amiraux, et de plus ministre de la marine, eut un succès incroyable ; on riait aux larmes de cette charge plaisante, frappante de vérité. Un jour de calme, le canot du *Jemmapes* fut mis à la mer pour venir la demander ; il était bien possible que l'amiral trouvât mauvais qu'on se moquât des joueurs, mais en reconnaissant, à ne pas s'y méprendre, l'un de ses partners qui lui avait gagné beaucoup d'argent, il se prit à rire comme tout le monde, ce qui permit au jeune dessinateur d'écrire au bas de son croquis : Vu et approuvé par l'autorité compétente.

Pour occuper la population oisive du vaisseau, il aurait fallu des événements; mais le ciel conjuré contre nous ne souleva pas pendant notre long voyage la plus petite tempête; et notre traversée fut aussi monotone qu'une excursion fluviale de Paris à Saint-Cloud. Dans leur désœuvrement, nos dames faisaient deux ou trois toilettes par jour, et nos jeunes gens se rasaient non moins souvent; mais ces ressources étant encore insuffisantes pour passer le temps, il fallut recourir à un moyen suprême, celui de jouer la comédie. Aussitôt chacun se mit à l'œuvre. On éleva un théâtre sur le gaillard d'arrière; et les charpentiers, les peintres, les décorateurs firent en moins de rien un salon, une forêt et une place publique. Une demi-douzaine d'auteurs surgirent avec des pièces de leur composition, et il y eut une concurrence fort grande entre nos acteurs, pour les rôles d'amoureux et d'ingénues. Je crois que les préparatifs des représentations furent plus amusants que les représentations elles-mêmes. Celles-ci, cependant, furent marquées par deux occurrences inattendues. Les personnages féminins furent représentés avec une étrange illusion d'aspect, par nos jeunes timoniers qui le disputèrent aux plus belles du bord, en se prévalant d'avantages qu'ils firent ressortir avec un plein succès. Mais le plus extraordinaire fut que le rôle d'un jeune premier fut rempli par une belle grande fille, qui était inconnue à tout le monde et vivait cachée dans les profondeurs de la cale et du faux pont, ou complétement déguisée sous un habit de soldat ou de matelot. Elle disparut après le spectacle, et ceux qui avaient été séduits par son talent et ses charmes ne purent réussir à la retrouver. Or, comme dans un vaisseau à la mer il n'y a point d'évasion possible, il fallut se résoudre à croire que cette fille était un prestige et que nos yeux avaient été fascinés. Nos poëtes s'emparèrent de ce sujet et en firent une romance sentimentale ; l'une de nos dames en composa la musique, et l'héroïne invisible put de sa cachette introuvable entendre célébrer ses appas dans des couplets fort jolis.

Le passage du tropique est, comme on sait, l'occasion d'une cérémonie burlesque, pour donner un baptême d'eau salée par aspersion ou immersion à tous ceux, sans distinction, qui n'ont pas encore pénétré dans la mer tropicale. Ce fut une véritable saturnale. Le souverain de ces régions maritimes, connu sous le nom populaire du Bonhomme Tropique, descendit majestueusement de la grande hune, à cheval sur un paille-en-queue gigantesque, et environné, à l'instar des puissances de la terre, de ses nombreux courtisans ; il distribua ses faveurs qui consistaient en brevets accordés à tous ceux dont on considérait les travers comme éminemment distingués ; il donna de vertueux conseils à ceux qui étaient les moins disposés à les suivre, et il chanta avec une très-belle basse-taille un vaudeville qui promit que, sous l'influence d'un climat nouveau, chacun allait éprouver une régénération complète. La partie aquatique de la cérémonie ne laissa rien à désirer. Tout le monde fut mouillé de la tête aux pieds, sans aucune altération de santé ni de bonne humeur.

Je rencontrai au milieu de toutes ces folies trois hommes sérieux dont la conversation m'aida beaucoup à supporter le poids du temps. L'un était un premier commis des finances, homme d'expérience que M. Gaudin avait choisi pour mettre en ordre la comptabilité de la nouvelle colonie. Ce vieillard, éprouvé dans les plus importantes fonctions de

l'administration, me pressa vivement de m'occuper d'économie politique, et me signala les ouvrages qui m'initie-
raient à cette science encore bien peu connue au commencement de ce siècle. Un personnage moins grave était un
charmant jeune homme appelé Vence, et neveu de l'amiral
du même nom; il avait occupé une place distinguée à Paris,
et il laissait une grande passion dans la capitale, emportant
des regrets amers dont il me fit confidence, et un beau portrait qu'il me montra, pour obtenir de mon opinion quelque consolation à ses chagrins. Mon troisième interlocuteur
était le général Noguès, qui me faisait lui raconter mes
campagnes des Antilles. Il se prit d'amitié pour moi et il me
demanda à l'amiral Villaret, afin de m'employer près de lui
comme aide de camp. L'amiral refusa trois fois; ce qui était
fort honorable sans doute, mais encore plus désavantageux
pour moi.

Malgré toutes les joies bruyantes du *Berwick*, je trouvai
le voyage d'une longue durée. Je m'étais cantonné à la
Sainte-Barbe, comme pendant l'expédition de Saint-Domingue; et je pus y travailler, ce qui n'était possible à aucun
autre. Enfin, nous vîmes les Antilles un soir à l'horizon,
non pas au niveau de la mer, mais dans les nuages dont
leurs pics dépassaient la haute région. Ce séjour qui se
montrait dans les cieux, avait quelque chose d'extraordinaire
et d'imposant; il ne ressemblait nullement à ces pays dont
la côte s'annonce, comme l'atterrage sur Bordeaux, par des
arbres qui se projettent de la mer alors qu'on ne voit rien
encore du rivage d'où ils s'élèvent. Il nous fallut en effet
naviguer toute la nuit pour atteindre à ces îles que nous
avions découvertes dès la veille.

Après avoir prolongé la côte sinueuse de la Martinique,
qui borde, au midi, le large détroit appelé : Canal de

Sainte-Lucie, nous doublâmes, au point du jour le cap Salomon, promontoire très-élevé, formé de basaltes prismatiques ; et subitement nous nous trouvâmes à l'ouvert de la vaste et magnifique baie du Fort-de-France. J'avais pu déjà dans d'autres occasions en admirer les beautés pittoresques ; mais, vivement préoccupé de devoirs difficiles et périlleux, je manquais de cette tranquillité d'esprit qu'exige l'appréciation des œuvres de la nature. D'ailleurs les nuages amoncelés sur les sommets des mornes, m'avaient dérobé l'aspect des parties lointaines de cette grande perspective. Maintenant, par un phénomène dont je ne connaissais pas encore la cause, le vent du Sud, il en était tout autrement. La haute région de l'atmosphère était pure des vapeurs dont elle est ordinairement chargée autour des montagnes. Le soleil étant alors peu élevé, sa lumière n'effaçait pas encore les plans du terrain et leur distance, comme elle le fait, quand elle est au zénith. Aussi distinguait-on avec une merveilleuse lucidité tous les accidents du sol et les diversités nombreuses de leurs surfaces. On voyait, partant du rivage, la zone des cultures de la canne à sucre s'élever par des gradins disposés concentriquement, comme ceux d'un amphithéâtre colossal. Au-dessus, paraissaient en bosquets symétriquement plantés, les caféiers, qui donnent au milieu de l'Atlantique équatoriale les moissons parfumées de l'Arabie. On découvrait au milieu, encadrées dans le feuillage des arbres, des maisons champêtres, éparses sur la pente des coteaux et souvent indiquées au voyageur par des palmiers solitaires, qui dirigent ses pas vers un toit hospitalier.

Au delà de la zone habitée, une immense forêt séculaire, qui environne, à leur base, les montagnes du centre de l'île, se déploie comme un péristyle dont les colonnes sont

des arbres de cent pieds de haut. Le dôme de verdure,
qu'ils soutiennent, ne laisse point pénétrer les rayons du
soleil, tant les rameaux sont multipliés et le feuillage touffu.
Du centre de cette forêt, s'élancent cinq pics aigus, pyramidaux dont la lave porphyritique est recouverte d'un bois
d'arbrisseaux fleuris. Ces pics sont liés ensemble par de
grandes courtines moins élevées que leurs sommets. Le polygone que forment ces projections gigantesques, renfermait jadis le foyer du volcan d'où sont sorties les éruptions
qui ont engendré toutes ces fertiles campagnes, de même
que la vallée d'Enna, la patrie du blé, dit-on, et la corbeille
de fleurs de la Sicile est surgie du mont Etna.

Ces belles montagnes étaient considérées par les habitants primitifs de l'Archipel comme le berceau du genre
humain, et lorsque la race indigène en fut chassée par les
Caraïbes, elle en consacra le souvenir en imposant leur nom
aux plus hautes montagnes de l'île d'Haïti, où elle fut
chercher une autre patrie. Au rapport de Pierre Martyr
d'Angleria, dans la plus vieille relation qui ait été faite des
premiers voyages de Christophe Colomb, cet illustre navigateur, en passant devant la Martinique, à la vue des Pitons
du Carbet, apprit ces particularités par les Indiens d'Haïti
embarqués à bord du vaisseau amiral. Le 13 novembre
prochain, il y aura 365 ans que cette belle découverte fut
faite.

Les devants de l'admirable tableau que j'avais sous les
yeux étaient dignes de figurer dans son cadre magnifique.
La rade où l'escadre entrait par un vent largue du Sud, est
d'une vaste étendue et distribuée par mouillages différents,
selon les opérations navales et le tirant d'eau des bâtiments:
elle est ceinte dans son pourtour, de mornes d'élévations,
de structures et d'aspects singulièrement variés. A l'entrée

de la baie, à gauche, est un grand saillant qui en resserre
l'ouverture. C'est la Pointe des Nègres, promontoire basaltique par lequel se termine une coulée de lave longue
de huit mille mètres. De l'autre bord se projette, en
avant de la côte du sud, l'Islet à Ramiers, dont les batteries
se croisent avec celle de la Pointe des Nègres, pour défendre l'entrée de la rade. C'est un énorme amas de blocs
prismatiques, superposés confusément, et dépassant une
élévation de cent pieds. En face des vaisseaux qui pénètrent dans la baie, est le Fort de France, grand rocher
péninsulaire de tuffa volcanique, dont le sommet est occupé dans toute sa longueur par des batteries étagées, formidables. Au revers est un port profond nommé le Carénage.
C'est le seul endroit des Antilles où les navires soient à l'abri
de l'ouragan. Le glacis qui se déploie en avant du front d'attaque de la forteresse, est une promenade charmante ombragée par des tamarins, arbres dont l'ombre épaisse ne
permet point aux rayons du soleil tropical de la traverser.
La ville borde cette promenade et s'étend sur un terrain de
remblais et d'alluvions, au pied de la montagne que cou-
ronnent les fortifications d'un pentagone régulier : le fort
Desaix, autrefois le fort Bourbon. Une plage demi-circu-
laire, baignée par une mer sans marée, couverte de pirogues
et de matériaux, était garnie dans toute sa longueur de magasins pour les denrées coloniales et les marchandises
d'Europe ; elle annonçait l'existence d'un commerce maritime que la paix promettait d'agrandir et de faire prospérer.
Les maisons construites en charpente, couvertes en essentes,
et tenues très-basses dans l'appréhension des tremblements
de terre, soutenaient mal sans doute la comparaison avec
les édifices de nos grandes villes, surtout à cause du défaut
de vitres à leurs croisées, ce qui choque les habitudes des

Européens; mais elles étaient environnées d'une si brillante verdure, et il s'élançait de leurs jardins des arbres dont le port était si élégant, qu'on oubliait facilement l'imperfection des ouvrages des hommes, en admirant la beauté de la nature sous ce puissant climat.

Les vaisseaux étaient encore sous voiles, poussés par une brise légère et volage, comme le sont les courants de l'atmosphère autres que les vents alisés. La lenteur de leurs progrès vers le mouillage me permit de céder au désir d'esquisser le panorama des montagnes ; et bientôt le jeune dessinateur dont j'ai déjà parlé vint se joindre à moi, se proposant de faire un croquis de la ville et de la forteresse. Pendant que nous étions ainsi occupés, plusieurs pirogues avaient abordé le vaisseau pour vendre des fruits aux passagers avides de ces productions, dont la forme et la saveur leur étaient inconnues. Les marchandes, qui étaient des femmes de couleur, parlant un langage presque inintelligible, formé de mots français, anglais et créoles, avaient été interrogées sur la situation de l'île, et avaient répondu vaille que vaille. Ce qu'elles avaient dit était l'objet de commentaires qui animaient la conversation autour de nous, sans que, dans notre application à terminer nos dessins, nous en tinssions aucun compte. Aussi n'en avais-je nulle idée, quand l'un des interlocuteurs s'approchant de moi, désira savoir si je parlais anglais ; sur ma réponse affirmative, il me demanda ce que signifiait dans cette langue le mot : *Yellow*. Dès qu'il eut appris qu'il exprimait la couleur jaune, il s'écria avec impétuosité : « Ah ! voilà le mot fatal de l'énigme que ces sorcières nous ont donné à deviner ; la maladie qui a tué la moitié de la garnison anglaise de la colonie, c'est la fièvre jaune, et nous allons tous y passer ! » Ces paroles, prononcées d'une voix stridente, firent pâlir les auditeurs; et celui qui venait de nous prédire d'une manière si menaçante notre fin prochaine, éprouvant lui-même la terreur qu'il venait de répandre, fut saisi d'une crise spasmodique dont la violence nous obligea de le porter au poste du chirurgien major. Il est très-probable que cet homme, s'il avait vu la mort sur un champ de bataille, couronnée de lauriers, environnée d'une auréole de gloire, étouffant les cris des blessés par les fanfares de la victoire, aurait bravé ses atteintes; mais son courage l'abandonnait à la seule idée d'être frappé tout à l'heure par une maladie douloureuse, atroce, impitoyable, qui allait faire jaillir son sang par toutes les issues, le transformer en un liquide semblable à du marc de café, et colorer ses yeux et tout son corps en jaune orange, en le diaprant de macules noires ou bleuâtres, comme s'il était déjà un cadavre avant que la vie s'en fût tout à fait retirée.

De ce moment chacun n'eut plus qu'une pensée, celle d'un effroyable péril, d'un péril inévitable qui nous attendait dans ce port désiré depuis si longtemps. Par l'une de ces brusques transitions auxquelles l'esprit humain n'est que trop sujet, la gaieté folle qui avait régné à bord pendant notre voyage se dissipa subitement. Les attachements les plus tendres et qui promettaient d'être les plus fidèles, furent oubliés en un clin d'œil. Les projets ambitieux furent de toutes les spéculations sur l'avenir, les premiers à se dissiper. Des fonctionnaires qui avaient gagné péniblement leurs postes élevés, en les sollicitant dans les bureaux et les antichambres depuis près d'un an, déclarèrent y renoncer et vouloir repartir sans mettre pied à terre. Beaucoup ne voulaient point débarquer et différèrent de le faire jusqu'à l'instant où leurs vivres furent supprimés. On aurait dit, en voyant rechercher avec une curiosité insatiable, les relations du fléau qu'on redoutait, que les hommes ressemblaient singulièrement aux enfants qui se plaisent à entendre les récits effrayants. Un matelot devint le Thucydide du *Berwick*, en racontant des irruptions de la fièvre jaune dont il avait été témoin; il était entouré et interrogé du matin au soir. On découvrit que j'avais été l'un des survivants de l'expédition de Saint-Domingue, et aussitôt je fus accablé de questions; mais je prévis qu'on traduirait et qu'on expliquerait mes réponses, de façon à me faire dire tout autre chose que ce que j'aurais dit; et je refusai nettement de satisfaire cette curiosité dangereuse.

Le commissaire du gouvernement anglais ayant fait la remise en forme de la colonie, le pavillon anglais fut amené; le pavillon tricolore fut arboré sur le fort de France et le fort Desaix, et les bâtiments de l'escadre le saluèrent par leur grosse artillerie et leurs acclamations. Le capitaine général accompagné du cortége nombreux et brillant des autorités judiciaires, administratives et militaires envoyées par la métropole devait descendre à terre au point du jour; mais il était dix heures du matin quand cette opération put avoir lieu, et la chaleur du soleil presque à pic était déjà insupportable; elle était augmentée pour les grenadiers qui formaient la garde de l'amiral, par la foule pressée autour de nous. Je doute fort que ces lieux en voient jamais une aussi grande. Toute la colonie était dans l'enceinte de la ville du Fort-de-France, attirée par les fêtes qu'on annonçait, par les affaires de commerce que l'événement facilitait, et aussi par le désir de savoir quelles espérances on pouvait fonder sur le retour de la domination française, dont les colons s'étaient effrayés d'abord comme du signal de l'émancipation des nègres.

Une impression très-favorable fut produite par la belle

tenue des troupes, l'air distingué des officiers, la tournure
martiale de tous les militaires, éprouvés déjà pour la plupart
dans huit ou dix campagnes, l'excellence de notre musique qui avait été formée par Habeneck, et beaucoup d'autres avantages parmi lesquels je ne dois pas oublier les
belles broderies dont les fonctionnaires civils avaient été
couverts par ordre du Premier Consul, pour faire revivre
les fabriques de Lyon.

Nous avions porté en Amérique notre goût national pour les
fêtes, propension dont aucune révolution n'a pu nous guérir.
Ce goût eut ici de malheureux effets; il exposa les troupes
dès l'instant de leur débarquement à l'action la plus violente
du climat, et les fit rester sous un soleil ardent qui élevait
le thermomètre centigrade à 55 degrés. A l'ombre, la chaleur faisait encore monter le mercure du 32e au 35e degré
et l'y maintenait de dix heures à trois, c'est-à-dire pendant
la moitié du jour. Il fallut nécessairement chanter un *Te
Deum*. Cette cérémonie fut célébrée dans une église où
s'entassèrent au milieu des cierges allumés et des encensoirs
fumants, les autorités civiles et militaires de l'île avec l'élite
de sa population, et des masses compactes de gens de
couleur et de nègres interceptant l'air des fenêtres, et le
remplaçant par les effluves nauséeuses de leur perspiration.
C'était une véritable fournaise humaine ; et qui pis est, une
machine pneumatique. Plusieurs grenadiers tombèrent
dans leurs rangs à demi asphixiés, et il fallut les emporter.
Malgré ces accidents, on ne nous fit pas grâce d'un verset
ni d'un grain d'encens.

Du chœur qui domine la nef, nous vîmes pour la première fois les gracieuses compatriotes de Françoise d'Aubi-
gné, et d'une autre grande dame plus belle et surtout bien
meilleure. A moins que ce ne soit la ville d'Arles ou quelque

cité du centre de l'Angleterre, je ne crois pas qu'il y ait aucun lieu qui réunisse autant de belles personnes que nous
en avions là sous les yeux. Il est vrai, pour tout dire, qu'elles
nous semblaient pâles ; mais, elles avaient le teint d'une
blancheur parfaite, les traits réguliers, la chevelure magnifique et la taille d'une rare élégance. Ce qui me frappa le
plus, fut le type distingué de toutes les figures. Je me souviens qu'un officier s'étant proposé, en vrai sous-lieutenant,
de chercher les nez en pied de marmite, il n'en put découvrir un seul.

Une température de four à réverbère n'était pas la seule
atteinte que le climat portât à notre santé d'Europe ; la pluie
nous en réservait d'autres, non pas une pluie comme en
France, divisée en petites gouttes, mais des torrents tombant du ciel à travers une atmosphère raréfiée, et couvrant la terre, en quelques minutes, de huit à dix pouces
d'eau. Pendant une revue, les troupes furent surprises par
l'une de ces averses diluviales. Des maisons étant près
de là, j'y fis mettre à l'abri les grenadiers. Il fallait une
résolution fort énergique pour prendre ce parti, qui pouvait
devenir un sujet de blâme ou de raillerie. Par bonheur le
médecin en chef Savarési déclara hautement que j'avais fort
bien fait ; il assura que les bataillons qui avaient été exposés
à la pluie et mouillés jusqu'aux os, ne tarderaient pas à en
ressentir les pernicieux effets, et jamais pronostic ne fut plus
funestement confirmé par un événement prochain.

L'affluence des campagnes était si grande, que la plupart
des habitants de la ville étaient forcés, pour les recevoir, de
coucher au bivouac. Les hommes suspendaient des hamacs
aux arbres des jardins, et s'y établissaient délicieusement
comme l'auraient fait leurs prédécesseurs les Caraïbes. Les
dames cabanaient, c'est-à-dire couchaient par couple sur

des matelas étendus à terre dans les salons. Quant à leurs femmes de chambre, qui étaient en nombre incalculable, elles se blottissaient partout. J'eus l'occasion d'observer, avec toute la discrétion possible, ce singulier spectacle.

Le jour de la prise de possession, après toutes les cérémonies, je fus obligé de pourvoir à loger et héberger la compagnie des grenadiers d'artillerie, ce soin m'ayant été laissé par tous les autres officiers, qui étaient pressés de s'occuper d'eux-mêmes. Il était onze heures du soir quand j'eus rempli ma tâche, pour laquelle rien n'était préparé. En rentrant dans la ville, j'y trouvai une illumination très-brillante de ses rues, faite au moyen d'huile de palma-christi dans des coques de calebasse et autres fruits ligneux. Tant est-il que nos vieux lampions puants et fumeux ne peuvent soutenir la comparaison avec cet éclairage. La lassitude me ramena vers la pensée de savoir où j'irais reposer ma tête. Il ne fallait pas compter sur les auberges où tout était retenu depuis huit jours; et je n'avais de chances que celles qu'il plairait à la fortune de m'envoyer. En passant près de l'église Saint-Louis, un groupe de dames assises à leur porte me sembla une occurrence favorable afin de m'enquêter d'un modeste logement qu'on voudrait bien, à un titre quelconque, m'octroyer pour la nuit. J'exposai en termes respectueux et galants que, comme Renaud d'Aste, j'allais demeurer à la belle étoile si quelque âme charitable ne venait à mon secours. Je trouvai dans mon auditoire une grande commisération pour ma situation critique, mais il était fort difficile de m'en tirer. Pas une dame ne voulait prendre la responsabilité de me présenter à son mari comme un hôte qui venait d'être rencontré dans la rue; et les veuves n'osaient se décider à donner place près d'elles pendant la nuit à un jeune officier de grenadiers. Enfin, après un long examen de cette grave affaire, une dame guidée par une inspiration bienfaisante, imagina qu'elle pourrait bien me procurer un lit chez sa mère. Quelques minutes après, nous entrions dans une maison très-vaste, dont l'intérieur, faiblement éclairé par des lampes suspendues, m'offrit le plus étrange tableau. Sur le plancher du salon étaient couchées côte à côte quarante femmes au moins, de toutes les nuances des filles africaines, depuis le noir le plus intense jusqu'au blanc mat. C'étaient les Martons, les Lisettes des dames créoles logées dans les appartements supérieurs. Elles avaient mis leurs vêtements sous leurs têtes pour leur servir d'oreiller, sans s'inquiéter du besoin qu'elles en avaient ailleurs, et qui était évident à mes yeux ; elles dormaient d'un sommeil agité par les souvenirs de la journée, et montraient en souriant aux images qu'ils leur présentaient, deux rangées de dents blanches qui n'étaient encore que la moindre de leurs perfections. On ne savait où poser le pied dans ce parterre de femmes ; ce ne fut pas sans peine que nous gagnâmes un escalier tournant qui nous conduisit au premier étage dans une galerie dont les jalousies entr'ouvertes laissaient respirer un air frais et délicieux. Ici vingt belles dormeuses gisaient deux à deux, dans des lits formés d'un seul matelas de coton étendu sur le parquet. C'étaient les grandes dames et les charmantes demoiselles que j'avais admirées le matin, pendant le *Te Deum*, mais elles étaient cent fois plus ravissantes dans la simplicité de leur toilette de nuit. Je dois pourtant le confesser : je ne vis rien, d'abord parce qu'on me l'avait bien recommandé, et ensuite parce que je fus ébloui. A quelques marches plus haut était une chambrette où couchait une jolie petite fille de huit ou neuf ans ; sa maman la réveilla en l'embrassant et la donna à une bonne pour la conduire chez sa grand'mère, qui la prendrait avec elle. Une autre ser-

vante refit, pour moi, ce lit virginal ; et mon aimable con-
ductrice me souhaita le bonsoir, en m'exhortant à ne pas
songer à mes voisines. Vaincu par la fatigue de corps et d'esprit, je dormis d'un sommeil profond ; pourtant il me
sembla que quelqu'un s'était glissé à la sourdine dans mon
lit, et même avait chuchoté des paroles caressantes dans
mon oreille ; mais j'étais tombé en léthargie, et rien ne
me rendit la moindre connaissance du monde extérieur.

Au petit point du jour, l'heure la plus belle de la vie coloniale, alors qu'on n'éprouve pas encore la tyrannie du soleil, je fus éveillé par une jeune mestive au corsage en éven-
tail, aux vêtements d'une blancheur sans reproche. Elle
venait m'apporter une grande tasse de café pur d'un parfum
délectable. En versant ce breuvage divin je m'aperçus
qu'elle tremblait ; je lui en demandai la cause. C'est, Monsieur, répondit-elle, que j'ai grande honte ; car je dois vous
prier de ne pas dire que j'ai couché avec vous. A ces mots,
je tressaillis de manière à tout renverser, et j'insistai pour
des explications. La belle enfant me raconta alors à voix
basse qu'elle avait pour infirmité d'être prise la nuit d'une
peur terrible, et qu'elle venait dans ce cas demander à sa
jeune maîtresse une petite place dans son lit. C'est ce qui
lui était arrivé la veille, et sa terreur avait été grande quand
en se levant, elle avait vu sur une chaise un habit d'officier qui lui avait révélé sa méprise. Je la rassurai de mon
mieux, sur ma discrétion, qui ne pouvait pas être moindre
que la sienne, puisque si notre aventure était connue, elle
ne trouverait que des incrédules ou des railleurs.

Les mêmes séductions devaient se reproduire le soir avec
plus de puissance encore sur mon esprit, car je n'y pensais
pas sans quelque émotion ; mais le sort en disposa autrement. Pendant que je commandais le poste de la garde

d'honneur, le général me fit mander et je reçus l'ordre de prendre, sur-le-champ, le service d'officier d'état-major, avec injonction d'expédier, dans la journée, une douzaine d'affaires graves ou épineuses. C'était, entre autres, faire juger et fusiller un soldat qui avait battu son officier ; — embarquer pour France un curé séditieux ; — concilier ou mettre en prison des saltimbanques hargneux et des bohémiennes endiablées ; — rédiger une proclamation aigredouce ; — organiser les bureaux de l'état-major, et prendre possession de l'édifice destiné au quartier général. Je réussis à ma satisfaction, car je sauvai la vie du militaire, je fis s'embrasser affectueusement les bohémiennes, je fus l'artisan de la fortune du prêtre déporté puisqu'il est devenu curé de Saint-Roch, et qu'il est mort en odeur de sainteté ; — et finalement j'évitai la trop gracieuse hospitalité dont j'avais été menacé pour la nuit suivante, car je me fis près de mes bureaux un logement modeste, solitaire, aéré, où je m'installai à travailler, sans perdre un moment et où je pus dormir, sans autre perturbation que les rondes de nuit et les patrouilles.

Le médecin en chef de l'armée, Savarési, qui vint me voir, loua beaucoup la séquestration de ma vie, et me recommanda avec l'autorité impérieuse d'une prescription médicale, de fuir les enchantements des sirènes comme une maladie mortelle. C'est ici, me dit-il, magistralement, le même danger que nous courions en Egypte, où ceux qui étaient pris par la peste, l'étaient presque toujours au sortir d'une orgie ou d'un tendre rendez-vous. Quand je remarquai que, grâce à Dieu, ce fléau était inconnu en Amérique, il secoua la tête, et m'engagea à venir à sa visite du soir, à l'hôpital, promettant de me faire voir quelque chose de curieux. Je fus exact, et je l'accompagnai de lit en lit, comme j'avais déjà fait au Cap-Français avec mon ami Delorme, qui avait exposé sous mes yeux les horribles martyres dont l'espèce humaine est tourmentée sous le beau ciel des Antilles. Je ne vis rien de plus d'abord à l'hôpital du Fort-de-France ; mais en terminant son inspection, Savarési me conduisit dans une salle voisine de la rivière, et s'arrêtant près d'un malade dont le corps était pelotonné comme aux approches de la mort, il le fit découvrir par un infirmier. La couleur safranée de ce malheureux ne laissait aucun doute. C'était la fièvre jaune qu'il avait, et qui là, devant nous, mettrait fin à sa douloureuse agonie, en décomposant les tissus de tous ses organes, sans altérer son intelligence jusqu'à sa dernière pulsation. Cet homme était débarqué à Saint-Pierre, de l'un des navires marchands mouillés en rade ; il avait passé deux ou trois jours en débauches de toutes sortes, puis il était parti pour voir les fêtes du Fort-de-France et, en arrivant, la maladie avait fait irruption. Ainsi, la contagion terrible qui avait détruit notre belle armée à Saint-Domingue existait à la Martinique, dès le moment de notre arrivée, et déjà elle avait paru dans les deux grands ports de la colonie.

Je demandai à Savarési s'il avait rendu compte de ce fait menaçant. A quoi bon? me répondit-il. Croyez-vous donc que les grands se préoccupent de pareilles choses ? ils en ont vraiment bien d'autres à faire, ajouta-t-il, avec amertume. C'était avant-hier un *Te Deum*, hier une grande revue, aujourd'hui un bal, demain spectacle ; après demain quelque autre frivolité. Je ne trouverais assurément aucun moment, aucune opportunité, pour entretenir nos chefs d'un événement médical désastreux, quand ils sont plongés dans les rêves dorés de la félicité publique.

J'avais une trop bonne opinion de la raison humaine pour

ajouter foi à de si graves inculpations, et j'allai trouver le
général Devrigny. C'était un brave militaire, qui avait les
bonnes qualités et les défauts d'un homme de guerre. Il
avait fait toutes les campagnes d'Allemagne, ce qui justifiait
l'ignorance où il était, de ce qui concernait le pays nouveau
qu'il venait habiter, et jamais le nom de fièvre jaune n'avait
frappé son oreille. Il ne manqua pas de croire, ainsi que
tant d'Européens trompés par cette dénomination banale,
que c'était une fièvre comme une autre. Quand je l'eus détrompé en lui montrant que c'était une peste aussi formidable que celle d'Orient, il se retrancha dans la résignation
que lui avait inculquée sa vie aventureuse. Bah ! me dit-il,
autant vaut mourir de cela que d'autre chose ! et puis, s'il
est écrit que nous en serons frappés, nous ne pouvons lui
échapper, et il est inutile de nous débattre. Il ajouta, pour
me satisfaire, que je pouvais en parler au Capitaine général
et qu'il approuverait ce que je dirais. L'amiral Villaret me
donna audience au milieu des préparatifs d'un bal et d'un
festin dont la dépense était faite, et où la fâcheuse nouvelle
que j'apportais allait semer l'épouvante. Il me recommanda
le secret, et quant à la considération des mesures à prendre,
il me renvoya au Préfet colonial, M. Bertin. Ce personnage, que je n'avais pas encore vu, m'accueillit avec la
politesse aisée et gracieuse d'un homme distingué dans la
société d'élite de la capitale. Il n'hésita point à m'exprimer
les regrets qu'il éprouvait d'avoir quitté la France pour venir
habiter un pays où l'existence n'était qu'un enchaînement
de privations, de contrariétés, de douleurs physiques et
morales, sans compensation dans l'utilité ou la gloire des
sacrifices. Sa résolution de partir le plutôt possible me parut
arrêtée, et tout ce que je pus obtenir de lui, c'est qu'il
appuierait, près du général en chef, les dispositions que je

suggérerais au général Devrigny. A la fin de ma journée, je dus reconnaître que la satire âcre et morose de Savarési n'était pas tout à fait aussi injuste que j'étais porté à le croire le matin.

La fête de nuit fut superbe. Le soleil, en se levant, surprit les danseurs. Les dames créoles parurent dans toute l'élégance de leurs toilettes françaises et tout l'éclat de leur beauté. Il fut bu du punch, de la limonade, de la bière, du vin en quantité suffisante pour charger un navire de cent tonneaux; il est vrai que chacun des invités était décuplé par des valets qui s'associaient à leurs maîtres. Le jeu fut effréné, ruineux, les tables étaient couvertes de monceaux d'or; l'argent en était exclu. L'amiral y perdit mille à douze cents moïdes, qui lui furent gagnées par de vieux émigrés établis aux Antilles, et qu'on disait avoir tenu à Coblentz la banque de la roulette et du 30 et 40. Le matin, il n'y avait point d'officiers capables de faire leur service, point de fonctionnaires à leurs postes, personne dont on pût approcher. Toutes les affaires furent suspendues, tant les plaisirs avaient exténué les plus graves et les plus vigoureux.

L'homme atteint de la fièvre jaune mourut au retour du jour, comme Savarési l'avait pronostiqué; mais ce qui ne confirma que trop mes tristes prévisions, c'est que les malades les plus voisins de son lit montrèrent les symptômes du même mal qui, manifestement, s'était communiqué de l'un à l'autre. On ne pouvait le contester, car l'un d'eux était entré à l'hôpital pour une fluxion de poitrine et l'autre pour une blessure, et ils n'étaient pas sortis de la salle de la Rivière. Cependant Savarési n'admettait point qu'il y eût contagion; il s'était fait à ce sujet une doctrine dont il ne voulait point se départir; mais on voyait bien qu'il avait, en outre de cette profession de foi officielle, une opinion tout à fait contraire, qui se manifestait dans ses soins personnels pour écarter toute circonstance d'où pouvait résulter la transmission du germe fatal.

Mais, dira-t-on, d'où provenait ce fléau? Qui sait? Avons-nous donc la connaissance de l'origine des contagions qui tourmentent ou exterminent les populations de l'Europe depuis des siècles, en présence des médecins les plus savants du monde? Savons-nous d'où vient l'hydrophobie, la rougeole, la morve, le typhus? On ne peut prétendre que ce soient des maladies attachées à l'espèce humaine et qui lui sont naturelles, car ces maux étaient inconnus aux peuples de l'antiquité, et aujourd'hui même il y a des pays qui ne les ont jamais éprouvés. Aucun d'eux n'existait en Amérique lors de la découverte du Nouveau-Monde, et l'archipel des Antilles en est encore exempt. A leur place, les Espagnols, en abordant ces îles pour la première fois, y trouvèrent deux autres contagions formidables : la fièvre jaune et la syphilis, qui s'y sont perpétuées depuis 365 ans. Les témoignages des historiens contemporains des découvertes de Christophe Colomb, P. Martyr, Oviédo, Gomara, Benzoni ne laissent aucun doute sur ce fait, et leur texte positif a été recueilli et produit par moi, dans des recherches spéciales [1].

Pendant la guerre, les communications entre les Antilles étant devenues rares, la fièvre jaune avait eu moins d'occasions d'être importée d'un lieu à un autre ; mais elle avait pris un immense développement dès que la paix avait multiplié les relations commerciales et les mouvements de troupes. Plus les événements faisaient surgir d'Européens sur ces plages infectées, et plus l'action meurtrière de la contagion s'étendait; car ce sont surtout les hommes nou-

[1] Monographie historique de la fièvre jaune des Antilles, in-8°, 1817.

vellement débarqués qui y sont exposés, un long séjour sous la zone torride atténuant, comme le fait la vaccine à l'égard de la variole, la prédisposition individuelle à recevoir le germe du mal.

Toutes les expéditions sorties de nos ports à la fin de 1801 et en 1802, furent en butte aux affreux ravages de la fièvre jaune, qui ne s'était jamais déchaînée avec une telle furie. L'armée de Saint-Domingue périt presque toute entière, et son chef, le général Leclerc, éprouva le même sort; il mourut le 1er novembre 1802. Le général Richepanse, capitaine général de la Guadeloupe, succomba le 3 septembre de la même année. Le général de Gouges, envoyé à Cayenne, au mois d'octobre, avec 300 hommes de troupes, en perdit 200, et la plupart des officiers. Le général Sahuguet, commandant de l'île de Tabago, fut enlevé par la contagion à la même époque. Les Antilles anglaises ne furent pas épargnées : le gouverneur de la Grenade, qui venait d'arriver dans cette colonie, mourut de la fièvre jaune le 5 octobre, etc., etc.

On voit que, de quelque part qu'un navire arrivât à la Martinique, il y avait des chances pour qu'il eût à bord la maladie, et que les passagers ou les marins qu'il débarquait, la communiquassent dans les lieux publics qu'ils fréquentaient, ou dans nos hôpitaux où ils venaient mourir. C'est ce qui explique la simultanéité des irruptions sur plusieurs points éloignés, comme s'il y avait une cause générale dont le principe fût dans l'air qu'on respirait, dans la chaleur ardente de la saison, dans l'humidité que répandaient les pluies de l'hivernage, ou enfin dans quelque autre agent mystérieux, tels que ceux auxquels on attribue le choléra asiatique et la peste d'Orient.

La preuve que le fléau provenait de son importation par

l'arrivage des navires arrivant des lieux infectés de l'archipel des Antilles et du continent, c'est qu'il ne s'étendit point aux autres ports de la Martinique. Cependant la Trinité et le Marin étaient dans les mêmes conditions de climat et de gisement que le Fort-de-France et Saint-Pierre ; mais n'ayant point de communications avec le commerce étranger, ils conservèrent leur salubrité.

Il était évident que pour se préserver de la contagion il fallait seulement être ailleurs que là où elle était. Ce n'était pas, quant à l'armée, une mesure fort difficile, et la place ne manquait point au Gros-Morne, à la Basse-Pointe et dans dix autres positions, où jamais la fièvre jaune n'a paru. Les raisons que je donnai pour faire prendre ce parti, déterminèrent le général en chef à l'adopter ; et Savarési lui-même commençait à croire qu'il n'était pas tout à fait impossible de détourner les coups de la fatalité, lorsque le lendemain matin l'ordre de la dissémination des troupes fut révoqué. Une foule d'intérêts et de convenances qu'il froissait, avaient réclamé dans la soirée, et le Capitaine général n'avait pu leur résister. Je ne veux pas dire d'où partit cette opposition, et quels furent ses motifs. On ne pourrait croire que de grands événements et de funestes désastres aient d'aussi méprisables causes.

Savarési, qui m'apporta la nouvelle de cette malheureuse résolution, se railla de mes efforts pour parvenir à bien faire. C'était, disait-il, un enfantillage qu'il avait eu comme un autre, mais dont il s'était corrigé en Égypte. Vous vous flattiez, ajouta-t-il, de nous faire éviter la maladie, en la fuyant. Loin de là, nous allons, dès demain, courir après, en allant à Saint-Pierre, où chaque jour elle fait de nouveaux progrès. J'irai vous rejoindre avec l'état-major, et nous l'observerons ensemble ; mais ne vous hasardez pas sans moi.

CHAPITRE XIX.

UNE JOURNÉE DE FÊTE A SAINT-PIERRE, MARTINIQUE.

1802.

Les dix colonies que la France recouvra lors de la paix d'Amiens, étaient la plupart en ruines et n'avaient presque aucun vestige de leur ancienne prospérité. Les unes avaient été dévastées par la guerre des esclaves, et les autres par une longue occupation étrangère ; mais elles avaient conservé la renommée de leurs richesses, et ce prestige leur attira une multitude de gens qui y venaient, disaient-ils sans vergogne, pour faire fortune et non pour changer d'air.

Lorsque, pendant les loisirs de la traversée, ces passagers, sachant que j'avais déjà habité les Antilles, réclamaient les avis de mon expérience, je leur demandais à mon tour quelle était leur destination et s'ils avaient un emploi, une profession, une industrie, des capitaux, une aptitude éprouvée dont ils pussent tirer un parti utile dans ces pays nouveaux. Il se trouvait que tout leur avoir consistait dans une recommandation, qui suffisait, croyaient-ils, pour les faire arriver à tout. Mais, leur disais-je, si cette protection, déjà vieille et lointaine, venait à vous manquer par l'effet de tant d'accidents qu'éprouvent des appuis mieux assurés , que feriez-vous ? Sans doute, nous voici tout à l'heure dans des îles où, sans posséder quoi que ce soit, sinon de la force et du courage on amassait autrefois des trésors en se faisant flibustiers, boucaniers, négriers. On enlevait à l'abordage les galions d'Espagne ; on prenait d'emblée les ports du Mexique et du Pérou ; on achetait à la côte de Guinée, pour de la verroterie et de l'eau-de-vie, des nègres qu'on revendait de l'autre côté de l'Atlantique pour des quadruples et des moïdors. Mais ce sont là des métiers fort usés, et d'ailleurs votre vie parisienne vous y préparerait très-mal. Je parlais à des sourds, à des hommes enivrés d'espérance. Quinze jours après mes prévisions étaient justifiées.

J'ai sur les bras, me dit un beau matin le général dont j'étais l'aide de camp, deux à trois douzaines de clients qui veulent que je leur trouve des places, n'importe quelles, pourvu qu'elles soient bonnes, c'est-à-dire bien rétribuées. Chargez-vous d'eux, et voyez ce que vous pouvez faire pour les satisfaire tant bien que mal et me délivrer de cette importunité. J'ai déjà bien assez de soins, de devoirs et de soucis pour ne pas avoir à m'occuper encore d'intérêts personnels de cette sorte.

Je désespérai de pouvoir exécuter cet ordre. Comment, moi, jeune officier, qui ne savais que les choses de la guerre, apprises par une rude expérience, pouvais-je régler la destinée de gens élevés dans la hiérarchie sociale par le hasard ou par leur habileté à une hauteur étourdissante ? L'un d'eux avait été familier du directeur Barras et le tutoyait au Luxembourg ; un autre s'était distingué dans les réactions thermidoriennes , et comptait parmi ses hauts faits des meurtres à coups de bâton. Un troisième avait dominé les agioteurs du Perron au Palais-Royal, et serait devenu riche comme Crésus s'il n'avait tout perdu en un jour de malheur.

Un quatrième avait gouverné l'Opéra dans l'une de ses nombreuses révolutions, et il possédait une charmante collection de portraits des belles dont il prétendait avoir obtenu le cœur. Un cinquième était, à je ne sais quel titre, propriétaire de vastes concessions à Saint-Domingue, et la révolte des nègres l'ayant empêché d'en prendre possession, il venait à la Martinique pour y faire valoir ses droits; cette colonie étant, selon lui, solidaire de l'autre devait payer pour elle. Je n'en finirais pas si j'étais obligé d'aller jusqu'au bout. Il fallut une lutte pour obliger chacun d'eux à renoncer à ses ambitieuses prétentions, qui n'allaient pas à moins qu'à devenir Préfet colonial. Une partie acceptèrent, de guerre lasse, les plus humbles emplois dans l'administration, et ils les remplirent fort mal ; les plus jeunes entrèrent dans l'armée et s'y distinguèrent comme étant de très-mauvais officiers ; je facilitai à plusieurs leur retour en France, et j'obtins de faire admettre les plus capables dans le service des hopitaux. Je les oubliai facilement, et ce ne fut pas sans surprise et sans regret que j'appris, quelques mois après, qu'ils en étaient devenus les chefs. Ils y firent si bien leurs orges aux dépens des malades, qu'en quittant la colonie, l'un acheta un château dans les Pyrénées , et l'autre fit à Paris une faillite d'un million.

Toutes les spéculations ne réussissaient pas aussi bien. Les marchands, qui, lors de notre départ de Brest avaient cru gagner les frais de transport et les droits de douanes sur les pacotilles dont ils avaient rempli les malles de nos officiers, éprouvèrent l'équivalent d'un naufrage. Ils avaient envoyé des souliers pour les nègres et même des sabots qui avaient excité une immense risée. Ils avaient expédié des cargaisons d'aiguilles pour un pays où l'on achète le linge tout fait, et où le plus misérable n'en porte point qui soit raccommodé, les trous d'une chemise ne lui faisant aucune honte, tandis qu'en porter une rapiécée ferait rougir un nègre, si la nature le lui permettait. Enfin pour ne pas trop étendre le récit de ces étranges spéculations, je dirai seulement qu'on avait fait de nombreux envois de bonnets de femmes, ignorant qu'on n'en a jamais fait usage aux Antilles, où les dames ne se servent que de chapeaux de paille, et les femmes de couleur de mouchoirs bariolés des Indes dont elles font la coiffure la plus coquette.

Une seule entreprise prospéra, et c'était précisément celle qui semblait devoir inévitablement échouer. Il arriva un navire chargé de glace. La moitié de cette marchandise nouvelle se fondit en eau claire, mais l'autre moitié donna un grand profit, personne ne résistant au désir de prendre des glaces, sous le ciel de feu des tropiques. Je me souviens que ceux qui n'en avaient jamais vu, soufflaient dessus involontairement, comme on fait en prenant du café trop chaud.

Une autre entreprise qui avait excité beaucoup d'intérêt n'obtint pas un pareil succès.

Depuis un temps immémorial, nos colonies étaient privées de spectacles. C'est tout au plus si quelques bateleurs espagnols de la Côte-Ferme s'étaient hasardés à venir à la Martinique. On apprit avec joie qu'une troupe de comédiens arrivaient de France pour s'y établir, et qu'ils joueraient bientôt à Saint-Pierre les charmantes pièces de l'Opéra-Comique. J'étais peut-être le seul officier qui l'ignorât, mais les exigences de mon service ne me permettaient pas de m'occuper de quoi que ce fût en dehors de mes devoirs militaires.

Les solennités de la prise de possession qui avaient eu lieu au Fort-de-France et qui avaient été tant critiquées par le docteur Savarési, devaient être reproduites à Saint-Pierre, véritable capitale de la colonie, et la ville la plus considé-

rable des petites Antilles par sa population, son commerce
et ses richesses. Du Fort-de-France nous pouvions nous y
rendre par mer, en pirogue, dans un espace de trois
heures; mais mon général préféra y aller à cheval, en suivant le chemin de la côte dont les sinuosités alongeaient la
route du triple et au delà. Son choix avait pour motif la
nécessité de reconnaître le pays afin de découvrir quels
seraient au besoin ses moyens de défense. Mais c'était une
trop rude tâche pour des militaires qui n'étaient pas encore acclimatés, et les plus robustes faillirent rester en chemin. Il nous fallut traverser à gué dix-huit rivières qui
descendent des montagnes du Carbet pour se jeter à la mer.
Entre elles se projettent de hautes collines dont les flancs
sont parcourus par des sentiers en zigzag et en corniches,
qu'on doit gravir d'abord et ensuite descendre, à tout risque
et péril, en se confiant à sa bonne fortune et à son cheval.

Il est vrai que cette fatigue accablante par une température solaire de 50 degrés centigrades, était rachetée par
les plus beaux aspects qu'il y ait au monde. Les Pyrénées
n'égalent point, par leur vues les plus admirables, les Pitons
du Carbet, et le pinceau de Vernet n'a jamais trouvé des
marines aussi pittoresques que la plage de Case-navire et
celle qui borde les versants de la Montagne pelée.

Nous arrivâmes enfin à Saint-Pierre, harassés et pouvant
à peine conduire nos chevaux boiteux. Nous descendîmes
au couvent des Pères blancs, où tout était préparé pour
l'installation du quartier général. Les religieux qui portaient
ce nom vulgaire, étaient des missionnaires de l'ordre des
Jacobins, venus avec les premiers colons, 167 ans auparavant; ils avaient eu l'honneur de contribuer par leur exemple et leurs prédications, aux premiers progrès de la civilisation des Antilles et à la propagation de la morale chrétienne.

Le Prieur, à qui le général présenta son état-major
m'accueillit avec bonté et même avec distinction en apprenant que chemin faisant, je cassais des roches avec un marteau d'acier, sans doute pour trouver la pierre philosophale.
Il supposa probablement que j'avais en vue quelque autre
objet scientifique plus sérieux, et il ordonna que le logement du Père Labat me fût donné. Ce missionnaire dont
on révérait la mémoire, a laissé une relation de voyages fort
curieux écrite tout à la fin du xviie siècle. Sa bibliothèque,
qui devait offrir beaucoup d'intérêt, fut mise à ma disposition avec son appartement, mais c'est à peine si je pus me
prévaloir quelques moments de l'un et de l'autre de ces
avantages.

Pendant les soixante-dix ans que j'ai parcouru le monde,
j'ai habité bien des logis depuis la grange bretonne jusqu'à
l'ajoupa caraïbe, mais je n'ai rien retrouvé qui ressemblât
à la situation de cet appartement, ouvert de plein pied sur
un jardin fleuri, rafraîchi sans cesse par des eaux jaillis-
santes et fermé par une clôture de cent pieds de haut. L'escarpement vertical de la montagne qui domine Saint-Pierre,
servait de mur à ce jardin ; il était couvert d'un rideau de
lianes et de plantes saxatiles qui formaient une draperie
flottante, ornée de fleurs pourpres, azurées, blanches ou
couleur d'or, groupées en guirlandes, en thyrses avec une
profusion dont l'Europe n'offre point d'exemple.

J'étais à peine endormi que le général vint dans ma
chambre pour me demander si je tenais beaucoup à assister aux cérémonies du lendemain. Je lui répondis que
j'y renoncerais volontiers s'il me donnait à faire quelque
chose de plus utile. C'était précisément son projet. Il m'expliqua sommairement la mission dont il me chargeait, et
qui consistait en une reconnaissance militaire des approches

de la ville, au nord, afin de les défendre contre une attaque possible de l'ennemi. J'ai déjà dit, je crois, qu'il n'avait pas foi dans la durée de la paix.

Une heure avant le jour, j'étais à cheval, et suivi d'un chasseur d'ordonnance, j'arrivais sur la belle plage qui s'étend de Saint-Pierre jusque vers les mornes du Prêcheur. Je l'avais déjà visitée autrefois, mais sous un tout autre point de vue, et avec beaucoup moins de sécurité. La profondeur de la mer permet à des bâtiments de guerre de s'en approcher à demi-portée de canon, d'en chasser les défenseurs par leur feu et d'y débarquer sans opposition leurs troupes et leur artillerie. Une heure après la ville est prise.

Pour arrêter ces opérations de l'ennemi il fallait trouver une bonne ligne de défense qui couvrît Saint-Pierre de ce côté. L'extrémité du faubourg, composée dans ce temps-là de vieilles fabriques en pierres, bordées par le lit d'un ravin, me sembla pouvoir remplir cet objet. Les maisons fortement épaulées par des traverses, pour être abritées contre le feu des vaisseaux, pouvaient être crénelées, barricadées, et flanquées de batteries tirant d'abord à ricochet et ensuite à mitraille sur les colonnes d'attaque de l'ennemi. Deux circonstances affaiblissaient la position : la berme du ravin s'abaissait en se rapprochant du rivage, et son escarpement était diminué par des éboulements ou par des rampes pratiquées pour en faciliter le passage. De plus : les eaux du torrent disparaissaient dans la partie de son cours, voisine de l'embouchure; et, cependant leur puissance devait être très-grande, puisque leur lit était hérissé de blocs de laves énormes. Toutefois ces inconvénients me parurent faciles à vaincre par des travaux qui rendraient l'accès aussi difficile qu'il l'était autrefois. Il fallait seulement escarper la berme, la palissader et faire au pied des retenues d'eau.

Mais toutes ces dispositions auraient été fort inutiles si
l'ennemi avait pu surprendre le passage du ravin, en s'élevant vers son lit supérieur, car, alors toutes les positions
auraient pu être tournées et attaquées à revers. Pour vérifier ce point important, je descendis de cheval et je remon-
tai le torrent vers sa source, en suivant sa rive droite. Je
vis avec satisfaction qu'à chaque pas, il devenait de plus en
plus encaissé et qu'il se changeait en une large fissure dont
les parois étaient inaccessibles. Ses eaux, défendues contre
l'évaporation par sa profondeur, étaient abondantes et lim-
pides; elles formaient une suite de bassins naturels, encer-
clés par des basaltes pareils aux Pierres druidiques. Ravi
d'avoir découvert la solution de mon problème, je m'écriai
sans doute comme Archimède : Je l'ai trouvé! Un joyeux
éclat de rire qui partit à mes pieds, répondit à ma voix. Ma
suprise redoubla, lorsque dans ce lieu, qui me semblait
une solitude, mes yeux, en se dirigeant vers l'un des bassins qui gisaient à cinquante pieds au-dessous de moi,
furent frappés de l'aspect d'une demi-douzaine de naïades,
qui, pour éviter mes regards se plongèrent dans l'eau jusqu'au cou. Je crus un instant que c'était une apparition
ossianique, comme celles que Girodet venait de faire admirer par son pinceau poétique et vaporeux; mais je fus ra-
mené à la réalité, en voyant près de là, des femmes de
chambre mestives jeunes et élégantes, qui gardaient les
robes de soie de leurs maîtresses, leurs châles en crêpe de
Chine et leurs chapeaux parisiens. Si j'avais pu douter que
ces belles baigneuses appartinssent à la France, un petit
pied, qui paraissait furtivement ou un bras blanc et arrondi,
qui rattachait une mèche de cheveux, m'aurait garanti leur
heureuse origine.

Je présentai d'humbles excuses pour mon indiscrétion

involontaire; et comme elles furent bien accueillies, je rompis la glace de la politesse sérieuse, en alléguant qu'un devoir rigoureux m'astreignant à dessiner tout ce que ce paysage offrait d'intéressant, je n'avais garde d'omettre le portrait de ces dames, que j'allais crayonner de mon mieux. Chacune d'elles se récria et protesta contre un tel larcin. La distance ne me permettant pas d'entendre parfaitement les raisons qu'on opposait à mes prétentions, je demandai à me rapprocher un peu plus, promettant que je fermerais les yeux à la première réquisition.

Pendant que je descendais dans le ravin, par un assez long détour, mes belles inconnues firent une demi-toilette du meilleur goût. Au contraire de la plupart des choses de ce monde elles gagnaient encore à être vues de près; et je fus émerveillé de leur physionomie intelligente et animée, de leur parler facile, correct et élégant et de toutes les grâces de leur personne. Elles n'avaient guère plus de vingt ans, excepté celle qu'on nommait Bérengère, et qui en avait deux ou trois de plus. C'était évidemment le chef de cet escadron volant. Elle avait une taille élevée, de beaux traits et un corsage admirable. Monsieur, me dit-elle, la partie n'est pas égale entre nous; nous savons qui vous êtes et vous ignorez qui nous sommes. Quand vous êtes apparu inopinément dans ce désert, l'une de nous, la jeune Sophie, projetait de réclamer à son premier voyage au Fort-de-France votre intervention, en notre faveur, auprès du Capitaine général; car nous sommes ici des étrangères, et nous avons grand besoin d'appui et de protection. Nous ne sommes point, comme vous pourriez le croire, des châtelaines possédant quelques-unes des riches possessions dont nous sommes environnées; le sort, dans ses durs arrêts, a fait de nous des comédiennes! Mais, ajouta-t-elle, nous espérons que ce nom ne vous fera pas regretter de nous avoir prises peut-être pour de grandes dames; et nous vous demanderons quelque peu de cette obligeance affectueuse qui vous a mérité à Brest la gratitude de l'une de nos amies.

Je marchais de surprise en surprise, et m'étonnais surtout que rien de ce qui m'arrivait ne fût fâcheux.

J'avais dû passer ma journée à des revues d'une lenteur désolante sous un soleil d'aplomb, qui changeait l'atmosphère en une fournaise; — et par un brusque revirement de mon sort, je respirais la brise fraîche et pure de l'Atlantique, sur l'une des plus belles plages baignées par les flots azurés de cette vaste mer.

En pénétrant dans le lit profond d'un torrent, je m'étais cru dans un désert, — et voilà qu'il surgit à mes pieds, du milieu des ondes, un groupe de jeunes beautés, parées de toutes les grâces de leur fortuné pays.

Jeté encore une fois, à deux mille lieues de la France, sur les rives américaines, je devais être inconnu, et mon humble existence me semblait n'avoir laissé aucune trace. Erreur! je trouvais mon souvenir dans la mémoire de ces charmantes inconnues, qui interprétaient beaucoup trop à mon avantage quelques circonstances que je me rappelais à peine.

En passant par Brest, la jeune Sophie avait été voir l'une de ses compagnes qui était devenue, à force de travail, la première cantatrice du théâtre. Celle-ci, en lui montrant la salle, pendant un entr'acte, avait arrêté son attention sur un officier placé à l'orchestre; elle lui devait, disait-elle, un rôle où elle avait fort bien réussi, quoiqu'il fût très-difficile. C'était celui de la Prima Donna dans un délicieux opéra de Cimarosa [1], dont cet officier avait donné la parti-

---

[1] Le Directeur dans l'embarras. — *Il Direttore in angustie.*

tion à la direction. — Mais, lui avait demandé Sophie ingénument, c'est donc votre favori ? — Mon Dieu ! non, avait
répondu sa bonne amie, mais j'ai bien peur que cela ne
finisse par là.

Cette révélation inattendue et tardive me frappa d'une
vive impression. Deux mois avant, elle aurait peut-être
changé toute ma vie ; elle pouvait me guérir d'un attachement malheureux, et m'empêcher de suivre l'amiral dans
de nouvelles aventures lointaines aussi funestes que les
premières. Un autre amiral[1] m'aurait emmené avec lui à
Boulogne, et le pis-aller de ces autres destins était l'affection d'une jeune et jolie personne, remplie de talents, et
que tout le monde avait en estime pour les tendres soins
qu'elle prodiguait à sa vieille mère. Il est vrai que je n'eusse
jamais atteint à la renommée d'un savant, mais assurément
ni le monde ni moi n'en aurions éprouvé le moindre dom-
mage, ni le plus léger regret.

Ces dames insistèrent pour que j'allasse déjeuner avec
elles tout près de là ; mais je déclinai cette invitation, en
alléguant mes habitudes, qui me défendaient de manger
quand j'avais à faire un travail qui exigeait toute l'attention
de mon esprit. Elles me donnèrent l'assurance que soit au
théâtre, soit chez elles, je serais toujours reçu avec empressement et plaisir. Il fut convenu que je les retrouverais
dans la soirée, avant ou après la représentation qui devait
avoir lieu, et à laquelle allaient assister mon général et toutes
les hautes autorités de la colonie. On devait donner un
charmant opéra de Dalayrac, *Camille* ou *le Souterrain*.

J'allai chercher mon cheval, qui m'attendait sous l'ombre
épaisse d'un tamarin ; et après un dernier coup d'œil pour

[1] L'amiral Bruix.

ne rien omettre de ma reconnaissance topographique et militaire, je repris le chemin du quartier général. L'état-major y rentra bientôt, fort désenchanté des solennités tropicales. Il lui avait fallu subir de longs discours sous un ciel brûlant, — de longs offices dans une église où les cierges s'éteignaient, faute d'air vital, — et puis de longues visites en corps et en cérémonie, à des gens qu'on ne connaissait point, dont on n'avait jamais entendu parler, et qui se gourmaient trop dans leur importance pour laisser à personne le désir de les revoir. Chacun, fatigué et mécontent, s'en alla faire sa sieste, tandis qu'enfermé dans ma chambre, je mettais au net mes croquis et mon rapport.

A la brune, nous étions à la Préfecture et l'on ouvrait, pour nous recevoir, la grande salle du banquet, où se déployait une table de quatre-vingts couverts. La fumée qu'exhalaient une multitude de plats servis chauds, obscurcissait l'éclat des girandoles de bougies, et ajoutait à la chaleur qu'elles répandaient. Nous étions là comme les Salamandres, qui, dit-on, du temps de François Ier du moins, vivaient dans le feu. Savarési, qui s'était rallié à moi, à l'extrémité de la table, du côté de la porte, déclara que ce superbe festin était aussi extravagant que celui du roi Balthasar, et qu'on aurait dû le servir dans le jardin, ou mieux encore sur les pentes aérées de la montagne. En me voyant boire du vin de Madère et de l'eau, et manger du bout des lèvres au lieu d'écrémer vingts mets différents, il donna sa haute approbation à mon régime et prédit que je survivrais à tous les convives. Le malheureux disait vrai ; la moitié avaient péri trois mois après, et, depuis bien longtemps il n'en reste plus aucun.

Au sortir de table et sous l'excitation des vins généreux bus dans les toasts obligés d'un repas officiel, nous nous rendîmes au spectacle. La petite pièce avait été jouée déjà, et la seconde attendait pour commencer que les autorités eussent pris place dans la loge qui leur avait été pompeusement préparée.

En pénétrant dans cette salle qui avait été construite pour deux cents spectateurs, et qui en contenait deux mille, je fus suffoqué. Je crus entrer dans le dernier cercle de l'Enfer du Dante, et me plonger dans un lac de plomb fondu. Depuis deux heures, une masse d'êtres humains de toutes couleurs vivait de l'air renfermé dans cette étroite enceinte, et dont il ne restait plus rien qu'un résidu infecté par les effluves de la transpiration acide des blancs et de la sueur ammoniacale des nègres et des sang-mêlés. L'amiral, qui avait vécu dans l'atmosphère des Jungles de l'Inde et des Palétuviers de Saint-Domingue, se retourna vers Savarési et lui dit : Voilà une mauvaise chaleur ; combien de temps, docteur, pourrait-on continuer de vivre ici ? — Assez seulement, répondit le médecin, pour aller mourir ailleurs. Je n'ai jamais vu l'amiral Villaret sourciller même dans le plus grand danger, par exemple à dix pas d'un magasin à poudre près de sauter ; il devint pourtant, en cette occasion, distrait, impatient, et contrarié de ne pouvoir quitter la place.

Aussitôt que Camille parut sur la scène, elle ranima l'attention et suspendit la souffrance des spectateurs. Elle est fort belle, dit l'amiral ; comment l'appelez-vous ? — Bérengère, répondis-je. — C'est cela, reprit-il, elle est du Midi. Et son intérêt s'augmenta de tous les vieux souvenirs de son pays. Le Préfet, M. Bertin, qui était un littérateur, s'écria : Mais elle a du talent ! comment donc est-elle venue aux colonies ? — Mon Dieu ! comme nous tous, répliqua Savarési, pour en finir plutôt avec la vie.

A la fin du beau duo entre Camille et son mari, Savarési,

qui avait l'oreille italienne, se pencha vers moi, et me dit :
sa voix a baissé d'un demi-ton ; elle baisse encore ; jamais
elle ne pourra continuer.

Quand le rideau se leva pour le 3ᵉ acte, on vit Camille
abandonnée sans secours dans le souterrain, berçant sur
ses genoux son enfant, qu'elle venait de recouvrer, et qui
allait mourir de besoin avec elle, dans ce lieu ignoré de tout
le monde, où l'avait enseveli la fureur jalouse de son époux.
Bérengère rendit cette situation désespérée avec une vérité
poignante ; mais bientôt son exaltation s'accroissant de plus
en plus, ses traits se contractèrent, sa voix si belle et si pure
devint rauque, saccadée, stridente, et ses accents ressem-
blèrent au râle de l'agonie. Quelques spectateurs croyaient
encore qu'elle remplissait son rôle, et que c'était une imitation trop parfaite de la plus extrême douleur, quand tout à
coup elle écarta brusquement l'enfant couché sur ses genoux,
se dressa comme par un mouvement galvanique, et parut
sur le bord de la scène, les yeux hagards, le teint livide, et
la bouche déformée par des convulsions. Elle poussa un cri
sauvage, se frappa la poitrine, renversa sa tête en arrière,
et la ramenant soudain en avant, elle lança sur l'orchestre
un jet ou plutôt un flot de vomissement noir. Elle s'affaissa
subitement sur elle-même, et ne forma plus qu'une masse
de chair humaine, à moitié décomposée.

Elle venait de périr, dans toute la force de la jeunesse,
d'une attaque foudroyante de la fièvre jaune.

Il serait impossible de décrire le tumulte que produisit
dans la salle cet événement tragique et imprévu. Chacun
crut être menacé d'un sort semblable, et pour lui échapper, se précipita vers la sortie, qui fut obstruée par la
foule. Alors des cris de douleur et d'effroi s'élevèrent
de toutes parts, et les loges furent escaladées pour cher-

cher d'autres issues qui permissent de fuir ce lieu pestiféré.

Savarési, qui était descendu au théâtre revint bientôt, et me dit : Elle est morte! emmenez le général; il est temps. Quoique fort récalcitrant d'ordinaire, le général, qui avait entendu l'ordonnance du médecin en chef, prit mon bras, et je le conduisis par un escalier dérobé jusque dans la rue, où nous pûmes enfin respirer librement. Nous gagnâmes le bord de la mer ; là nous trouvâmes une pirogue qui nous reçut. Quelques heures après nous débarquions à la Savane du Fort-de-France. Préoccupés de nos tristes pensées, nous n'avions pas rompu le silence pendant ce voyage. Mais lorsque le général me quitta pour aller se jeter sur son lit, il me prit la main et me recommanda de bien prendre garde à ma santé.

Dans la matinée, nous allâmes visiter l'hôpital. C'était laisser sa vie à la grâce de Dieu. En revenant de Saint-Pierre, Savarési nous apprit que la charmante petite fille qui avait joué le rôle du fils de Camille, venait de mourir dans la journée, et que le premier acteur, qui avait représenté son mari, était dans un état désespéré.

Sur vingt-cinq personnes qui formaient cette malheureuse troupe, les trois quarts périrent victimes de la fièvre jaune. Tous les secours qui leur furent donnés par les autorités et par les généreux habitants de la ville, ne purent réussir à les sauver.

Voilà, me dit Savarési, le lendemain, voilà une véritable fête comme celles en Egypte, pendant la peste ; seulement à l'armée d'Orient, nous mîmes l'expérience à profit. Ici, vous verrez dès aujourd'hui que celle d'hier ne nous a point servi, et que nous sommes aveuglément conduits, comme des Turcs, par la fatalité. C'était plus vrai que je ne voulais le croire.

CHAPITRE XX.

1802-1803.

Le fléau planait sur nos têtes, comme l'ange de la mort, et ses coups frappés par une main invisible, abattaient ensemble au milieu de nous la jeunesse, la force, la beauté, le talent. Rien ne pouvait les détourner, et la science médicale était complétement impuissante.

Il avait apparu presqu'en même temps : à Saint-Pierre, dont le port était rempli des navires du commerce ; — au Fort-de-France, où accouraient les étrangers ; — dans les citadelles, où nos troupes étaient logées dans des casernes qu'avaient habitées les soldats anglais, et qu'on n'avait point désinfectées ; — dans les hôtelleries des villes, dont les lits avaient reçu des voyageurs sans nombre, tombés victimes de la maladie ; — à bord des vaisseaux et des navires marchands, dont les équipages venaient sans cesse à terre et fréquentaient des lieux infectés, redoublant le danger par leurs dérèglements.

Les médecins du pays, qu'on avait appelés de préférence

près des premiers individus atteints dans la ville du Fort-de-France, parce qu'ils étaient, disait-on, experts dans la connaissance des maladies locales, avaient caché la nature de l'épidémie, et lui avaient donné le nom de fièvre maligne. Telle est la puissance des mots, que l'inquiétude publique s'était calmée, et que l'on accueillit comme une bonne nouvelle les attaques d'un mal qui auraient semblé fort effrayantes dans notre heureuse patrie. Mais ce dangereux mystère fut bientôt dévoilé ; le secret dont on avait enveloppé la contagion, avait favorisé ses progrès, prolongé l'incurie, et donné une confiance qui, en se dissipant, fit place à la consternation. Au bout de quelques jours, ce ne fut plus dans quelque logis obscur, dans quelque salle séquestrée de l'hôpital, que le fléau se manifesta ; il se montra à la vue de tout le monde, sur la place d'armes, dans les rangs des troupes défilant au bruit des fanfares militaires. Des grenadiers tombèrent de leur haut, frappés par la fièvre jaune, comme s'ils l'eussent été par la foudre. L'un d'eux fut pris aussitôt du vomissement noir ; un autre, que j'avais fait porter dans une maison voisine, expira en y entrant. Le soir, Savarési trouva son cadavre couvert de pétéchies larges, noires et violacées. La terreur n'eut plus de bornes. Des postes furent abandonnés par la garde à laquelle ils étaient confiés, et qui les croyait infectés par la maladie. Des compagnies entières allèrent coucher au bivouac plutôt que d'habiter des casernes, où, disait-on, beaucoup de soldats anglais avaient péri. Les citernes des forts devinrent des objets de suspicion ; le bruit s'accrédita que leurs eaux étaient empoisonnées, et personne ne voulut plus en boire ; ce qui me jeta dans des embarras inextricables. Il devint fort difficile d'obtenir que les officiers inspectassent, comme il leur était prescrit, les salles des hôpitaux. Plusieurs

d'entre eux dont le courage avait été mis à bien d'autres
épreuves, refusèrent ce service; et j'eus toutes les peines
possibles à empêcher qu'ils fussent traduits devant le Conseil de guerre; je fus obligé de mentir au général sur leur
obéissance; et c'était pour moi un grand sacrifice que de
me résoudre à le tromper.

Jusqu'alors, j'avais assisté à ce drame sans y prendre une
autre part que celle d'en observer les tristes péripéties, et
d'en déplorer les malheurs. La fortune m'y réservait un
rôle plus actif et plus pénible encore. Le service m'ayant
conduit un matin chez le commandant d'armes de la place
du Fort-de-France, je trouvai cet officier passant en revue
ses uniformes et préparant une demande pour en faire
venir de France de plus beaux. Il m'entretint pareillement
des embellissements qu'il voulait faire dans sa demeure.
En ce moment survint, par hasard, le docteur Savarési, qui,
en lui prenant la main amicalement, me sembla la retenir
et lui tâter le pouls, sans que le commandant s'en aperçût.
Le regard scrutateur qu'il porta sur lui, ne me laissa point
douter de son intention; et, en effet, ayant fait naître l'occasion de me parler à l'écart, il me dit : Les soins qu'il
prend là sont superflus; conseillez-lui de mettre plutôt ordre
à ses affaires ; le temps presse, et il ne peut désormais vivre
que quelques heures. En effet, le commandant mourut dans
la nuit, et la décomposition de son corps fût si rapide, qu'il
fallut l'emporter en secret et le déposer à l'hôpital, dans la
salle d'attente du cimetière, qui était un affreux charnier.
Je fus nommé par le Capitaine général pour le remplacer, et
le premier acte de mes nouvelles fonctions fut de pourvoir
aux funérailles officielles de mon prédécesseur, en attendant que mon successeur me rendît prochainement le
même service.

Lorsque je conduisais la cérémonie funèbre, un capitaine de grenadiers me dit à l'oreille qu'il était suffoqué par l'odeur infecte qui sortait du cercueil, et qu'il n'y pouvait plus tenir. Je lui donnai l'assurance que la bière était vide, mais il n'en crut rien, et se retira convaincu qu'il avait respiré les émanations délétères qu'exhalait le cadavre, et qu'il allait y succomber. Cette folle erreur, qui d'abord me parut plaisante, eut une funeste issue. Ce malheureux officier fut réellement attaqué par la fièvre jaune, et périt le cinquième jour de sa maladie. Il est vraisemblable que, lorsqu'il assista au convoi du commandant, il avait déjà le germe de la contagion, et que ce fut sa terreur panique qui le développa.

La faveur dont j'avais été l'objet, était un brevet de mort. Elle m'imposait des devoirs qui ne pouvaient me laisser aucun espoir de vivre, et m'abreuvaient d'afflictions. Je devins inévitablement l'ordonnateur des pompes mortuaires, l'inspecteur des hôpitaux, le consolateur des agonisants, le recours des veuves et des orphelins, le directeur des mesures d'hygiène publique, le médecin des gens abandonnés, le tabellion des mourants et l'appariteur des affreuses dissections qui devaient nous révéler la cause mystérieuse du fléau qu'il importait tant de découvrir. Ces fonctions difficiles, périlleuses, repoussantes, il ne dépendait pas de moi de refuser de les remplir; la nécessité me courbait sous son joug de fer, et m'obligeait à surmonter mes répugnances et à vaincre des obstacles qui semblaient des impossibilités. Je trouvai en moi, par bonheur, et comme il advient dans les grands dangers, des facultés qui jusqu'alors étaient demeurées latentes, et surtout une force d'âme avec un sang-froid aussi rares que nécessaires dans les temps de calamités.

La puissance du fléau qui nous frappait s'agrandissait énormément par la faiblesse d'esprit qui se cachait souvent

sous des bravades. Un jeune imprudent, qui ne cessait de
dire qu'il n'avait aucune crainte, ayant été forcé, pour en
donner la preuve, d'accepter un pari qui le conduisit à
visiter la salle des pestiférés, fut pris, en y entrant, d'une
crise dont il faillit mourir. Les progrès du mal étaient aug-
mentés par la fausse idée qu'on s'en faisait. Son principe
étant dans l'atmosphère, suivant la plupart des docteurs, il
s'ensuivait qu'on pouvait le gagner par chaque aspiration ;
et chacun croyait en voir le fantôme attaché à ses pas, sans
relâche et à tous les instants de sa vie. Si l'on eût cru qu'on
ne pouvait le prendre que dans les lieux où il existait visi-
blement, on aurait pu, en s'abstenant de les fréquenter,
obtenir quelque sécurité ; mais dès que l'air en était le vé-
hicule, il devenait impossible de lui échapper, et la terreur
était sans bornes. Cependant c'était bien plus communément
par un instinct aveugle, irréfléchi de sa propre conservation, qu'on se livrait à l'épouvante. Une occurrence quelconque, de la plus parfaite innocuité, advenait à un homme
dont la fermeté de caractère n'était pas douteuse ; il y voyait
sans la moindre réalité le danger de la fièvre jaune ; il se
troublait, pâlissait, battait la campagne, son pouls, d'abord
intermittent, s'affaissait ; on pouvait croire, à s'y méprendre,
qu'il était infecté, tandis que ce n'était rien de plus que la
peur de l'être. J'ai vu des gens distingués être soumis dans
un tel cas à un traitement qui leur enlevait une moitié de
leur peau, et s'en féliciter, comme leur ayant sauvé la vie,
lorsque leur unique maladie était la crainte d'être malade.
Cette aventure arriva, entre autres, à un naturaliste autri-
chien, le baron de Block, à qui le docteur Perré fit subir
cette opération douloureuse et complétement inutile.

Quelquefois une crainte extrême ressemblait beaucoup à
l'égoïsme poussé jusqu'à l'inhumanité. Voici un exemple

où cela parut ainsi. Un vieux colonel du génie, homme fort
estimé comme officier et comme savant, avait emmené avec
lui, à la Martinique, où le ministre l'envoyait directeur, sa
femme, qui était très-jeune et très-jolie. Une cour nombreuse et galante environnait toujours cette dame des soins
les plus empressés. Je ne la connaissais que par des visites
officielles, et pour avoir remarqué comme tout le monde,
ses blanches épaules, son magnifique corsage, sa bouche
riante et l'éclat de son teint. Un soir, on m'apprit qu'elle
venait de tomber malade, et qu'on redoutait qu'elle ne fût
atteinte de la fièvre jaune. J'étais surchargé de tant d'occupation pressantes, que je ne pus trouver un moment qui
me permît d'agir d'après cet avis ; mais le lendemain matin
en passant, avant le jour, devant la demeure du colonel, j'y
entrai, pour demander des nouvelles de la malade. Les escaliers, les corridors étaient déserts ; et personne ne répondit
à mon appel, dans cette maison, où il n'y avait pas moins
de trente domestiques. Une longue suite d'appartements, où
je pénétrai, étaient également solitaires ; ils me conduisirent dans une chambre reculée, où, sur un lit souillé de
sang et de vomissement noir, je vis avec une horreur inexprimable, une créature humaine, abandonnée comme un
être immonde, immobile et glacée comme un cadavre, et
dont le corps, à moitié nu, était teint de cette couleur de
safran, qui est la livrée de la mort. C'était cette dame, qui,
la veille était l'objet de tant d'hommages, et que tout le
monde avait fui, à commencer par son époux, lorsque la
contagion s'était manifestée avec ses plus redoutables symptômes. Surmontant la répulsion que m'inspirait l'aspect
de cette couche, transformée en un cloaque d'où s'exhalaient des miasmes délétères, j'osai m'approcher, pour demander à ce corps inanimé si la vie l'avait quitté sans

retour. Certes, il me fallut faire un effort de courage, pour
y porter la main ; le pouls ne battait plus ; aucun souffle ne
sortait de la bouche et j'allais me retirer, ne pouvant plus
supporter cet affreux spectacle, quand, par une inspiration soudaine, j'interrogeai la région du cœur ; il me sembla qu'un mouvement obscur répondait à la pression de
mes doigts. En renouvelant cette épreuve, en la prolongeant
je devins certain que ce n'était pas une illusion. Il y avait là
encore une étincelle de vie. Je saisis ce faible et fugitif indice
comme une espérance, et aussitôt je pris, avec résolution et
rapidité, toutes les dispositions qui pouvaient la réaliser.
Savarési, à qui j'envoyai un message pressant, arriva au
galop ; mais quand il fallut exécuter ses prescriptions, il
se trouva que tous les domestiques de la maison qu'on put
rassembler, étaient morts-ivres. Au départ du colonel, ils
s'étaient emparés d'un caveau qui contenait des vins fins
et étrangers, et ils s'y étaient enfermés pour boire, abandonnant leur malheureuse maîtresse dans son agonie, et nous
laissant privés des secours nécessaires pour essayer de la
sauver de la mort. — Allons, mon ami, me dit Savarési, nous
saurons bien nous passer de l'aide de ces misérables ; fai-
sons nous-mêmes la besogne ; habit bas, et relevez vos
manches ! il me donna l'exemple, et en un clin d'œil, nous
fûmes prêts pour commencer les plus affreuses opérations
qu'on puisse imaginer. Nous portâmes le corps entièrement dépouillé dans une autre pièce, la chambre à coucher
étant d'une infection qui nous soulevait le cœur. Là, nous
le plongeâmes dans une baignoire d'eau brûlante, et pendant que je soulevais la tête, en détournant la vue, Savarési
l'aspergeait d'eau froide, avec une pompe à main, dont le
jet avait une grande force. La colonne vertébrale, la poitrine, la région précordiale eurent leur tour. Je tremblais de

tous mes membres; mes jambes ployaient sous moi, et je me soutenais à peine, quand mon digne ami s'écria : Courage ! la chaleur revient; elle est sauvée ! En effet, en continuant nos efforts, nous fîmes cesser le coma, la circulation se rétablit, lente d'abord et presque imperceptible; puis enfin, une aspiration nous témoigna le retour de la vie. Des frictions de calomelas et des pédiluves de moutarde, qui brûlaient comme du feu, ramenèrent l'action cérébrale, la connaissance et le sentiment de la douleur. Je fus forcé de prendre la part la plus active à ces opérations et de mettre la main à tout. Je suis sûr que si l'on avait fait de moi un bourreau, je n'aurais pas plus souffert. Je roulais le corps de cette pauvre dame dans une couverture de laine, comme on fait de celui des noyés, et le docteur me criait d'y aller plus rudement, lorsque je vis s'ouvrir à la lumière ces yeux que je croyais bien fermés pour toujours. Je jetai un cri de joie. Le soir, la malade était hors de tout danger; huit jours après elle était guérie, et partait pour la France sur un navire américain. Je n'en ai jamais entendu parler ; elle vit probablement encore ; car, lors de cette terrible catastrophe, elle était dans le printemps de sa vie, et la beauté de sa jeunesse paraissait à travers les voiles de la mort.

Savarési, qui se raillait de toute chose, dit au Capitaine général, que nous nous étions déménés comme des diables, et conduits comme des héros. Il ajouta, en me parlant en confidence, que c'était très-beau, mais qu'il ne fallait pas recommencer, attendu que nous serions victimes de notre dévouement; et il était si persuadé du danger auquel nous nous étions exposés, qu'il m'exhorta vivement à user de contre-poison, dès que je serais rentré chez moi. Il convint que tous nos efforts eussent été stériles, pour dominer le coma, si nous n'avions eu à nos ordres, lui la pharmacie de l'hôpital, et moi la garnison. A mon signal vingt artilleurs s'emparèrent de la maison, en chassèrent les importuns, et mirent à notre disposition, sans une minute de retard, cinquante chaudronnées d'eau bouillante, et des torrents d'eau froide. Ces remèdes ne sont efficaces que lorsqu'ils agissent par une immense immersion, et un lavage diluvial. Il est inutile de dire que l'abandon de madame D... fut sévèrement blâmé, et qu'en prenant le parti de s'éloigner, son mari n'en laissa pas moins un mauvais souvenir dans l'opinion publique.

L'amour se montra plus intrépide et plus dévoué que l'hymen. Le jeune Vence, avec qui je m'étais lié pendant la traversée, fut envoyé à Saint-Pierre, en arrivant. Peu de jours après, une dame, qui l'aimait passionnément et qui l'avait suivi dans un autre navire, débarqua le soir. En entrant chez lui, elle le trouva dans les bras de la mort; elle résolut de ne pas lui survivre, et s'attachant à son corps, elle l'embrassa si étroitement qu'on ne put l'en séparer. Deux heures après quand on y réussit, l'atmosphère empoisonnée où elle était demeurée, lui avait communiqué le même mal; elle était déjà prise des vomissements noirs de la fièvre jaune. Le médecin Gobert la couvrit de vésicatoires, et parvint à lui sauver la vie. Cette dame était la fille d'un voyageur renommé dont les récits, qui nous ont fait connaître l'Afrique australe, obtinrent dans le temps un succès très-grand. Il l'avait mariée avec un autre voyageur, homme dont le mérite fut mal apprécié par la jeune personne, et ne put prévenir le malheur d'un autre attachement cruellement expié. Je vis cette dame après son rétablissement, et lui fis verser des larmes, par le souvenir de son jeune ami. Elle n'avait point de beauté, mais elle était fort séduisante par son esprit et ses manières. Il me sembla que son père lui avait légué les inclinations romanesques dont il avait fait preuve dans la relation de ses voyages.

L'exemple de ces deux dames épargnées par la fièvre jaune ne doit point faire croire qu'il était commun que ses victimes échappassent à la mort. C'était au contraire une rareté, et l'on remarquait seulement que les personnes qui survivaient à une attaque constatée par des symptômes certains, étaient presque uniquement des femmes.

Le fléau frappa d'abord de préférence les marins, les soldats, qui se livraient à des excès, et qui fréquentaient des lieux mal famés; il atteignit ensuite les officiers les plus jeunes, les plus robustes, et les plus actifs, particulièrement ceux qui remplissaient des fonctions pénibles, tels que les adjudants, les officiers de place et d'état-major. Beaucoup de militaires qui semblaient réunir les conditions nécessaires pour éviter la maladie finirent par succomber à son attaque, après avoir été longtemps invulnérables. Leur mort fut causée par quelque occurrence temporaire, locale ou accidentelle, qui détruisit ou suspendit seulement la résistance qu'ils avaient opposée jusqu'alors à l'absorption du germe de la contagion.

Le nombre des occurrences qui produisaient cet effet fatal était très-considérable. La plupart d'entre elles étaient inévitables puisqu'elles faisaient partie de nos devoirs militaires; elles se formaient de toutes les actions de la vie privée, qui sont à peine remarquées en Europe. Pour déterminer l'invasion de la maladie, il fallait seulement demeurer exposé longtemps à l'ardeur du soleil; — être saisi par le froid subit que cause un courant d'air, lorsqu'on est baigné par la sueur; — conserver sur soi des habits mouillés par la pluie; — faire à pied ou à cheval une course pénible; — respirer l'air embrasé des églises pendant les grandes cérémonies religieuses ; — se faire saigner sur une fausse indication ; — abuser de l'usage des bains ou des médicaments ; — se livrer à la terreur et généralement à toutes les affections tristes ; — s'abandonner momentanément à quelques passions violentes, telles que la colère, l'amour, le chagrin, ou bien enfin éprouver l'aiguillon d'un stimulant quelconque, qui était suivi d'un relâchement des organes dont le fléau profitait pour envahir toute l'économie animale. Ces causes demeuraient sans effet, si le germe du mal n'était pas à l'état latent en contact avec les organes ; mais après quelques jours d'irruption, ce germe existait, disséminé presque partout, et il était presque impossible de ne pas en être atteint de façon ou d'autre.

Les exemples qui montraient l'action de ces occurrences étaient innombrables, et prouvaient que la mort était attachée à l'usage de toutes les facultés de la vie. Un officier de l'état-major prit la fièvre jaune à table, dans un dîner joyeux ; — un autre dans un rendez-vous nocturne ; — un autre par une indigestion qu'il éprouva pour avoir monté à cheval et fait un exercice violent ; — un autre pour s'être exposé aux rayons d'un soleil brûlant, dans une pirogue de Saint-Pierre ; — un autre pour s'être laissé aller au regret amer d'avoir quitté la France.

Le général Richepanse fut atteint à la Guadeloupe de la fièvre jaune à la suite d'un accès de colère.

L'amiral anglais, lord Seymour, mourut à la Jamaïque de cette maladie, pour s'être exposé au courant d'air d'une jalousie entr'ouverte, lorsque accablé par la chaleur et transpirant avec abondance, il venait d'ôter imprudemment son habit.

A la Martinique, le général Devrigny, qui commandait l'armée et dont j'étais devenu le premier aide de camp, suc-

comba par les effets d'un accident analogue. Il avait résisté
pendant onze mois à tous les dangers auxquels l'exposaient
sans cesse l'impétuosité de son caractère, la violence et l'in-
opportunité de ses courses à cheval, en plein midi, toujours
au grand galop, sous un soleil torréfiant, et surtout ses visites à l'hôpital et aux casernes, lorsqu'il y régnait la plus
redoutable infection. Quand il ne s'agissait point du service,
mes conseils avaient quelque empire sur lui ; mais rien ne
pouvait l'arrêter quand il supposait qu'un intérêt militaire
devait guider sa conduite. C'est ce qui fit échouer mes efforts
pour le mettre à l'abri du péril dont chaque jour l'épreuve
était renouvelée.

La guerre, en éclatant de nouveau, avait multiplié d'autant plus nos soins et nos fatigues, que la contagion avait
réduit nos moyens de résistance au quart. Il fallait être sur
pied nuit et jour, pour s'opposer aux attaques de l'ennemi,
dont les vaisseaux bloquaient nos ports et qui n'ignorait
pas notre triste désarroi. Un soir, le Capitaine général me recommanda de redoubler de surveillance, parce que l'escadre anglaise avait été vue armer ses péniches, ce qui annonçait quelques tentatives sur nos batteries de la côte sous le
vent. Je fis des préparatifs en conséquence, et quand tout fut
prêt, j'en rendis compte au général Devrigny, qui demeurait
dans une petite campagne hors de la ville, sur un tertre à la
base du morne Desaix. Je l'assurai qu'il n'y avait rien à
craindre, et je l'exhortai à ne pas sortir, ce qu'il ne pouvait
faire, par une nuit humide, sans compromettre gravement
sa santé et peut-être sa vie. J'étais fondé à parler ainsi, parce
qu'alors le général était couvert de furoncles énormes et dou-
loureux qui exigeaient une attention très-sérieuse. J'étais
atteint de la même affection, dont la cause semblait être
le virus de la fièvre jaune, déposé sur notre épiderme, et

agissant à l'extérieur corrosivement, avec une violence qui manifestait les ravages qu'il produirait à l'intérieur, dès qu'il serait absorbé. Je passai la nuit sur pied avec des réserves prêtes à marcher à un signal convenu ; mais l'ennemi prévenu, sans doute, par ses espions de la côte, que nos dispositions étaient prises pour le recevoir, abandonna ses projets d'attaque. Cependant un coup de canon ayant été tiré sur une chaloupe anglaise, qu'on crut distinguer dans l'obscurité, le général, dans son agitation fébrile, se jeta hors de son lit, monta à cheval et poussa jusqu'aux batteries de Case-navire, d'où il revint fort désappointé. Il m'écrivit le matin : « Mon cher ami, je suis tout je ne sais comment ; j'ai voulu dormir, et j'ai rêvé de perles défilées, ce qui est mauvais signe ; je crois que je commence à devenir vieille femme. Venez me voir pour me réconforter. » Je le trouvai sans autre apparence de maladie qu'une anxiété si vive qu'il ne pouvait tenir en place. Quand je lui parlai de ses furoncles, il me dit qu'ils étaient guéris, et qu'il n'en avait plus. En effet, je reconnus avec inquiétude qu'ils avaient disparu, ou, comme on dit aux Antilles, qu'ils étaient rentrés. Je déterminai le général à prendre sur-le-champ un breuvage chaud qui lui fit quelque bien ; mais, habitué à résister à tous les accidents de la vie avec une santé de fer et un caractère inflexible, ce fut uniquement pour me satisfaire qu'il se décida à prendre cette précaution ; et rien ne pouvait mieux prouver l'affection qu'il me portait. En rentrant dans la ville, je courus chez Savarési. Mon récit lui donna la conviction qu'il y avait un péril imminent ; et en effet, quoiqu'il ne se fût écoulé qu'une heure, il trouva mon malheureux général atteint des premiers symptômes de la fièvre jaune. Nous le fîmes transporter à la maison Fontane, chez l'un des habitants notables de la ville, où il fut entouré

des soins les plus empressés. Rien ne put arrêter les progrès
de la maladie, ni mes efforts de tous les moments, ni les remèdes énergiques qu'employa Savarési pour réussir par la
méthode perturbatrice à combattre le venin de la contagion.
La mort survint le cinquième jour. Deux heures auparavant, le général, qui jouissait de toute la lucidité de
son esprit, m'entretenait de son retour en France et de sa
résolution de ne pas se séparer de moi. Sa perte me causa le
plus violent chagrin ; je n'en fus distrait que par l'idée de
le suivre bientôt. Je devais m'y attendre, puisque le premier
souffle d'air froid pouvait agir sur moi, comme avait fait sur
lui le vent humide de la nuit. Sans doute, le général était
d'un caractère difficile, impétueux, violent, et nos inclinations étaient fort différentes. Mais c'était un homme d'honneur, un militaire d'une rare intrépidité, attaché scrupuleu-
sement à ses devoirs, et sacrifiant tout pour les remplir. Quoiqu'il maintînt une discipline rigoureuse, il était fort aimé des
soldats, et il obtenait un excellent service des hommes de couleur de la garde nationale. Je conservai ses traditions pendant plusieurs campagnes avec beaucoup d'avantages pour
les troupes et pour la colonie ; et son esprit rigoureux, qui
se refusait aux capitulations de conscience, a contribué sans
doute à me faire suivre les mêmes principes, les mêmes
sentiments et la même conduite, lors même que c'était aux
dépens de ma fortune militaire et de tous mes intérêts.

Savarési, dont la conversation animée, spirituelle, savante, était ma seule consolation, me fut enlevé du même
coup. Ce ne fut point la fièvre jaune qui me priva de lui,
ce fut l'envie, autre fléau si bien naturalisé dans ces contrées lointaines qu'on l'en croirait indigène. Élève de la
célèbre école de Salerne et adopté par la Faculté de médecine de Paris, médecin en chef à Damiette, lors de l'expé-

dition d'Égypte, il semblait être au-dessus de la critique des médicastres du pays, qui n'avaient jamais eu le moindre titre à la belle et difficile profession qu'ils exerçaient. Mais ceux-ci mirent dans leurs intérêts les vieilles femmes, qui avaient alors une grande puissance, et les femmes de couleur, qui pratiquaient une médecine occulte dont les Européens eux-mêmes préconisaient les cures merveilleuses. Tous ces ennemis attendirent, pour éclater, quelque revers qu'ils pussent attribuer à la science téméraire de Savarési. La mort du général Devrigny leur fournit une occasion qu'ils exploitèrent avantageusement. Les plus absurdes accusations furent portées jusque devant le Capitaine général, qui parut leur donner crédit. Savarési, qui n'était pas d'humeur endurante, résigna ses fonctions et partit pour France à bord d'un navire américain. Il vivait encore il y a quelques années à Naples, sa patrie, jouissant d'une juste célébrité, et chargé d'honneurs bien mérités par ses longs et glorieux services.

La confiance qui m'était témoignée par mes chefs en me donnant constamment les missions les plus difficiles à remplir, m'attira aussi des envieux, quoique ma conduite désintéressée dût les désarmer. Jamais je ne reçus, malgré mes voyages continuels, aucun supplément de solde, et malgré l'affection que me portaient mes généraux, ce ne fut point au choix que je passai capitaine dans l'artillerie, ce fut à mon tour d'ancienneté. Savarési me disait en partant que ses excellents confrères voulaient lui faire éprouver le même sort qu'évita Zadig en s'enfuyant de la cour du pacha Ogoul, et il m'exhorta à me tenir sur mes gardes. Cet avis fut bientôt confirmé. Trois ou quatre duellistes, plus ou moins qualifiés, se chargèrent de m'expédier pour un meilleur monde ; mais leur bon vouloir n'eut aucun succès, et il leur fallut forcément se résigner à attendre que je mourusse autrement.

Assurément si le chagrin avait dû produire cet effet, ils auraient été bientôt satisfaits. J'avais le cœur navré, et plusieurs fois, en rentrant le soir dans le vaste édifice du quartier général, naguère habité par mes camarades de guerre, mes amis et de bons et fidèles serviteurs, et maintenant sombre, désert, silencieux, comme eux, je sentais mon esprit s'affaiblir et s'égarer. Cette grande maison était vraiment un séjour maudit; tous ceux qui venaient y vivre avec moi ne tardaient pas à y mourir. Onze sous-officiers de planton y périrent successivement. Je me refusai à continuer d'en garder. Un jour, j'en vois un, sous le vestibule, qui vomissait noir à grands flots. En m'entendant, il fait un effort pour se retourner, et je retrouve, dans cet homme à l'agonie, qui? le vieux caporal Parmentier, mon ancien maître d'armes, mon brave et loyal compagnon dans ma première excursion chez les Caraïbes, celui qui, dans le Goulet de Brest, m'avait sauvé de la mer. Arrivé sur une frégate tout récemment, il ignorait que le chef d'état-major de l'armée était son jeune camarade. La joie qu'il ressentit en me reconnaissant et les soins que Savarési lui donna, contribuèrent, avec la force de sa constitution, à lui sauver la vie. Tout le monde, en apprenant son histoire, le prit en affection; les dames de la ville eurent mille attentions pour lui pendant sa convalescence; le général supposa qu'il savait lire et écrire et le fit sergent; il fit plus, il le nomma garde d'artillerie à l'Islet à Ramiers, et il devint le gouverneur de ce fort dont il fit un bijou. J'eus grand plaisir à le voir heureux. Ce fut ma seule joie pendant cette désastreuse année.

Les calamités dont j'étais environné et mes adversités

personnelles me faisaient croire que j'étais arrivé au terme
du malheur. Je me trompais, il fallait encore que je comp-
tasse avec le passé, qui sortit de la tombe pour ajouter à
mes cruelles afflictions.

Quand je m'embarquai dans la funeste expédition de
Saint-Domingue, Dieu m'est témoin que ce fut pour délivrer
de la captivité d'un cloître une pauvre jeune fille qui m'aimait, et qui voulait faire un éclat, afin de forcer sa famille
à nous unir. J'avais une invincible répugnance à obtenir
ainsi une riche héritière A mon retour de Saint-Domingue,
je la trouvai mariée, maudissant ceux qui l'avaient trompée
par des impostures, et se révoltant contre tous les siens,
avec l'énergie et l'opiniâtreté du caractère breton ; elle re-
nia l'époux qu'on lui avait imposé, l'obligea à s'éloigner,
et m'écrivit qu'elle allait rompre tous ses liens odieux, et
tout abandonner pour me rejoindre et me suivre au bout
du monde. Pour la seconde fois, je crus devoir prendre les
conseils de la raison plutôt que ceux de mon cœur ; j'en
fus cruellement puni. J'espérai que son exaltation s'apai-
serait par l'effet de mon absence ; la mort dans l'âme, je
partis, avec l'amiral Villaret, pour la Martinique. Il m'en
coûta plus que je ne puis le dire pour remplir ce devoir
d'honnête homme. La fortune me récompensa mal de ce
sacrifice. La fièvre jaune assaillit l'armée le lendemain de
son débarquement au Fort-de-France ; elle fit périr devant
moi trente-deux officiers ou employés à l'état-major, et
finit par tuer, entre mes bras, le général dont j'étais l'aide
de camp et qui m'aimait comme son fils. C'est à moi qu'il
fut départi de faire creuser la fosse qui engloutit tous mes
amis. Enfin, la mortalité s'arrête un instant. On imagine
que l'heure de la délivrance a sonné ; et aussitôt, avec toute
l'insouciance française, on retourne aux habitudes de plaisir

dont le cours avait été suspendu par les glas funèbres et
par la triste occupation d'enterrer la moitié de l'armée. Un
matin qu'on préparait au quartier général un grand dîner
en l'honneur du frère du Premier Consul, on m'annonce
un jeune aspirant qui désire me parler. Préoccupé de
l'idée que je le connais, il oublie de me dire son nom, et il
me raconte que, parti de Brest sur un brick qui vient d'entrer en rade, on l'avait chargé de me voir, si toutefois il
n'était pas vrai, comme le bruit s'en était accrédité, que
j'avais été emporté l'un des premiers par la fièvre jaune.
« Vous savez sans doute, ajouta-t-il, que nous avons perdu
ma sœur Adèle. — Adèle, m'écriai-je, mais qui donc êtes-
vous ? — Ah ! répondit-il, vous ne m'avez donc pas reconnu ?
C'est qu'en effet j'ai grandi de la tête. Oui, poursuivit-il,
sans remarquer que ses paroles produisaient sur moi l'effet
de la foudre. Elle voulait se marier à son idée ; on parvint,
je ne sais trop comment, à la marier autrement. Bref, elle
prit tout le monde en haine ; elle nous accusa d'avoir fait
son malheur, et jura que son sang retomberait sur nous.
Un soir, elle sortit à la dérobée, et gagnant le bord de la
rade, elle alla jusqu'aux rochers de Saint-Marc. Là, elle se
mit à genoux, fit sa prière, attacha le bas de sa robe avec
un ruban bleu que vous lui aviez donné, et elle se précipita
dans la mer. Un pêcheur la retira de l'eau presque aussitôt,
mais elle était déjà morte. Qu'est-ce que vous avez donc là ?
dit-il, en regardant sur ma table. Ce sont des billets d'invitation pour la fête qu'on donne au Prince. Pouvez-vous
m'en laisser prendre un ? et il sortit, en me promettant de
revenir me voir ; puis retournant sur ses pas, il reprit :
« J'allais oublier de vous donner cette petite boîte ; Adèle
l'a remise pour vous à ma sœur aînée, qui m'a bien recommandé de vous l'apporter. »

J'étais resté muet, oppressé par la douleur, le regret et l'indignation. Je n'osais ouvrir cette boîte ; il me semblait que le dernier soupir de cette malheureuse enfant allait s'en exhaler. Enfin, à travers les larmes qui obscurcissaient ma vue, je distinguai ce qu'elle renfermait. C'était un petit coquillage blanc, rayé de noir, qui porte, je crois, le nom de Veuve, et qu'enveloppaient soigneusement plusieurs couches de coton. Je me souvins que je l'avais ramassé un soir à nos pieds sur la grève de Pont-l'Abbé, dans une promenade solitaire qu'embellissaient d'un charme inexprimable les épanchements de nos cœurs. J'avais demandé à cette pauvre Adèle de le garder comme un témoin de notre bonheur et un gage de la fidélité de notre affection. Elle me promit de le conserver, comme son amour, jusqu'à la mort ; et elle écrivit ce serment, avec son ombrelle, sur le sable mouvant de la grève. Lorsqu'elle le scella avec sa vie, elle avait dix-neuf ans.

CHAPITRE XXI.

UN VOYAGE SUR MER. (ATLANTIQUE.)

1803.

La terrible irruption de la fièvre jaune que je viens de décrire avait enlevé les trois quarts des troupes de la Martinique. Lorsque la guerre avec l'Angleterre recommença par la rupture de la paix d'Amiens, il nous restait huit cents hommes, y compris ceux aux hôpitaux ; il fallait en déduire deux cents, qui tenaient garnison à Saint-Pierre, en sorte qu'en attendant un peu plus, l'ennemi, comme le disait mon vieux camarade Parmentier, ne trouverait que les guichetiers, qui devaient lui ouvrir les portes de nos forteresses.

J'avais, comme chef d'état-major, le triste devoir de rendre compte chaque matin au Capitaine général des pertes que nous avions éprouvées dans les vingt-quatre heures, et de lui annoncer quels officiers pleins de jeunesse et de vigueur venaient de succomber inopinément, laissant leur service en désarroi, et sans que nous eussions aucune ressource pour y pourvoir. Accablé de la responsabilité d'une situation si déplorable, l'amiral ne dormait plus, et son agitation

fébrile était si grande qu'elle compromettait gravement sa
santé. Un matin, quand je venais de lui faire le rapport des
mouvements de la place, il me demanda si je connaissais encore
beaucoup de monde à Paris. Personne, répondis-je, les uns
sont morts... En sorte, reprit-il, que vous pourriez n'y rester que quarante-huit heures et en partir sans être retenu
par vos connaissances, vos intérêts ou vos plaisirs. Eh bien!
me dit-il, sur l'assurance que je lui en donnai, je vous charge
d'une mission secrète, à laquelle sont attachés mon honneur
et ma vie ; vous partirez demain au point du jour. Il me dit
qu'il avait écrit dix fois pour demander assistance, et que,
n'ayant point reçu de réponse, il était forcé de croire que
c'était un parti pris que de l'abandonner. Il attribuait cette
résolution au ministre, qui voyait en lui un successeur ; et,
en effet, chaque fois qu'il était question d'un changement,
l'opinion des marins désignait l'amiral comme le meilleur
ministre que le Premier Consul pût choisir. Réduit à la dernière extrémité, il était obligé de s'adresser ailleurs avec l'espoir de mieux réussir ; et c'était à cet effet qu'il avait résolu
mon départ.

Une heure après, je présentais à l'amiral ma démission
des fonctions de commandant d'armes du Fort-de-France ;
il m'accordait ostensiblement un congé pour aller continuer
les travaux de ma carte dans les mornes de la Cabesterre ;
il me remettait ses lettres autographes et ses instructions ;
je prenais un passeport de médecin, et changeais mon uniforme contre un habit noir, et mon chapeau empanaché contre un feutre gris. Je joignais à ce déguisement de grandes
lunettes d'or dont je me sers encore à présent, quand je veux
voir au loin ; et à la nuit un canot de poste me portait en
rade de Saint-Pierre, où je trouvais un navire américain
neutre, dont le capitaine m'attendait et m'installait à son

bord comme passager recommandable. Le trentième jour, comme j'achevais de lire mon dernier volume de Shakespeare, le navire entrait dans la Gironde, après la traversée la plus heureuse. Je débarquais à Bordeaux et bientôt j'arrivais à Paris. Le lendemain, j'étais introduit chez une excellente dame, qui demeurait rue du Bac, et qui était une amie de l'amiral, éprouvée par les vicissitudes de la révolution. C'était l'Ariane qui devait me guider ; elle y mit une bonté infatigable ; elle leva tous les obstacles, et me conduisant par la main, elle me présenta à deux grandes dames et à trois personnages, à qui je remis les lettres pressantes dont j'étais chargé. Partout je trouvai un accueil bienveillant, et autant d'affection que d'estime pour l'amiral, dont la situation excitait le plus vif intérêt. Personne n'hésita un moment à agir en sa faveur; et le troisième jour, je reçus l'assurance positive que deux frégates qui étaient en armement allaient, sans délai, recevoir des troupes et des munitions de guerre pour la Martinique. Deux autres devaient les suivre promptement, et ces secours allaient se succéder jusqu'à ce que l'île fût capable de résister à l'ennemi. J'écrivis à l'amiral une triple lettre pour lui apprendre le succès complet de ma mission ; mon récit énigmatique lui fut porté par une jeune dame qui ne concevait rien à ce qu'elle faisait.

Durant quarante jours, la fortune ne cessa pas un moment de m'être favorable, et je réussis au delà de toute espérance à remplir mon devoir ; mais à peine fut-il accompli qu'elle m'abandonna, et que je fus assailli par les plus graves mésaventures.

A mon retour à Bordeaux, j'appris que le navire sur lequel je comptais ne pouvait partir avant un mois, et qu'il n'y en avait aucun autre. C'était un contre-temps très-fâcheux, car l'impatience de l'amiral était si grande qu'elle

pouvait devenir fatale à sa vie, et alors tout eût été perdu.
J'étais dans une extrême anxiété, quand je fus informé
qu'un navire américain en relâche à La Rochelle était en
partance pour Saint-Thomas, l'une des Antilles du Nord ;
je me jetai dans une méchante carriole, bien décidé à profiter de cette unique occasion. Le voyage fut lent, ennuyeux
et pénible ; enfin j'arrivai. Je trouvai au café le capitaine du
navire fumant un cigarre et buvant du grog, comme un véritable Américain ; mais son aspect ne confirmait pas ses
habitudes nationales. Au lieu d'être un grand homme osseux
à cheveux dorés et à peau blanche, c'était un vrai moricaud
dont le cuir tanné était moitié jaune et moitié noir, et les
cheveux mi-partie laine et crin. Au reste, il était grand, robuste, et possédait au plus haut degré un air d'effronterie et
d'arrogance ; sa mise anglaise était irréprochable. Monsieur,
me dit-il, mon navire est mal préparé pour recevoir des passagers, et j'en ai déjà refusé plusieurs ; mais votre titre de
médecin vous assure tout mon bon vouloir. Je vous aurais
même une grande obligation, si, chemin faisant, vous me dé-
barrassiez d'une fièvre tierce qui me tourmente et qu'aucune
sorcière des Indes occidentales n'a pu guérir. Je ne lui promis pas d'y réussir mieux qu'elles, connaissant tout le pouvoir de leur science occulte ; je m'engageai seulement à m'y
employer de mon mieux. Cette espérance et sans doute aussi
le ton de supériorité que me donnait l'habitude du commandement, me valurent un meilleur accueil du capitaine, que
celui auquel je m'étais d'abord attendu. Cependant sa physionomie me prévenait fort peu en sa faveur, et pour me déterminer à conclure, il ne fallut pas moins que la promesse
qu'il me fit d'être à Saint-Thomas le vingt-huitième jour de
notre traversée, s'engageant, s'il n'en était pas ainsi, à renoncer à toute subvention pour mon passage. L'espoir d'un

voyage aussi court me fascina l'esprit ; et deux heures après,
une barque me conduisait à bord de mon navire américain,
qui s'était déjà halé hors du port, et n'attendait que la marée pour mettre à la voile. Son aspect m'édifia moins encore
que celui du capitaine. Au lieu d'être décoré d'une bande
en peinture jaune ou rouge, et d'avoir comme tout honnête
marchand sa mâture d'aplomb, il était tout à fait noir et
portait ses mâts penchés en arrière d'un air tapageur, pareil
aux corsaires de la rivière de Landerneau. Ce fut encore bien
pis lorsqu'étant monté à bord, je pus observer les figures pa-
tibulaires d'une douzaine de grands gaillards qui formaient
l'équipage, et appartenaient à toutes les variétés de l'espèce
humaine les plus rapprochées des bêtes fauves. La bonne
pensée me vint de reculer et de me tirer de ce guêpier ; mais
une mauvaise honte me retint à mon grand dam, et je m'embarquai.

Le capitaine me reçut à merveille, et me donna une ca-
bine semblable à la sienne, les seules qu'il y eût de plein
pied avec le gaillard d'arrière. Il était fort occupé quand
j'arrivai d'une besogne qui ne lui semblait pas familière, et
qui ne devait pas diminuer ma défiance ; il installait deux
caronades en bronze qu'il avait achetées, disait-il, à La Rochelle, ayant appris que les navires américains, quoique
couverts par leur pavillon neutre, étaient visités par les croiseurs anglais, oppression à laquelle il voulait échapper par
son excellente marche et résister par son artillerie. Ce n'était
pas moi, officier français, qui pouvais blâmer cette résolution. Seulement, quand il me montra une pièce de douze
qu'il avait établie à l'avant, je remarquai qu'elle était propre
à l'attaque des navires qui fuyaient bien plus qu'à la défense
de son propre bâtiment ; il en convint et se retrancha sur le
défaut d'autre place mieux appropriée. Cet homme qui était

ignorant comme un nègre de jardin, était doué néanmoins
de beaucoup de bon sens et de perspicacité ; et il avait
encore plus d'adresse et d'astuce. Il ne lui échappa point
que la maladresse qu'il mettait peut-être avec intention à
installer ses caronades, m'impatientait à outrance. Docteur,
me dit-il, vous en avez vu sans doute en batterie, tâchez
donc de vous en souvenir et de m'aider de vos bons conseils. Je me laissai prendre à ses câlineries; et bien persuadé
que ces bouches à feu ne serviraient, comme celles que j'a-
vais manœuvrées toute ma vie, que contre les Anglais, je
mis tous mes soins à les établir parfaitement. Le capitaine
Lazare ne se tenait pas de joie, et son équipage se crut invincible avec une si belle artillerie.

Le lendemain, avant midi, on apporta les sextans pour
prendre la hauteur du soleil, et la même scène se renou-
vela. Je fus obligé, bon gré malgré, de faire l'opération, de
contrôler celle du second, et de vérifier les calculs de la
route d'après la vitesse du navire. Ce second, qui était bor-
gne, cicatrisé, boiteux, et que j'avais pris pour un imbécile, parce qu'il n'ouvrait jamais la bouche, se trouva être un
marin expérimenté. Je lui rendis cette justice, et mes paroles firent le bonheur et l'orgueil du capitaine. Si l'on
jugeait que je m'associais trop facilement à des gens dont le
caractère m'était fort suspect, je remarquerais que nous
étions alors dans le voisinage des Sorlingues, et qu'il fallait
éviter leurs écueils, célèbres par tant de naufrages, sans
m'inquiéter autant de la compagnie où j'étais, que du danger
de faire fausse route, et d'aller nous briser sur les rochers de
granite de ce terrible archipel.

Je dois pourtant reconnaître que mes bons offices et la
mauvaise habitude d'être avec des honnêtes gens me jetèrent un moment dans une grande perplexité. J'avais

acheté à Paris une montre à secondes de Lépine, en or, mais
modestement vêtue d'argent ; je m'en servis pour déterminer la longitude du navire par la différence des méridiens.
A sa vue, les yeux du capitaine s'enflammèrent de concu-
piscence ; si, au lieu d'être enchaînée à mon cou, elle avait
été entre ses mains, je ne sais trop s'il aurait été maître de
me la rendre. Il m'en offrit le prix que je voudrais. Je refusai de la vendre en lui laissant entendre prudemment qu'à
notre arrivée je pourrais bien m'en dessaisir en sa faveur, et
que jusque-là je m'en servirais volontiers pour assurer sa navigation. — Pardonnez-moi, me dit-il, en revenant un instant
après, je suis comme les enfants qui désirent tout ce qu'ils
voient. Tenez, ajouta-t-il, en ouvrant une large boîte qu'il
mit sous mes yeux, voilà bien plus de montres qu'il ne m'en
faut pour mon usage ; il y en a onze, toutes très-belles, mais
ne possédant pas l'utilité de la vôtre. — Que faites-vous donc,
lui demandai-je, de toute cette bijouterie ? Il resta un moment incertain s'il devait s'expliquer franchement, puis prenant son parti, il me dit : — Il y a dans les mornes du
Port-au-Prince une pauvre case où demeure une vieille et
malheureuse négresse, libre de naissance, ajouta-t-il en se
redressant ; c'est ma mère : elle m'a nourri pendant quinze
ans, avec la cassave qu'elle arrachait à sa faim. Quand le
temps était beau, elle connaissait au soleil l'heure du travail,
la seule chose qui nous importât ! mais quand il pleuvait
(et il pleut la moitié de l'année dans les mornes), elle s'é-
criait : Ah ! si j'avais une montre ! Je jurai en la quittant
de lui en apporter une — non, une douzaine, — et je ne suis
pas loin du compte.

Je pensai que la mienne satisferait à cette idée fixe, et je
m'arrangeai pour qu'elle n'excitât sa cupidité que le moins
possible. Je dois ajouter que le souvenir de sa mère lui

avait fait venir les larmes aux yeux, et que jusqu'au lendemain, il ne fut pas le même homme. Bizarrerie du cœur
humain! cet homme, qui s'attendrissait ainsi au souvenir
de sa mère, avait indubitablement volé de vive force ces onze
montres, et la mauvaise pensée de compléter la douzaine
en y ajoutant la mienne, lui avait passé par l'esprit un instant auparavant. En me voyant sans le moindre orgueil,
moi, docteur en médecine, qui savais installer les caronades comme un officier d'artillerie, et prendre hauteur
comme un capitaine de haut bord, il était descendu de son
rôle de gentleman américain, qu'il jouait au café de La
Rochelle, et il venait de s'avouer un mulâtre de Saint-Domingue, courant les mers, sans doute pour les écumer; sa
confession ne se fit pas attendre.

Le brick voguait sur une belle mer, par une brise du
soir, légère et soutenue, qui le faisait glisser sur les eaux.
—Eh bien! docteur, me dit le capitaine, j'espère que vous
êtes content de mon navire, c'est un vrai Bermudien, tout
en bois de cèdre, et comme on n'en voit point en Europe.—
C'est vrai, répondis-je, mais où l'avez-vous pris?—Est-ce
donc, répliqua-t-il vivement, que je vous ai dit l'avoir pris?
Bah! ajouta-t-il, puisque vous le devinez, il vaut autant
que je vous l'avoue; en voici l'histoire; il prit un escabeau
et me fit le récit suivant que j'abrége.

« Nous étions au Port-au-Prince, une troupe de vauriens
qui vivions volontiers aux dépens d'autrui. Que voulez-
vous qu'on fasse quand on est mulâtre libre? on ne peut
pas travailler comme un nègre, sans se dégrader; on ne
peut vivre à rien faire comme un blanc, puisqu'on n'a ni
sou ni maille; il faut bien devenir picaron. Mais, lorsqu'il
y a trois ans les Français survinrent, ils gâtèrent notre métier, et nous résolûmes de quitter la place. Un navire espa-

gnol, tout chargé, était en tête de rade, prêt à partir le lendemain ; nous l'accostâmes dans la nuit, au nombre de dix
lurons ; l'équipage ne jugea pas à propos de se défendre :
nous le chargeâmes de ramener nos barques à terre ; et,
devenus maîtres d'un beau brick et d'une riche cargaison,
nous fîmes voile pour Saint-Thomas, où nous vendîmes
notre prise, en faisant quelques sacrifices pour calmer la
conscience des autorités scrupuleuses de l'endroit. L'affaire avait si bien réussi que je fus encouragé à en faire
d'autres semblables pour mon propre compte, sans y
éprouver plus de difficultés. Cependant les petits bâtiments
que j'étais obligé de monter, convenaient si mal pour la
course, qu'il nous fallait faire des prodiges de courage et
d'habileté pour ne pas échouer misérablement. Je rêvais
donc sans cesse à un navire comme celui-ci, mais je déses-
pérais d'une si belle acquisition ; mon bon ange ne voulut
pas me laisser mourir sans cette consolation.

» Je rencontrai à Hambourg, où je guettais en vain quelque proie, des Irlandais réfugiés, qui se rendaient en toute
hâte à Dublin, pour une révolution prête à éclater. J'imaginai que c'était là une bonne occasion de pêcher en eau
trouble ; je pris du fret à bas prix à une maison de commerce respectable, dont le nom devait me servir de passeport et de recommandation, et je partis sur un mauvais
brick dont j'espérais bien me défaire avec avantage.

» En arrivant dans le canal Saint-Georges, qui, comme
vous savez, sépare l'Irlande de l'Angleterre, pas un seul
garde-côte ne se trouva sur ma route. Les bâtiments armés
avaient été prendre position dans les ports le long des quais,
pour défendre les établissements maritimes de l'invasion
dont ils étaient menacés par les insurgés qui surgissaient de
tous côtés. Dans la soirée, à mon grand étonnement, les

campagnes s'illuminèrent de milliers de feux, et leurs échos
retentirent de cris d'allégresse, je crus innocemment que le
calendrier du pays avait avancé la Saint-Jean, qui est à
Saint-Domingue l'objet d'une pareille fête. C'était vraiment
bien autre chose ! — La commémoration irlandaise du
14 juillet 1789, jour anniversaire de la Révolution de France
et de la délivrance des peuples asservis. L'enthousiasme
nous gagna, et pour un peu plus nous nous serions sacri-
fiés pour la délivrance de l'Irlande. Cependant, tout en che-
minant de cap en cap, je fis une bonne affaire. Un navire
d'Ostende avait eu la mission de porter aux insurgés une
cargaison de fer de piques, armes qui suffisaient, disait-
on, pour conquérir la liberté ; mais le capitaine était fort en
peine de son chargement, qui l'exposait à être pendu par
la justice expéditive de l'Angleterre. Je lui proposai de s'en
défaire, en m'engageant de le remettre à qui de droit ; il
accepta, et c'est l'un des meilleurs marchés que j'aie jamais
faits. Je le revendis en détail à des prix fous.

» Je trouvai Dublin dans la confusion. Aucun stationnaire
ne surveillait le mouillage, et l'on entrait dans le port
comme dans une église ; la marine et la garnison avaient
bien autre chose à faire que de guetter la contrebande :
quatre-vingt mille paysans arrivaient de toute part dans la
ville, et le lord-lieutenant ne savait où donner de la tête. Je
remis ma cargaison à mes consignataires, qui m'en donnèrent décharge en remettant au lendemain sa livraison. Pendant que je cherchais autour de moi quelque navire à ma
convenance, il en vint un s'amarrer côte à côte avec le mien,
si proche qu'une planche suffisait pour aller de l'un à
l'autre. Jugez de ma joie quand je reconnus que c'était un
beau brick Bermudien, l'objet de mes rêves et de ma convoi-
tise, celui que vous voyez là ; il m'était évidemment envoyé

par la Providence. Nous accueillîmes les gens de l'équipage
comme des frères, et deux heures après nous descendions
ensemble, bras dessus bras dessous, pour assister au ren-
versement du gouvernement anglais en Irlande.

» Vous croyez assurément, docteur, et non sans bonnes
raisons, qu'un flibustier comme moi ne songe qu'au lucre
de son honnête métier. Eh bien! je vous jure que j'oubliai
tous mes intérêts et jusqu'au brick si ardemment désiré,
quand je me trouvai dans l'immense rue Saint-James, au
milieu de cette foule passionnée, criant, hurlant, gesticu-
lant, appelant la justice divine contre ses oppresseurs.
Oui, pendant deux heures, je fus dominé par les mêmes
sentiments que tout ce peuple, j'éprouvai son exaltation et jusqu'à sa fureur. Si je revins à la raison, ce fut
lui qui m'y ramena par le triste spectacle de son extrava-
gance.

» Le chef de l'insurrection s'appelait Robert Emmett.
C'était un jeune avocat, beau, bien fait, rempli de talents
qu'il employait à défendre les pauvres et les catholiques
poursuivis par des haines religieuses et politiques. Il était
estimé même de ses ennemis, qui avaient éprouvé plus
d'une fois les effets de ses sentiments généreux. Il n'avait
qu'un seul défaut : son caractère chevaleresque, qui le
rendait incapable de diriger un soulèvement populaire,
gros de haine et de vengeance, comme une révolte d'esclaves.

» Au signal d'un coup de feu qu'il tira par une fenêtre,
répondirent trois fusées qu'accueillirent des hourras à faire
tomber les oiseaux du ciel. Aussitôt cette immense multitude d'hommes se rangèrent d'eux-mêmes en colonne
serrée et s'ébranlèrent pour marcher contre l'ennemi.
C'était très-beau à voir, cette grande population se levant en

masse pour affirmer ses droits et les reconquérir. Je crus assister à l'une de ces grandes scènes de votre révolution, qui, après tout, vous ont fait un peuple libre et une grande nation. J'étais loin de compte, et mes espérances furent de courte durée.

» Trois choses étaient à faire : bloquer les casernes, où 1,800 soldats anglais étaient renfermés et auraient volontiers vendu leurs fusils ou les auraient livrés moyennant la vie sauve. — Prendre le lord-lieutenant, qui représentait le gouvernement anglais et le garder comme otage. — Attaquer et enlever de vive force le château, qu'on appelait par dérision le Colombier — *Pigeon's House.* — C'est une bicoque que prendraient quatre hommes et un caporal ; elle se recommandait à l'insurrection comme la Bastille ; on y avait torturé les meilleurs chefs irlandais.

» Les distances étant considérables, il fallait bien deux heures pour en finir avec l'Angleterre. Mais, à peine la colonne avait-elle fait cent pas qu'elle fut arrêtée par un tumulte, qu'on prit d'abord pour l'effet de l'apparition des troupes anglaises sur l'un de ses flancs. C'était tout simplement un dragon d'ordonnance qu'on avait vu dans une rue latérale ; on voulut l'arrêter, il n'en galopa que plus vite ; on lui tira des coups de fusil sans l'atteindre, alors deux ou trois mille hommes se mirent à le poursuivre, quittant leurs rangs et jetant tout en désordre, chacun ignorant la cause de cette bagarre ; quand elle fut expliquée, une demi-heure avait été perdue par ce ridicule événement.

» Un manufacturier, nommé Clarke, avait surpris à ses ouvriers le secret de l'entreprise ; pour se faire un mérite de le découvrir au gouvernement, il monta à cheval et fut au château. A son retour, il vint tomber au milieu de ceux qu'il avait trahis ; il tenta de leur échapper ; on se mit à sa poursuite, et avant qu'on l'eût arrêté et qu'on eût jugé qu'il méritait la mort, il s'était encore perdu une autre demi-heure.

» Enfin la colonne se rallia et se mit en route ; mais ma confiance n'était plus aussi ferme que lors de son premier départ. Il me semblait que, quoique parfaitement blancs, tous ces gens-là étaient évaporés comme des nègres. Quand je demandai s'ils n'avaient pas des hommes de guerre, on me répondit qu'ils avaient tous été pendus ; lorsque je remarquai qu'on n'aurait pas dû les laisser pendre, on m'assura qu'il n'en pouvait être autrement parce que les Anglais étant toujours les plus habiles et les plus persévérants, ils finissaient par être les plus forts. Aussi, ajouta-t-on, chaque révolution, en Irlande, n'est-elle qu'un coup de désespoir. C'était là un fort mauvais augure, et je résolus de tenir mon équipage dans ma main, afin d'aller à mes propres affaires, en renonçant à mon rôle d'amateur. La nécessité m'en fut démontrée à quelques pas plus loin. Un corps de garde occupé par une vingtaine de soldats, était sur notre passage. Au lieu de leur offrir à boire à la santé du peuple, on leur demanda leurs armes ; ils représentèrent justement qu'ils ne pouvaient les donner ; on insista, ils refusèrent ; on les menaça, ils rentrèrent chez eux, et pendant qu'on démolissait leur porte, ils s'en allèrent par une autre issue qui donnait dans une rue voisine. La foule prit leur évasion gaiement et hua ceux qui les avait laissés échapper ; mais la marche fut encore retardée d'une demi-heure. Je bouillais d'impatience.

» Tout à coup à la queue de la colonne parut une voiture de gala, une berline armoriée conduite par un cocher anglais en perruque officielle, et accompagnée de laquais en grande livrée. Par un vertige incroyable, au lieu de s'é-

loigner à toute bride de cette cohue d'hommes armée, elle
y pénétra comme pour la braver et s'y frayer par force un
chemin. Des cris furieux s'élevèrent de toute part : c'est le
lord-lieutenant ! Non, c'est le lord chef de justice ? oui, c'est
lui ! A mort ! à mort ! tue ! tue ! Aussitôt vingt piques furent
plongées dans la voiture et en furent retirées teintes de
sang. Lord Kilvarden et son neveu furent ainsi assassinés !
La fille du lord, une pauvre enfant de quinze ans à peine,
éperdue, folle d'horreur et d'effroi, se jeta au milieu des meurtriers, qui ouvrirent leurs rangs pour la laisser passer. Sa
vue excita la pitié la plus profonde et changea en compassion
la colère de ce peuple qui semblait implacable. Emmett, en
apprenant ce massacre, maudit la cause à laquelle il avait
voué sa vie, et dans son indignation, croyant la voir désho-
norée, il l'abandonna et sortit à l'instant de la ville, pour
montrer qu'il se séparait des assassins.

    »Je suivis cet exemple, et escorté de tous mes gens, j'arri-
vai au port qui était encore désert. Le gardien de mon navire
avait fait une telle fête à celui du Bermudien, que celui-ci
était ivre-mort. Je partageai mon équipage entre les deux
bâtiments, et nous poussâmes au large sans la moindre ré-
clamation. Quelques instants après nous étions sous voile,
descendant le canal Saint-Georges pour entrer dans la
haute mer. Tout le long de la côte d'Irlande nous aperçûmes
des troupes d'hommes armés, qui allaient à Dublin prendre
part à la révolution dont nous venions de voir le triste dénoûment. Notre navigation fut heureuse et nous abordâmes
sans encombre à la côte d'Espagne. Un corrégidor de mes
amis m'aida à vendre mes deux cargaisons et mon ancien
navire. Je gardai mon brick Bermudien qui convenait à mes
desseins, et pour lui trouver l'artillerie dont je voulais l'armer, je fus forcé d'aller jusqu'à La Rochelle. C'est à ce

voyage que je dois, docteur, l'avantage et le plaisir d'avoir fait votre connaissance. »

Parbleu! me dis-je à moi-même, je m'en serais bien passé, mais c'eût été un inutile propos, et je préférai demander au capitaine quels étaient ses projets. « Ils sont très-simples, me dit-il, je fais trois prises, c'est assez pour ma modeste ambition ; ensuite nous piquons droit sur Saint-Thomas ; je vends ma barque et sa cargaison d'eau-de-vie de Cognac, qui est très-précieuse dans tous les pays du monde ; je fais à mes braves marins de bonnes parts ; je vous donne la vôtre, docteur, pour vos bons services de mer, et m'avoir guéri de la fièvre. Je vais aux Etats-Unis, où je m'établis armateur, et deviens un honnête négociant. Eh bien! ajouta-t-il en terminant, j'espère que vous approuvez mon plan de campagne ? » Sans doute, répondis-je si vous l'exécutez, en commençant par la fin. Il prit ce propos pour une plaisanterie, c'était un bon avis, comme l'événement le prouva.

Voile ! cria la vigie ; à la minute le capitaine était avec sa longue-vue sur les barres de perroquet. Le navire aperçu était prodigieusement loin ; on ne le distinguait que parce qu'il était dans le lit du soleil couchant. On mit le brick en route pour lui donner chasse ; et comme je ne pouvais pas l'empêcher, je fus me coucher. Au point du jour, un coup de canon m'annonça que nous avions joint ce malheureux navire. Je me rendormis sur l'autre oreille, pour ne pas faire de sombres réflexions. A mon réveil, je trouvai le tillac encombré de caisses, de malles, de barils, qu'on venait d'apporter de la prise, en un tour de main, et qu'on devait répartir avec la plus scrupuleuse équité, comme un gain parfaitement légitime. Les propriétaires dévalisés avaient été enfermés dans leur cale, et quatre marins de notre équipage avaient été chargés de conduire le navire capturé jusqu'à la côte d'Espagne, pour le remettre en consignation au corrégidor, notre féal ami. Le capitaine Lazare vint me raconter avec exaltation ce beau fait d'armes, qui avait failli cependant lui coûter la vie. Au moment où il amarinait le bâtiment, un jeune passager, indigné des traitements qu'il éprouvait, s'était révolté, et se saisissant d'un sabre, il en avait porté un coup au capitaine, dont il aurait fait sauter la tête si l'arme n'avait tourné dans sa main, ce qui en réduisit l'effet à celui d'un coup de bâton bien asséné. On terrassa le coupable, qui fut garrotté et amené à notre bord, où il fut jeté dans la fosse aux Lions, puisard infect, qu'on appelait ainsi parce qu'il était le domicile de rats énormes, dont la voracité était si grande qu'ils avaient rongé, disait-on, la patte d'une ancre du navire.

Docteur, me dit à voix basse le second, tirez de là le prisonnier, ou il sera mort demain matin. Je dis aussitôt au capitaine, que puisqu'il m'avait offert ma part de prise, j'étais autorisé à la lui réclamer, et que je lui demandais de me donner le captif, sur sa parole d'honneur, comme un officier prisonnier de guerre. Il jura tous les dieux qu'il aurait dû faire passer par les armes un malappris qui faisait acte d'hostilité contre le droit des gens, quand son pavillon était amené. En entendant un pirate invoquer ce grand principe, je ne pus retenir un éclat de rire. Le capitaine, satisfait de son succès de publiciste, s'adoucit, et finit par me donner la clef du cadenas de la fosse aux Lions. Le second me prêta son aide pour retirer de cet endroit affreux le malheureux prisonnier. C'était un beau jeune homme, ayant l'air le plus distingué, parlant français parfaitement, et dont l'habit, malgré ses déchirures, annonçait un gentleman anglais. Je coupai les cordes qui le liaient, en me servant d'un poignard long de vingt pouces que je portais constamment, et que l'équipage vit avec surprise et admiration, assez mal convaincu que ce fût, comme je le disais, un instrument de chirurgie. Le captif que je venais de délivrer, étant informé de ma situation équivoque et du danger de la sienne, se détermina à faire la promesse, sur la foi d'un chrétien, qu'il n'entreprendrait rien contre le navire et son capitaine. Il s'appelait Robert Alan, et il était né à Cork en Irlande, comme l'infortuné Emmett dont il était le cousin et l'ami. Il avait pris part à ses projets, et c'était avec désespoir qu'il les avait vus échouer. Il m'apprit que le chef de la conspiration étant revenu témérairement à Dublin, il y avait été arrêté, et traduit devant la commission royale, qui l'avait condamné à mort, comme coupable de haute trahison. Dans un discours éloquent, qu'il prononça devant ses juges, après sa sentence, il garda le silence sur sa propre cause, et défendit uniquement l'Irlande contre ses oppresseurs. Il fut exécuté au milieu des gémissements de la foule et des prières les plus ferventes pour le repos de son âme. Des messes furent dites partout, pour lui, accompagnées d'anathèmes contre ceux qui l'avaient supplicié, eux qui, s'il l'eût voulu, auraient tous subi le même sort que le lord chef de justice, Kilvarden..

Condamné à mort, comme complice, Alan parvint après les plus grands dangers à gagner un navire américain qui était sous voile ; et il se croyait être enfin en sûreté, quand le corsaire le prit à l'abordage. Ses efforts pour résister aux flibustiers n'ayant pas été secondés par ses compagnons avaient failli lui devenir funestes.

Depuis le point du jour un gros navire était signalé, et nous lui donnions chasse. Un coup de canon lui fit croire qu'il était poursuivi par un bâtiment de guerre ennemi, et il s'arrêta, en amenant un pavillon tricolore qu'il venait d'arborer. — Ce sont des Français, dis-je au capitaine, prenez-garde à vous. — Bah! répondit-il, j'en ai vu bien d'autres à Saint-Domingue! Si j'y reste, docteur, ajouta-t-il, prenez le commandement de mon brick, et tirez-vous-en. Il se jeta, dans son canot avec sept hommes, n'en laissant qu'un seul à bord; il accosta le navire, qui paraissait n'en avoir que trois ou quatre, et rien n'annonçant qu'ils voulaient tenter de se défendre, je crus un moment que ce triste succès était certain. Mais tout à coup le pavillon reparut à la corne d'artimon, et un feu très-vif fit siffler les balles jusqu'à nous. Une douzaine de combattants, marins et passagers, s'élancèrent sur les flibustiers, en tuèrent la moitié, sur le gaillard d'arrière et se mirent à la poursuite des autres. Le capitaine et son second dont les pistolets étaient déchargés se réfugièrent dans les haubans. Le premier, blessé d'un coup de fusil, tomba à la mer qui l'engloutit; l'autre s'y jeta pour y trouver un asile, et il nagea vigoureusement vers nous nous. Le navire français étant délivré, et craignant néanmoins l'artillerie du corsaire, éventa ses voiles, sans essayer des représailles qui lui auraient donné, sans coup férir, une très-belle prise. La nuit, qui tombait, le fit promptement disparaître à nos yeux. Le pauvre diable, qui luttait contre les lames, et que je croyais voir couler bas sous chacune d'elles, s'accrocha à une cage à poules, que je lui avais lancée; il s'y maintint jusqu'à ce que je pusse rapprocher de lui le navire qu'entraînait le courant; il était à moitié noyé quand nous parvînmes à le pêcher, et il fallut plusieurs heures de soins vigoureux pour le rappeler à la vie.

Je n'avais pas perdu un moment pour mettre le brick en route vers les Antilles. Dès que le noyé, qui s'appelait Jean-Pierre, fut revenu à sa connaissance, il reprit son service .

avec moi, comme si j'étais le capitaine Lazare, son défunt
maître. Je lui déclarai que je considérais comme non-avenu
le testament qui m'avait légué le brick, et que si nous arri-
vions à la Martinique, je ferais régulariser la propriété qu'il
en devait avoir, dans l'ignorance où l'on était de son premier
maître. Une si belle récompense aurait fait du diable un
honnête homme ; toutefois je suis persuadé que, sans s'y
attendre, il ne m'en aurait pas été moins dévoué, par reconnaissance de l'avoir sauvé de la mer. La pratique qu'il
avait acquise des allures du navire, lui permettait bien
mieux que je n'eusse pu le faire, d'user de tous ses avantages pour en augmenter la vitesse. Il y réussit si bien que
le vingt-cinquième jour, notre point nous donna l'atterrage
de la Martinique, et deux heures après nous vîmes le Piton du
Vauclin. Un brick de guerre anglais croisait dans le canal de
Sainte-Lucie; mais il était sous le vent et ne pouvait nous barrer
l'approche de l'île. C'était un important avantage dont je me
hâtai de profiter, dussions-nous aller nous jeter à la côte, car
il fallait à tout prix éviter de tomber entre les mains des Anglais, pour conserver la vie de mes compagnons de voyage,
dont l'un était déjà condamné comme traître, en sa qualité d'Irlandais rebelle, tandis que les deux autres ne pouvaient manquer d'être traités comme des pirates. Quant à
moi, quoique je fusse fort innocent, il ne m'aurait pas été
facile de le prouver, si j'étais pris commandant un bâtiment
enlevé dans le port de Dublin, et faisant le métier d'écumeur
de mer. Par bonheur, j'étais arrivé dans un parage qui
m'était connu, et sur une côte dont j'avais dressé la carte.
Je fis doubler au navire la longue péninsule de la Tartane,
et il se trouva à l'ouvert du port de la Trinité, le seul de la
Cabesterre qui ait une ville, un fort fermé, une garnison et
des batteries à feux croisés. J'arborai le pavillon tricolore,

et un coup de canon amena à bord un pilote qui nous entra, et nous fit mouiller, presqu'à terre, au fond du bassin. Un officier à cheval nous examinait du rivage. C'était le colonel Miany, qui commandait cette côte, et dont l'étonnement fut grand, quand il me vit débarquer, venant de la mer, tandis qu'il me croyait au quartier général du Fort-de-France, où il m'adressait ses rapports. Je me bornai à lui dire que je venais de faire une promenade assez fatigante dont je n'étais pas maître de parler. Je lui présentai Robert Alan et lui recommandai mon navire, ainsi que son capitaine.

Après un copieux déjeuner qu'il nous donna, et qui était fort nécessaire à de malheureux voyageurs vivant de l'air du temps depuis un mois, nous montâmes à cheval, et par la plus belle campagne des tropiques, nous arrivâmes Alan et moi au bourg du Lamantin, choyés partout avec empressement. Un canot nous conduisit au Fort-de-France, où nous fûmes débarqués à minuit. Le Capitaine général n'était pas encore couché. Je lui rendis compte de ma mission, dont le succès lui causa la plus grande satisfaction, et il m'en remercia vivement. Le lendemain, dans la nuit, deux frégates chargées de troupes, d'artillerie et de munitions de guerre entrèrent en rade, échappant à la croisière anglaise, qu'un faux avis avait envoyé les attendre devant la Guadeloupe. Elles repartirent dans les vingt-quatre heures emmenant avec elles Robert Alan, qui ne pouvait trouver une plus belle occasion d'aller en France A ma demande, l'amiral lui donna un brevet d'officier français, pour le masquer et le préserver contre toute catastrophe. Des matelots et un pilote furent envoyés au navire pour le conduire à Saint-Pierre, où le nouveau capitaine vendit sa cargaison de Cognac, non sans avoir fait de précieux cadeaux, accueillis

avec l'intérêt que mérite ce nectar des gens de mer. Je
réussis à faire régulariser la position et la propriété du capitaine, qui partit pour les États-Unis, plein de reconnaissance pour les services que je lui avais rendus, et bien résolu, me dit-il, à effacer par sa vie à venir les péchés de sa
vie passée.

Le titre de statisticien, que j'ai gagné par soixante ans de
travaux officiels et autres, m'oblige à exprimer par un
chiffre le résultat de ma mission. Par elle la France conserva pendant cinq ans de plus la possession de sa belle
colonie de la Martinique — 1803 à 1809. — Je m'empresse
de dire que je ne fus dans cet événement que la mouche
du coche, et qu'il fut dû à l'esprit de bienveillance, à l'accès facile, au jugement supérieur des personnages que je
dus intéresser à Paris à son heureux succès.

Au reste, j'aurais eu grand tort de compter, comme la
mouche de la fable : « Que messieurs les chevaux me paye-
raient de ma peine, » car, lorsque l'amiral demanda pour
moi au ministre la décoration de la Légion-d'Honneur, il
n'en reçut aucune réponse. C'est ce que me valut ma
mission, dont le ministre avait appris l'objet, ce qui n'é-
tait pas auprès de lui une bien bonne recommandation.

Je trouvai tout simple qu'il en fût ainsi, habitué comme
je l'étais, à prendre philosophiquement les choses de ce
monde; et je continuai, autant que l'ennemi m'en laissait
le loisir, de faire de la minéralogie et de travailler à ma
grande carte géologique, que j'avais prise en belle passion.

CHAPITRE XXII.

LE DIAMANT, MARTINIQUE.

Mai 1804.

Un peuple qui a gouverné et civilisé le monde alors connu, croyait fermement que si l'on se mettait en route en partant du pied gauche, on faisait un mauvais voyage. C'est sans doute ce qui m'arriva quand, en 1792, je quittai le collége pour l'armée. En marchant par ma droite, j'eusse été tambour battant, de victoire en victoire, conquérant les plus beaux pays de l'Europe : la féconde Belgique et la plantureuse Allemagne, trouvant partout bon vin, bon logis, bonne mine d'hôtes et surtout d'hôtesses ; et quelles hôtesses ! Mignon, Charlotte, Marguerite ! charmantes créatures aux longues nattes de cheveux dorés, au cœur tendre et dévoué, toujours ouvert à la compassion pour le soldat blessé, malade ou prisonnier de guerre.

Mais tant de bonheur ne m'était pas réservé, car j'avais marché par ma gauche. Je dus expier, pendant vingt campagnes ce péché originel, et subir le double malheur d'habiter les lieux les plus sauvages et sous les climats les plus

meurtriers, et d'avoir sans cesse à combattre les ennemis les
plus vindicatifs et les plus impitoyables : les Chouans du
Morbihan, les Sectionnaires de Toulon, les Émigrés, les
Orangistes d'Irlande, les nègres de Saint-Domingue et les
Anglais, tels que les faisaient alors les mauvaises passions
de leurs méchants hommes d'État.

La guerre des Cafres et des Achantis représente assez
bien celle que nous avions à soutenir contre ces ennemis.
C'était une guerre d'embuscades, de surprises nocturnes,
d'espionnage, de trahisons et de barbarie. Les blessés étaient
achevés sur le champ de bataille, les prisonniers étaient
massacrés, ou, s'ils tombaient dans les mains de nos meilleurs
adversaires, on les envoyait périr dans les pontons de
Portsmouth. La torche et le gibet étaient ajoutés aux armes
de guerre. Vingt-deux villes de Saint-Domingue furent
incendiées, et je ne saurais dire combien de chefs irlandais,
nos alliés ou même qui étaient officiers au service de la
France, moururent misérablement à la potence ou de mort
subite dans leur cachot.

De terribles représailles et les prodigieux succès de nos
armes avaient apaisé quelque peu la cruauté frénétique de
nos ennemis; et depuis Campo-Formio et la paix d'Amiens,
ils avaient perdu l'espérance de nous traiter comme des
Polonais au faubourg de Praga ou des Protestants un jour de
Saint-Barthélemy. Néanmoins la guerre conserva son caractère sauvage aux Indes Occidentales, comme si ce n'était pas
assez de s'entre-tuer sans encore manquer de politesse.
Pendant deux ans, sur la côte méridionale de la Martinique,
dont j'avais le commandement militaire, j'eus en vue et
souvent presqu'à sentir leur poudre, des bâtiments anglais
sans avoir avec eux aucun autre rapport que des coups de
fusil ou des volées de coups de canon. La garnison espa-

gnole de Melilla, qui, depuis cinq cents ans, vit à couteaux tirés avec les Marocains dont elle est entourée, trouve en eux des ennemis moins revêches que les chrétiens qui nous bloquaient. Il faut dire qu'ils nous prenaient pour des révolutionnaires, c'est-à-dire des gens de la même espèce que les hommes illustres de la république anglaise, déterrés par la restauration des Stuarts, et enfouis au pied du gibet.

Une guerre de chicane, de billebaude, ne réussissant pas au gré du commodore sir Samuel Hood, qui commandait l'escadre ennemie, il conçut, pendant les longs ennuis du blocus, un projet qui, à défaut d'utilité, devait en imposer par son originalité et sa hardiesse. C'était d'occuper et de fortifier le Diamant ; mais avant de parler de son entreprise, il faut faire connaître le rocher qui en était l'objet.

La Martinique est terminée au sud-ouest par une grande péninsule, qui gît entre la baie du Fort-de-France et le canal de Sainte-Lucie. C'est un massif formé par huit volcans dont les reliefs se lient les uns aux autres, et dont toutes les aires réunies ont environ 80,000 mètres de circonférence. Le plus élevé de ces reliefs, qui est appelé le Gros-Morne, s'avance, au midi, dans la mer houleuse du canal, et forme un énorme promontoire pyramidal, escarpé par les flots, dans son pourtour, couvert de bois sur son versant du côté de l'île, et projetant à plus de 1,800 pieds sa tête chauve, ombragée seulement par deux palmistes exposés aux coups de la foudre.

Les laves dont est formée cette montagne, sont des porphyrites contenant des micas, des pyroxènes et des feldspath lamelleux. Les cellules que les gaz élastiques y avaient laissées, sont remplies par des quartz infiltrés, en cristaux jaunâtres et ternes. A la base du promontoire sont des mon-

ticules composés d'une brèche volcanique de pierres ponces
empâtées dans un tuffa fissile de cendres mêlées à de l'argile
rougie par la calcination du fer qu'elle contenait. Ces
brèches, qui sont d'un aspect agréable, ont une consistance
assez grande pour servir aux constructions. Elles renfer-
ment beaucoup de pyroxènes, et semblent provenir de terrains de soulèvement, formés dans la mer, qui les a re-
maniés.

A dix-huit cents mètres du promontoire du Gros-Morne,
se dresse, au milieu des flots tumultueux du canal, un rocher pittoresque, énorme, escarpé de toutes parts et d'autant
plus inabordable qu'il est environné par un ressac violent
et perpétuel. On l'appelle le Diamant, nom qu'il doit sans
doute à ses formes prismatiques, qui donnent à son sommet
l'aspect d'une pyramide à quatre pans. Son élévation est
presque égale à son diamètre ; elle est au moins de trois cents
mètres. Son pourtour est une falaise verticale ou inclinée
sur la mer, qui en a excavé la base sous le vent ; et les versants de sa cime ne descendent pas au quart de sa hauteur ;
les arêtes qui les séparent et qui se réunissent au point cul-
minant donnent à ce roc volcanique l'aspect d'une cristal-
lisation colossale. Il y a sur chacune de ses faces une di-
zaines de fissures ou crevasses qui servent d'asiles à des
myriades d'oiseaux marins ; et quand les vaisseaux passent auprès, il s'élève du sommet des nuées de mouet-
tes rieuses qui remplissent l'air des éclats bruyants de leur
voix.

La lave qui constitue le massif de ce rocher, est une
belle porphyrite brun violet d'une pâte très-fine, comme
celle des pétro-silex. Elle ne diffère point de celle du Gros-
Morne que j'ai décrite, et je l'ai retrouvée avec une composition identique, à l'autre extrémité de l'île, à vingt

lieues de là, parmi les produits des plus anciennes irruptions du volcan de la Montagne pelée.

Le commodore sir Samuel Hood, qui, pour intercepter nos arrivages d'Europe, tenait sans cesse son vaisseau dans le canal de Sainte-Lucie, passait et repassait chaque jour devant le rocher du Diamant. Il résolut d'en prendre possession et d'en tirer parti pour le succès de son blocus, en y installant une vigie qui signalerait les navires atterrant au vent de la Martinique. Pour mieux faire accueillir son projet à Londres, il en exagéra les résultats, et peignit comme un nouveau Gibraltar la citadelle qu'il allait construire sur ce roc stérile, presque inabordable et jusqu'alors inconnu. En réduisant son entreprise à une fanfaronnade, il serait injuste de ne pas reconnaître que les travaux qu'il exécuta furent faits de main de maître, et qu'il en surmonta les difficultés avec une haute intelligence et une rare activité.

Au mois de janvier 1804, pendant la saison où des vents réglés rendent la mer pacifique et donnent toute sécurité à la navigation, des détachements de marins anglais furent jetés sur le Diamant. L'abordage si dangereux du rocher, sur une corniche au pied de sa paroi orientale, fut facilité par une cale mobile en charpente qui servit de débarcadère. Une vaste anfractuosité s'ouvrait au-dessus; elle fut agrandie par la mine; on construisit au fond une sorte de réduit qui n'était accessible que par un talus fort rapide et devait offrir un dernier refuge à la garnison. En avant, sur un plan inférieur, on éleva deux batteries circulaires qui furent armées avec des pièces de vingt-quatre. Des retranchements défendirent l'entrée de plusieurs cavernes latérales, où l'on ne pouvait pénétrer que par d'étroits sentiers circulant sur le flanc du rocher. Les logements et les magasins de vivres y furent établis.

Le seul chemin qui conduisait au sommet du roc, aboutissait dans la grande caverne; il était coupé à moitié de sa hauteur par une plate-forme où l'on avait monté une pièce de gros calibre dont le feu enfilait ses approches. Des échelles de corde fixées à des crocs de fer, permettaient aux matelots d'arriver de là jusqu'au faîte du Diamant. Mais c'était une entreprise si effrayante qu'un officier français, qui dans la chaleur du combat avait le premier escaladé cette falaise, lors de la prise du Diamant en 1806, n'osa pas, quelques mois après, se confier à son adresse pour passer par le même chemin.

Le plus grand mérite de ces travaux hardis et compliqués était la vigie établie sur le haut sommet du rocher. C'était un séjour aérien d'où l'on pouvait faire au moindre faux pas un saut de Leucade dans la mer tropicale, décuple de celui de Sapho. Il y avait là un mât de signal, et, ce qui est fort remarquable, deux pièces de dix-huit pour le seconder. Il avait fallu, pour les hisser à une si grande élévation, des manœuvres de force d'une belle conception et de l'exécution la plus difficile. Le commodore y avait réussi en approchant son vaisseau du rocher presqu'à le toucher sous le vent, puis il avait étagé des grapins et des ancres à jets, dans les cavités ouvertes à différentes hauteurs, et au moyen de ces points d'appui, des palans et des caliornes avaient fait arriver ces deux canons jusqu'au sommet du Diamant. Des veilleurs étaient établis à la vigie, pour prévenir les croiseurs de l'apparition d'un navire au vent du canal; et une garnison d'artilleurs et de soldats de marine occupait les batteries basses logeant dans les cavernes qui communiquaient avec elles.

Je suivis, au moyen de ma longue vue, les progrès de ces travaux et j'en rendis compte au Capitaine général. Je les

appréciai à leur juste valeur quant à leurs effets utiles, et
j'affirmai qu'un brick de guerre naviguant dans le canal ferait
un meilleur service. Je qualifiai cette entreprise d'œuvre de
forfanterie, expression dont l'amiral se servit dans ses dépêches officielles. La preuve que ce n'était rien de plus, c'est
que nos navires continuèrent à arriver au Fort-de-France
sans plus d'obstacles qu'auparavant. Mais à Londres, on fit
du Diamant un monument triomphal ; les cent bouches de
la presse l'érigèrent en une merveille, et pour mieux en
imposer il fut publié un recueil de vues coloriées, qui
montraient chaque partie de ce rocher sous l'aspect le plus
pittoresque et avec une foule d'embellissements mensongers.

Ce n'était pas la première fois qu'on faisait des récits
fabuleux de cet endroit sauvage. En 1671, le gouverneur
de la Martinique Baas envoya à l'Académie des sciences,
pour l'insérer dans ses mémoires, la relation d'un habitant,
décrivant un Triton ou homme marin, à queue de carangue,
qui avait élu son domicile à l'islet du Diamant, et qui, sauf
la parole, appartenait à moitié à l'espèce humaine, quoique
par l'autre moitié il fût parfaitement un beau poisson. Son
existence fut constatée légalement par un procès-verbal signé
de témoins dignes de foi, et sa figure gravée en taille douce
ne permet pas de douter que sous le règne du grand roi
Louis XIV, il n'y eût sur les côtes de la Martinique, comme
dans les temps mythologiques, des tritons, et sans doute aussi
des sirènes.

Je n'eus pas le bonheur de faire d'aussi belles découvertes, qui auraient comblé de joie mon illustre ami Georges
Cuvier, et qui m'auraient procuré l'honneur de figurer une
fois de plus dans son admirable livre du *Règne animal*. Bien
loin de là, je dus à ce maudit rocher du Diamant la plus fâcheuse et la plus sotte aventure militaire de ma vie. Je vais la

raconter en toute humilité comme l'un des tristes exemples des vicissitudes humaines.

Le commodore ayant avitaillé et garnisonné son rocher, s'en alla réparer à Antigue les agrès de son vaisseau avariés par un si long blocus ; et les autres bâtiments de son escadre profitèrent de son absence pour se donner les plaisirs d'une relâche à Sainte-Lucie. Faute d'ennemi, je retournai au Fort-de-France, et repris mon service de chef d'état-major. Ma vie studieuse ne fut pas de longue durée, et le calme en fut bientôt troublé par une bourrasque subite et violente.

Le 3 mai 1804, jour de malheur, le colonel Miany entra chez moi tout effaré, et me serrant dans ses bras, il me demanda si je lui pardonnerais d'être la cause involontaire de ma mort. Comme il était fort mal endurant, je crus qu'il s'agissait d'un duel, et je répondis que je ne lui en saurais pas mauvais gré si la chose en valait la peine. C'était bien pire encore que je n'imaginais. Le Capitaine général venait de l'envoyer chercher, et lui avait annoncé péremptoirement qu'il le chargeait d'une expédition pour attaquer dans la nuit, et enlever de vive force le rocher du Diamant. Cet ordre supposait que quatre vieilles et lourdes chaloupes du port pourraient refouler à la rame le courant rapide du canal de Sainte-Lucie, et débarquer malgré un ressac de dix pieds de haut et sous le feu de dix pièces de vingt-quatre, quarante soldats qui dans l'obscurité sauteraient de leurs embarcations sur une corniche large de dix-huit pouces bordée par une mer agitée, profonde de mille deux cents pieds au moins.

Or, l'amiral connaissait toutes ces particularités, car des dessins que je lui avais envoyés, montraient en grand détail les localités ainsi que les travaux exécutés par l'ennemi. Jamais il n'avait mis en doute leur rectitude; et d'ailleurs il pouvait les faire vérifier par une reconnaissance des officiers du génie. Mais il ne jugea pas à propos de consulter ces officiers sur une entreprise qui appartenait cependant à leur service, puisqu'elle avait pour objet l'attaque d'un poste fortifié, qui pouvait bien passer pour une citadelle. Il en faisait un si grand secret que le matin même lorsque je l'entretins comme de coutume, il ne m'en avait pas dit un mot, et qu'il parut fort contrarié quand Miany lui remontra que mon concours lui était absolument nécessaire, personne n'ayant fait des études telles que les miennes sur cette partie de l'île dont j'avais eu le commandement pendant près de trois ans.

Toutes ces circonstances me parurent si étranges que j'imaginai qu'un mauvais esprit avait troublé le bon jugement de l'amiral. Je m'informai de Miany s'il y avait là, quand il avait reçu ses ordres, quelqu'un que j'en pusse accuser. Par un effort de mémoire il se rappela qu'il avait vu à l'écart, faisant semblant de ne pas écouter, un petit homme rougeaud, chaffouin, portant ses épaulettes sur sa poitrine, comme le faisaient les élégants de l'ancien régime. Je le reconnus à son œuvre. C'était un ancien officier émigré qui s'était mis au service de l'Angleterre, en 1794, et qui, lorsque l'escadre de l'amiral Jervis et l'armée commandée par sir Charles Grey attaquèrent la Martinique, contribua efficacement à obliger le général Rochambeau à capituler, en faisant enlever d'escalade et par surprise le Fort-de-France [1]; succès qui changea la nature de l'attaque dont le

---

[1] ,,, Was the mover of the escalade of Fort-Royal; and by this changing the nature of the attack, which had been made originally on fort Bourbon; on which no impression had been made though they had battered it for a month or nearly. Thus the fort Bourbon was obliged to

fort Bourbon était l'objet, et qui le força à se rendre quarante-huit heures après. Tout le mérite de cette trahison
consistait dans la connaissance des lieux qu'il avait acquise,
quand il était employé sous M. de Bouillé, pendant la guerre
d'Amérique. Il avait été bien récompensé de ce service par
les Anglais qui lui donnèrent une place largement rétri-
buée, celle de surintendant des travaux militaires de la Martinique. Il l'exerçait encore le jour où la colonie fut rendue à
la France ; et il en obtint une encore meilleure et surtout
plus honorable, en se présentant au Capitaine général comme
un émigré repentant. On fit valoir en sa faveur l'utilité dont
il pouvait être par son expérience des hommes et des choses ; mais il fut surtout recommandé par l'agrément de sa
conversation, la facilité de son caractère, son talent à faire
des louanges quand même, et son habileté dans tous les
jeux de hasard, qui avaient été sa grande occupation avec
les Paladins de Coblentz. On disait qu'il gagnait et qu'il
perdait toujours à propos. Comme les vieux gentilshommes
de son temps, il avait de l'esprit et du courage ; seulement
son esprit était faux et son courage était à ceux qui le
payaient le plus. Il m'était profondément antipathique, et
d'autant plus que je soupçonnais qu'il était au service de
l'Angleterre tout en portant un uniforme français. Il fallait
que les trois généraux dont je fus successivement l'aide de
camp, partageassent cette opinion, car jamais pendant sept
ans il ne l'invitèrent à leur table, qui chaque jour était
ouverte aux officiers de l'armée.

Quand Miany, qui vivait loin de nous, à la Trinité, eut

capitulate a day or two afterwards. His measures were bold beyond
description and full of energy. He had a responsable situation in island,
as super-intendant of the works. »

The naval Chronicle, n° 103. Juin 1807, t. XVII, p. 473.

appris cette belle biographie, il lui vint dans la tête que notre expédition était vendue à l'ennemi ; et il le crut plus fermement encore lorsqu'il sut que le transfuge avait fait depuis mon retour un voyage d'amateur sur la côte du Diamant ; il y avait, sans doute, préparé ses embûches, et il avait empêtré l'amiral dans sa piperie. Mon brave colonel jura que s'il le joignait, il le couperait en deux, et il était homme de parole.

Il nous restait à peine une heure pour faire nos préparatifs et notre testament. Miany en passa la moitié avec un notaire et un confesseur. Je m'expédiai plus promptement ; j'allai faire mes adieux à d'excellentes dames qui m'avaient été secourables dans mes infortunes, et je mis dans le tablier de soie noire d'une jolie enfant de 13 ans une centaine de moëdes qui faisaient toute ma fortune ; je la priai de me les garder et, si je ne revenais pas, de les joindre à sa dot. Je laissai toute cette famille en pleurs et priant Dieu pour mon salut.

Ce fut bien pis quand j'arrivai à la tête du port, au lieu de l'embarquement des troupes. Cette expédition secrète étant, je ne sais comment, connue de tout le monde, il y avait là une partie de la ville. Les blancs protestaient qu'on nous envoyait à la boucherie, et que l'auteur de ce projet était un traître ou un fou. Les femmes de couleur sanglotaient, et quand nous quittâmes le rivage, nous entendîmes longtemps leurs cris et leurs bénédictions. Le capitaine Halgan, officier de marine distingué à qui la partie navale de l'expédition était confiée, me dit que son promoteur s'était présenté sur le port, mais que, sur l'avis qu'il lui avait donné, d'une fâcheuse réception, il avait disparu.

Telle était la folie de cette conception qu'on avait cru qu'en partant à la tombée de la nuit, nous pourrions attaquer l'ennemi au point du jour. Or, il arriva qu'à trois heures du matin, nous n'avions pas fait à beaucoup près la moitié de notre route, et que n'ayant parcouru que les eaux intérieures et presque tranquilles de la baie du Fort-de-France, nous étions en réalité beaucoup moins avancés. Il est vrai que les chaloupes s'étaient attendues mutuellement afin de marcher ensemble, ce qui les avait fort retardées. Il fallut abandonner cette disposition.

Nous relâchâmes dans l'anse Mathurin, qui n'est séparée que par un étroit chenal de l'islet à Ramiers. Nos équipages déjà fatigués descendirent à terre, et j'empruntai, pour eux, des vivres au commandant du fort. Nous devions avoir à notre suite une chaloupe chargée de pain et de vin, mais elle s'était égarée et ne nous rallia que le lendemain. En sorte qu'avec la mission de faire tuer une centaine d'hommes d'élite, officiers, grenadiers et marins compris, j'eus de plus celle de les faire vivre, vaille que vaille, jusqu'à leur mort.

Au milieu de ces soucis, j'eus la présence d'esprit de héler, pour appeler du sommet de l'islet, où il était perché dans son fort, à cent vingt pieds au-dessus de nous, mon ancien camarade Parmentier, qui était garde d'artillerie de la forteresse. Il en dégringola les trois échelles, et se doutant que j'étais dans quelque mauvaise situation, il parut devant moi armé de son excellent briquet et d'une paire de pistolets d'abordage. Je le fis embarquer dans le canot major, avec nous, et ce fut lui qui nous valut l'unique satisfaction que nous eûmes dans notre triste entreprise.

Longtemps avant le jour nous nous mîmes en route ; le chemin était devenu plus difficile, car nous devions passer entre des dangers également menaçants, et nous ne pouvions nous éloigner des uns qu'en nous jetant dans les

autres. Il nous fallait suivre, à une juste distance, les hautes
falaises d'une côte de fer que la mer bat perpétuellement
par des vagues, qu'elle engouffre avec des bruits effrayants
dans les cavernes qu'elle a creusées. C'était encore là le
plus beau côté de notre position, car ces rochers inaborda-
bles étaient du moins une rive, tandis que de l'autre bord
nous avions le désert de l'Océan, qui nous paraissait sans
bornes, et près de submerger les pauvres marins exposés,
sur des bateaux non pontés, à la furie de ses flots. Cependant
notre relâche avait délassé nos matelots, et tout le monde
éprouvait un grand bien-aise de naviguer à la clarté du ciel.
Il est très-pénible à la mer de ne pas voir où l'on est, surtout lorsqu'on parcourt des parages inconnus. Notre voyage,
en partant de l'islet à Ramiers, se fit donc assez bien,
quoique nous eussions à doubler cinq caps ou promontoires,
qui ne purent être dépassés qu'en nous risquant dans les
eaux tumultueuses du golfe du Mexique ; mais, entre ces
grands saillants sont des anses plus ou moins profondes, où
la mer n'avait qu'assez peu d'agitations, et nous permettait
de marcher avec moins de lenteur et d'obstacles.

Nous fîmes ainsi encore dix à douze lieues à l'aviron, et
vers trois heures nous surgîmes dans la petite anse du Diamant, qui est resserrée d'un côté par les versants du morne
la Croix, et de l'autre par ceux du Gros-Morne. Derrière le
vaste massif du dernier, se projette, à dix-huit cents mètres
de sa base, le rocher du Diamant ; île aussi inaccessible
pour nous que ces pics merveilleux dont Sinbad le marin
tentait vainement d'approcher dans la mer des Indes, et
d'où le repoussaient des puissances malfaisantes et surna-
turelles.

La relâche que j'avais choisie avait plusieurs avantages.
Elle ne nous laissait plus que deux lieues à faire pour

atteindre le but de nos opérations ; en sorte que nous avions l'espoir d'arriver sans être accablés par la fatigue de la route. Nous trouvions sans doute moins de ressource dans cette petite anse que dans la grande qui gît avant elle, et où est situé le bourg d'Arlet ; mais il y aurait eu de graves inconvénients à mettre les soldats et les marins en relation avec les habitants, qui leur auraient dit qu'ils allaient à la mort. J'avais, de plus, un secret dessein : celui d'expédier Parmentier au Gros-Morne, afin de s'assurer si quelques traîtres avis de notre approche n'étaient pas donnés à l'ennemi. Je fis partir aussitôt mon brave camarade, par une trace qui contournait la montagne, et conduisait sur son revers en face du Diamant. Quoiqu'il ne fût accompagné que d'un autre sergent, je n'eus plus aucune crainte, tant j'avais confiance en son courage et sa perspicacité.

J'eus encore une autre inspiration dont je veux me vanter pour montrer qu'on peut faire quelque bien jusque dans les situations de la vie les plus malheureuses. Nous étions là aux anses d'Arlet dans le pays du meilleur café du monde, sans en excepter le Moka. Je parvins à en régaler toute notre troupe, et à en faire distribuer à bureau ouvert et à bouche que veux-tu. Halgan devenu vice-amiral, conseiller d'État et pair de France, s'en souvenait encore 44 ans après, et s'extasiait de ma belle invention.

L'obscurité étant une condition de notre téméraire entreprise, nous attendîmes deux heures après minuit pour quitter le rivage. Aussitôt que nous fûmes en dehors de l'anse, remontant au pied des falaises du Gros-Morne pour entrer dans le canal de Sainte-Lucie, nos embarcations furent soulevées, roulées et secouées brusquement par la houle. Chaque coup d'aviron perdit la moitié de sa vigueur et de son efficacité. Cependant nos progrès furent

seulement ralentis tant que nous fûmes couverts par la con-
vexité de la base du morne; mais, au moment où nous
atteignîmes le point de sa courbe, qui est le plus saillant de
son vaste promontoire, le courant du canal, celui de l'Atlantique tropicale précipité entre les Antilles dans le golfe
du Mexique, le *Gulf-Stream* se dressa devant nous comme
le géant Adamastor du cap des Tempêtes. La mer changea
tout à coup d'aspect; elle sembla bouillonner et s'animer
de mouvements tumultueux et désordonnés. Dans ses clapo-
tements, que ne provoquait aucun souffle du vent, elle vint
nous heurter, avec autant de violence que si, sur notre passage, s'était trouvé quelque écueil. Nous étions alors dans
le chenal profond et reserré qui sépare le rocher du Diamant de la haute montagne appelée le Gros-Morne. Il fallait le traverser, dans sa largeur, qui n'excède pas un tiers
de lieue. Des efforts désespérés pour vaincre la puissance du
courant nous firent franchir la moitié de cette distance; et
déjà nous croyions toucher au rocher, quand la mer qui
vient s'y briser avec fracas, et dont l'impulsion s'augmente
par sa résistance, nous enveloppa de ses flots furieux, fit
tourbillonner les chaloupes et les lança au milieu d'un courant dont l'impétuosité les entraîna avec une si grande vitesse qu'en un clin d'œil nous les perdîmes de vue. Eh
bien! s'écria Miany, nous seuls, nous donnerons l'assaut!
En avant! Mais, il avait à peine proféré ces paroles que
notre canot manœuvré par dix robustes rameurs, fut emporté comme le serait un batelet abandonné sur les hautes
eaux débordées de la Loire ou de la Seine. Nous fûmes
consternés. Personne ne songea au danger de notre situation; tous furent frappés de cette infortune subite à l'instant où nous allions atteindre l'ennemi. Nous en avions
été assez près pour distinguer dans ses batteries la clarté

rougeâtre des lanternes qui les éclairait. Le bruit de nos
avirons serait parvenu jusqu'à lui si nous n'avions pris
soin de l'empêcher, en les garnissant d'étoupes. D'ailleurs
le ressac était assourdissant; sa violence était telle que ni
chaloupe, ni canot n'eût abordé la corniche du rocher où
nous devions débarquer, et qui était longue de quelques
pieds seulement et large de quelques pouces; nos embarcations eussent été brisées au pied de la falaise; et ce fut un
grand malheur qui nous préserva d'un autre malheur encore
plus grand et le dernier de notre vie.

Les lames en tombant à bord, dans ce hourvari, nous
avaient mouillés jusqu'aux os, sans pourtant nous mettre en
un très-grand péril, et nous reprîmes bientôt notre présence d'esprit; mais déjà le courant nous avait entraînés
fort loin dans le golfe du Mexique; et quand le jour commença à poindre, l'aspect des montagnes de la Martinique
qui se dessinaient derrière nous, sur l'horizon, me permit
d'estimer notre égarement à six lieues au moins. J'assurai
mes compagnons qu'il ne fallait que nager, pendant quelques minutes, en travers du courant, pour sortir de ses eaux,
et entrer dans celles des remous, qui lui sont latérales; ma
prévision s'accomplit, et nous surgîmes dans une mer étale,
c'est-à-dire presque stationnaire. Ce fut pour nous un soulagement et une première lueur d'espérance.

Enfin le soleil dissipa les ténèbres qui couvraient la
mer opiniâtrement, car sous cette latitude, il fait nuit ou
jour, et il n'y a point de crépuscule ni d'aurore. Nous
cherchâmes autour de nous avec la plus vive anxiété où
pouvaient être nos chaloupes. Nos longues-vues nous les
montrèrent au plus loin, comme des points noirs à la
dernière limite de l'horizon, dans le golfe du Mexique.
Elles étaient à six lieues au moins en pleine mer, sans

ponts, sans voiles et avec des rameurs accablés de lassitude. J'en désespérai. Ma mortelle inquiétude était qu'il
ne survînt un croiseur anglais armé seulement de quelques canons, et qui leur dît avec son porte-voix, sans approcher d'elles : « Rendez-vous ou je vous coule. » Nous
brulâmes des amorces, nous envoyâmes des fusées et nous
fîmes des feux de Bengale. De guerre lasse, les chaloupes
répondirent. Mais combien étaient-elles? Nous eûmes beau
compter et recompter, il en manquait une. Avait-elle péri
dans la débâcle? était-elle perdue dans l'immensité du
golfe? qu'allait-il arriver aux vingt-cinq hommes qui la
montaient? S'ils parvenaient à relâcher aux îles d'Aves à
90 lieues de là, ils n'y trouveraient, pour se nourrir, que des
crabes et des œufs empuantés d'oiseaux marins. S'ils man-
quaient ces îles, l'impitoyable courant, le *Gulf-Stream*, les
conduirait jusqu'aux Florides, mais la longueur de la route
les obligerait pour vivre à s'entre-manger les uns et les
autres.

Nous étions désolés, et ce que nous perdions faillit étouf-
fer la joie de retrouver ceux que nous croyions avoir aussi
perdus. Les équipages des trois chaloupes reprirent courage en voyant nos signaux; et favorisés par l'interférence
du grand massif de la Martinique, qui suspend, sous le vent
de cette île, l'action du courant tropical, ils nous rejoi-
gnirent plus promptement que je n'osais l'espérer. Au
moment de cette jonction, des cris de joie partirent de
toutes les embarcations; les braves gens qui les montaient
avaient cru ne plus nous revoir, et cet accueil exprimait
l'affection qu'ils nous portaient.

Il était temps que nous arrivassions à l'anse d'Arlet, nous
étions tous au bout de nos forces; et malgré le bonheur
d'avoir échappé à l'abîme, et d'atteindre le rivage tant dé-

siré, nous ne pouvions quitter nos bancs et descendre à
terre, tant nous étions brisés de fatigue. Les rameurs avaient
les bras paralysés ou disloqués; et dans le canot major,
où nous avions passé deux jours, assis et à demi plongés
dans l'eau de mer, nous fûmes pris de crampes si violentes
qu'elles nous arrachaient des cris de douleur. Halgan les a
gardées toute sa vie. Pour alléger ces maux, je repris encore
une fois mes fonctions de médecin. Je fis frictionner les malades avec du tafia brûlant et devant de grands feux que
nous trouvâmes allumés à notre retour. Voici pourquoi et
comment.

En quittant le rivage pour notre triste expédition nocturne, notre expectative, si nous revenions, était un repas
de pain et de fromage. Cela me parut une dureté, une ingra-
titude, et je fis mettre en campagne les nègres de l'habitation voisine, pour trouver et acheter chez les habitants des
mornes, des porcs de Siam afin d'en faire un régal aux matelots et aux grenadiers. L'inconvénient était qu'il en fallait
un grand nombre, attendu qu'ils ne sont guère plus gros
que des chats, mais leur chair est parfaitement bonne. On
parvint à en rassembler trois ou quatre douzaines; et lorsqu'on nous vit approcher de la côte, on alluma les foyers
qui devaient les cuire. Leur excellent fumet et l'aspect de
toute cette cuisine splendide ne contribuèrent pas peu, je
crois, à remonter le courage abattu de nos compagnons de
malheur. J'eus en même temps une autre satisfaction d'un
ordre plus élevé : ce fut le retour de Parmentier, que j'avais
envoyé la veille épier, pendant la nuit, les relations criminelles de la côte avec l'ennemi.

D'après mes instructions, mon vieux camarade s'engagea,
à la brune, dans un sentier boisé, étroit, tortueux et souvent âpre et difficile, qui parcourait la base du Gros-Morne

et la contournait vers la mer, en conduisant à une plate-
forme vis-à-vis le rocher du Diamant. Parmentier et le sergent qui l'accompagnait, allèrent s'embusquer près de ce
lieu, et y restèrent tapis dans un lit épais de feuilles mor-
tes, sans s'embarrasser qu'ils le partageaient avec des serpents. A onze heures, ils entendirent les voix et les pas de
deux hommes qui se frayaient un chemin à travers le bois
et qui passèrent près d'eux ; l'un était un nègre et l'autre
un matelot anglais. Dès que ces gens furent arrivés à la plate-
forme, ils battirent le briquet, allumèrent une bougie et se
mirent en devoir d'éclairer par son moyen une lanterne de
signal qu'ils avaient apportée, et qui devait donner un feu
rouge. Mais le temps leur manqua pour achever l'exécution
de leur dessein. Assaillis par les deux artilleurs, ils furent
tués sur la place, avant de pouvoir faire usage de leurs
armes. Parmentier nous rapporta leurs dépouilles. Il était
évident que si ces hommes avaient fait leur signal à la
garnison du Diamant, nos chaloupes, quand elles n'étaient
pas à deux cents toises de ses batteries, auraient été fou-
droyées et que pas un de nous n'aurait échappé, pour
venir apprendre dans quelle embuscade nous avions péri.

Nous étions tous dans l'accès d'indignation et de colère
que nous causait cette découverte, quand on annonça au
colonel un canot de poste amenant un étranger. Notre
troupe étant installée militairement, l'embarcation fut
arrêtée et séquestrée, et l'officier qui la montait, obligé de
se faire connaître. C'était le promoteur de notre expédition.
En le reconnaissant Miany rugit de fureur ; et, sans écouter
que c'était un messager de l'amiral, envoyé pour s'informer de nous, il l'apostropha de deux noms qui produisent
sur un homme le même effet qu'une froide lame d'acier
pénétrant dans des entrailles brûlantes. Puis, s'emparant

du sabre que j'avais à la main, il jeta le sien à son adversaire, en lui criant de se mettre en garde. Il lui lança à l'instant et sans engager le fer, un coup de manchette, qui le désarma, et un coup de tête qui lui aurait fendu le crâne, s'il n'eût rompu fort à propos, mais avec tant de précipitation qu'il alla tomber tout de son long sur le sable de la grève, à dix pas de là. Le colonel insista violemment pour recommencer le combat. Pendant que Halgan le retenait, j'emmenai le malheureux Paladin à son canot en lui conseillant de dire à l'amiral qu'il ne nous avait pas rencontrés, et en ajoutant que s'il tenait à sa vie, il fallait qu'il ne se trouvât pas sur le chemin du colonel.

L'impression de cette occurrence fâcheuse fut dissipée par un événement imprévu et qui nous combla de joie. Une voile qu'on voyait depuis quelque temps se diriger vers la côte, fut reconnue pour un baleinier américain, qui avait à son bord les vingt-cinq hommes de notre chaloupe égarée. Il les avait recueillis quand ils allaient couler bas, et il nous les ramenait. Ce fut pour nous une grande satisfaction, car nous les croyions perdus sans retour. Une belle récompense était due à ceux qui les avaient sauvés, et nous nous engageâmes à la leur faire donner quand ils relâcheraient à Saint-Pierre ou au Fort-de-France. Le Capitaine général l'accorda; mais jamais ils ne se sont présentés pour la réclamer.

Nous hébergeâmes de notre mieux nos pauvres camarades, et je fis des dispositions pour leur retour, en traversant les montagnes jusqu'à l'Islet à Ramiers, où une goëlette viendrait les prendre afin de les ramener au port. Quant à nous, nos chaloupes nous y conduisirent sans plus d'encombres par une belle mer, qui favorisa notre entrée au carénage. Il y a beaucoup de marins qui vont en pèlerinage à Notre-

Dame de Recouvrance, sans avoir eu autant que nous à se louer de la Providence divine.

Il nous restait à remplir un fâcheux devoir, c'était d'aller rendre compte au général de notre malencontreuse expédition. Miany en ayant été le chef, je résolus de me dispenser de ce devoir ; mais, il fut si malheureux de mon abstention qu'il me fallut bien y renoncer. L'amiral avait été dans des inquiétudes mortelles en apprenant que nous avions disparu ; cependant il craignit que nous n'éclatassions en récriminations contre un projet dont nous avions failli être victimes ; et il nous reçut en se retranchant derrière sa dignité ; mais Miany se borna à lui faire un rapport bref et sec, en ajoutant que sa situation de corps et d'esprit ne lui permettait pas d'en dire d'avantage. Au moment où nous allions nous retirer, j'appelai Parmentier, qui vint déposer aux pieds de l'amiral un panier caraïbe. Qu'est-ce que cela? demanda-t-il. Les dépouilles, répliquai-je, des gens apostés sur la côte pour révéler notre approche à l'ennemi.—Et les hommes? reprit-il.—Ils sont morts, dis-je ; et je fis un geste qui montrait que cette justice avait été faite par mon brave camarade. L'amiral se dérida, et allant à son secrétaire il y prit une poignée de pièces d'or qu'il tendit vers lui ; mais le vieux soldat resta au port d'armes, et il n'accepta que lorsque je lui eus remontré qu'il ne pouvait refuser.

Lorsque nous fûmes dans la rue, Miany voulut nous entraîner, Halgan et moi, chez son adversaire pour l'obliger à se battre. « Ne voyez-vous pas, nous disait-il, que c'est une conspiration contre notre drapeau? Ce que ces gens-là n'ont pu faire à Coblentz, ils le font ici ; il leur suffit de prendre un air contrit et de se déguiser en valets de carreau, pour s'ouvrir la porte de l'antichambre qui les conduit à la salle du conseil de guerre, et dès lors ils peuvent nous livrer à l'en-

nemi. » Quoique je fusse frappé du bon sens de sa colère, je
fis pour empêcher les effets de sa sanglante résolution les
plus grands efforts. Je croyais faire une bonne action en
sauvant la vie d'un homme quel qu'il fût, et pourtant je com-
mettais une grande et funeste méprise. Quatre ans après, le
même transfuge dont ma pitié avait prolongé l'existence,
renouvelait, avec des variantes, la trahison qui avait réduit le
général Rochambeau à se rendre aux Anglais ; et cette fois,
elle faisait périr à deux pas de moi de braves soldats et de
bons officiers : le capitaine de vaisseau Trobrillant, le chef
d'escadron Morancy et le capitaine Allégre. Je n'échappai à
leur sort qu'avec une blessure grave. Ce désastre ne fut
encore que le commencement d'une longue suite d'infortunes.

C'est un fait ignoré et qu'il aurait bien fallu que l'Empereur connût, qu'aux Indes occidentales, des transfuges qui,
pour mieux nous tromper portaient notre cocarde, étaient
au service de l'Angleterre, et nous trahissaient en toute
occasion, bien avant l'explosion de la rue Saint-Nicaise, la
bataille de Leipsick et la veille de Waterloo.

Le caractère loyal et confiant de l'amiral Villaret était
connu de nos ennemis ; et ils en profitaient si bien que perpétuellement ils nous trompaient et nous trahissaient sans
que l'expérience nous servît en rien.

L'arrivée à la Martinique de la flotte de vingt-cinq vaisseaux de ligne, commandée par les amiraux de Villeneuve
et Gravina, fournit au Capitaine général les moyens d'attaquer le Diamant. Le 2 juin 1805, deux vaisseaux de soixante-
quatorze et plusieurs frégates et corvettes sortirent de la rade
du Fort-de-France, remontèrent en courant des bordées le
canal de Sainte-Lucie et descendirent à demi-portée de canon devant la face orientale du rocher. Leur artillerie dé-

truisit de fond en comble, par deux bordées seulement, les
batteries ennemies de la grande caserne et tous ses établissements. Les chaloupes remorquées par les vaisseaux et
chargées de troupes coloniales, débouchèrent, protégées
contre la rapidité du courant par la masse des bâtiments.
Elles débarquèrent sur le Diamant deux cents hommes d'é-
lite qui obligèrent la garnison à mettre bas les armes. Il
restait à prendre le sommet du roc, où le commandant anglais s'était réfugié. Un aide de camp du général d'Houdetot, Cortès, escalada une pente de 60°, terminée infé-
rieurement par un escarpement de cinq cents pieds que
bordait une mer agitée. L'officier ennemi lui remit poliment
son épée; et quelques hardis matelots, qui avaient suivi
Cortès substituèrent le pavillon tricolore au pavillon anglais;
les deux pièces de dix-huit que Samuel Hood avait fait arriver
avec tant de peines sur ce sommet, furent précipitées à la
mer; une demi-heure après l'attaque, il ne restait rien de
toute l'œuvre du commodore, le Diamant était rendu à ses
habitants naturels : les oiseaux marins.

Mais il fallut, pour atteindre ce résultat, deux vaisseaux
armés de cent cinquante pièces d'artillerie, et portant deux
mille quatre cents hommes, plus deux cents hommes des
troupes de la Martinique, et, ce qui était la condition de leur
débarquement, la protection que les chaloupes reçurent des
bâtiments de haut bord, qui les conduisirent en amont du
courant et qui les couvrirent contre son impulsion. Il faut
ajouter que ces opérations furent faites en plein jour.

Je ne pris point part à cette expédition, étant alors embarqué sur le vaisseau le *Formidable*, en qualité d'officier d'état-
major de l'amiral Villaret et du général Lauriston, aide de
camp de l'Empereur et chef de l'armée embarquée sur la
flotte. C'était aller à de nouvelles aventures de guerre, et, en

effet, j'en rencontrai de fort imprévues, et de moins agréables que celles dont j'avais eu l'espoir. Mais avant celles-là,
dans l'année qui suivit notre mésaventure du Diamant, la
fortune ennemie m'en fit éprouver une autre assez piquante,
et que je vais essayer de raconter.

CHAPITRE XXIII.

UNE CARTE DE LA DOMINIQUE.

Juin 1805.

Mes cartes militaires étant construites avec des levées géodésiques exécutées sous le climat meurtrier des Antilles et souvent en présence de l'ennemi, elles m'ont coûté des peines inexprimables, et de plus, elles m'ont jeté dans de fâcheuses aventures.

La première fut un croquis topographique de l'île de Saint-Vincent, qui allait devenir un champ de bataille et dont le terrain était entièrement inconnu. Accueillie par Victor Hugues, le Proconsul triomphant de la Guadeloupe, sa recommandation me valut deux campagnes désespérées avec une blessure si grave que les Anglais ne voulurent pas me garder prisonnier de guerre.

Une esquisse des environs de Saint-Pierre, Martinique, faite au milieu des ennemis, par l'ordre du gouverneur de la Guadeloupe, qui projetait d'attaquer cette ville, alors au pouvoir des Anglais, me fit passer pour espion, et faillit me faire traiter comme tel. Pendant trois semaines, j'eus la corde au cou.

La carte de la Martinique qui avait été donnée, en 1802, au général dont j'étais aide de camp, ayant été reconnue erronée presque à tous égards, je reçus la mission de la refaire de toute pièce. Dans cette entreprise d'une extrême difficulté, tous mes collaborateurs moururent à la peine. Au bout de sept ans de travaux accablants, il me fallut, pour sauver ma carte de l'ennemi, la dépecer et la cacher dans mes bottes.

Un excellent ministre de la marine, M. Portal, voulant en 1816, faire revivre les colonies, s'entoura de tous les documents qui pouvaient les lui faire connaître, et il insista vivement pour avoir ma carte, sans laquelle les faits militaires et économiques étaient incompréhensibles. Je parvins à la recomposer avec des soins infinis. Mais, le lendemain du jour où je la lui présentai, elle disparut de son cabinet, et il fut impossible d'en retrouver la trace. Il faut se rappeler qu'une révolution récente avait alors fort embrouillé les idées de propriété, et qu'un gentilhomme, M. de Maubreuil, arrêtait les princesses sur les grands chemins, par amour pour leurs pierreries; ce qui n'était pas encore le plus mauvais de ses desseins.

Je refis ma carte une troisième fois, et il ne fallait pas moins qu'une opiniâtreté celtique, pour y tracer, de nouveau, le cours de 200 rivières et y laver le relief de 400 montagnes. Je la présentai à l'Académie des sciences le 9 septembre 1816. Un rapport de Coquebert de Montbret et de Beautemps-Beaupré rendit une justice à mon travail; mais la carte, le mémoire qui l'accompagnait, et même les spécimens minéralogiques qui y étaient joints, disparurent comme la première fois. Je crus être ensorcelé. La Billardière, qui m'affectionnait à cause de mes voyages et de mon amour pour la botanique, m'éclaira par son expérience personnelle ; il me fit connaître mon spoliateur, mauvais enseigne de l'ancienne marine, devenu contre-amiral en faisant compter pour des campagnes les années qu'il avait passées dans l'émigration et au service de l'ennemi. Mon sang d'officier de l'armée de la Loire se mit à bouillir dans mes veines, et je fis notifier un cartel à ce transfuge ; le général Andréossy s'en chargea. Le lendemain, l'honnête M. Cardot, le vieux secrétaire de Condorcet, le directeur soigneux du secrétariat de l'Institut, m'informa que tout ce qu'on m'avait enlevé venait de m'être restitué par une personne inconnue ; formule employée jadis par les voleurs timorés ou repentants.

Joseph Fourrier, mon illustre ami, avait éprouvé une pareille aventure. Un mathématicien fort intrigant le voyant proscrit, pour avoir été préfet du Rhône pendant les Cent jours, confisqua à son propre profit le manuscrit du bel ouvrage sur la Théorie de la chaleur, et, s'il le rendit, ce ne fut pas par sa faute.

D'Entrecasteaux n'eut pas autant de bonheur à Batavia ; ses deux frégates, ses journaux de mer, les cartes de ses découvertes furent livrées à l'ennemi par ceux dont le devoir était de les sauver ; il en mourut de chagrin. Son second, d'Auribeau, fut empoisonné ; les équipages et les naturalistes restés fidèles à la France furent détenus prisonniers de guerre malgré le droit des gens et l'exemple de la sauvegarde octroyée par Louis XVI, lui-même, au capitaine Cook. Enfin le riche herbier de quatre mille plantes recueillies par La Billardière fut confisqué ; et jamais il n'aurait été rendu sans l'intervention bienfaisante de sir Joseph Banks.

Vous voyez bien qu'il y a des œuvres de la science qui

sont marquées au signe de la malédiction. En voici un autre témoignage que j'ai recueilli à mes dépens : une carte de l'île anglaise de la Dominique, que j'avais esquissée avec beaucoup de périls, en dépit de la guerre, me rendit le mauvais service de me recommander pour une expédition fort semblable à celle des Flibustiers de Saint-Domingue au XVIIᵉ siècle. C'est l'une des plus bizarres aventures de ma vie ; mais elle peut offrir un utile enseignement aux grands, qui sont environnés de trompeurs et même parfois de serviteurs traîtres et félons.

Je voudrais bien pouvoir me dispenser de dire ce que c'est que l'île de la Dominique ; mais puisque c'était l'objet de ma carte, il faut bien me résigner à l'exposer brièvement.

Dans le milieu de la longue chaîne d'îles qui forme le bel archipel des Antilles, se projette entre la Martinique et la Guadeloupe un massif volcanique, moins étendu, moins élevé que les leurs, mais formant néanmoins une terre bien boisée, bien arrosée, très-féconde, et dont le gisement est favorable au commerce et à la navigation. Quand les Caraïbes eurent perdu la Martinique et la Guadeloupe, la Dominique devint avec Saint-Vincent leur place d'armes. L'Angleterre les en déposséda, non pas seulement parce qu'elle pouvait y établir une colonie productive et une sentinelle avancée pour observer les deux îles françaises, qui lui sont latérales, mais encore parce qu'au moyen d'un commerce interlope très-actif, elle introduit dans ces colonies d'énormes quantités de marchandises anglaises de contrebande. L'état de guerre n'y fait rien.

Plusieurs fois, du haut des rochers du Macouba qui terminent l'extrémité septentrionale de la Martinique, j'avais observé curieusement cette île verdoyante, qui sort des

flots au delà d'un large bras de mer, celui que Christophe
Colomb parcourut le premier, il y a 350 ans. Je n'avais
aucun espoir de pouvoir visiter cette île ; un hasard me permit de la connaître un peu mieux et me donna le désir de
la connaître davantage. En cherchant dans un grenier au
Fort-de-France de vieux papiers et d'anciens livres réduits
par les vers à l'état de dentelle, je trouvai un croquis topographique manuscrit de la Dominique. Tout froissé, taché,
écorné qu'il était, j'en fis grand cas, car ses légendes et ses
notes correctives me convainquirent qu'il avait appartenu
à M. de Bouillé. On sait que cet officier général, le meilleur
du règne de Louis XVI, enleva la Dominique de vive force
en 1778, par un hardi coup de main. Par conséquent sa
carte remontait à 28 ans auparavant, et retraçait l'état des
choses dans ce temps-là.

Je relevai toutes les indications que pouvait me fournir
ce vieux document, et je les inscrivis sur un canevas, me
promettant de saisir toutes les occasions qui me permet-
traient de les compléter, et d'y substituer des données plus
récentes. Plusieurs missions qui m'obligèrent à aller à la
Guadeloupe, me fournirent les moyens d'accomplir ce dessein. Je réussis trois ou quatre fois à côtoyer les rivages de
la Dominique, dans un balaou, sorte de chasse-marée qui
n'a rien de suspect, toutes les colonies en possédant de
semblables pour leur cabotage, et les postes de la côte ne
leur accordant pas plus d'attention qu'à des oiseaux marins.
Cependant il n'aurait pas fallu se tenir trop près du rivage,
ni rencontrer sur son chemin un sloop de guerre de l'ennemi. Il aurait été, en outre, fort dangereux d'éprouver
quelque accident de mer à portée de fusil, car des gens qui
m'auraient arrêté sans uniforme, n'auraient pas manqué de
traiter d'espionnage mon innocente curiosité.

Quoi qu'il en soit, j'échappai à tous les mauvais hasards, et je parvins à explorer toute la côte sous le vent de l'île. Je constatai que sur les points les plus importants des fortifications nouvelles avaient été construites. Je reconnus que des batteries avaient été érigées pour empêcher que le Roseau, qui est la première ville de l'île, ne fût tourné et pris à revers, comme dans la guerre d'Amérique. L'entreprise la plus considérable qu'on avait effectuée, était une citadelle dont on avait couronné le morne Cabrit, à l'extrémité nord-ouest de la Dominique. Ce grand ouvrage commande la baie du Prince-Rupert; il est devenu le centre de la défense, et réduit le Roseau à n'avoir plus qu'un rôle secondaire, comme celui de Saint-Pierre, Martinique, dont la possession n'est rien sans la reddition du fort Desaix et du fort de France.

Ma carte donnait tous ces enseignements et bien d'autres encore; et comme pour la faire, il m'avait fallu essuyer beaucoup de peines et de périls, je croyais qu'elle n'était pas sans valeur. Vanité d'auteur! Quand je la présentai au Capitaine général, il la regarda d'un air distrait, et ne l'accueillit pas autrement que si c'eût été une image de deux sous. Un excellent officier du génie, le commandant Richaud, me prédit que j'aurais tôt ou tard une éclatante revanche de cette réception imméritée. L'événement justifia sa prévision.

Le général Castella, dont j'étais aide de camp, ayant été rappelé en France, il demanda avec instance à l'amiral Villaret que je l'accompagnasse; mais il ne put l'obtenir, l'amiral disant qu'il avait besoin de mes services; réponse fort honorable pour moi, et encore plus désavantageuse. Je refusai à mon tour de rester comme officier d'état-major auprès du successeur de mon ancien général, et je retournai à l'artillerie pour y remplir les fonctions de capitaine adjudant-major. Livré à ce service et à mes études, j'étais devenu fort étranger aux événements du monde, et je fus très-surpris un matin de recevoir du Capitaine général un message pour l'aller trouver en toute hâte. Les chefs d'une escadre de six vaisseaux de ligne arrivés la veille étaient là avec lui, en conseil de guerre, et ils venaient de s'apercevoir qu'une pièce essentielle leur manquait pour l'exécution d'un projet qu'ils étaient à débattre. C'était une carte. L'amiral s'était souvenu que précisément celle dont on avait besoin avait été dressée par mes soins, et que je la lui avais offerte plusieurs mois auparavant ; mais il ignorait ce qu'elle était devenue, et s'imaginait qu'elle était peut-être restée entre mes mains. Je lui rappelai les moindres particularités de la présentation que je lui en avais faite, et d'où il résultait qu'elle devait être dans son cabinet particulier. Aussitôt il m'en remit la clef, et me recommanda la recherche la plus attentive. J'y perdis mon temps et ma patience, et je fus presque aussi désappointé que l'amiral, quand je me fus assuré qu'elle n'était plus au logis. Le conseil, qui comptait sur cette carte, et le Capitaine général qui la lui avait promise, firent si mauvaise mine quand je rendis compte de l'inutilité de ma recherche, que je saisis avec bonheur l'occasion de les laisser discrètement à leurs délibérations.

Cependant il s'agissait d'une affaire si grave que, malgré ma réserve naturelle, plus grande encore à l'égard de personnages qui m'étaient inconnus, je serais retourné sur mes pas, pour les prévenir qu'ils allaient se jeter dans une entreprise bien plus difficile qu'ils ne le croyaient. Mais je n'eus garde d'en rien faire, quand un aide de camp m'eut dit en passant près de moi, qu'il allait chercher un officier dont j'ai parlé ailleurs : celui qui avait été le promoteur de

notre fatale expédition du Diamant. Je regardais cet homme
comme un artisan de malheurs dont on devait s'éloigner
comme d'un pestiféré. Je persistai donc dans la résolution de
me tenir à l'écart. Je ne m'expliquais pas comment, étant dévoué aux Anglais, il allait guider une attaque contre eux, à
moins que ce ne fût pour la faire avorter. Sa conduite n'a-
vait pas un mobile aussi puissant. Il s'était laissé aller à se
vanter d'avoir accompagné M. de Bouillé dans sa campagne
de la Dominique, en sorte qu'il avait été ramassé par le chef
de l'expédition pour tenir lieu de carte autant que possible.

Deux choses en tout ceci étaient vraiment inexplicables :
comment se trouvait-il quelqu'un qui pût avoir confiance
dans des notions acquises bien ou mal vingt-huit ans auparavant sur la résistance que pouvait opposer la Dominique? Comment ne songeait-on pas que tout devait avoir
changé depuis ce long espace de temps dans les préparatifs
de la défense, — et que le gouverneur, qui était un militaire
habile, avait infailliblement profité de l'expérience du passé,
pour empêcher que les mêmes moyens d'attaque réussissent deux fois? Restaient encore deux motifs dont on ne
tenait aucun compte : l'un était le doute qui s'attachait à de
vieux souvenirs restés dans un esprit en déclin; l'autre
était la suspicion que doivent toujours inspirer les transfuges.

L'amiral me dit plus tard qu'il était resté étranger aux
dispositions qui avaient été prises, et qu'il avait les plus puissantes raisons pour s'abstenir d'y prendre part. Il y avait
en effet contre cette entreprise une objection bien plus forte
encore que la difficulté du succès, c'étaient les représailles
qu'elle allait provoquer et qui attireraient sur la Martinique
les plus grands malheurs. Elle pouvait causer la destruction
de Saint-Pierre, ville populeuse, riche, commerçante, qui est
située sur une plage ouverte et exposée au feu des vaisseaux

ennemis. Quelques fusées à la congrève suffisaient pour
réduire en cendres la ville la plus florissante de l'archipel,
et pour en faire un monceau de ruines comme le Cap-Français. Je me refusai à croire que l'amiral laissât en proie à
cette fatalité la première cité de nos colonies; mais évidemment sa volonté était paralysée et totalement impuissante.

Vers le soir, après mon dîner frugal et solitaire, une
curiosité inquiète et malheureuse se saisit de mon esprit,
et me conduisit à la Savane, promenade charmante, bordée
par la mer, et d'où l'on voit les vaisseaux mouillés en rade,
et le soleil se couchant dans le golfe du Mexique. J'y trouvai, comme à l'ordinaire, les généraux avec les officiers
d'état-major et ceux de l'escadre. Aussitôt que le Capitaine
général m'aperçut, il m'appela pour me demander où j'étais
embarqué. En apprenant que je ne faisais pas partie de
l'expédition, il se récria vivement, disant qu'il n'entendait
pas qu'il en fût ainsi, et qu'il voulait qu'un de ses officiers,
qui avait sa confiance, fût témoin des opérations militaires
et lui en rendît compte. J'objectai que j'avais cessé mes
fonctions d'aide de camp; mais, décidé à ne pas trouver de
difficultés, il leva celle-là sur-le-champ, en déclarant que
c'était une mission spéciale qu'il me donnait, et que d'ailleurs je pouvais prendre avec moi autant de grenadiers
d'artillerie que je voudrais. Le capitaine du port fut chargé
à l'instant de fréter pour mon détachement et pour moi un
brick américain qui était sur la rade à deux encâblures, et
dont l'équipage ne demandait pas mieux que de voir ses
frères, les Anglais, recevoir une bonne râclée. A minuit,
mes cinquante hommes bien équipés, bien armés, ron-
flaient sur le tillac du navire; et moi, je contemplais le ciel
constellé des Antilles, en songeant aux folles vicissitudes
de la vie; j'étais à la veille d'en voir de belles, si les

plus imprévues doivent être qualifiées ainsi. Je n'en aurais
pas eu le triste spectacle, si, au lieu d'aller à la Savane,
j'avais prolongé mon dîner à l'anglaise, par du porter, du
sherry ou du madère, ou si, plus conformément à mes
goûts, j'avais lu Saussure et Dolomieu. Mais, mon ami
Richaud, qui avait eu à Jean-Rabel de Saint-Domingue
une nourrice vandoue, c'est-à-dire sorcière, avait tiré mon
horoscope, et rien ne pouvait me faire éviter mon sort.

Longtemps avant le jour, le 22 juin 1805, l'escadre
appareilla de la baie du Fort-de-France, et fit route au
nord, en se tenant à distance des hautes terres de la Martinique, qui, en interceptant la brise de l'est, l'auraient
fait tomber en calme. J'admirai la rapidité et la précision
des manœuvres des bâtiments. Certainement, depuis mes
campagnes, au temps de la République, les marins avaient
fait de grands progrès ; ils ne se battaient pas mieux, mais
ils avaient plus de métier et ils faisaient chaque chose avec
de plus belles manières. Je regrettai amèrement qu'ils ne
fussent pas employés à faire réussir des opérations mieux
conçues et plus dignes d'eux. Mon brick n'ayant pas besoin d'autant de vent que les vaisseaux, partit longtemps
après l'escadre et la rejoignit bientôt.

Dès que nous eûmes doublé la pointe du Prêcheur, qui
forme le saillant le plus occidental de la Martinique, la Dominique parut devant nous au delà d'un bras de mer large
de sept lieues, et ouvert au grand courant de l'Atlantique
tropicale. On voyait distinctement, à travers une atmosphère
diaphane et lumineuse, les montagnes vertes de cette île
s'enchaînant étroitement d'une extrémité à l'autre de son
massif minéralogique ; et l'on pouvait compter leurs vallées où s'abritent une foule de riantes habitations. Les
caféiers qui couvrent toutes les pentes par leurs quin-

conces, leur donnaient l'aspect de beaux jardins, et remplissaient l'air du parfum de leurs fleurs, dont, bien loin
du rivage, la brise nous apportait la délicieuse odeur.

Aussitôt que nos vaisseaux eurent été aperçus par les
vigies, le canon d'alarme retentit pour appeler les milices
aux armes, et leur faire occuper les batteries de la côte et
les positions défensives de l'intérieur. On voyait descendre
du haut des mornes et circuler le long des rives de chaque
torrent des files d'hommes rouges qui venaient nous disputer le débarquement. Le fort Cachacrou, situé sur l'extrémité d'un long promontoire basaltique, nous canonna
opiniâtrement, plutôt pour montrer sa résolution que sa
puissance, car ses boulets restaient à mi-chemin.

Une mer libre et profonde permit aux vaisseaux de
ranger le rivage de l'île à portée de fusil, et de venir s'em-
bosser en ligne à l'ouvert du port du Roseau, devant la
ville qui gît en arrière, dans une belle vallée couverte
d'édifices et de jardins. Cette manœuvre, faite avec beaucoup de résolution et d'habileté, fit évacuer dès la première
bordée, les batteries avancées et ce succès fit crier partout : ville gagnée ! Je n'en jugeai pas ainsi, et, en songeant aux fortifications élevées par le général Prévost sur les
points que j'avais observés, j'en inférai seulement que
l'ennemi se réservait pour une meilleure occasion.

Deux vallées parallèles flanquent celle du Roseau, et
l'on peut en les remontant la tourner par son point cul-
minant et prendre la ville à revers comme le fit M. de
Bouillé. L'une de ces vallées, celle de droite, était là devant
moi déserte et comme abandonnée. J'eus le bon esprit de
ne pas me fier à cette apparence, et dès que mon détachement eut mis pied à terre, au lieu de lui faire prendre un
large chemin pratiqué au fond de la vallée, à travers les

cultures, je le fis gagner au pas de course, en file et à
distance, un sentier ascendant en zigzag qui parcourait
d'abord le flanc de la colline voisine du Roseau, et qui
s'élevait jusqu'à sa crête. Je l'avais observé précédemment
et tracé sur ma carte ; il m'évitait, en le suivant, d'être
en butte aux défenses préparées pour balayer la vallée, et
il me permettait de les attaquer en flanc, puis de me ra-
battre à volonté vers les hauteurs qui dominent la ville du
Roseau.

Pendant que j'exécutais cette manœuvre, l'un de nos vaisseaux débarqua sur la plage que je venais de quitter deux
compagnies de grenadiers piémontais. Leur guide était le
vieil officier, qui avait servi sous le comte de Bouillé lors
de sa campagne de la Dominique, et qui, par une infatuation
incroyable, s'imaginait que, depuis ce temps, rien n'avait
changé. Il ne fut que trop tôt désabusé de son erreur. A
l'instant où sa colonne se mit en marche, une batterie de
gros calibre se démasqua droit devant elle, au fond de la
vallée, et en deux volées lui tua cent hommes. Cette boucherie eut lieu sous mes yeux, à deux cents mètres au-
dessous de la crête que nous occupions, et nous sentîmes
le vent des boulets. Ce fut un spectacle affreux que cette
tuerie ! Mais, au lieu de s'affliger sur la mort de ces braves
gens, il valait mieux les venger. Je portai rapidement en
avant les grenadiers, et atteignant une hauteur qui dominait l'artillerie de l'ennemi, je fis un feu roulant de mousqueterie sur ses canonniers ; leur chef tomba et ses hommes ne pouvant résister à notre attaque vive et soudaine,
s'enfuirent après avoir tenté vainement de faire sauter la
poudrière. Devenus maîtres de la batterie, nous la détruisî-
mes en un instant et nous jetâmes les pièces et les munitions par-dessus le parapet, dans un ravin profond. Des

marins, qui nous avaient suivis, nous aidèrent, et se mirent
à danser sur les merlons, après y avoir arboré un pavillon
tricolore. C'était un signal, qui annonçait que la batterie
ayant été enlevée, une colonne pouvait être envoyée
pour prendre la ville à revers. Je fus obligé d'expédier des
estafettes pour répéter cet avis. Enfin, après des délais
dangereux pour mon détachement qui était en l'air, et
pouvait être assailli par des forces supérieures, je reçus une
réponse portant qu'on aimait mieux attaquer la vache par
ses cornes. Cette locution soldatesque signifiait qu'on pré-
férait assaillir la ville, de vive force, en emportant d'assaut
ses défenses. C'était sans contredit fort héroïque, mais cela
devait coûter cher, dans un pays dont le climat rend infailliblement toutes les blessures mortelles.

Je me rappelai un peu tardivement que le devoir qui
m'avait été tracé par l'amiral, était bien plutôt d'observer
les événements que d'y prendre part. Le temps pressait ; le
canon des vaisseaux ne se faisait plus entendre, mais celui
de la vallée tonnait sans cesse, et le feu de nos troupes,
par salves répétées régulièrement, m'apprenait qu'elles
étaient aux prises avec l'ennemi. Nous étions très-proches
du combat, car nous sentions l'odeur de la poudre, et le
bruit des explosions faisait trembler la terre. Bientôt nous
vîmes s'élever de l'autre côté de la crête qui nous séparait
de la ville d'énormes colonnes d'une fumée noire et
épaisse, dont je ne pouvais expliquer la cause. Nous cherchâmes un chemin pour franchir cette crête ; et n'en trouvant point, notre extrême impatience nous fit nous jeter
au travers d'un bois fourré qui nous en séparait. Nous
eûmes lieu bientôt de nous en repentir. Les hommes qui formaient l'avant-garde, se mirent tout à coup à jeter les
hauts cris ; je courus vers eux pour les secourir, et je par-

tageai leur sort. En se frayant un passage au milieu des
arbres, ils n'avaient pas vu qu'à leurs branches étaient suspendues une multitude de boîtes de carton, fort grosses et
encore plus longues, qu'ils avaient ébranlées avec leurs fusils. C'était l'ouvrage de mouches redoutables, des *sphex*,
sorte de guêpes américaines bien autrement puissantes et
féroces que celles de nos climats, et qui font des nids ou
plutôt des ruches pendantes, avec une sorte de papier
mâché qu'elles produisent. Ces insectes qui sont armés d'un
long dard acéré, mobile et vénéneux, sortirent de leur repaire; et, se formant en phalanges, par myriades, elles se
précipitèrent sur nous avec une furie et un acharnement
dont on ne peut se faire aucune idée. Trois grenadiers pi-
qués sur les paupières furent aveuglés sur-le-champ et ne
recouvrèrent qu'imparfaitement la vue au bout de plusieurs
mois, et après des souffrances atroces. Moi-même, assailli
inopinément par un essaim innombrable, je faillis éprouver
le même sort, et je ne conservai mes yeux qu'en les couvrant avec mes mains que garantissaient des gants de peau
très-épais. Mais en m'escrimant pour me défendre, mon
chapeau étant tombé, les guêpes s'abattirent sur ma tête, et
s'empêtrèrent dans ma chevelure. Il fallut qu'un matelot
aux mains cornées et goudronnées vînt m'en débarrasser en
les écrasant dans mes cheveux. Ce ne fut que plusieurs
heures après qu'on parvint à les en retirer, et ce fut un
grand soulagement, car leur odeur me soulevait l'estomac.

Notre malheureuse tentative de traverser le bois nous fit
perdre un temps précieux, et nous obligea à battre en
retraite devant ces formidables ennemis. Je souffrais beaucoup de mes piqûres envenimées, et je me désolais de ce
misérable et cruel incident, quand enfin un sentier battu
fut découvert. Une demi-heure plutôt, il nous eût préservé

de cette fâcheuse rencontre. Nous le suivîmes avec précaution, et nous arrivâmes à une haute clôture de campêche, plus infranchissable qu'une forte muraille ; mais heureusement elle était percée par une porte, qui nous laissa entrer, non sans violence, dans un magnifique jardin. Nous conçûmes l'espoir de trouver là quelque secours pour nos blessés, qui se désespéraient, et pour moi-même, qui commençais à sentir le frisson de la fièvre. Une maison de belle apparence, qui se montrait au delà d'un parterre fleuri, semblait justifier notre attente ; mais peut-être allions-nous tomber dans une nouvelle embuscade si l'ennemi l'occupait avec des forces supérieures. Je fis donc visiter les amorces et former en lignes nos tirailleurs. Précaution superflue ! au lieu de soldats anglais, nous vîmes s'élancer vers nous, en courant, plusieurs femmes, jeunes, jolies et bien mises, qui vinrent, une bourse à la main, pour leur rançon, se prosterner devant moi, et réclamer par leurs cris et leurs larmes, que je protégeasse leur vie et leur honneur. Je leur donnai l'assurance qu'elles n'avaient rien à craindre, et que nous ne leur demandions pas autre chose que d'apaiser notre soif ardente et la douleur des piqûres qui nous avaient été infligées par les guêpes de leur voisinage. Aussitôt de nombreux domestiques s'empressèrent de pourvoir à nos besoins, et les dames, qui parlaient français parfaitement, voulurent absolument y concourir, en servant elles-mêmes les grenadiers.

Mais, avant tout, je résolus de reconnaître où j'étais et savoir, par ma propre observation, où en étaient les événements de cette chaude journée. La maison où le ciel nous avait conduits, était une campagne du gouverneur anglais de la Dominique, le général Prévost, homme de talent, brave et bon militaire, arrière-petit-fils de l'un des Français

qu'avait privés de leur patrie la révocation de l'édit de Nantes.
Il venait là tous les jours respirer, sur cette colline élevée,
l'air frais qui manque à la ville, où des coteaux resserrés
empêchent la brise de pénétrer ; il se plaisait à embellir son
jardin, l'un des plus riches des Antilles en plantes des deux
Indes et de l'Europe méridionale. L'administration de cette
charmante résidence était confiée à une belle mestive, qui
avait le teint doré d'une Andalouse, avec la haute taille et le
corsage épanoui d'une fille de la Normandie. Plusieurs
jeunes parentes qui vivaient avec elles, étaient blanches
comme des Parisiennes et jolies comme des demoiselles
créoles. Elles avaient été élevées en Angleterre, et portaient
des robes de soie à la française, avec des chapeaux de paille
d'Italie, tandis que leur tante gardait pour coiffure le madras
à couleurs éclatantes. C'est par souvenir que je les vois ainsi,
car alors j'étais préoccupé de bien autre chose.

Etant monté à un belvédère d'où le général embrassait
d'un coup d'œil le port et la ville du Roseau, qui se déve-
loppaient au pied du coteau, je fus frappé d'un triste spectacle. Sans doute nos soldats suivis des équipages de nos
vaisseaux avaient remporté partout l'avantage dans leurs
attaques, et avaient forcé l'ennemi dans chacune de ses
positions ; ils venaient même en ce moment de gravir les
pentes rapides conduisant aux batteries situées derrière la
ville et qui depuis une heure les canonnaient ; mais un désastre imprévu faisait payer chèrement au général Prévost
sa belle et opiniâtre résistance, et jetait un crêpe de deuil
sur les drapeaux victorieux de nos troupes. La ville était
incendiée, et il n'en restait que la moindre partie, qui ne
valait pas mieux que si le feu y avait passé. L'assaillant
n'avait point à se reprocher ce malheur ; il en était l'occasion et non la cause. Les batteries de défense les meilleures

étaient celles qui, placées au delà et au-dessus du Roseau,
enfilaient la vallée et battaient de plein fouet les colonnes
françaises, dans leur marche pour attaquer la ville ; elles
avaient très-bien rempli leur objet, et nous avaient fait
éprouver des pertes sérieuses ; mais, en tirant par-dessus le
faîte des maisons, leurs valets, autrement leurs bourres,
composées de matières inflammables, de vieilles cordes
goudronnées, s'étaient embrasés et avaient été projetés sur
des toits d'essentes et de roseaux desséchés. Le feu s'était
communiqué à l'instant et s'était rapidement propagé. L'ordre de l'éteindre, par tous les efforts possibles, fut donné à
nos troupes, aussitôt que les dernières batteries eurent été
prises et que le général Prévost, n'ayant plus rien à défendre, eut commencé à exécuter sa retraite. Il aurait fallu,
pour arrêter l'incendie, tout ce qui manquait à nos soldats :
des pompes, des seaux, des échelles, surtout de l'eau en
abondance et des directions pour savoir où s'en procurer.
Or, les habitants avaient abandonné leurs maisons, après
les avoir fermées et barricadées ; il fallut donc que les soldats en forçassent les portes pour trouver les moyens d'arrêter le feu et pour sauver de ses ravages les objets précieux
qu'il allait dévorer. Il s'ensuivit une multitude de déména-
gements, qui étaient comme des mutations de propriétés.
Jamais je n'avais rien vu de semblable dans mes quatorze
campagnes précédentes, et je me promis bien de faire de
mon mieux pour éviter de me trouver à pareille occurrence.

Les troupes anglaises, suivies des milices, se retirant vers
le nord par les chemins difficiles des bois de l'intérieur, je
fus convaincu qu'elles allaient prendre position aux approches du fort Rupert, et retarder le siége de cette citadelle,
si l'on osait l'entreprendre. Une escadre anglaise, supérieure
à la nôtre, n'aurait pas tardé à survenir et à délivrer la co-

lonie, en attaquant à l'ancre notre division navale, mouillée dans la baie du Morne-Cabrit. Cet avenir menaçant étant
indubitable, je jugeai que, dès lors, la campagne de nos
troupes était finie, et que trois à quatre cents blessés que
nos vaisseaux avaient à bord, les obligeraient de retourner à
la Martinique, pour les déposer dans nos hôpitaux. Ma mission était donc terminée, et il ne me restait plus qu'à en
rendre compte à l'amiral le plutôt possible.

Je fis en conséquence mes préparatifs : j'envoyai ordre
à notre navire de se tenir prêt à mettre à la voile dans la nuit.
Je pris des dispositions pour prévenir l'invasion de la maison
où nous avions reçu l'hospitalité; je fis arborer sur sa porte
un pavillon tricolore et un drapeau noir, faits avec tout ce
qui nous tomba sous la main. Une sauvegarde, au nom du
Capitaine général de la Martinique, fut placardée sur la porte
et éclairée par des lampions, car la nuit avait clos enfin ce
jour de malheur. Mes trois blessés, qui étaient fort mal,
furent laissés aux soins de mes hôtesses, à qui je m'aban-
donnai moi-même, étant au bout de mes forces, et succom-
bant à la douleur. Je fermai les yeux et je souffris avec une
résignation stoïque trente déchirures de la peau de mon
visage, opérées par des épingles qui allaient chercher profondément les aiguillons restés dans les blessures empoisonnées que les guêpes m'avaient faites. Cinq ou six échappèrent aux opératrices, et je les ai conservées un demi-siècle,
dans le tissu cellulaire de mon front. Après cette douloureuse
extraction, mes plaies furent pansées avec un baume caraïbe, souverain, et je m'endormis profondément.

A mon réveil, je crus rêver encore, car je ne pouvais
m'expliquer ni comment ni pourquoi j'étais là. En reprenant mes esprits, je vis, au milieu des tableaux qui couvraient la boiserie du salon, un dessin bordé d'un encadre-

ment dont la lumière d'une lampe faisait ressortir la dorure. C'était une carte. Quelle fut ma surprise en reconnaissant que c'était celle de la Dominique, que j'avais faite pour l'amiral Villaret-Joyeuse, et qu'on avait dérobée dans son cabinet ! Le général Prévost la possédait et il en faisait cas, puisqu'il l'avait environnée d'un cadre en bois d'ébène, avec un double filet d'or. Je ne pouvais douter à voir mon lavis heurté et surtout à mon écriture pataude, que ce ne fût bien mon ouvrage, seulement on y avait ajouté quelques noms de montagnes et d'habitations, en une écriture anglaise, fine et élégante, que j'aurais été incapable d'imiter. Je fus fort satisfait de retrouver mon bien, et je résolus de ne pas manquer de le reprendre.

Ma triste mission était remplie, car les troupes de l'expédition n'avaient rien de mieux à faire que de se rembarquer le lendemain. Je donnai l'ordre du départ, et à minuit mes éclaireurs reprenaient par un beau clair de lune, le chemin que nous avions fait la veille, mais en se tenant soigneusement à l'écart des guêpes cartonnières. Au moment de partir, mes bonnes hôtesses survinrent tout éplorées, disant qu'elles voulaient me suivre, sans quoi elles mourraient de peur dans cette maison exposée aux attentats des maraudeurs. Les bruits qui partaient des cases de la ville échappées à l'incendie, étaient, en effet, fort peu rassurants, et je ne pus me dissimuler, quand mes yeux, alors désenflés, se portèrent sur ces jeunes et jolies personnes, qu'il n'y avait aucune sûreté pour elles à rester dans une ville prise d'assaut. Je me rendis donc à leur instance, et leur demandai où elles voulaient aller. — A Saint-Pierre, dirent-elles. — Mais, répliquai-je, c'est une ville ennemie. Elles se prirent à rire, au milieu de leurs larmes, de mon extrême naïveté, et m'assurèrent qu'elles seraient parfaitement accueillies

chez un riche négociant qu'elles nommèrent, et qui était
commissionnaire en titre du général. En voyant que je n'y
concevais rien, elles m'expliquèrent que le général Prévost
ayant une belle et productive caféière, il envoyait tous les
ans sa récolte à Saint-Pierre, par un navire américain, qui,
malgré son pavillon neutre, n'était qu'un bâtiment anglais.
Ces cafés, expédiés pour les ports de France, s'y vendaient
à un bien meilleur prix qu'à Londres, et le commissionnaire
expédiait au général, en échange, et toujours par la même
voie, du vin de Bordeaux, de l'eau-de-vie de Cognac, des
jambons de Bayonne, et des soieries pour habiller ces dames.
Je fus fort surpris de tout ce commerce de bon voisinage,
dont je n'avais pas la moindre idée, tant j'étais dans l'ignorance des choses utiles de ce monde. Cela me fit songer que
ma carte avait été peut-être un appoint dans quelque trafic
moins innocent.

Une heure après, nous étions à bord de notre navire, qui
appareillait en silence pour la Martinique, à la grande satisfaction de tous ; et dans la journée, l'expédition quittait la
Dominique, pour aller mettre à contribution les petites îles
de Névis et de Monserrat, qui ne croyaient guère qu'une
escadre française pût leur faire l'honneur de s'occuper d'elles
et de leur demander de l'argent.

Arrivé devant Saint-Pierre, j'envoyai mes dames à terre,
dans le canot du bord, et je leur fis d'affectueux adieux, en
les remerciant d'avoir soulagé efficacement mes douleurs.
Elles me quittèrent pour aller, sans retard, aux Pères-
Blancs, faire dire une messe pour leur heureuse délivrance,
et en mon intention. Elles étaient catholiques, quoiqu'au
service d'un vieux protestant français, et demeurant parmi
des hérétiques. Tous ces gens-là faisaient leur salut, chacun
à sa guise.

Je hélai un canot de poste, qui me conduisit au Fort-de-
France, en moins de temps qu'il n'en fallait au navire pour
gagner le mouillage, en courant des bordées. L'amiral m'attendait avec une impatience inexprimable ; il ne savait rien
sinon qu'un engagement sérieux avait eu lieu la veille, la canonnade s'étant fait entendre jusqu'au Prêcheur. Quand je
lui appris l'incendie du Roseau, il se mit tellement en fougue
que je fus un quart d'heure sans pouvoir continuer mon
récit ; il maudit l'expédition et celui qui la commandait, et
il me fut difficile de le persuader que le hasard était la cause
de ce désastre. Il approuva, sans réserve, tout ce que j'avais
fait pour la maison du général Prévost, et il fit expédier un
officier à Saint-Pierre, pour assurer mes belles hôtesses de
son intérêt, et leur demander en quoi il pouvait leur être
agréable. Il me chargea expressément de dresser un rapport détaillé de ma mission, sans épargner la vérité ; et je
crois bien qu'il s'en servit pour écrire au ministre de la marine, en se plaignant avec amertume de la position difficile
qu'on venait de lui faire, au milieu des colonies ennemies,
et en présence d'une escadre anglaise de blocus, dont les
représailles pouvaient être désastreuses pour les villes de la
Martinique. Le chef de l'expédition fut destitué, m'a-t-on
dit ; mais ce malheur, ajoutait-on, lui devint extrêmement
avantageux et passa même pour honorable lors de la Restauration.

Les trois grenadiers que j'avais laissés au Roseau, à cause
de leur état de souffrance, et pour servir de sauvegarde à la
maison du général, revinrent au bout de quinze jours, presque guéris, et ne tarissant pas sur les soins qu'on leur avait
prodigués ; ils apportèrent pour moi des remercîments, conçus en termes gracieux, et une petite caisse envoyée par ma
bonne hôtesse ; elle contenait une belle petite statue de la

Vierge, en marbre et grande de huit à neuf pouces. Ce singulier cadeau me fut adressé, parce qu'on avait prévu que c'était le seul que je ne pusse pas refuser. Je le donnai à madame de Villaret, comme étant ma part de prise de la Dominique. Cette statuette représentait bien quarante à cinquante mille francs.

Dans cette campagne de vingt-quatre heures, j'avais accompli trois choses : j'avais attaqué, enlevé et détruit une batterie anglaise de gros calibre, l'une des plus essentielles de la défense, celle qui venait de foudroyer cent hommes d'élite aux troupes de l'expédition. — J'avais évité ce sort aux grenadiers d'artillerie, en mettant à profit les avantages du terrain que j'avais reconnu antérieurement, et tracés sur ma carte. — Enfin, en sauvegardant la belle maison de campagne du général Prévost, j'avais donné un témoignage certain que l'amiral Villaret, dont j'étais le représentant autorisé, était entièrement étranger au désastre du Roseau. Il était de la plus haute importance que ce fût un fait avéré, trois ou quatre villes ouvertes de la Martinique pouvant être réduites en cendres, suivant la loi du talion.

Le lendemain, j'étais à la manœuvre d'artillerie, m'attendant à quelque autre tribulation, ce qui ne manqua pas de survenir à point.

J'oubliais de dire que je rapportai à l'amiral ma carte de la Dominique, que quelques mois auparavant je lui avais donnée, et que je venais de retrouver ornant le salon du gouverneur de cette île. Il avait fallu, pour en reprendre possession, que nos troupes s'emparassent de vive force du Roseau, et que je préservasse d'être saccagée la maison de campagne du général Prévost. Je montrai à l'amiral, sur cette carte, les opérations militaires qui avaient eu lieu ; mais je m'aperçus bientôt qu'il songeait à autre chose, sans doute à la manière dont cette carte lui avait été dérobée, dans un cabinet dont il portait toujours la clef dans son gousset. Il en était péniblement affecté. Pour diminuer cette impression, je lui dis qu'un roi dont on n'osait pas braver la colère, Louis XIV, avait été volé des crépines d'or qui garnissaient les draperies de son appartement. — C'était un insolent larron, répliqua l'amiral, que celui qui avait commis ce vol ; mais, au fond, il importait peu au pays que le roi eût ou n'eût pas des crépines d'or à ses rideaux, tandis qu'en dérobant votre carte, mon voleur a causé la mort de cent braves soldats qui, sans lui, débarqueraient demain à la Savane et nous seraient d'un grand secours. C'est une trahison, et si j'en découvre l'auteur, il la paiera cher. — En ma qualité de rapporteur du conseil de guerre permanent, la recherche m'en était dévolue, mais je me gardai bien de l'entreprendre, j'aurais craint de trop bien réussir.

L'irritation qu'éprouvait l'amiral le faisait exagérer ce méfait, qui n'était probablement rien de plus qu'un abus de confiance commis pour faire un cadeau d'amitié ou de reconnaissance à un général ennemi. En effet, ma carte n'avait acquis de l'importance que par l'attaque du Roseau, qui n'avait pu être prévue par personne, tant elle était insensée.

Trois ans après, lors de l'invasion de la Martinique, le général Prévost prouva par ses belles lignes stratégiques du Robert au Fort-de-France qu'il avait dû se procurer bien d'autres cartes que la mienne, et qu'il possédait l'habileté nécessaire pour s'en servir avec succès.

CHAPITRE XXIV.

LES SAUVAGES.

On se rappelle qu'un philosophe, un célèbre philosophe du XVIIIe siècle, entreprit de réhabiliter l'homme de la nature, l'homme sauvage, et qu'il écrivit, en traitant ce sujet, les pages les plus éloquentes. Ces hautes questions étaient alors accueillies par la société avec un grand intérêt, et je me souviens que, dans mon enfance, avant que de pouvoir les comprendre, je les entendais discuter par des personnes dont l'autorité me les recommandait. Je ne prévoyais guère que quelques années après je pourrais leur apporter, non sans doute, le contingent d'une dissertation brillante, mais un humble tribut d'observations et de témoignages oculaires, propres à les élucider. C'est cependant ce que voulut ma destinée, qui transforma le collégien en voyageur dans les pays lointains. Le sort de la guerre m'ayant jeté sur le rivage de l'île Saint-Vincent, j'y trouvai la dernière tribu d'hommes rouges, indigènes de l'Archipel américain, et une mission militaire, difficile et périlleuse, me fixa au milieu d'eux pendant deux campagnes. Combattant avec ces sauvages et pour eux, et vivant, dans le même carbet, en communauté d'opinions, d'intérêts et d'affections, j'appris à les connaître, et je pus déterminer, par les procédés d'exploration des sciences modernes, les curieux éléments de leur condition sociale et du problème tant controversé de la bonté de leur cœur et des lumières de leur esprit. Je n'esquisserai ici que quelques traits de ce tableau qui, dans son ensemble, formerait un chapitre inédit, de l'histoire intime d'un peuple ignoré et perdu, et pourtant digne d'intérêt.

C'était assurément un spectacle curieux et instructif que celui d'un peuple vivant encore dans l'état de la nature primitive, à la fin du XVIIIe siècle et au milieu de trente colonies européennes, arrivées au faîte de la civilisation la plus raffinée et la plus corrompue. Certes, il avait fallu à ce peuple un grand courage et une persévérance extraordinaire, pour se préserver depuis trois cents ans, d'être subjugué par les armes redoutables et par les mœurs séduisantes et faciles de ses puissants voisins, et pour conserver avec la simplicité de ses ancêtres, leur farouche énergie et leur haine implacable contre toute oppression.

Le jour même où, pour la première fois, un vaisseau d'Europe sillonna la mer des Antilles, l'intrépidité des Caraïbes et leur passion indomptable pour leur indépendance, se manifestèrent par un combat désespéré. La caravelle de l'amirante *Christophe Colomb* portant le grand pavillon d'Espagne sur ses châteaux crénelés, faisait voile sous le vent des hautes îles de l'Archipel, quand elle tomba sur une barque montée par des sauvages. Ni le nombre des ennemis, ni les armes inconnues et effrayantes dont les Castillans faisaient usage, n'intimidèrent le moindrement les insulaires; ils refusèrent toute capitulation; ils repoussèrent toutes les

offres qu'on leur fit, et ils lancèrent leurs flèches sur l'é-
quipage de ce bâtiment de haut-bord, qui pouvait les foudroyer ;. ils continuèrent de combattre dans la mer, quand
leur pirogue eut été coulée par la caravelle.

Les indigènes d'Haïti, qui accompagnaient Colomb, lui
signalèrent les Caraïbes comme des hommes féroces, se dé-
fendant jusqu'à la mort, lorsqu'on voulait les faire esclaves,
et portant la terreur parmi les populations des grandes Antilles, par leurs expéditions maritimes à plus de trois cents
lieues de leurs carbets.

Ce témoignage fut méprisé par les nouveaux colons d'His-
paniola ou Saint-Domingue ; et, quand tous les naturels de
cette île eurent péri, en travaillant, pour les Espagnols,
dans les mines d'or du Cibao, le conseil des Indes destina
les Caraïbes à les remplacer dans cette tâche meurtrière.
Une résolution de ce conseil, rendue en 1500 sous l'autorité royale de Ferdinand et Isabelle la Catholique, et confir-
mée en 1525, après une enquête spéciale, déclara leur population esclave. Les motifs de cette condamnation en masse,
furent exposés par le R. F. Ortis, organe du conseil ; leur
texte a été conservé par l'historien Herréra, et il mérite
d'être reproduit, pour montrer de quels efforts étaient capables les plus pieux personnages, afin de pervertir la vérité et
d'atteindre l'objet qui enflammait leur cupidité.

« Ces peuples, dit ce dominicain, doivent être mis en
esclavage, à cause de leurs péchés de sodomie, d'idolâtrie
et d'anthropophagie. Ils vont tous nus, sans aucune honte ;
ils vivent comme des ânes étourdis, insensés, ne se souciant
ni de tuer ni d'être tués. Ils tournent tout à leur profit et ne
savent ce que c'est que de recevoir un bon conseil. Ils s'eni-
vrent avec diverses sortes de vins et aussi avec la fumée du
tabac, qui leur fait perdre le jugement. Ils ne pardonnent

jamais, et ils sont grands ennemis de la religion, ne voulant pas recevoir de missionnaires dans leurs îles. Les femmes ne gardent point leur foi à leurs maris, ni les maris à leurs femmes. Ils sont sorciers et nécromanciens, couards comme des lièvres, sales comme des pourceaux, mangeant des araignées et des vers crûs. Quand on leur enseigne quelque chose de la religion, ils disent que c'est bon pour les Castillans, et non pour eux, qui ne veulent changer ni leurs coutumes, ni leur Dieu. Enfin, conclut le bon Père, il n'a jamais été créé d'hommes aussi confits dans les vices et dans la bestialité, et ils méritent d'être mis en esclavage [1].

Mais il était plus facile au Conseil des Indes de rendre cette sentence de proscription, que de l'exécuter; et l'Espagne avait déjà perdu la moitié de ses colonies des Antilles et de l'Amérique du Nord, quand les Caraïbes vivaient encore libres et indépendants, au milieu des riantes campagnes de leur île d'émeraude, Saint-Vincent.

Lorsque les hasards de la guerre me firent surgir au milieu de ces sauvages, je n'ajoutais point foi aux accusations intéressées portées contre eux par leurs ennemis. Comment, en effet, des hommes qui recevaient de la terre la plus féconde une nourriture abondante et variée, auraient-ils pu préférer la chair de leurs semblables, aux mille sortes d'aliments que leur offraient sans cesse leurs riches cultures, leurs vergers chargés de fruits délicieux et la mer poissonneuse qui baignait leurs rivages? Comment auraient-ils eu les goûts dépravés de l'Orient, nés de la privation d'un autre sexe, eux qui vivaient sans contrainte au milieu d'une foule de femmes, comparables par leur beauté à tout ce que le statuaire de la Grèce antique nous a laissé de plus parfait?

[1] Herréra, III, Décade, liv. VIII, c. 10.

Il est vrai qu'ils repoussaient toute conversion et refusaient de délaisser le culte de leurs pères ; mais il faut convenir que des apôtres comme le F. Ortis, étaient bien peu propres à les persuader, et qu'avec la perspective de l'esclavage et du travail au fond des mines d'Haïti, on ne gagnerait pas plus d'âmes maintenant parmi nous que Louis XIV n'en sauva par les dragonnades des Cévennes.

Cependant, et malgré l'autorité qu'avait pour moi J.-J. Rousseau, je doutais beaucoup des belles qualités qu'il attribue à l'homme de la nature. Le temps, ce grand élément des choses, est nécessaire aux nations en marche vers de meilleures destinées, et les peuples sortis des marais de la Guyane, me paraissaient trop récents, pour avoir pu, dans leurs progrès, atteindre seulement les confins de la civilisation. Je me refusais à croire qu'ils possédassent davantage que l'instinct de leur conservation, et qu'ils fussent susceptibles de ces clartés de l'intelligence, de ces inspirations du cœur, de ces élans d'une belle âme, qui font l'honneur de l'humanité. Je reconnus avec bonheur que je ne leur avais pas rendu justice, et que les paysans du Morbihan, tels que les avaient faits, il y a soixante-dix ans, le régime féodal et clérical, n'auraient pu rivaliser avec eux, malgré leur noble et antique extraction. Aujourd'hui même, après un demi-siècle d'indépendance, les Africains de Saint-Domingue, quoique vivant sous les influences d'un climat semblable et ayant eu pour tuteurs des hommes blancs, ne sauraient être comparés en rien aux Caraïbes, qui pratiquaient toutes les vertus primitives, au lieu de singer les vices des sociétés raffinées.

Les faits que je vais exposer dans toute leur simplicité prouveront, j'en ai l'espoir, la vérité de cette assertion ; sans exagérer les qualités des hommes de la nature, ils relèveront dans l'histoire du Nouveau-Monde le nom et la mémoire des tribus indigènes qui existaient encore, à la fin du siècle dernier, dans le grand Archipel américain.

La population caraïbe de Saint-Vincent excédait, en 1795, 6,000 habitants de race rouge indigène, avec environ 1,500 Caraïbes noirs; elle était éparse dans les campagnes de la Cabesterre, c'est-à-dire dans la partie située entre la crête des montagnes du centre de l'île, qu'on appelait la Barre, et le rivage oriental, s'étendant du nord vers le sud. Tout ce territoire formait un vaste amphithéâtre, ouvert aux brises de l'est, et offrant partout aux regards le plus riant aspect. Les seuls endroits dépouillés de verdure étaient quelques caps basaltiques qui se projetaient vers la mer du Vent, et qui défendaient les côtes contre les flots agités du grand courant de l'Océan équatorial. Une ceinture de récifs, élevés sur une base volcanique par les polypes coralligènes, fermait l'espace entre ces promontoires; elle laissait un large chenal bordant le rivage de l'île, et dont les eaux tranquilles étaient fréquentées par mille espèces de poissons savoureux et par les pirogues des pêcheurs guettant ces proies nombreuses et faciles. C'était là l'occupation favorite des habitants; ils l'aimaient passionnément, comme jadis nos seigneurs féodaux aimaient la chasse. Dès le point du jour, plusieurs centaines de pêcheurs, de tout sexe et de tout âge, étaient rassemblés pour cet objet sur la côte voisine du grand carbet. Les hommes préparaient de fortes embarcations, qui allaient gagner la haute mer, à la voile et à l'aviron, pour harponner les grosses espèces de poissons, attirés autour d'eux par des appâts ingénieux; ils en rapportaient le soir deux ou trois quintaux ou allaient les échanger à Sainte-Lucie contre des hameçons, des couteaux et autres quincailleries dont la fabrication surpassait leur savoir industriel. Les jeunes gens

venaient lever les paniers qu'ils avaient placés dans la nuit
à l'embouchure des rivières, et ils les trouvaient pleins de
poissons, qu'attiraient là constamment les débris végétaux
et animaux charriés par les cours d'eau descendus des montagnes. Les enfants qui n'avaient point de pirogue faisaient,
avec des bois légers, des radeaux nommés Piperis, et ils
affrontaient, sur ces arches périlleuses, une mer profonde
et capricieuse. Quelquefois, un cri d'alerte se faisait entendre : c'était un requin, ce tigre vorace de l'Océan, qui, pénétrant par une ouverture des récifs, venait se jeter au milieu des pêcheurs pour dévorer les victimes qu'il avait,
disait-on, flairées. Mais le son éclatant de la conque du Lambis avait déjà donné l'alarme, et dix pirogues, dont les nageurs étaient armés de lances et de harpons acérés, se mettaient à la poursuite du redoutable ennemi. Celui-ci, en se
voyant découvert, s'efforçait de trouver une brèche dans les
récifs qui lui permît de gagner la haute mer. Parfois, dans
cette tentative, il échouait sur les coraux et y trouvait la
mort. Son corps, retiré de cette embuscade, était pendu sur
le rivage de l'île, pour servir d'exemple à ses pareils, et
puis, pour compléter cette vengeance, on le donnait en pâture aux petits poissons.

La pêche que je me plaisais surtout à voir était celle faite
sur la grève, avec un immense filet qui, jeté au large et attiré
vers le rivage par la traction d'une centaine d'insulaires, amenait, dans son réseau, tous les poissons qui nageaient dans
l'espace considérable qu'il avait embrassé. Il y en avait des
milliers, et leurs diversités de formes étaient surprenantes.
Au moment où ils échouaient sur le sable, leurs sauts prodigieux, l'éclat de leurs écailles colorées, frappées par les
rayons du soleil, leurs efforts pour s'échapper par force ou
par ruse, leur instinct pour reconnaître la direction qu'ils

devaient prendre pour retrouver leur élément, les cris de joie des pêcheurs lorsqu'ils découvraient leur meilleur gibier, une foule d'autres circonstances, nouvelles pour moi, me faisaient rechercher ce curieux spectacle.

Les maîtres du filet et ceux qui les avaient aidés à l'employer prélevaient les poissons de première qualité. Le reste, qui formait une masse énorme, était partagé entre tous ceux qui en voulaient. Une quantité d'espèces, qui n'étaient pas comestibles, étaient pourtant emportées. Qu'en faisait-on ? On s'en servait pour fertiliser des sables et des tufas stériles. On mettait dans chaque trou, fait avec un semoir, une tête de poisson et deux grains de maïs ou un œil de plantes tuberculeuses, et la récolte était certaine, hâtive et d'une abondance extraordinaire.

Ce procédé d'engrais, qui couvrait de végétaux alimentaires les surfaces les plus rebelles à la culture, ne laisse pas d'être ingénieux pour des sauvages de l'autre monde. Il garantit que leurs soins, pour rendre la terre propice à tous leurs besoins, n'étaient pas moins fructueux que ceux qui leur obtenaient les produits abondants de la mer.

Il est, en effet, impossible de rassembler dans un coin du globe davantage de cultures utiles et de végétaux agréables qu'il y en avait dans le dernier domaine de ces sauvages. En compulsant mes carnets, j'y trouve l'énumération suivante :

20 sortes de racines alimentaires ;
36 — dont la tige ou les feuilles sont nutritives ;
6 — dont le réceptacle sert d'aliment ;
60 — de fruits pulpeux, comestibles ;
8 — de fruits amigdaloïdes ;
30 espèces de légumineuses ;
10 — de végétaux graniformes.
_____
170 espèces alimentaires.

Je me garderai bien de dire quelles étaient toutes ces plantes; il me faudrait faire un volume de botanique, et c'est uniquement des hommes que je veux parler ici.

C'était l'un des traits distinctifs de l'intelligence des insulaires que cette disposition à rassembler autour d'eux les productions utiles qu'ils observaient au loin. L'historien Oviédo, qui écrivait dans les premières années du XVIᵉ siècle, pendant les efforts héroïques de Colomb pour coloniser Saint-Domingue, en portait déjà témoignage. Les Espagnols, dit-il, croyaient que les habitants des Antilles avaient trouvé à la Guadeloupe les semences de beaucoup de végétaux excellents, parce que les Caraïbes, qui y demeuraient, étaient un peuple errant, parcourant sans cesse les contrées éloignées, et en rapportant chez lui tout ce qui pouvait lui être profitable [1]. Trois cents ans après, cette inclination, qui a sommeillé en France pendant dix siècles, était toujours éveillée chez les insulaires de Saint-Vincent. Aucune pirogue n'arrivait d'un voyage à la Côte-Ferme ou aux îles les plus distantes, sans y avoir recueilli des plants d'arbres fruitiers, des graines, des oiseaux dans leur nid, avec le père et la mère. Moi, qui ai présidé, par l'autorité d'un excellent ministre de la marine, à des opérations semblables, je ne suis pas bien certain que nos navigateurs y missent les mêmes soins que les sauvages. Il faut avouer pourtant que tout ne leur réussissait pas à souhait, et qu'ils en étaient assez souvent pour leurs peines. Par exemple, Pakiri m'apporta un jour, au retour d'une expédition, deux gallinacées superbes, des hoccos mâle et femelle, couverts d'un plumage noir lustré et magnifique et couronnés d'une belle crête orange. Je rêvais déjà qu'étant de la même famille que nos coqs de

[1] Oviédo. III Décade, c. 9.

basse-cour, ils se multiplieraient à côté d'eux ; mais ils disparurent soudain. Les lévriers qui gardaient les passes des montagnes furent accusés, eux, qui respectaient les dindes et les poules domestiques, d'avoir fait main-basse sur ces étrangers, qu'ils avaient, disait-on, pris pour des Anglais.

Une autre fois, un jeune et hardi nautonier revint avec des graines d'une nouvelle espèce de millet, moins menue que celle qu'on possédait; le semis qui en fut fait réussit à merveille, et c'eût été une bonne acquisition pour le pays, mais un orage emporta la culture et même le champ.

C'était sans doute parce qu'abondance de biens ne saurait nuire que les Caraïbes ambitionnaient d'accroître le nombre de leurs végétaux alimentaires ; car ils en avaient bien plus que nous n'en avons, nous autres enrichis par trente à quarante siècles d'état social.

Au premier rang étaient cinq espèces éminemment comestibles : le manioc, arbrisseau à racines féculifères, importé du Brésil et de la Guyane par les premières tribus de sauvages qui passèrent dans les îles. — Le maïs, la plus belle et la plus féconde des céréales du globe, cultivée par tous les peuples indigènes du Nouveau-Monde qui habitaient entre les 40e et 45e degrés de latitude boréale et australe. — L'igname, plante à racine charnue énorme dont la pulpe est comestible par la cuisson, blanche, tendre, sans fibres, et d'un goût agréable qui s'allie parfaitement, et presque comme le pain de froment, avec les autres aliments. — La patate douce, liane grimpante qui produit un tubercule farineux et sucré, pesant jusqu'à dix kilogr. — Enfin, le chou caraïbe, dont les grandes feuilles sagittées sortent du collet d'une racine féculifère, nourrissante, et d'un usage général dans l'Amérique tropicale [1].

[1] Le manioc, Kièye des Caraïbes, *Jatropha manihot*, Linn. Le maïs,

Je ne veux pas oublier un végétal bienfaisant, qui, non-seulement apaisait la faim, mais qui, mieux encore, rendait la santé. C'est l'Envers des colonies françaises, et le Toulala des Caraïbes [1]. Une touffe de feuilles d'un vert admirable donne naissance à une racine tubéreuse charnue, formée d'une fécule amilacée, blanc nacré, ayant un goût et une odeur aromatisées. Cette fécule délayée dans l'eau et cuite à peine, donne une bouillie qui n'a point sa pareille pour alimenter les enfants et rétablir les personnes affaiblies par la maladie. L'un de nos artilleurs, menacé d'une mort prochaine par les suites d'une fièvre de la rivière Salée à la Guadeloupe, ayant pris soir et matin du Toulala, par le conseil de la fille de Pakiri, il fut guéri au bout d'un mois, et de décharné qu'il était, il devint gros et gras.

L'excellente Eliama, toujours prête à faire une bonne action, avait fait planter en Toulala toute la pente d'un morne, et chaque matin elle faisait distribuer à une nombreuse troupe d'enfants cet aliment réconfortable. Je m'arrêtais parfois pour voir ce banquet sous la feuillée de la montagne. D'abord ces enfants étaient fort farouches et disposés à prendre la volée; mais Zami, une petite Caraïbe de dix ans, me recommanda à leur affection, et nous devînmes bientôt de grands amis. Les garçons, qui promettaient d'être un jour des guerriers intrépides s'élançant au milieu des baïonnettes en faisant ronfler leur casse-tête, étaient bien plus sauvages que les petites filles. Celles-ci étaient toujours les premières à venir au-devant de moi en m'offrant des fleurs

Aouachi et Marichi des Caraïbes. *Zea maïs*. Linn. L'igname, Namain et Cayarali des Car. *Dioscorea alata*. La patate douce, Mabi des Car. *Convolvulus batatas*. Linn. Le chou caraïbe. Taya et Ouahou des Car. *Caladium sagittifolium*. L.

[1] *Maranta arundinacea*.

des bois, les plus rares qu'elles avaient pu trouver. Il en
était, du reste, ainsi de leurs parents. Personne n'imaginait
avoir découvert une chose curieuse sans songer tout de
suite à m'en faire part. On me demandait seulement en
retour de dire son nom, son pays et son histoire, ce qui
souvent était pour moi fort difficile. On m'annonça une fois,
bien longtemps à l'avance, une fleur bleue d'une merveilleuse odeur. On sait que cette couleur est la moins commune, et que rarement elle est accompagnée de parfum.
Enfin un matin, en ouvrant les yeux, je vis Zami près de
mon hamac, tenant avec respect dans ses petites mains un
pot d'Héliotrope, de l'espèce orientale à grandes fleurs. On
l'avait tiré, je ne sais comment, du jardin des Pères domi-
nicains de la Martinique, probablement sans leur consente-
ment.

Malgré tout mon amour pour le sol natal de la France,
je dois avouer qu'il est bien pauvre, bien stérile, bien
ingrat, quand on le compare à la terre de ces belles îles
tropicales. Les Espagnols, qui ont de si riches provinces
sur les bords de la Méditerranée, furent frappés d'étonnement en voyant les cultures des indigènes d'Haïti. « Leur
blé, dit Oviédo en parlant du maïs, excède la taille d'un
homme. Chaque épi porte de trois cents à cinq cents grains,
et il y a des tiges qui produisent deux ou trois épis. Il suffit
de quatre mois ou même trois pour atteindre le jour de la
récolte [1]. » Cette culture n'avait pas dégénéré entre les
mains des Caraïbes : le maïs qu'ils produisaient avait une
hauteur de sept pieds, et l'une de ses variétés rapportait au
bout de quarante jours; il donnait trois moissons dans
l'année.

[1] Oviédo. L. I, c. IV.

A côté de cette forêt de roseaux dorés et fructifères, on voyait des champs de Manioc, arbrisseaux à rameaux bistors, à feuilles glauques, et dont l'apparence ne laisse pas deviner l'utilité. Leurs racines tubéreuses, charnues, donnent chacune quatre à cinq livres d'une farine contenant une quantité considérable d'amidon, et par conséquent étant alimentaire, à un très-haut degré, quand on en a extrait, par la cuisson, un suc volatil, âcre, vénéneux pour les hommes et les animaux, et analogue aux poisons des autres végétaux de la même famille : les Euphorbiacées. Cent kilogr. de racine en produisent soixante de farine, qui suffisent à la nourriture d'un homme pendant deux mois. L'hectare donne 8 à 10,000 kilogr. de ces racines et fournit à la subsistance de seize à dix-sept personnes, tandis que, semé en blé dans nos départements, il n'en peut alimenter que quatre.

Auprès des cases éparses dans les mornes s'élevaient des bouquets de Bananiers verdoyants [1], hauts de quinze à dix-huit pieds, et portant au bout d'un an ou treize mois des fruits pulpeux, sans noyaux ou pépins, et d'un goût très-agréable. Les trois cent cinquante Bananiers que contient un hectare rapportent dix à douze mille kilogrammes d'un aliment savoureux et salubre, l'un des plus estimés des Antilles par toutes les classes de la population. C'est de tous les végétaux utiles, importés les premiers de l'Ancien-Monde, celui qui se naturalisa le plus vite dans l'archipel américain, comme s'il était dans sa terre natale.

Je puis faire l'éloge de ces belles productions avec un grand désintéressement, car elles m'étaient presque étrangères, sauf le bonheur que j'éprouvais de les voir répandre

---

[1] Le Bananier. — *Musa paradisiaca*. Figue banane. M. *sapientia*.

partout l'abondance. Je ne pouvais m'habituer à leurs sa-
veurs. La farine de manioc me semblait aride, et celle de
maïs grossière; les patates étaient fades et les bananes trop
sucrées; enfin, j'aurais donné toutes ces bonnes choses
pour un morceau de pain. Mes torts étaient partagés; et,
sur vingt-cinq artilleurs, deux ou trois seulement s'accom-
modaient du régime des Caraïbes; les autres, quoique
mieux nourris qu'ils ne l'avaient jamais été, demandaient
du pain à grands cris. Il fallut réclamer à la Guadeloupe la
farine de nos rations. On nous l'envoya avec un boulanger;
et comme nous avions de l'argile, nous fîmes des briques
— avec nos briques un four — et avec notre four de l'excellent pain. J'imaginais que les sauvages s'en régaleraient,
mais ils en firent fort peu de cas, et préférèrent leurs racines. Zami et son épagneul s'associèrent seuls à notre éminent progrès social; car, rien, comme le pain de froment,
purgé de son et bien levé, ne caractérise une haute civilisation, et même n'y contribue.

La protection que donnaient à l'agriculture des Caraïbes
le sol, le climat et la nature des productions, dispensait ces
insulaires de lui prodiguer toute leur industrie. C'était
pour un autre objet qu'ils la réservaient. La construction
de leurs pirogues, leur équipement, leurs manœuvres,
étaient pour eux bien plus importants, puisqu'ils devaient,
depuis trois siècles, leur prépondérance maritime dans la
mer des Antilles, à cette industrie fort remarquable. Sans
doute, leurs flottilles de guerre ne pouvaient lutter à force
ouverte contre les caravelles espagnoles et les frégates anglaises, mais elles avaient sur elles l'avantage qu'ont aujourd'hui les bâtiments à vapeur sur les bâtiments à voiles,
celui de se mouvoir à volonté, indépendamment du vent.
Elles devaient cette faculté vitale aux soixante avirons, nom-

més pagayes, qui étaient les merveilleux propulseurs des pirogues de combat. Les galères à rames de la Méditerranée, avec des forçats enchaînés à leurs bancs, étaient une misérable marine près de l'escadrille des insulaires, armée de rameurs qui étaient tous des guerriers prêts à un abordage, à un débarquement, à une bataille à mort.

Quand les Espagnols se furent établis à Saint-Domingue, à Cuba, à Porto-Rico, les Caraïbes y venaient perpétuellement de la Guadeloupe et de la Martinique attaquer les nouveaux colons et incendier leurs habitations. Ces expéditions devinrent dans la suite plus difficiles et plus rares. Mais pourtant il y avait des exemples, pendant la dernière guerre, de navires du commerce anglais enlevés pendant la nuit dans les ports écartés de plusieurs colonies, et de villages surpris dans l'obscurité par des pirogues de guerre des sauvages qui se tenaient embusqués derrière des rochers jusqu'au moment favorable à leur débarquement.

L'audace des insulaires était étonnante, même pour moi, qui venais de faire les premières campagnes de la Révolution. En revenant de Sainte-Lucie, où nous avions été pour acheter des fusils, nous apprîmes qu'une frégate ennemie de quarante canons était en calme dans notre parage. Aussitôt, Pakiri, quoiqu'il n'eût que deux grandes pirogues, résolut d'aller la braver. Il s'en approcha au vent à petite distance, comme s'il voulait l'attaquer. La frégate ouvrit son feu sur nous, et le continua fort inutilement, car elle nous avait fait connaître la portée de ses pièces. Pendant deux heures, elle fut tenue en échec par une centaine de sauvages. Lorsque je demandai au chef rouge l'objet de cette démonstration, il me répondit qu'il avait eu l'espoir que le capitaine, dans son indignation d'être insulté par de simples bateaux, aurait mis ses embarcations à la mer et que leur prise aurait été certaine. D'ailleurs, la frégate elle-même aurait bien pu éprouver le même sort, s'il lui était survenu à l'improviste quelque accident de mer, comme un démâtage ou un incendie.

Au moyen de leurs nombreuses pirogues, sillonnant sans cesse le golfe du Mexique, depuis les bouches de l'Orénoque jusqu'au détroit de Bahama, les Caraïbes étaient parfaitement informés de tous les événements dont ils pouvaient profiter. Ils étaient les messagers de Victor Hugues, et c'était par eux que le proconsul de la Guadeloupe savait à point nommé tous les mouvements des bâtiments de guerre anglais. Les corsaires de la Pointe-à-Pitre, qui s'étaient rendus si redoutables, avaient pour éclaireurs les pirogues des insulaires, et s'en servaient comme de pilotes dans les expéditions difficiles.

Aucune terre de l'archipel n'échappait à leurs explorations. Un soir, Pakiri vint m'offrir d'aller avec lui aux îles d'Aves, rochers inhabités, qui gisent au centre du golfe du Mexique, à soixante lieues de Saint-Vincent. Il avait appris, pas un pêcheur, qu'un navire était naufragé sur leurs récifs, et il espérait y trouver des armes et des munitions, objets de toute son ambition. La fille du chef, qui avait visité ces écueils, me détourna de cette expédition, et me montra la perspective de plusieurs autres d'un beaucoup plus grand intérêt. Quatre ou cinq jours après les Caraïbes revinrent avec un navire de 200 tonneaux qu'ils étaient parvenus à renflouer. L'équipage de ce navire, formé de nègres esclaves, s'était révolté et avait tué le capitaine et sa femme. Une négresse qui la servait, avait évité la mort en gagnant le grand îlet à la nage. Elle avait vécu, dans ce désert, de crabes crues et d'œufs d'oiseaux marins. Le récit qu'elle me fit de la mort de ses maîtres, était la plus

triste histoire qu'on puisse raconter. Mais les meurtriers
avaient bientôt porté la peine de leur crime. Ayant jeté
le navire sur les coraux qui environnent l'îlet, ils avaient
mis la chaloupe à la mer pour atteindre la terre la plus
voisine. Leur embarcation chavira et aucun d'eux ne put
échapper aux requins qui pullulent dans ce parage. La
négresse qui par miracle avait survécu, était née à Saint-
Domingue, et parlait bien français. Pakiri la laissa maîtresse de son sort, et elle passa à la Guadeloupe où je la
recommandai à M. Mei. Quant au navire, il fut vendu à
des armateurs de la Pointe-à-Pitre, qui le payèrent aux
Caraïbes en excellents fusils, apportés de France par les
corsaires, et destinés à servir aux sauvages contre leurs
mortels ennemis les Anglais.

Je dois avouer que rien n'était plus humble que l'origine de ces forces navales et que l'intrépidité de leurs
marins les rendait seuls redoutables. Chaque pirogue
avait pour guibre, pour base et membrures, un arbre de
soixante pieds, creusé par la hache ou par le feu. Ses
flancs étaient rélevés et prolongés par des bordages cloués
en *clippers*, comme des tuiles avec des chevilles en bois
de fer; la largeur était d'un mètre et demi au milieu,
et s'amoindrissait à la proue. Une chambre de cinq à six
pieds de long gisait à l'arrière et servait à l'emmagasinage
des objets transportés, ou aux personnages qui voya-
geaient et qui devaient y demeurer couchés sur une natte.
Un insulaire était posté à l'avant pour veiller la mer, et le
patron assis sur le couronnement gouvernait la pirogue
avec une pagaye plus large que les autres. La direction de
l'embarcation, l'évitement des lames, le commandement des
rameurs dépendaient du patron, qui était presque toujours
un grand chef de guerre.

J'ai compté à Saint-Vincent dix-huit pirogues de la première grandeur, et il y en avait autant de la seconde. Elles étaient remisées dans des fissures de rocher, couvertes d'un toit de roseaux et surveillées par les meilleurs chefs de la mer. Au premier signal, chacun des rameurs qui devaient y prendre place, accourait pour les mettre à flot, en glissant sur des rouleaux. Une demi-heure après l'ordre, elles étaient en marche, prêtes pour l'attaque ou la défense.

Leurs mouvements à la rame étaient leur grand mérite ; cependant elles allaient aussi à la voile quand le vent le leur permettait. Un mât de Bambou ou deux étaient dressés pour porter une vergue et une voile ; la pirogue était si légère que ce simple appareil suffisait pour la faire voler sur les vagues, et laisser reposer les nageurs. Elle faisait ainsi trois à quatre lieues à l'heure. Inutile de dire que ni toile ni coton ne servait à faire les voiles, qui étaient des tissus de filaments croisées, tirés de plusieurs plantes, et réunissant au plus haut degré les qualités essentielles de la souplesse et de la résistance.

Les insulaires étant en guerre perpétuelle, leur grande occupation de chaque jour était la fabrication de leurs armes. Quand un Caraïbe ne sommeillait pas dans son hamac élégant à carreaux bleus et à franges pourpres, on le trouvait courbant un arc, affilant des flèches, ou traçant des dessins sur son casse-tête, dont la beauté faisait son orgueil. C'était une arme offensive tenant lieu de la massue, du lasso et de la fronde. Un billot anguleux de bois dur et pesant, orné de figures et d'incrustations, était attaché à une courroie qui servait à le faire tournoyer et à le lancer avec une visée immanquable à la tête d'un ennemi. Rien ne pouvait détourner le coup ni lui résister. A l'attaque de

Kingstown, un peloton de troupes anglaises ayant fait un
feu d'ensemble, il fut assailli, avant de pouvoir recharger
ses armes, par un vieux sauvage forcené qui, en un clin
d'œil, renversa trente hommes par les coups meurtriers de
son terrible casse-tête. Aucune arme d'Europe n'aurait fait
une si rapide et si effrayante exécution.

Les flèches étaient de plusieurs espèces : les unes étaient
lancées à la main sans le secours d'un arc ; elles avaient
quatre à cinq pieds de long, et leur atteinte était irrésistible, mais leur portée était courte. Les autres étaient ter-
minées par un dard en fer ou en bois ajusté à une tige de
roseau barbelée. Le dard en bois était empoisonné ; sous
les coches faites à chacun de ses angles, et qui empêchaient
qu'on le retirât de la blessure, étaient des grumeaux d'une
matière noire éminemment vénéneuse.

Il y avait au fond d'un ravin, dans un lieu désert, un
atelier de vieilles femmes qui préparaient ce poison en se
couvrant le nez et la bouche pour ne pas respirer ses émanations. Elles en faisaient un mystère ; mais je reconnus avec
certitude qu'elles y employaient l'acide formique que leur
fournissaient d'énormes fourmis mordantes à ventre rouge ;
elles y joignaient le suc du Mancenilier et un fruit apporté de
la Guyane et connu sous le nom de fève de Saint-Ignace. Je
crus d'abord que c'était une Apocinée, le Strychnos, qui
fournit la noix vomique ; mais c'était une autre liane de la
même famille, et probablement le Curare, poison mortel,
fameux parmi les indigènes de l'Amérique méridionale, depuis le Brésil jusqu'à l'isthme de Panama. Dès que l'une de
ses molécules est mêlée au sang, il faut mourir.

A ces armes redoutables, les Caraïbes avaient ajouté,
dans les derniers temps, le coutelas à coups pesants comme
ceux du yatagan, la hache d'armes à long manche, et le

fusil à deux coups, ou la carabine, que les chefs portaient
en chasseurs avec une bretelle ou grenadière. En usant de
ces armes à feu, ils en avaient reconnu la supériorité, et ils
avaient conçu le projet d'armer de fusils tous leurs guerriers. Ils y réussirent presque entièrement, et avec plus de
rapidité qu'on ne parvint en France à armer les gardes nationales. Les habitudes de leur enfance, qui les obligeaient
à s'exercer sans cesse au tir de l'arc, les avaient préparés à
une justesse de coup d'œil et une dextérité extraordinaire
dans l'usage des armes, et ils abattaient une sentinelle ennemie à une énorme distance, quand je les croyais hors de
la portée de but en blanc [1].

Deux industries, l'une grande, l'autre petite, avaient le
même moyen d'exécution : le clissage ; c'étaient celles de
la construction des maisons et de la fabrication des paniers ;
seulement la première faisait des claies d'osier pour servir
de murs, et la seconde fabriquait des armoires, des com-
modes, des valises en tissus imperméables, et dont l'élégance le disputait à la solidité. La population féminine de
Paris, qui ne peut maintenant se passer d'un panier au
bras, par besoin, par contenance ou par mode, ne se doute
par que c'est une invention caraïbe, quoique le nom de
Cabas, donné aux premiers essais tout à fait indignes de
leurs modèles, rappelât, en quelque chose, le nom que
leur donnaient les indigènes des Antilles.

Les maisons étaient de grands ouvrages de vannerie; leurs
parois étaient formées avec des claies pleines ou treillagées,
qu'on déplaçait à volonté pour laisser passer la brise fraîche
et parfumée, ou se préserver des vents du sud, accusés

[1] Casse-tête, Boutoulou — Arc, Oullaba — Flèche, Bouleoua —
Zagaie, Ranira — Coutelas, Imiragle.

justement d'être insalubres. L'ornement des villages, qu'on
appelait Carbets, se trouvait surtout dans les productions
végétales multipliées autour d'eux, et dont les formes gracieuses sont au-dessus de toute description. Devant la salle
du conseil des chefs, qui avait jusqu'à soixante pieds de
haut et cent pieds de diamètre, s'élevaient deux palmistes,
dont les panaches flottaient au gré du vent comme le pavillon de l'État. Autour des cases croissaient presque d'elles-
mêmes quantité de plantes utiles, qu'on disait se plaire dans
le voisinage de l'habitation des hommes ; tels étaient le
roucou, le piment, le cotonnier, le tabac et le cacaotier.
Dans une vallée écartée, sur des monticules de gazon
fleuri, se penchaient vers la terre les rameaux de l'Aouhai [1],
arbre qui a le port du saule pleureur et qui ombrageait des
tombeaux.

Les femmes étaient chargées des industries de la vie domestique ; elles fabriquaient tous les tissus avec des fils de
coton ou les filaments déliés d'une foule de végétaux. Le
climat dispensant le peuple de vêtements, leur usage se ré-
duisait à peu de chose. Cependant, excepté les enfants, tout
le monde portait une large ceinture en natte ou en coton,
faisant deux fois le tour du corps et s'attachant par devant
avec des cordons ornés de rasades, de coquilles roses ou de
graines écarlates. La nudité des hommes disparaissait sous
l'enduit de roucou bariolé dont leurs épouses les revêtaient
chaque matin. Des arabesques l'embellissaient quand les
guerriers allaient au conseil ou partaient pour quelque expédition ; et chaque peintre s'évertuait à trouver alors les
dessins les plus bizarres et les plus fantastiques.

Les femmes étaient beaucoup plus habillées, du moins

---

[1] L'Aouhai. *Cerbera thevetia. C. ahouai.*

lorsqu'elles sortaient de leur case ou quand elles se trouvaient en présence des étrangers. Alors avec un sentiment
de pudeur pareil à celui qui règne chez les peuples civilisés,
elles se couvraient de leurs longs cheveux, qui dérobaient
tout à fait la vue de leurs belles épaules et de leur sein.
Elles joignaient souvent à ce voile naturel un camail en
natte fine, sorte de pèlerine qui cachait leurs bras et descendait jusqu'au-dessous des reins. Un accessoire singulier
à leur toilette était une chaussure, tissue sur leurs jambes,
depuis la cheville du pied jusqu'au genou. Cette sorte de
brodequin ne s'ôtait point qu'il ne fût usé; ce qui ne tardait guère, étant trempé d'eau de mer ou d'eau douce sept
à huit fois par jour, les bains de plaisir ou de nécessité des
femmes indigènes n'étant pas moins nombreux.

Mais c'est trop m'arrêter à ces détails. Il vaudra mieux
faire connaître, dans quelques autres occasions qui m'offri-
ront un cadre plus étendu, quel était ce peuple, disparu il
y a soixante ans, et qui est encore devant mes yeux et
parmi mes meilleurs souvenirs.

CHAPITRE XXV.

LES SORCIERS.

Malgré l'estime et l'affection des généraux dont j'exécutais chaque jour les ordres presque toujours difficiles et souvent périlleux, — malgré une fortune militaire rapide et brillante, qui me fit en quelques mois, simultanément ou successivement aide de camp, commandant d'armes et chef d'état-major de l'armée, j'étais très-malheureux. Je l'étais bien plus que lorsque, simple volontaire, je couchais sur la paille à la belle étoile, sans avoir soupé, avec l'attente d'être réveillé par une rafale de coups de fusils que nous tiraient sous le couvert des halliers et dans l'ombre de la nuit nos frères du Morbihan. — Je me trouvais encore plus à plaindre que quand souillé de mon sang et de celui de mes camarades, brisé par la fatigue d'avoir tiré trente coups de canon de gros calibre, j'avais le tillac du vaisseau pour reposer ma tête, et quelques gouttes d'eau pour apaiser ma soif dévorante. J'étais alors soutenu dans ces terribles épreuves par l'exaltation du martyre, qui brave la mort et méprise la douleur. Mais j'étais sans force pour résister à des chagrins

de cœur, et pour me résigner à la perte irréparable de tous
ceux qui m'avaient aimé, et dont j'avais reçu tant de preuves
d'attachement.

Le malheur d'autrui ne pouvait assurément me consoler;
toutefois il m'enseigna que la part de bonheur des personnages qui devaient être les plus heureux, n'était pas plus
grande que la mienne. Le préfet colonial, M. Bertin, avait
pris sa haute position en telle antipathie, qu'il se mourait
d'impatience d'être obligé pour la quitter d'avoir un ordre
de Paris, qui n'arrivait pas. — Le Capitaine général semblait sommeiller dans l'insouciance du navigateur qui a
une longue habitude des tempêtes; mais quand il surve-
nait un grave événement qu'il avait négligé de prévoir, il en
accusait la fortune, et se livrait à la colère et au désespoir.
Personne que moi n'osait alors l'approcher. C'est ce qui
arriva lorsqu'une flotte anglaise attaqua l'île de Sainte-
Lucie, qui n'avait aucun moyen de se défendre. L'amiral,
qui avait réclamé vivement contre l'abandon où cette colonie était laissée, n'avait reçu pour elle aucun secours, ce
qu'il attribuait à la haine du ministre Decrès. Il se désolait
de voir l'ennemi remporter devant lui un tel succès sans
pouvoir s'y opposer, et il ne pouvait supporter la pensée
que l'honneur de sa vie pût en être compromis.

Sa douleur étouffa la mienne, et pour la calmer, je lui
offris tout ce que je pouvais faire afin de dissiper les cruelles
incertitudes qu'il éprouvait sur le sort du général Noguès
et de la forteresse démantelée qu'il défendait. En vingt-
deux heures, je réussis à aller à Sainte-Lucie et à en
revenir avec une lettre de son commandant, écrite au
moment où il venait d'être pris d'assaut. Pour remplir
cette difficile mission, il me fallut, à l'aide de la connaissance des localités, traverser deux fois, dans une pirogue

ouverte, le canal de sept lieues de mer qui sépare les deux îles, et passer deux fois à travers les lignes de l'ennemi, pour entrer par une brèche dans le fort La Luzerne. Les grenadiers anglais en occupaient déjà un front d'attaque, et néanmoins le général Noguès obtenait la capitulation la plus honorable, comme s'il avait encore pu se défendre.

Ce fut pour l'amiral Villaret une consolation que d'apprendre qu'il n'y avait point perte de réputation, et d'être assuré que l'ennemi, en jugeant, par la résistance d'une bicoque, celle qu'il trouverait à la Martinique, avait renoncé au projet de nous attaquer. L'extrême anxiété que lui avait causée cette expédition commandée par un général anglais renommé, n'était que trop justifiée. La fièvre jaune avait éclairci nos rangs à ce point que toute défense nous était impossible, puisque nous ne pouvions opposer que deux bataillons à trente. — Certes, nous aurions eu bien plus de chances de succès, si, au lieu des hommes que nous avions sous les armes, nous avions pu dire à nos morts, couchés dans cette terre dévorante : Levez-vous !

Il ne faudrait pas imaginer, d'après ces récits, que le malheur ne frappa, comme le faisait Tarquin, que les têtes les plus élevées. Il atteignait aussi les pauvres gens.

Après les ravages meurtriers de la fièvre jaune, il se trouva parmi les survivants un nombre d'enfants que des femmes de couleur avaient recueillis avec une admirable bienfaisance, et dont on ne savait pas même les noms, tant la mort de leurs parents avait été rapide. Personne ne pouvait dire qui ils étaient, et leur couleur seule attestait leur origine. On n'avait pas la moindre idée dans la colonie d'une si grande infortune que des orphelins de la race blanche pussent devoir la vie à des mulâtresses, et devinssent leurs enfants d'adoption. C'était la progéniture du Brahmine sauvée par le Paria.

Jamais je n'ai vu la puissance de la Fatalité se développer dans des combinaisons insidieuses aussi étranges et aussi funestes. En voici un exemple, qui doit réconcilier les plus malheureux avec leur sort.

Je reçus, un matin, parmi les rapports des officiers commandant sur la côte, l'annonce qu'un navire venait stationner la nuit, à demi-portée de canon de la batterie Sainte-Catherine. Il se maintenait là, sans mouiller aucune ancre, et seulement à l'aide du calme de la mer, sous le vent de l'île, et dans un parage abrité par la hauteur des terres et les grands saillants du cap Enragé et de la pointe Salomon. C'était un événement de mer ; j'en rendis compte de suite à l'amiral. « Eh ! me dit-il, ceci n'est peut-être pas une occurrence aussi innocente qu'elle en a l'air. La reprise des hostilités est imminente, et notre voisin, le général Prévost, qui est gouverneur de la Dominique, pourrait bien projeter de nous jouer quelque tour de son métier. Éclaircissez ce mystère d'un navire qui vient rôder sous nos batteries et près d'un lieu de débarquement. Sachez un peu ce qu'il fait, en feignant de ne rien faire. Je m'en rapporte à vous, et vous donne carte blanche. » Ce témoignage de confiance du général en chef était fort honorable, mais il me chargeait d'une responsabilité sans limites, qui était fort pesante.

Longtemps avant le jour j'étais à la batterie Sainte-Catherine. J'appris du commandant que le navire était revenu la veille, dans la soirée, à son poste ordinaire, et que son équipage l'avait quitté, pour se jeter dans ses embarcations, qui avaient poussé au large. On ne doutait point que ce ne fût un pirate, et l'on avait bonne envie de lui

envoyer un boulet de vingt-quatre pour l'interroger sur
sa profession.

J'attendis impatiemment l'aube du matin, pour reconnaître, avec mon excellente longue-vue, si ce navire était
un forban ou un espion, comme on l'en accusait. Son
installation me montra que c'était tout simplement un
baleinier, et une étoile dans sa girouette écornée m'indiqua
qu'il devait être américain. Il était venu sans doute à la
pêche le long de cette côte, où les baleines abondaient
ordinairement ; mais n'en ayant pas rencontré, il envoyait
ses embarcations à la découverte, sous Sainte-Lucie et
Saint-Vincent. Le capitaine s'évitait les frais d'ancrage et
les tracas d'une relâche, en laissant son navire en panne,
sous l'abri des hautes terres de la Martinique, dans une
mer calme et unie comme le serait un lac d'huile.

En examinant le tillac, je vis à l'arrière près de l'habi-
tacle, — armoire ouverte où la boussole est logée, — un
caban bleu, sous lequel devait être une créature humaine.
A côté était un énorme chien de Terre-Neuve qui humait
l'air pour y trouver quelque piste. Un instant après, il
sortit de dessous ce grossier vêtement de matelot, une
grande et belle fille à la taille élégante et d'un air distingué, que son étrange situation rendait d'autant plus
remarquable ; elle portait une robe légère à grandes raies
bleues, et dont les manches courtes laissaient voir des bras
charmants. Elle fit le tour du navire accompagnée de son
chien, qui suivait chacun de ses mouvements ; tous deux
explorèrent l'horizon : l'une en l'embrassant par ses regards, et l'autre, en cherchant dans l'air si quelques senteurs ne lui découvriraient pas une trace humaine. Etait-ce
impatience ou appréhension du retour des baleiniers ? Je
ne tardai pas à le savoir.

La jeune fille s'arrêta sur le passavant du navire, en face de l'embrasure d'où je l'observais. Elle examina la côte, qui s'élevait devant elle, et dont la falaise à pic avait plus de quatre-vingts pieds ; puis se mettant à genoux, elle fit une prière, qui sembla lui donner de la force ou de la résignation. Alors, à mon inexprimable surprise, je la vis se déshabliller complétement et mettre chaque pièce de ses vêtements dans un sac, qu'elle donna à garder à son chien. Aussitôt ces préparatifs terminés, elle s'avança sur le bord du navire, fit un signe de croix, joignit ses mains devant son visage, et se lança à la mer, qui se referma sur sa tête. Je jetai un cri d'effroi et de douleur, car j'étais privé de tout moyen de la sauver ; la pirogue la plus proche était à une demi-lieue de là, et la mort menaçait cette malheureuse enfant de dix périls inévitables. Il suffisait d'une bouffée de vent pour produire un ressac, qui rendait le rivage inabordable, en brisant sur les rochers tout ce qu'y portait sa violente impulsion. — Il ne fallait pour couler bas le meilleur nageur, par un fond de quatre-vingts brasses, que la rencontre d'un fucus errant ou d'une sèche à huit tentacules, qui s'attachent aux membres et les paralysent. — La fatigue d'un trajet de plus de 1,200 mètres devait épuiser les forces d'une femme avant qu'elle touchât au rivage. — Et il n'était pas moins à craindre que les requins qui pullulent dans ces parages, ne fussent attirés, comme le croient les marins, par l'odeur de la chair fraîche.

La crainte de ces terribles périls, que je connaissais bien, faisait trembler mon bras et m'empêchait de diriger ma longue-vue. Enfin, je vis la jeune fille reparaître sur l'eau et nager vers la côte avec autant de vigueur que d'adresse ; elle avait près d'elle son chien qui réglait ses mou-

vements sur les siens et qui était prêt à la secourir. Après
une attente que je trouvai d'une éternelle longueur, j'é-
prouvai une vive satisfaction quand elle aborda le rivage
sur une petite plage où aboutissait un ravin escarpé. Ce fut
là qu'elle fit sa toilette en tirant ses vêtements du sac qu'a-
vait apporté son chien. Un ruisseau limpide, qui coulait
entre les blocs de lave, lui permit d'ôter l'eau salée restée
sur son corps. Un mouchoir de soie, dont elle avait enveloppé sa chevelure, l'avait empêchée d'être mouillée, et ses
bandeaux, ses nattes, son chignon, furent rajustés en un
clin d'œil. Je n'assistai pas à ces opérations, qui furent
faites discrètement, hors de ma vue, dans la profondeur
du ravin. Mais je fis mieux, en préparant une réception
cordiale à cette pauvre naufragée, et en envoyant un vieux
canonnier expérimenté l'aider à sortir du lieu où elle était
séquestrée par de hauts escarpements.

Lorsque, précédée de son guide et suivie de son chien
fidèle, elle entra dans la batterie où je l'attendais, son aspect confirma ce que j'avais entrevu dans l'éloignement.
C'était une grande jeune fille, aux yeux bleus, aux cheveux
blond doré, à la peau blanche et satinée, possédant tous
les avantages de la belle race anglo-saxonne dont elle descendait indubitablement. Son air modeste contrastait avec
l'action hardie qu'elle venait d'accomplir. Elle s'exprima en
français, mêlé de quelques mots anglais, mais en fort bons
termes et avec une voix douce et agréable. Elle me dit
qu'elle ignorait quelle était la terre qui venait de la recevoir,
et que sa confiance n'en était pas diminuée, parce que la
croix qu'elle avait vue au faîte d'une église lui avait appris
qu'elle allait arriver dans un pays chrétien, qui, de plus,
devait être français, puisque le pavillon tricolore était arboré sur notre batterie.

Ne pas savoir dans quel pays on est quand on a bravé tant de périls pour y surgir me parut étrange et mystérieux. Mais un sentiment plus fort que la curiosité d'apprendre ce secret me fit rompre un entretien qui allait ajouter peut-être les violentes émotions d'un triste récit aux fatigues de corps et aux anxiétés d'esprit que cette jeune fille venait d'éprouver. Je lui remontrai que, pour prendre une réso-lution qui déciderait de son sort, elle avait besoin de se calmer et de reprendre ses forces. Je mis à sa disposition la seule chambre qu'il y eût dans ce poste militaire, celle du commandant, où elle pouvait prendre du repos et du sommeil; et me rappelant comment j'avais été traité par les paysans du Finistère, quand j'avais aussi visité le fond de la mer, je lui fis préparer du vin chaud sucré. Mon vieux canonnier réussit, à force d'instances, à lui faire prendre ce breuvage, et elle s'endormit comme un enfant, sous la garde vigilante de son chien couché à ses pieds. Je contribuai à son repos en lui donnant l'assurance que, quoi qu'il arrivât, ou qu'il fût arrivé, je garantissais sa sé-curité sur ma foi d'officier.

A son réveil, elle était parfaitement remise, et j'appris enfin quelle était cette inconnue dont un singulier hasard venait de me faire le gardien et le défenseur. Elle était née à Newhaven, aux Etats-Unis. Ses parents avaient gagné une honnête fortune dans le commerce, et lui avaient donné une éducation assez bonne pour la faire devenir institutrice dans une école de jeunes demoiselles. Un marin, qu'elle rencontrait parfois sur son chemin, la poursuivait de ses protestations d'amour et de ses propositions de mariage, qu'elle avait toujours repoussées avec indifférence et mé-pris. Cet homme l'attendit un soir sur le quai, et, pendant qu'il occupait son attention par de nouvelles instances aussi

mal reçues, l'un de ses acolytes jeta sur la tête de la jeune
fille une couverture qui étouffa ses cris. Ils s'emparèrent
ainsi d'elle, malgré ses efforts, et la portèrent dans une
embarcation qui la conduisit à bord d'un bâtiment baleinier. Une heure après, ce navire mettait à la voile pour
aller à la pêche dans la mer des Antilles. En la tenant en
sa puissance, le capitaine avait cru réussir dans ses desseins,
mais elle lui opposa une résistance telle qu'il dut y renoncer. Son désappointement lui fit changer en haine son
amour et montrer le fond de son âme. Il parvint par ruse
à la priver de ses vêtements et à lui imposer la nécessité
de se revêtir d'habits de marin. Alors il l'astreignit à faire
la manœuvre sur le pont comme un matelot, et à calculer
la route comme un timonier. Autant il était tendre et affectionné les premiers jours, autant il était devenu impérieux
et brutal. Ce fut pis encore quand, arrivé dans le parage
de la pêche, il n'y trouva point de baleines et vit son expédition manquée. Il attribua ce malheur à un sort que lui
avait jeté sa prisonnière, et il menaça de s'en défaire en la
précipitant à la mer. La jeune fille résolut de se délivrer, au
péril de sa vie, de cette cruelle et odieuse situation, et, ayant
retrouvé ses vêtements dans une cache du navire, elle avait
profité, pour s'affranchir de son esclavage, de l'absence
des baleiniers, de la proximité de la côte et de l'attachement qu'avait pour elle Tom, le chien de Terre-Neuve, dont
le secours lui avait fait atteindre le rivage.

Ce récit fait avec une touchante simplicité m'émut vivement. J'assurai cette malheureuse fille de tout l'intérêt que
lui porterait la plus haute autorité dès qu'elle serait ins-
truite, par moi, d'une si grande infortune. Je lui demandai
quel serait le parti qu'elle choisirait, parmi les offres que
je pouvais lui faire. Si elle voulait retourner dans sa famille,

le Capitaine général lui donnerait un passage pour les États-Unis; mais elle risquait d'y retrouver son persécuteur, sans avoir le moyen de le faire condamner en justice. — En venant au Fort-de-France, elle y serait découverte aussitôt et réclamée par le baleinier, qui ne manquerait pas de dire qu'elle était sa femme. Assurément, il serait éconduit; toutefois il résulterait de cette poursuite un scandale nuisible qu'il était bien de prévenir. — C'est pourquoi il était peut-être préférable qu'elle entrât dans quelqu'une des familles honorables, habitant les campagnes de la colonie, pour y continuer sa profession d'institutrice et se faire connaître avantageusement par son savoir et sa bonne conduite. Elle s'empressa d'accepter ce dernier parti, et je fus convaincu, par les détails qu'elle me donna, qu'elle possédait la capacité nécessaire pour entreprendre l'éducation de jeunes demoiselles. Aussitôt j'écrivis à des dames dont l'habitation était située dans les hauteurs de Case-Navire, et dont je connaissais le bon cœur et la gracieuse hospitalité. Je joignis à cette lettre d'introduction une recommandation officielle, pour lui servir au besoin près des autorités. Elle portait qu'assistance, aide et protection devaient être données à Mademoiselle Christine Dudley, résidant avec autorisation dans la colonie.

Il n'était pas vraisemblable que la belle voyageuse étant venue à la nage eût sur elle beaucoup d'argent. Je m'en informai, et à l'instant elle tira une petite bourse contenant deux dollars et quelque monnaie. C'était tout ce qu'elle avait, quand elle était tombée au pouvoir de son ravisseur, qui ne l'avait pas enlevée pour si peu. Je la priai de m'emprunter une plus forte somme, qu'elle me rendrait plus tard. Ce n'était pas qu'elle eût besoin d'argent, mais il ne fallait pas qu'elle en parût dénuée. Un mois après, elle me renvoya les mêmes pièces d'or, en m'écrivant qu'elle venait de recevoir ses appointements et qu'elle était riche et heureuse.

Le Capitaine général avait approuvé tout ce que j'avais fait. Quand je lui rendis compte de cette dernière particularité, il s'extasia d'une si grande ponctualité à payer ses dettes ; et le soir, lorsqu'il fit sa partie ordinaire de trictrac, il voulut jouer expressément à l'intention de Christine ; il gagna, et lui fit envoyer une somme assez ronde, pour rétablir sa toilette.

Il est inutile de dire que le baleinier vint demander des nouvelles de son chien et d'un jeune matelot, qu'il avait chargé de la garde de son navire, et qui était noyé ou déserté. On le reçut comme il le méritait, et il fut avisé qu'un garde-côte était sous voile pour visiter ses papiers de bord et son rôle d'équipage. Aussitôt il gagna le large et disparut à l'horizon.

Je fus fort satisfait d'avoir réussi à donner à cette jeune fille une position utile et honorable. Elle était beaucoup trop belle pour trouver des protecteurs désintéressés ; et si elle avait paru au Fort-de-France, elle aurait mis en émoi la ville et la cour.

Il ne s'était guère écoulé que six mois, et j'avais eu tant de fatigues de corps et de peines d'esprit, qu'il n'y avait plus dans ma mémoire que des souvenirs fugitifs des faits dont je viens de faire le récit. La guerre avait changé la scène. Au lieu de navires du commerce entrant à pleines voiles dans nos ports, nous avions en vue de nos côtes une escadre anglaise de blocus toute prête à profiter de la faiblesse ou des fautes de la défense. Mais notre plus grande inquiétude était causée par la croisière du commodore Samuel Hood, marin expérimenté et entreprenant, qui commandait un vaisseau de ligne et une flottille de bâtiments inférieurs, surveillant l'atterrage de l'île pour intercepter les navires venant d'Europe, et faisant des attaques continuelles sur nos forts et batteries du canal de Sainte-Lucie.

Pour s'opposer aux opérations audacieuses du commodore, un camp fut établi aux Côteaux, et le colonel Miany en eut le commandement. C'était une réserve contre des entreprises sérieuses. La ligne des postes de la côte, et les colonnes mobiles pour les soutenir me furent dévolues, et je m'installai au Céron, à l'habitation Des Grottes, dont les jeunes héritiers se dévouèrent au service militaire le plus pénible, avec un zèle et une intelligence dignes des éloges les plus grands. Il était rare que nous n'eussions pas deux ou trois engagements, dans la semaine, sans parler des marches et contre-marches que nous trouvions bien pires. Enfin, l'ennemi voyant qu'il perdait plus qu'il ne gagnait à ce jeu sanglant, se décida à y renoncer, et je revins au Fort-de-France après une rude campagne sans autre mérite que de nous être défendus pied à pied.

Je repris mes fonctions, et je revisai ma grande carte géologique de l'île, qui n'était pas sans lacunes. Je fus autorisé par le Capitaine général à m'absenter pour continuer ce travail et explorer la partie méridionale de la Martinique. Le commandant Richaud, officier du génie d'une rare distinction, se fit une fête de m'accompagner. Je ne pouvais avoir un meilleur compagnon de voyage. Ce fut dans cette excursion que je découvris les terrains de soulèvement de la pointe des Salines, qui sont formés d'une base de laves porphyroïdes superposées par une stratification calcaire de coraux et de coquilles marines.

Nous avions projeté de revenir en suivant la côte du vent jusqu'à la Basse-Pointe; mais, arrivés à la vallée du François, un écho nous apporta, avec des répétitions nombreuses

et un développement extraordinaire, des détonations annonçant un combat très-vif de l'autre côté de l'île, à une distance de sept ou huit lieues. C'était là un événement qui
devait mettre un terme à notre promenade. Nous résolûmes
de retourner au Fort-de-France par le chemin le plus court.
Je dirigeai notre marche accélérée par le bourg du Saint-
Esprit ; mais pour nous piloter dans la plaine marécageuse
de la Rivière-Salée, il nous fallait un guide qui nous em-
pêchât de nous perdre parmi les chaussées et dans les fon-
drières dont ce territoire est coupé. Je proposai d'aller
demander à déjeuner au commandant Dugué, dont l'habitation était assez voisine, et qui nous rendrait volontiers les
bons offices nécessaires pour hâter et assurer notre voyage.
C'était un colon fort intelligent ; il était chef de bataillon des
milices du Trou-au-Chat, dont il obtenait, chose difficile,
un service de troupes de ligne. Il nous reçut à bras ouverts,
et nous remontra que nos chevaux ne pouvant pas aller
plus loin, nous devions nous arrêter chez lui. Il se chargea
d'envoyer un exprès à la Rivière-Salée afin d'y fréter un
canot de poste qui nous transporterait au Fort-de-France.

Tout étant réglé, sinon au gré de notre impatience, du
moins aussi bien que possible, nous nous mîmes à table et
nous allions donner carrière à notre appétit qu'avait excité
l'air des montagnes, quand on annonça qu'on voyait venir
un officier en grand uniforme, et qu'on découvrait à sa
suite, à distance, une formidable escorte de gendarmes
coloniaux. Un autre domestique accourut presque aussitôt,
et s'écria avec un air d'épouvante et de consternation : Ha !
Seigneur bon Dieu, maître à moi, c'est le grand Prévôt !
Richaud et moi nous partîmes d'un éclat de rire en voyant
l'alarme que répandait ce redoutable personnage, qui n'é-
tait autre que le chef d'escadron Mottet, familier de l'état-

major, émigré rentré, beau cavalier, et sans autre ressource que son bonheur au jeu et la place effrayante qu'il venait d'accepter à mon refus.

Notre heureuse génération demandera ce que c'est qu'un grand Prévôt. Le ciel la préserve de le savoir par expérience. Je suis embarrassé de le dire, moi qui ai dû l'apprendre deux fois dans ma vie. C'est un jury d'accusation et de jugement, — un juge d'instruction qui prononce la sentence, — un accusateur public et en même temps un tribunal criminel dictatorial, — une puissance discrétionnaire, autocratique, sans appel ; — c'est enfin le juge identifié avec le bourreau, ou plutôt le bourreau remplissant le ministère de juge. Nos bons aïeux recouraient habituellement à cette forme de justice très-simple et fort expéditive ; et Louis XI l'avait surtout en prédilection. Les colonies en avaient l'usage pour le cas spécial des empoisonnements. Ce crime, multiplié au delà des délits les plus communs dans les populations corrompues de nos grandes villes, a toujours été une monomanie des nègres esclaves ; il sert leur jalousie, leur haine et leur vengeance. Le serpent fer-de-lance tue en versant du venin dans la blessure que fait sa dent acérée ; le nègre Ibbo, le plus brut, le plus inepte, n'est pas moins habile à empoisonner ceux dont il veut la mort.

Nous aimons à croire que la suppression de la traite et l'abolition de l'esclavage ont tari maintenant dans nos colonies la source de ces crimes, l'une en arrêtant l'importation des Noirs d'Afrique adonnés à leur pratique, et l'autre en détruisant la plupart des mobiles qu'ils trouvaient dans le régime de la servitude. Cependant il faut dire qu'à l'époque de ce récit, il y a un demi-siècle, il n'était plus introduit de nouveaux nègres à la Martinique, et que par consé-

quent aucune recrudescence de leurs cruelles superstitions
et de leurs assassinats secrets ne pouvait être produite par
cette occurrence. Quant à l'excitation à la vengeance pro-
voquée par l'esclavage, la puissance de cette cause était
infiniment moins grande qu'à Saint-Domingue et en Russie,
où, comme on sait, elle se manifeste par des incendies.
On aurait compté facilement le nombre des mauvais maîtres,
et le sort des esclaves ressemblait beaucoup à celui des
paysans attachés à la glèbe féodale au XVIIe siècle ; ils
avaient de plus l'avantage d'une nourriture constamment
abondante et d'un climat sans hiver.

Néanmoins, il était survenu tout à coup une multitude
d'empoisonnements, qui se commettaient journellement
aux deux extrémités de la colonie, dans des quartiers n'ayant
entre eux aucune communication. On aurait dit volontiers
que c'était l'une de ces épidémies morales comme celles
qui engendrent en Europe les suicides, et qu'on attribue
aux propriétés du vent régnant.

L'opinion publique en fut alarmée, et de nombreux
rapports des autorités locales réclamèrent une répression
prompte et rigoureuse. Les juges consultés ne trouvèrent
rien de mieux que la mise en vigueur des vieilles ordonnances royales, qui attribuaient la connaissance et la puni-
tion de ces crimes à un grand Prévôt dont les sentences ca-
pitales étaient sans appel et exécutées sans délai. Les lois
qu'il appliquait ainsi prononçaient la peine du gibet pour
les moindres cas, et celle du feu pour le fait d'empoisonne-
ment.

L'amiral, qui avait l'habitude de m'employer dans toutes
les circonstances graves, me destina la haute magistrature
de grand Prévôt ; mais je déclinai de l'accepter, et il choisit
le commandant Mottet pour la remplir. Moi qui, à 18 ans,

portais en campagne, dans mon havresac, Beccaria en original, je ne pouvais en conscience me charger de telles
fonctions.

Notre hôte n'avait pas partagé la gaieté que nous avions
montrée en voyant l'effroi que répandait le Prévôt; il n'était pas sans inquiétude sur sa visite inattendue, et il le
reçut avec tous les respects qu'on aurait pour un ogre qui
s'aviserait de venir vous demander à déjeuner. Cependant
nous réussîmes à égayer le repas par nos plaisanteries, et
à rendre la conversation libre et familière, comme si nous
étions à table au quartier général. Dugué se mourait d'envie
de savoir pourquoi le Prévôt venait dans son quartier. Je
me chargeai de le lui faire dire, sauf les réticences que son
devoir exigeait. Mottet étant un homme d'esprit, et qui racontait fort bien, il ne se fit pas beaucoup prier; et, quand
les domestiques eurent été renvoyés, et les portes fermées,
il nous fit un récit dont voici les circonstances principales :

Il y avait autrefois dans ce pays, nous dit-il, des gentilshommes qui, pour acquérir des habitations, n'avaient nul
besoin, comme aujourd'hui, d'en hériter ou de les tenir
d'un riche mariage. Ils les faisaient eux-mêmes de leurs
propres mains, à la sueur de leur front et au péril de leurs
jours, car un défrichement est toujours une rude besogne
et souvent une périlleuse entreprise. Parmi ces entreprenants colons était un nommé La Malhun. Il était monté jadis
à Versailles dans les voitures du roi, et il s'était ruiné à
Paris avec les demoiselles de l'Opéra; mais, désabusé des
ambitions et des plaisirs trompeurs, il s'était retiré sur un
mauvais domaine, qu'il possédait, ici, au milieu des marécages. Il lui restait quelques diamants de famille; il les
changea contre des nègres, et il se mit, en leur compagnie,
à faire des digues et des canaux, des chaussées et des pon

ceaux, des abatis et des remblais. Bref il exécuta un défrichement qui, joint à des usurpations de terrains vagues,
décupla l'étendue de sa propriété. Alors il planta des cannes
à sucre, qui, dans ce sol nouveau, devinrent d'une beauté
extraordinaire. Au bout de vingt ans ses cultures lui donnaient 100,000 livres de rente. Il est vrai qu'il avait perdu
ses dents, ses cheveux et sa santé, et qu'il n'avait pas eu un
moment de repos et de bonheur ; mais il était devenu riche,
et tout le monde le savait, ce qui en faisait le plus grand
mérite. Il se souvint alors qu'il avait un fils, et qu'il l'avait
envoyé à Paris pour faire son éducation.

Ce jeune homme avait eu sa part de tribulations. Les
tempêtes de la révolution ayant séparé les colonies de la
France, et la Martinique étant tombée au pouvoir de l'Angleterre, sa pension ne fut plus payée, et il se trouva un
matin sans asile et sans pain. Incapable de rien faire pour
gagner sa vie, il fut réduit à la condition infime de mar-
queur de billard. Dans sa détresse une grisette qu'il avait
connue quand il était un étudiant opulent, le secourut,
l'hébergea et lui donna un abri dans son grenier. Enfin, les
remises d'argent faites par son père le firent sortir de cet
état d'abjection, et il put figurer parmi la jeunesse dorée
du Directoire. Il retarda tant qu'il put son retour à la Martinique, où son père le rappelait; il lui fallut bien pourtant
obéir et renoncer à l'heureuse existence de Paris, pour aller
vivre au milieu des palétuviers inondés dont l'atmosphère
fièvreuse apparaît sous la forme d'un brouillard appelé : le
drap mortuaire des Savanes. Il se répétait souvent qu'il
était l'héritier fortuné de 100,000 francs de revenu, mais
il n'avait jamais songé aux conditions de sa richesse. Il ne
tarda pas à les apprendre lors de son arrivée.

Son père était devenu méconnaissable ; cependant il conservait toute son activité à poursuivre les travaux de ses cultures, qu'il étendait de plus en plus. Seulement ses mains avaient laissé échapper la puissance domestique. Il est curieux de connaître le personnage qui s'en était emparé.

Parmi les esclaves de l'habitation, se trouvait une jeune négresse mandingue, qui n'avait pas même la beauté de sa race mais qui possédait un esprit de ruse et d'ambition plein d'audace. Elle réussit à s'introduire dans la couche de son maître, et elle en obtint l'honneur insigne de devenir mère. Ce premier succès la fit sortir de la glèbe ou, comme on dit, du jardin, et lui donna place dans la grande-case. Par un jeu bizarre de la nature, l'enfant qu'elle eut, fut une charmante petite mulâtresse, dont la gentillesse adoucit la rude humeur du patron. Toutefois, la tendresse paternelle était trop peu pour le gagner; elle jugea, en femme adroite, qu'il fallait l'enlacer dans ses intérêts. Elle se fit son espionne, et surveilla les ateliers, lui dénonçant en secret les turbulents, les paresseux, les coureurs de nuit, et ceux qui commettaient des larcins. Les nègres finirent par découvrir quel était leur accusateur, et ils se liguèrent pour lui faire un mauvais parti. Zabette révéla leur dessein à son maître, qui, pour faire respecter son ministre de la police, mit à sa disposition le commandeur, avec son pouvoir discrétionnaire d'infliger à tout récalcitrant, sans distinction de sexe, un sanglant quatre-piquet de vingt-neuf coups de fouet. Dès lors tout trembla devant la favorite, et sa volonté devint la loi.

Il y a des profonds politiques qui n'ont pas douté de la perpétuité de leur puissance, dès qu'ils ont possédé la force et inspiré la terreur. Zabette fut plus sage ou plus habile : elle résolut de coudre la peau du renard à celle du lion, et voici comment elle s'y prit. Dans une habitation assez éloignée, vivait un vieux nègre mandingue que tous les esclaves provenant de son pays reconnaissaient pour un prince et pour un sorcier. Il ne devait cette dernière qualité qu'à l'exercice de la magie blanche, c'est-à-dire qu'il prédisait l'avenir, guérissait plusieurs maladies, et douait les enfants d'une meilleure fortune que leur père. Par un moyen ou par un autre, Zabette le détermina à la reconnaître pour sa nièce, ce qui, du même coup, la fit descendre d'une famille royale et l'affilia aux sciences occultes. Ce fut un trait de génie ; tout le monde se prosterna, même les ennemis de la favorite ; mais leur soumission ne put les sauver, et ils ne tardèrent pas à mourir par des maladies inexplicables.

Sur ces entrefaites arriva le jeune La Malhun ; sa santé d'Europe et ses belles manières parisiennes séduisirent Zabette. Peut-être plutôt calcula-t-elle sur l'étourderie de son caractère et son inaptitude à conduire son habitation. Tant est-il que ce tyran devint pour lui la meilleure créature du monde. Cette métamorphose fit naître les conjectures les plus sinistres quand on vit le vieux maître de Zabette décliner rapidement et trépasser en laissant à son fils son riche héritage et sa laide et décrépite maîtresse.

Une liaison aussi monstrueuse ne pouvait se prolonger ; mais celui qui en subissait la honte et la peine ne savait comment la rompre ; il avait un pressentiment des malheurs qui allaient éclater sur sa tête. On prétend que son père les lui avait prédits, et que Zabette l'en avait menacé. Oracles effrayants ! puisque l'un était inspiré par la plus triste expérience, et que l'autre était d'autant plus sûr de l'avenir, qu'au lieu de deviner la destinée, il la tranchait par la mort.

Le séjour de sa belle habitation lui étant désormais insupportable, La Malhun s'absenta perpétuellement pour aller à la chasse ou en partie de plaisir chez des amis. Etant revenu un jour plein d'exaltation, il déclara qu'il allait se marier, et que la jeune personne qui l'avait sauvé de la misère à Paris, ne tarderait pas à arriver pour devenir aussitôt sa femme. Il ordonna de lui préparer le plus bel appartement et une réception somptueuse. En effet, un mois après, on apprit qu'une nombreuse cavalcade d'invités avait amené la fiancée en grand apparat, et qu'un banquet, arrosé des meilleurs vins, avait été donné en son honneur. La cérémonie du mariage n'était suspendue que par quelque irrégularité des pièces nécessaires.

Zabette, qui devait être désespérée de sa déchéance, ne sourcilla pas. Elle se mit à genoux devant sa maîtresse, lui baisa la main, s'extasia de sa beauté et sollicita sa faveur. Elle lui demanda, comme une grâce, d'attacher à sa personne la petite mulâtresse dont elle était la mère et qu'elle aimait avec idolâtrie.

En voyant ces démonstrations, les nègres, qui sont les plus défiants des hommes, montrèrent par leur ricanement leurs dents blanches, et rappelèrent l'un de leurs proverbes équivalant au nôtre : Rira bien qui rira le dernier.

La corbeille de mariage, accompagnée de magnifiques accessoires, arriva de Saint-Pierre, et fut exposée à l'admiration publique avec toute l'ostentation du luxe parisien. On n'avait jamais rien vu d'aussi beau ; il fallait être bien riche et bien amoureux pour faire de si grands sacrifices. A la vue de ces trésors, Zabette frémit de colère ; c'était son bien dont on la dépouillait pour une idole dont tout le mérite était d'avoir la peau blanche, tandis qu'elle avait fait la fortune de ses maîtres, en contenant leurs esclaves dans le devoir et en gouvernant l'habitation. On ignore ce qui se passa dans un entretien qu'elle eut avec son infidèle, mais on peut croire que la faiblesse qu'il y montra, enhardit Zabette et la persuada qu'il lui fallait tout oser pour le faire renoncer à un mariage qui allait compromettre gravement ses intérêts.

Le lendemain, quand la cloche du travail fut sonnée, et que le maître se présenta sur le perron de la grande-case pour voir défiler devant lui ses travailleurs, un spectacle imprévu s'offrit à ses regards. Trois mulets, les plus beaux de l'habitation et les plus robustes pour le transport des cannes à sucre, étaient étendus dans la cour avec le nègre qui en était le conducteur. On les avait trouvés morts au point du jour, quoique hommes et bêtes fussent rentrés la veille au bercail en parfaite santé. Il n'y avait aucun doute qu'on ne les eût tués par le poison le plus violent. Tout le monde reconnut la main qui l'avait donné, et fut frappé de stupeur en songeant que ce n'était qu'un avertissement. Dans sa fureur et son effroi, La Malhun écrivit sur-le-champ au Capitaine général pour demander une descente de justice. Sa lettre n'arriva pas ; le nègre qui la portait disparut, et se noya, dit-on, en passant le Cohé du Lamantin. Le bruit court qu'il est parti pour la Dominique, et qu'il est allé s'établir dans cette île anglaise avec l'argent que lui a valu la commission qu'il n'a pas faite. Une seconde missive encore plus pressante suivit bientôt, et me fut renvoyée, ajouta le Prévôt, avec ordre d'agir sans délai ; mais j'étais au Macouba, à l'autre bout de l'île, si bien que dix jours ont été perdus, et que la constatation des crimes est devenue sans doute impossible, précisément comme leurs auteurs le voulaient. Une lettre qui vient de m'être remise me confirme dans cette opinion et prouve l'audace des criminels. Le docteur Boutarel, qui est entendu dans

ces matières, a été envoyé du Fort-de-France pour procéder
à l'examen des pièces de conviction. Il s'est rendu au cimetière pour faire exhumer le muletier et rechercher la
cause de sa mort; mais on n'a pu retrouver son cadavre
qui a été déterré et enlevé. On a mis un fagot à sa place.
Il m'apprend que les deux fiancés sont alités, et qu'on
craint qu'ils n'aient été aussi empoisonnés, quoiqu'ils fussent sur leurs gardes.

Le commandant Mottet se reprocha, en terminant ce récit, de l'avoir prolongé si longtemps. Nous l'en remer-
ciâmes cordialement, et il partit au galop pour aller éclairer
cette ténébreuse affaire. Quoique nous désirassions savoir
s'il y réussirait, nous avions bien résolu de nous tenir à
l'écart et de ne pas même être spectateurs du dénoûment
de ce drame lugubre. La canonnade qui, le matin, nous
avait fait changer notre itinéraire, ne s'étant pas renouvelée, nous en conclûmes que c'était seulement un engagement de quelques vaisseaux ennemis avec l'une de nos
batteries de côte, et que l'effet en avait été fort exagéré par
la répercussion des échos des montagnes. Notre retour
pouvant être moins précipité, nous remîmes notre départ
au lendemain.

Dans notre route, nous trouvâmes, allant comme nous,
à la Rivière-Salée, nombre d'habitants curieux ou inquiets
de ce qui s'y passait. L'exemple de Zabette était très-peu
rassurant pour des gens qui pouvaient, par chaque bou-
chée, chaque gorgée, passer de vie à trépas, à l'occasion
de leur déjeuner ou de leur dîner. Ils en étaient à craindre
de boire un verre d'eau. Dugué mit fin aux récits et aux
conjectures, en faisant observer que parler du danger
c'était l'augmenter encore. En effet, les domestiques noirs
qui accompagnaient leurs maîtres, étaient pour ces sortes

de nouvelles, d'une avidité surprenante, bien plus grande que celle qu'inspire, en Europe, le journal annonçant un événement politique, ou le drame du boulevard du Temple, le plus populaire et le plus mirobolant.

Quand nous arrivâmes à l'habitation La Malhun, que nous ne pouvions éviter, je reconnus combien je m'étais trompé, en supposant que tout y serait fini; les incidents multipliés d'une tragédie mandingue m'étaient encore inconnus.

La grande cour qui s'étendait devant la maison du maître, était environnée par trois à quatre cents nègres, rangés côte à côte, comme dans un spectacle, assis sur leurs talons et le menton appuyé sur leurs genoux. Leur agitation, leur impatience contenues ne se manifestaient que par des sons gutturaux étouffés. Il était impossible de lire sur leur visage aucun sentiment de compassion, soit pour les victimes du crime, soit pour les criminels; ils ne paraissaient mus que par la même curiosité qui attire la foule aux exécutions faites en Europe sur la place publique. Des gendarmes, le sabre à la main, faisaient faction devant le pavillon où le grand Prévôt interrogeait Zabette; mais personne ne songeait à interrompre le cours de la justice, quoiqu'il y eût dans cette affaire un conflit de races, de castes et de diversités sociales.

Au moment où je venais de descendre de cheval, la persienne d'une salle qui formait le rez-de-chaussée de la maison, s'ouvrit tout à coup avec fracas, et un énorme chien s'élança par la fenêtre; en deux bonds, il fut à mes pieds, me prodiguant ses caresses, et montrant une joie extrême de m'avoir trouvé. A sa grande taille, sa beauté, son intelligence, je reconnus Tom, ce brave et excellent chien que j'avais accueilli et festoyé à la batterie Sainte-

Catherine. Mais, s'écria Richaud, il vous demande de le suivre! Voyez donc ce qu'il veut; je me laissai guider par lui vers la fenêtre par laquelle il était sorti, et j'entrai dans une salle dont l'obscurité ne me laissa d'abord distinguer que des femmes de couleur prosternées et vêtues de blanc, comme elles le sont pour les enterrements. Enfin, au fond de cet appartement je distinguai un lit où gisait une femme mourante. C'était la malheureuse Christine dont la jeunesse et la force luttaient contre une douloureuse agonie. En m'apercevant elle sembla se ranimer par un effort suprême. « Ah! me dit-elle, que je vous ai attendu et demandé au ciel! Sauvez-moi encore, emmenez-moi d'ici! ils m'ont empoisonnée! je vais mourir! » Elle s'évanouit; je crus qu'elle venait d'expirer; pas encore, me dit le médecin, mais, avant une demi-heure. Comment donc, répliquai-je, vous n'avez aucun moyen de lui conserver la vie? — Aucun, répondit-il; je suis arrivé trop tard. — Voilà bien votre vaine science, lui dis-je amèrement; elle ne peut plus ou elle ne peut pas! et ma pensée se reporta avec un regret mortel vers mon savant ami Savarési; s'il eût été là, cette pauvre fille aurait peut-être vécu.

Une crise d'atroces douleurs survint, et lui fit pousser des cris affreux. Un prêtre entrait quand mes compagnons de voyage vinrent m'arracher à cette scène déchirante. Richaud ne voulut pas rester une minute de plus dans ce séjour maudit; il venait d'apprendre, par quelques révélations, les horreurs qui s'y étaient passées. En nous éloignant, nous entendîmes les cris et les sanglots des femmes de couleur qui assistaient aux derniers moments de Christine. C'était le signal qui annonçait sa mort.

La pirogue, où nous nous embarquâmes nous conduisit en quelques heures au Fort-de-France.

Lors de son retour, le commandant Mottet nous raconta les circonstances de cette triste histoire, que nous n'avions pu apprendre.

Dans ses courses pour se tenir loin de Zabette et libre de ses actions, La Malhun avait rencontré Christine, et il en était devenu éperdûment épris. Il lui offrit de l'épouser et de lui assurer la propriété de tous ses biens s'il venait à mourir avant elle. Des actes furent dressés à cet effet, et surmontèrent la résistance de la jeune personne, qui se laissa conduire à la Rivière-Salée. Zabette avait découvert, par l'espionnage des domestiques, que son maître avait fait une hâblerie en prétendant qu'il acquittait une dette de gratitude contractée à Paris, et pendant longtemps elle se flatta de l'espoir d'être bientôt délivrée d'un amour passager. Détrompée par le riche don de la corbeille de mariage, elle eut recours à d'autres sortiléges que ceux qu'elle avait employés jusqu'alors. Elle ne s'était encore servie que de ces conjurations qui donnent à certains objets la puissance de nuire d'une manière occulte. Ainsi elle avait caché dans l'oreiller de la jeune fiancée des piailles, sortes d'amulettes malfaisantes qui devaient la faire dépérir. On en trouva d'autres sous le seuil de sa porte, et d'autres encore dans le lit du maître, qui devaient le rendre fidèle à l'horrible mégère. Rien, dans ces opérations magiques, n'ayant réussi, la sorcière se fit empoisonneuse, et tout était prêt pour exécuter cette résolution. Elle avait recélé sous la pierre du foyer de sa case une quantité d'arsenic renfermée dans des coquilles d'œufs et assez grande pour tuer tout l'atelier. Elle s'en était pourtant déjà servie pour les mulets, et l'on en retrouva une quantité dans leur estomac. Le corps du muletier aurait sans doute fourni le même témoignage, mais les complices de Zabette l'avaient fait disparaître. Toutefois,

cette précaution leur réussit mal, car le fagot qu'ils enter-
rèrent à sa place pour empêcher qu'on ne s'aperçût de la
violation de la sépulture, fut trouvé lié avec une corde de
mahot, dont l'autre bout, qui s'y rapportait parfaitement,
avait été laissé dans la case de Zabette, comme si la Providence frappait d'aveuglement les criminels, et voulait qu'ils
donnassent eux-mêmes des preuves de leur crime.

En attachant sa fille au service personnel de Christine,
Zabette avait prémédité et préparé sa vengeance dès le
premier jour. Ce fut de la main de cette enfant qu'elle se
servit pour accomplir ses desseins. Elle lui remit en deux
fois, en lui donnant les instructions les plus détaillées, six
doses d'arsenic, dont deux furent mêlées à du café au lait,
et trois à la tisane qu'on faisait prendre à l'infortunée jeune
fille pour calmer le feu qui la dévorait. La petite mulâtresse
croyait, comme sa mère le lui avait assuré, qu'elle allait
guérir sa maîtresse par ces remèdes ; elle s'alarma quand
elle vit qu'ils avaient au contraire les plus cruels effets ; et
elle se refusa à donner la dernière dose, qui fut trouvée sur
elle par le grand Prévôt. Elle raconta ingénument comment
elle avait empoisonné sa maîtresse, qu'elle aimait beaucoup,
et répéta mot à mot tout ce que sa mère lui avait enseigné
pour y bien réussir.

Jamais, nous disait le Prévôt, je n'ai éprouvé un si grand
trouble d'esprit qu'en entendant cette innocente créature
dire les larmes aux yeux comment elle avait fait mourir sa
bonne maîtresse en croyant la sauver, et comment, à chaque dose de poison qu'elle lui donnait, sa mère s'informait
curieusement des affreux effets qui bientôt en résultaient.

Il y eut cependant encore un moment plus horrible. Ce
fut celui de la confrontation de la mère et de la fille ; il était
impossible de l'éviter. Zabette n'eut pas plutôt entendu sa

fille répéter qu'elle en avait reçu les six doses d'arsenic, qu'elle se jeta sur elle comme un tigre furieux ; d'une main elle s'efforça de l'étrangler, tandis que de l'autre elle tentait un parricide plus certain en lui enfonçant ses doigts dans la bouche. Un gendarme, qui la surveillait, saisit assez à temps cette main, et la maintenant avec un poignet de fer, il montra au grand juge, surpris de tant de scélératesse, que le petit doigt était armé d'un ongle énorme roulé en cornet, et rempli d'un venin subtil, le même qu'employaient les Caraïbes pour empoisonner leurs redoutables flèches.

Nous nous abstenons de rapporter d'autres détails repoussants et hideux, et nous terminons cette trop longue histoire.

Zabette fut condamnée au dernier supplice, et son exécution fut fixée au lendemain ; mais lorsqu'on entra dans son cachot, elle était morte. Toutes les précautions qu'on avait prises avaient été rendues inutiles par elle ou ses complices. Un poison violent l'avait préservée du bûcher.

La justice fut également impuissante pour découvrir ceux qui l'avaient secondée dans ses crimes.

Sa fille fut renvoyée de la colonie.

L'infortunée Christine fut enterrée au Saint-Esprit, en secret, parce qu'on redoutait que son corps ne devînt l'objet de profanations et qu'il servît à des opérations magiques.

Quant au héros de ce drame, aussitôt qu'il eut quitté son lit, il s'embarqua pour les États-Unis, comme le Capitaine général le lui avait conseillé.

Le suicide de Zabette fit répandre les bruits les plus étranges et accrédita les opinions les plus absurdes. Les nègres ne doutèrent nullement que le Diable n'eût tordu le cou à la sorcière, comme il en avait le droit d'après le pacte fait entre eux. Beaucoup de personnes crurent qu'elle avait

avalé sa langue, tour de force qu'on suppose possible aux
esclaves qui veulent retourner dans leur pays et jouer un
mauvais tour au maître qui les a achetés et qui, par leur
mort, perd son argent. Une opinion moins hasardée fut
celle que les empoisonneurs, qui étaient maîtres de la vie
d'autrui, l'étaient aussi de la leur, qu'ils réussissaient par
eux-mêmes ou par leurs complices à se soustraire au châti-
ment qu'ils avaient mérité, en mourant comme des gens
qui sont tout simplement ennuyés de la vie.

L'excellent chien, le brave Tom, fut amené au Fort-de-
France par le commandant Mottet ; mais aucun bon traitement ne put adoucir l'humeur sauvage qui le rendait méconnaissable. Une nuit, il rompit sa chaîne et disparut.
Trois jours après, on le retrouva mort, à dix lieues de là,
sur la sépulture de sa malheureuse maîtresse.

CHAPITRE XXVI.

LES SERPENTS [1].

De tous les serpents venimeux, celui de la Martinique est le plus redoutable par sa grandeur, sa force, son agilité, sa hardiesse et le poison mortel dont sa mâchoire est armée.

La terreur qu'il a toujours inspirée, a retardé au XVIIe siècle la colonisation de l'île féconde dont il était alors le maître. Quand l'expédition que commandait l'Olive, se rendit à la Guadeloupe, pour y former un établissement, elle s'arrêta à la Martinique, et n'aurait pas été plus loin, si les hommes qui y débarquèrent n'avaient pas été épouvantés par la multitude de serpents qu'ils rencontrèrent sur ses rivages. Un vieil historien, le père Dutertre, rapporte : « que lorsqu'en 1635, Desnambuc établit sur la plage de Saint-Pierre les premiers colons français, les serpents dont les campagnes étaient pleines, rebutaient les

---

[1] Trigonocéphale fer-de-lance. *Trigonocephalus lanceolatus*. — *M. de J.* Serpent jaune de la Martinique des anciennes relations.

Aahoua, Alatallouata et Macao des Caraïbes. — Raym. BRETON.

plus intrépides. Personne n'osait pénétrer dans l'île, qui
était tellement décriée que les capitaines de navires défendaient à leurs matelots de mettre pied à terre. Plus on
étendait les défrichements, et plus on perdait courage; on
ne connaissait aucun remède contre la morsure de ces
terribles vipères, et quand un homme était atteint par
elles, il mourait infailliblement dans l'espace d'un ou deux
jours. Aussi l'appréhension de ces reptiles détourna-t-elle
beaucoup de personnes de s'établir dans la nouvelle colonie [1]. »

Un autre missionnaire, le père Bouton, qui écrivait à
Saint-Pierre en 1640, dit qu'alors la Martinique n'avait
pas plus de mille habitants, mais qu'elle en aurait eu le
double, si la peur des vipères n'avait éloigné de cette
belle île ceux qui voulaient y venir [2]. Il en fut ainsi à
Sainte-Lucie, qui seule des Antilles partage avec la Martinique le triste privilége d'être habitée par cette race
maudite. Frogier assure que lorsqu'il y relâcha, en 1696, le
grand nombre de serpents dont l'île était infectée, la rendait presque inhabitable [3].

L'effroi que répandaient, il y a deux siècles, ces dangereux reptiles n'a pas cessé. Des officiers d'une intrépidité
bien reconnue m'ont dit souvent qu'une reconnaissance
militaire sous le feu de l'ennemi leur paraissait bien moins
périlleuse que de braver les serpents, comme j'ai été obligé
de le faire, pendant dix ans, en dressant la carte de la
Martinique dont les opérations graphiques me forçaient à
fréquenter continuellement leurs repaires.

La crainte inspirée par ces reptiles ne semble pas justifiée

[1] Dutertre, t. I, p. 106; II, p. 30.
[2] Bouton, p. 41.
[3] Frogier, p. 193.

par leur aspect, du moins à la première vue. Ce n'est ici
ni le lion de l'Atlas ni le tigre des jungles du Bengale, avec
une taille colossale, des membres robustes, des griffes
puissantes, une course rapide, des élans prodigieux et des
rugissements effroyables. Le serpent est un animal impar-
fait, fragile, muet, rampant, stupide, couvert d'écailles
comme un poisson, ressemblant de loin à une énorme
anguille ou à une grande couleuvre; mais, en l'examinant
de plus près, on découvre que cet être informe est doué
de facultés extraordinaires, qui lui donnent le premier
rang parmi les reptiles les plus redoutables et les plus dangereux de la création.

Le triste avantage d'avoir vécu dix ans au milieu de ces
serpents, m'a permis à mon retour d'en être l'historien,
et d'en faire la monographie devant l'Académie des sciences.
George Cuvier et le vénérable et savant Duméril rendirent
un compte détaillé de ce travail, qui m'obtint, dès 1816, le
titre honorable et envié de correspondant de l'Académie.

En parcourant aujourd'hui mes carnets griffonnés, il y
a un demi-siècle, dans les campagnes de la Martinique,
j'y retrouve les matériaux de la monographie que je viens de
rappeler; mais ils sont accompagnés du récit d'occurrences
personnelles, que je passai sous silence, et qui peut-être ne
sont pas tout à fait sans intérêt, puisqu'elles peuvent contribuer à faire connaître l'étrange fléau dont est frappée,
par une fatale exception, l'île la plus belle et la plus féconde
des Antilles.

On croit en général, dans les colonies de l'archipel, qu'il
y a plusieurs espèces de serpents vénéneux. C'est une erreur qui est, comme beaucoup d'autres, une tradition des
Caraïbes. Ces indigènes supposant, ainsi qu'on le fait encore, que la différence des couleurs manifestait dans ces

animaux celle des espèces, leur avaient imposé des appellations diverses; d'après cette fausse donnée, ils les nommaient Alatallouata et Ioulia, selon que leurs écailles étaient
colorées en rouge, ou qu'on y voyait le mélange du noir et
du jaune ; ils désignaient par le mot Macao ceux qui s'élançaient sur les passants ; et il paraît qu'ils exprimaient par
le terme collectif Aahoua tous les serpents dont la morsure
était venimeuse [1]. L'étude d'un grand nombre de Trigonocéphales m'a convaincu qu'il n'en existe qu'une
espèce unique, qui est diversifiée, par ses couleurs ou leur
distribution , sans toutefois l'être aucunement dans ses
formes.

Considéré dans sa structure générale, le corps de cet
ophidien, est très-allongé, cylindrique dans son état ordinaire, renflé accidentellement dans sa partie moyenne par
le volume des aliments que contiennent les organes digestifs, amoindri depuis la naissance de la queue jusqu'à son
extrémité; mais principalement remarquable par la forme
et les dimensions de la tête, qui sont telles, que, malgré la
ressemblance qu'ont entre eux les animaux de ce genre, on
distingue à la première vue cette espèce de toutes celles
des deux Amériques. La tête est presque triangulaire,
aplatie en dessus, et très-large à l'occiput, par la saillie latérale des mâchoires. Le museau est coupé carrément, et
terminé par une écaille verticale, quadrilatère, qui borde
la mâchoire supérieure au centre , et qui est échancrée
dans sa partie postérieure, de manière à laisser passage à
la langue, sans que la bouche soit ouverte. A son extrémité, sont deux narines ; en arrière, il y a deux autres fossettes très-rapprochées des yeux, et situées conséquemment

---

[1] Ray. Breton, *Dict. Caraïbe.*

à une assez grande distance des premières, pour avoir fait croire que c'étaient les organes de l'ouïe. Leur ouverture est arrondie et d'un aspect semblable au trou auditif des sauriens. Ce double organe est l'une des particularités les plus singulières de cette espèce ; il la rapproche des serpents à sonnette, qui en ont de semblables.

Les yeux sont tellement rapprochés du plan supérieur de la tête que leur orbite produit de chaque côté un léger renflement ; l'iris est orangé ; la pupille se dilate dans l'obscurité comme celles des oiseaux de nuit ; quand l'animal est exposé à une vive lumière, elle se resserre, et n'offre qu'une fente verticale, peu apparente. La bouche est singulièrement grande ; elle l'est d'autant plus que la tête comparée au diamètre du corps excède la proportion qu'elle a dans les autres ophidiens, et qu'elle s'étend, dans les trois quarts de sa longueur, jusque fort au delà des yeux. Elle peut s'ouvrir au point que les mâchoires forment un angle de 85°, ce qui donne à l'animal le pouvoir de saisir et de mordre des corps dont les surfaces semblent ne devoir lui laisser aucune prise. La langue est mince, étroite, extensible, cachée à sa base, dans une gaîne membraneuse, divisée vers son extrémité en deux filets déliés, souples, noirâtres, dont le reptile ne peut faire aucun usage nuisible, et qu'il semble employer au moyen d'une suite de mouvements rapides, pour reconnaître par le contact quelle est la nature des objets.

Les mâchoires sont garnies de dents très-petites, blanches, espacées, aiguës, crochues, fixées et solides ; il y en a quinze dans la mâchoire supérieure et huit à dix dans l'inférieure ; elles servent uniquement à saisir et retenir la proie du serpent et non à la diviser, puisqu'il engloutit entiers et encore vivants les animaux qu'il dévore. De cha-

que côté de la mâchoire supérieure sont les crochets venimeux. Ce sont des dents mobiles, coniques, arquées à leur
base, presque droites et cylindriques dans leur partie
moyenne, très-aiguës à leur pointe, blanches, lisses, demi-
diaphanes, fistuleuses dans toute leur longueur, qui est
souvent de douze à quinze lignes, et perforées près de
leur extrémité, où vient aboutir le canal qui les parcourt
intérieurement. Elles sont environnées à leur base d'un
tissu membraneux, ridé, fort et résistant, toujours humecté,
couvrant le muscle puissant qui leur sert de moteur, et la
vésicule qui est le réservoir du venin qu'elles injectent.
Dans l'état de repos, ces dents sont couchées d'avant en
arrière, et presque cachées dans la membrane qui garnit
les parties latérales de la bouche ; elles se redressent suivant
la volonté de l'animal ; et lorsqu'elles sont appliquées sur
un corps quelconque, elles laissent jaillir, par l'ouverture
de leur extrémité, le venin que la vésicule comprimée a fait
s'introduire dans leur canal. On produit à volonté ces effets,
après la mort du reptile ; en comprimant le tissu membraneux qui renferme la vésicule, on fait monter ainsi le venin
dans le canal des dents, et il est facile de voir son ascension dans l'intérieur, à travers leur substance osseuse,
blanche et diaphane. Parvenu à leur extrémité, il s'élance
par leur ouverture en gouttelettes d'une liqueur limpide,
parfaitement inodore, et légèrement colorée en brun roux.
Le nombre des crochets varie dans des individus différents ; il
y en a communément quatre, parfois six, rarement deux seulement ; ils ne sont pas de la même grandeur quand il y en a
plusieurs paires. En examinant le tissu qui les enveloppe on
en trouve de très-petits qui paraissent destinés à remplacer
les premiers, et dont la longueur n'est souvent que d'une
à deux lignes. Dans un individu de la première grandeur

j'ai trouvé seize de ces dents canaliculées dans les deux côtés de la mâchoire supérieure. De ce nombre, il y en avait deux seulement qui étaient parvenues à toute leur grandeur, et qui servaient d'armes au reptile.

Le corps est amoindri dans sa partie voisine de la tête ; la queue en est fort distincte, elle est amincie, conique, très-courte, formant seulement le huitième ou même le dixième de la longueur totale. A sa naissance est l'ouverture qui sert d'issue aux organes sexuels du mâle, et d'orifice à ceux de la femelle ; dans les plus grands serpents, la queue est terminée par un onglet cornu, pointu, conique, long de trois à quatre lignes, et qui manque entièrement dans les individus dont le changement de peau s'est opéré depuis peu de temps. Cet onglet rapproche le Trigonocéphale du genre des Crotales, nommé par Daudin, Acantrophis.

La couverture écailleuse qui revêt le corps du reptile, diffère selon la partie qu'elle recouvre : le dessus de la tête est garni de plaques polygones, non imbriquées, réunies par leurs bords, et variant de dimensions ; les plus grandes forment au centre un groupe régulier ; il y en a de semblables au-dessus des yeux, et d'autres de dimensions diverses autour de l'ouverture de la bouche. Le corps et la queue sont couverts en dessus d'écailles rhomboïdales obscurément hexagones, imbriquées, formant des rangs obliques et non des lignes longitudinales ; elles sont partagées chacune en deux parties égales par une carène ou arête saillante. Dans les individus d'une taille ordinaire, ces écailles revêtent entièrement le tissu dermoïde, sans laisser entre elles aucun interstice ; mais, dans ceux qui atteignent un développement auquel leur matière cornée paraît ne pouvoir pas parvenir, ces écailles sont espacées, et l'on voit entre elles la peau noire, lisse, mince, mais forte et tenace du reptile.

Le dessous du corps est garni de plaques ou bandes écailleuses, imbriquées, minces, flexibles, demi-diaphanes, lisses, nacrées, miroitantes, blanches, nuancées de jaune ou de rose, ayant chacune un mouvement propre, qui permet à l'animal de les redresser spontanément et isolément ; dans l'état de mort elles semblent appliquées étroitement les unes sur les autres. L'ensemble de ces bandes écailleuses forme une zone qui occupe la surface inférieure du corps, et qui est égale au tiers de sa circonférence ; leur largeur, qui est plus grande au milieu que vers la tête ou la queue, excède parfois six à sept lignes. Les plaques caudales sont doubles ou géminées, elles ressemblent à celles du ventre, à cela près qu'elles sont plus petites et disposées sur deux rangs sans imbrication, étant liées par une sorte de cartilage.

La première de ces espèces de plaques varie en nombre ; l'autre est toujours fixe, à moins qu'il ne soit arrivé quelque accident qui, en raccourcissant la queue, en ait diminué la quantité. J'ai trouvé 220, 223, 229, 230 et même 240 plaques ; mais le nombre des plaques caudales était constamment de 64.

De toutes les espèces de reptiles des Antilles, le Trigonocéphale est la seule dont les couleurs ne soient pas invariables ; et c'est ce qui a donné lieu à l'erreur qui fait supposer, sans aucun fondement, qu'il y a plusieurs sortes de serpents vénéneux à la Martinique et à Sainte-Lucie. On ne peut dire si la variation de couleur est l'effet de la différence des sexes, de l'âge, de la nature des habitations, du changement de peau plus ou moins récent, ou bien d'une diversité naturelle ; il est vraisemblable que toutes ces circon-

stances y concourent. Il y a des Trigonocéphales jaune aurore, d'autres jaune orpin, maculé de brun jaune, il y en a
de bruns, de noirâtres, de noirs, de tigrés ; il y en a qui sont
tachetés régulièrement de ces diverses couleurs, et dont
les flancs sont teints d'un rouge vif et brillant. On remarque souvent, mais non pas toujours, comme on l'a dit, un
trait noir qui s'étend depuis l'œil jusque vers la partie an-
térieure de la tête, et qui rappelle celui dont la nature a
orné plusieurs espèces de colombes. Jamais, malgré cette
variété, la distribution des couleurs ne forme de zones
rubannées ; ce sont toujours ou des nuances répandues uni-
formément ou des macules irrégulières dans leur limbe,
quoique symétriques dans leur situation réciproque.

De tout temps, la grandeur des serpents a été le sujet des
exagérations des voyageurs, et l'on doit peu s'étonner que
dans une relation publiée au commencement du siècle, on
ait avancé que la vipère redoutable que je décris, avait une
longueur de vingt-cinq pieds et un diamètre de cinquante-
deux pouces [1]. Le savant illustre qui, le premier, a fait connaître scientifiquement cette espèce est Lacépède ; n'ayant pu
observer que des individus encore enfants, et longs seulement
de quatorze et de vingt-quatre pouces, il est demeuré en deçà
de la vérité, et n'a pu concevoir une idée parfaite du développement auquel la puissance du temps les eût fait arriver.
Daudin, en fixant la grandeur du Trigonocéphale à cinq
ou six pieds, a donné le terme moyen de leur accroissement,
et l'on ignore encore le point auquel ils peuvent parvenir.
Voici sur cette question des faits positifs : En 1820, j'ai
soumis à l'examen de l'Académie des sciences un serpent
noir, long de six pieds. En 1805, j'en avais tué un, tigré

[1] Robin, Voyage à la Martinique, 1806.

de noir, de jaune et de rouge, qui avait la même taille. En 1808, le capitaine Desfourneaux en trouva un sur le morne Colomb, qui avait sept pieds six pouces de longueur, et trois pouces et demi de grand diamètre; les plaques ventrales avaient deux pouces d'un côté à l'autre, et les écailles dorsales quatre lignes de large. Il est vrai qu'il est rare maintenant de trouver des serpents de cette taille; mais Dutertre, dont j'ai reconnu tant de fois la véracité, affirme que de son temps on en rencontrait d'aussi gros que la jambe et longs de sept à huit pieds. Labat raconte qu'un serpent qui lui fit courir le plus grand danger, avait près de neuf pieds de long et plus de cinq pouces de diamètre.

La coïncidence de ces observations prouve qu'on a restreint dans des bornes trop étroites l'accroissement auquel parvient le Trigonocéphale, et qu'il peut être presque double de celui qu'offrent communément ces animaux, qui, par la guerre acharnée qu'on leur fait, arrivent rarement à leur entier développement. Toutefois le voyageur que j'ai cité a exagéré au triple la grandeur de ce serpent.

L'étendue des facultés de ce reptile ayant été pour moi un objet d'examen attentif lorsque plusieurs individus captifs sont restés longtemps sous mes yeux, je peux donner à ce sujet quelques détails inédits.

Le sens de l'ouïe a une finesse très-grande dans cet ophidien, dont l'attention est éveillée par un bruit léger, et fixée par un sifflement lointain; l'inquiétude que manifeste l'animal lors de l'approche des personnes qu'il ne peut découvrir, prouve qu'il en est averti par la perception des sons. Je n'ai pu réussir à m'assurer de la puissance de l'olfaction; elle serait étendue, s'il était vrai, comme on l'a cru, que les quatre fossettes du museau sont des organes propres à transmettre l'impression des odeurs. Le

sens de la vue semble le plus actif; les yeux sont gros,
saillants, mobiles, lumineux, scintillants, élevés jusqu'au
plan supérieur de la tête, qui est presque toujours redres-
sée de manière à permettre à l'animal de découvrir les objets éloignés. La structure de ces yeux annonce les habitudes du reptile; ils ressemblent à ceux des oiseaux de nuit;
et en effet, le serpent craint et fuit comme eux l'action de
la lumière; il habite les lieux obscurs, et choisit pour
l'instant de sa chasse le coucher du soleil ou les jours
sombres et nébuleux.

La substance cornée qui revêt entièrement le corps de
ce serpent, semble devoir rendre singulièrement obscur le
sens du toucher; toutefois, il y a lieu de croire qu'outre la
perception qu'il reçoit des objets par leur contact immé-
diat, au moyen des replis dont il les enveloppe, il en ac-
quiert encore plus rapidement et plus facilement la connaissance par l'action de sa langue, qui est douée de
beaucoup de souplesse et de mobilité. Il la dirige vers tout
ce qui l'approche, et marque, par la vélocité de ses mouvements, sa colère, son inquiétude, son attention et le
besoin qu'il a de savoir quelle est la nature des objets
qui sont à sa portée.

Ce n'est qu'assez rarement qu'il fait entendre des sons,
et dans l'état d'esclavage il n'en produit aucun. Il en est
ainsi de plusieurs Sauriens caraïbes longtemps soumis à
mon observation, et qui, quoique silencieux quand ils sont
privés de liberté, remplissent les bois, lorsqu'ils peuvent
les parcourir, de leurs sifflements nocturnes.

La résistance des forces vitales est prodigieuse dans cette
espèce de reptile; elle contraste avec l'extrême fragilité de
sa charpente osseuse, qui est telle, qu'un seul coup de baguette suffit pour briser sa colonne vertébrale et lui donner

la mort. J'ai vu le corps de cet animal s'agiter, par de fortes et nombreuses contractions, dix heures après avoir été séparé de la tête; quatorze heures après, il en éprouvait encore lorsqu'on le provoquait par l'agacement des muscles. J'ai conservé pendant plus de trois mois plusieurs de ces reptiles sans leur donner aucune nourriture, et encore sont-ils morts d'accident.

C'est à tort que quelques naturalistes ont refusé au Trigonocéphale une agilité qu'il possède même en naissant. Si lorsqu'on a tué une femelle et qu'on a ouvert une issue aux petits qu'elle renferme, on n'est pas préparé à les atteindre, on risque de les voir s'échapper dans toutes les directions, en rampant avec rapidité pour gagner un asile. On conçoit d'ailleurs combien doit être actif un reptile chasseur dont la nourriture se forme de lézards doués de la faculté de sauter et de grimper sur toutes les surfaces, d'oiseaux qui, d'un coup d'aile, franchissent des distances considérables, de quadrupèdes, enfin, dont la proie exige toute l'adresse du plus leste et du plus rusé de nos animaux domestiques. Il est bien vrai que le serpent demeure parfois dans une espèce d'engourdissement, mais c'est seulement lorsque, ayant avalé quelque animal qui est descendu tout entier dans le canal alimentaire, il est obligé d'attendre l'effet que ne tarde pas à lui faire éprouver l'action dissolvante des sucs digestifs et celle du poison qu'il lui a injecté pour lui donner la mort. Dans toute autre circonstance, j'ai toujours vu le Trigonocéphale d'une activité et d'une vivacité de mouvements vraiment effrayants. Quatre individus de cette espèce, que j'ai observés pendant plusieurs mois, veillaient nuit et jour à ce qui se passait autour d'eux; quoique habitués à voir sans cesse des hommes près de leur prison, il n'arrivait point qu'il entrât quelqu'un dans le laboratoire où ils étaient, sans qu'ils s'élançassent à l'instant pour assaillir, mordre et donner la mort. Il y avait tant de rapidité dans leur mouvement qu'on les perdait de vue quand ils se dardaient. L'instinct féroce qui porte ces reptiles à se jeter impétueusement sur les passants est prouvé par de nombreux exemples. Parmi ceux dont j'ai été témoin, je ne citerai que celui de M. Montganier, commandant le quartier de Macouba. En traversant un large chemin, ouvert au milieu des cannes à sucre de son habitation, ce colon fut attaqué par un serpent long de cinq à six pieds, qui s'élança sur lui de fort loin, et qui, atteignant son cheval, fit ruisseler le sang en abondance par une blessure profonde.

Je n'ai jamais trouvé de serpent stationnaire qui ne fût dans une position offensive ; l'action par laquelle le reptile prend cette position s'exprime à la Martinique par le mot *lover*; elle consiste à contourner en spirale toute la longueur de son corps, qui forme quatre cercles égaux superposés. Sous le dernier, la queue est placée comme point central d'appui, de ressort et de pivot, tandis que la tête, qui termine le cercle supérieur, est retirée en arrière par une sorte de crochet des vertèbres cervicales. Au moment où l'animal s'élance, il fait effort sur sa queue, déroule simultanément les quatre cercles qui se débandent avec roideur, et, par la cessation du mouvement de rétraction de sa tête, il atteint son objet, ouvre sa large bouche, applique ses mâchoires et saisit, perce, empoisonne et tue sa victime. Cependant, quelque grand, imminent et terrible que soit le danger que fait naître cette attaque, il n'est pas vrai, comme Bartram l'a dit du serpent à sonnettes, que le Trigonocéphale soit toujours sûr de son coup, et qu'il ne s'élance jamais en vain [1]. J'ai vu plusieurs exemples qui prouvent le contraire,

---

[1] Bartram, t. II, p. 3.

et, entre autres, celui fort singulier d'un soldat, qui, se baignant dans la rivière Madame, près du Fort-de-France, et qu'un serpent frappa violemment au milieu de la poitrine sans y trouver prise et sans pouvoir le blesser. Ce soldat saisit le reptile d'une main vigoureuse, par un mouvement instinctif auquel il dut son salut.

Le mécanisme de la locomotion, qui consiste en une série de mouvements ondulatoires et rapides de la colonne vertébrale, n'offre rien de particulier dans cette espèce d'ophidien. C'est ordinairement lorsque le Trigonocéphale veut fuir ou lorsque après s'être élancé, il est tombé sans atteindre son objet, qu'on peut l'assaillir avec le plus d'avantage, et le mettre d'un seul coup hors de combat; mais il faut beaucoup de résolution pour s'avancer si près de lui, et la moindre hésitation pourrait coûter la vie, puisqu'il ne lui faut qu'un instant pour se lover, et que la rapidité avec laquelle il s'élance ne permet pas de parer son atteinte. Aussi les nègres ont-ils la précaution de lui faire quitter cette position offensive avant que de tenter de s'en approcher; ils y parviennent en le harcelant et en faisant un grand bruit; mais ce moyen et même la lapidation ne réussissent pas toujours à le faire fuir; et dans plusieurs cas on l'a vu, au lieu de chercher à s'échapper, poursuivre, par une suite prolongée d'élans rapides et multipliés, les hommes dont les provocations avaient excité sa fureur. Cet événement, quoique rare, s'est répété plusieurs fois pendant mon séjour aux Antilles; il a presque indubitablement des effets funestes quand le terrain favorise par sa déclivité la locomotion du reptile. J'ai observé que, dans ce cas, les arcs que forme le corps de l'animal ne se font point vers les côtés, comme Blumenbach le croyait, mais bien qu'ils ont lieu de bas en haut.

Cette rapidité, dans un être dépourvu des organes du marcher, est encore moins étonnante que le pouvoir qu'il a de grimper sur des surfaces verticales, lors même que son corps ne peut en embrasser les plans latéraux. Pendant qu'un Trigonocéphale des forêts du Carbet s'efforçait de monter sur un Gommier dont le tronc était énorme, j'ai pu observer que ce reptile se sert pour cette action de la mobilité de ses plaques ventrales; il les redresse beaucoup plus qu'on ne saurait l'imaginer; et c'est par leur moyen que, changeant instantanément de point d'appui, il parvient à effectuer une translation verticale, qu'on est tenté de regarder comme impossible.

Un phénomène de statique animale, encore plus surprenant et non moins certain, est la faculté que possède le Trigonocéphale de se dresser verticalement sur sa queue, de se maintenir ainsi debout sans aucun point d'appui, et d'offrir souvent, dans cette position menaçante, une hauteur au moins égale à la taille d'un homme.

Les effets de la piqûre faite par le Trigonocéphale varient singulièrement, comme tous ceux qui résultent de l'atteinte des reptiles du même genre. Parfois l'homme et les animaux domestiques n'éprouvent aucun accident après sa morsure, même lorsqu'elle a lieu avec deux crocs venimeux. Dans ce cas, on attribue toujours au remède qu'on a appliqué empiriquement ce qui n'est que le résultat d'un concours de circonstances qu'on ne peut déterminer, puisque souvent une morsure semblable est mortelle, malgré tout ce que l'on attendait de l'emploi de ces mêmes remèdes que l'on regardait la veille comme infaillibles.

Les symptômes ordinaires de l'action du venin sont : la tuméfaction de la partie blessée qui devient rapidement livide et gangreneuse, le gonflement de l'estomac, des nau-

sées, des convulsions et une somnolence invincible. Quoique
la mort survienne souvent au bout de quelques jours, ou
même de quelques heures, il est plus commun de voir les
personnes qui ont été atteintes par ce reptile éprouver pendant des années les suites funestes de leurs blessures;
telles que des vertiges, une pulmonie, une paralysie totale
ou partielle, l'atrophie d'un membre, ou un ulcère incu-
rable et rongeur.

Il paraît que la piqûre faite par les crocs venimeux du
serpent est plus ou moins dangereuse, selon les circonstances variées et fugitives qui favorisent l'introduction du
venin dans la plaie ou qui y mettent obstacle. Il paraît encore que ces effets dépendent non-seulement de la quantité
de venin qui y a pénétré, mais encore de la disposition pa-
thologique du reptile, ainsi que de la nature des parties
blessées et de la résistance qu'opposent en général les forces
vitales de l'individu, en raison de sa masse et de sa sen-
sibilité.

L'impossibilité de pronostiquer les suites de la blessure
par son inspection fait une obligation cruelle de soumettre,
dans tous les cas, à un traitement, l'individu atteint par le
Trigonocéphale. Ce traitement est empirique et n'a pas
cessé de changer presque tous les ans depuis la colonisation de la Martinique et de Sainte-Lucie. Les remèdes employés les derniers sont toujours les plus vantés, quoique
communément, ils n'aient pas plus de succès que ceux qu'ils
ont remplacés. Le nombre de ces remèdes prouve toute
leur incertitude et leur insuffisance.

On s'est servi successivement, et l'on se sert même encore, selon les quartiers, les habitations et la tradition con-
servée ou l'opinion adoptée par les créoles, d'un multitude
de substances tirées des trois règnes de la nature.

Dès les premiers temps de l'établissement de la colonie, on employait les scarifications et les ventouses ; on couvrait la plaie d'une emplâtre de thériaque ; on broyait la tête du reptile et on l'appliquait sur la blessure. Une poudre préservatrice et curative, faite avec des cœurs de serpents, fut vantée pendant longtemps comme étant d'un usage merveilleux. Dutertre donne comme un moyen assuré : « De plumer le derrière d'un gros poulet, et de le mettre sur la plaie, dont il attire tellement le venin, que le volatile meurt entre les mains de celui qui l'applique. » (Pag. 336.) Il est digne de remarque que ce moyen est employé dans l'Inde contre la morsure de la couleuvre Capelle. — *Coluber naja.* L.

On a fait usage de frictions avec de l'huile chaude. On s'est servi de chaux vive, mêlée avec de l'huile et du miel ; on a employé pareillement de la cendre de sarment de vigne, délayée dans de l'huile rosat. On a souvent pilé et mis sur les blessures des feuilles de tabac vert, des feuilles de moutarde du pays [1], de l'ail, du mouron, de la bétoine, du thym des savanes [2], de la liane brûlante [3], de l'herbe à serpent [4], des agoumans des bois [5], du fleuri-Noël [6], et surtout des tiges et des feuilles de mal-nommée, appellation par laquelle sont désignées à la Martinique trois espèces différentes d'Euphorbe [7].

Il faut ajouter à ce catalogue celui d'une partie des remèdes employés en Europe contre les morsures de la vipère commune, tels que l'eau de Luce et l'alcali volatil,

[1] *Cleome pentaphylla.* L.
[2] *Turnera montana.*
[3] *Tragia volubilis.*
[4] *Petiveria alliacea.*
[5] *Phytolacca decandra.*
[6] *Eupatorium macrophyllum.*
[7] *Euphorbia pilulifera.* — *E. parviflora,* — *E. Graminea.*

auquel les médecins de l'Archipel joignent l'oxide de cuivre, l'opium et les préparations arsénicales et mercurielles. On prétend en avoir obtenu des succès ; mais ce qui prouve au moins qu'ils n'ont pas été constants, c'est qu'on est revenu, depuis plusieurs années, à chercher des secours moins douteux dans le règne végétal.

Indépendamment de l'*Eupatorium macrophyllum*, on a recours à deux espèces du même genre [1]. Une troisième a joui d'une réputation plus grande, mais non plus durable : c'est l'*Ayapana* [2], dont on se sert au Brésil comme alexipharmaque. Toujours abusés par les exagérations des voyageurs, et disposés à la crédulité par l'excès d'une calamité perpétuelle, les colons ont introduit successivement et multiplié la liane à savonnette, qui, sous le nom de *Nandhiroba* [3], combat, dit-on, heureusement dans l'Inde, les effets du venin de plusieurs espèces de reptiles. C'est tout aussi vainement qu'ils ont naturalisé le Guaco [4], et deux espèces d'Aristoloches [5], qui, dans d'autres parties du Nouveau-Monde, servent efficacement, dit-on, pour arrêter l'action du poison des serpents. Rien n'a répondu dans l'usage intérieur et extérieur de ces plantes à ce qu'on en avait annoncé.

Dans la malheureuse incertitude où l'on est encore sur les moyens de prévenir les suites de la morsure du Trigonocéphale, on est forcé de convenir que, jusqu'à présent, il ne s'en offre point d'autres sur lesquels on puisse compter que ceux dont on se sert contre l'hydrophobie. Isoler la

---

[1] *Eupatorium atriplicifolium.* — *E. Cotinifolium.*

[2] *Eupatorium ayapana.*

[3] *Feuillea nandhiroba.*

[4] *Eupatorium satureiæfolium.* Lam.

[5] *Aristolochia anguicida.* — *A. fragrantissima.*

partie mordue par un tourniquet, scarifier soigneusement
les blessures et les cautériser avec la pierre infernale, ou
plutôt par l'inflammation de la poudre à canon, paraissent
être les seuls moyens qui méritent de la confiance. Lorsqu'on les a employés, surtout immédiatement après la piqûre, on ne doit presque plus en redouter les effets funestes,
et l'on peut s'abandonner, si l'on veut, à un traitement
empirique, tel que l'usage de l'alcali ou l'application des
sucs végétaux.

L'effroi que cause le Trigonocéphale s'augmente par la
douleur et le danger des opérations auxquelles il faut se
soumettre dès qu'on en a été mordu, même quand il est
douteux que la morsure ait aucune espèce de suite. La
nécessité de faire ces opérations immédiatement, et l'éloignement de tout secours chirurgical lorsqu'on est atteint
par le reptile dans les campagnes ou au milieu des bois,
produisent presque toujours l'obligation cruelle et périlleuse de se faire soi-même des scarifications ou de les abandonner aux mains inhabiles du premier venu. Ceux que
des devoirs militaires ou l'amour des sciences exposent fréquemment aux attaques de ce serpent doivent être munis
d'un instrument tranchant propre à inciser, et ils doivent
avoir une certaine quantité de poudre à canon avec les
moyens de l'enflammer.

Il est presque inutile d'observer que, dans beaucoup de
circonstances, ces remèdes sont aussi dangereux que le
mal, puisque, par des scarifications profondes faites sans
aucune connaissance anatomique, la section d'une artère
peut, comme l'action du venin, causer une mort inévitable
et soudaine.

Tant de maux font du Trigonocéphale un ennemi qui
inspire à la fois la crainte et la haine, non-seulement à

l'homme, mais encore aux animaux. Le cheval frémit en sa
présence et se cabre pour s'éloigner ; les rats qui habitent
les cannes à sucre, fuient à son approche en jetant des cris
d'effroi ; les oiseaux surtout, auxquels il fait une guerre
acharnée, marquent pour lui cette horreur qu'ils témoignent
en Europe, par leurs cris répétés, à la vue des oiseaux
nocturnes qui sortent de leurs trous avant le crépuscule.
Il en est un qui ne se borne pas à manifester son aversion
par des clameurs inutiles ; il semble ne les faire entendre
que pour appeler les hommes et leur indiquer le repaire
de son ennemi caché dans les buissons. C'est une espèce de
Loxia, nommé vulgairement Cici, par imitation de son chant.
Je me suis longtemps refusé à croire ce que l'on racontait
de la manière dont il découvre les serpents aux habitants
des campagnes, et je n'ai été persuadé de cet instinct
singulier que d'après des faits dont j'ai été témoin oculaire,
ainsi que plusieurs autres personnes aussi peu disposées
que moi à ajouter foi aux choses merveilleuses. Pendant
une reconnaissance militaire, qui était rendue extrêmement
pénible, à cause des halliers épais qu'il fallait traverser en
plusieurs directions, notre guide nous arrêta près d'un
fourré de lianes et d'arbrisseaux, et nous assura qu'un
serpent y était embusqué. Nous nous égayâmes sur son
talent divinatoire ; mais, étant entré dans un sentier qui
tournait ce fourré, il revint quelques minutes après tenant
au bout d'une baguette l'un de ces reptiles qu'il venait de
tuer en lui donnant périlleusement un coup sur les reins.
Nous manifestâmes tous notre étonnement, qui ne diminua
guère lorsque, nous montrant un petit oiseau que nous
n'avions pas remarqué, il nous affirma que c'était lui qui,
par ses cris et son vol circulaire, lui avait indiqué qu'un
serpent était blotti en cet endroit. Le bec recourbé de cet

oiseau, et son plumage vert d'olive, me le firent reconnaître
pour un *Loxia* que j'avais déjà observé et décrit.

Les nègres que les travaux de la terre exposent sans cesse
aux atteintes des Trigonocéphales, les poursuivent implacablement dans toutes les occasions ; jamais ils ne découvrent
l'un de ces reptiles sans l'attaquer. S'ils parviennent à le
tuer, ils lui coupent la tête, et l'enterrent profondément
pour éviter que les crocs, dont la piqûre continue d'être
dangereuse, malgré la mort de l'animal, ne produisent par
la suite quelque accident. Ils suspendent le corps à un
arbre comme un trophée, et prennent plaisir à l'aiguillon-
ner pour provoquer les mouvements violents qu'il ne cesse
de faire, même plusieurs heures après avoir été mis en
lambeaux.

On sait que les races africaines, qui forment la masse
de la population des Antilles, conservent dans ces îles américaines une partie des mœurs et des usages de leurs contrées natales. Si les nègres n'adorent point le Trigonocéphale fer-de-lance comme les autres serpents de leurs pays,
ces reptiles sont du moins pour eux le sujet de mille superstitions, qui n'ont pas toujours été repoussées par les Européens, comme elles le méritent. Quelques-unes des parties
du corps de ces animaux sont au nombre des talismans
conservateurs ou nuisibles qui sont désignés par le nom
caraïbe de Piailles ; on les voit figurer dans les conjurations
magiques des nègres adonnés aux sortiléges, et le venin de
ces animaux n'est pas étranger, dit-on, aux poisons dont
l'usage produit tant de désastres dans les colonies de l'Archipel. C'est une opinion reçue par les nègres que les serpents sont envoyés pour tuer la personne qui leur est
désignée par un sorcier ennemi. Enfin, on leur prête assez
généralement la faculté de charmer par le seul effet de leur

regard, et d'enchaîner leur victime par une sorte de puissance magnétique. Mes expériences sur ce sujet n'ont pas confirmé l'opinion commune. Pendant trois mois, plusieurs Trigonocéphales placés sous mes yeux n'ont presque pas cessé d'avoir les yeux fixés sur moi ; et cependant ils ne m'ont point fasciné.

Il est utile de signaler au naturaliste, au militaire, au voyageur, les endroits où l'on est le plus exposé à rencontrer des serpents, et où conséquemment il serait dangereux de conserver une imprudente sécurité.

Dans les forêts, on doit redouter d'être obligé de franchir les arbres tombés de vétusté, et dont souvent il ne reste que l'écorce. Les lianes et les plantes parasites dont ils sont environnés, sont comme des rêts qui embarrassent et retiennent ceux qu'attendent les serpents embusqués dans leurs troncs creusés par le temps. Un Trigonocéphale tué en 1815 dans les bois du Carbet, lorsqu'il occupait une pareille position, avait une longueur de 7 pieds 7 pouces, et un grand diamètre de 4 pouces 4 lignes.

Il serait imprudent de porter la main dans un nid d'oiseau appendu même aux plus hauts arbres des forêts ; car les serpents y sont parfois tapis après en avoir détruit les œufs ou les petits. Les poulaillers, les volières, qui offrent à ces reptiles des proies semblables, les attirent également ; c'est par le même motif qu'ils s'établissent presque toujours sur le bord des ruisseaux pour guetter les animaux qui viennent s'y désaltérer ; ils se cachent quelquefois sous le toit des cases à bagasses ou sous celui des Ajoupas abandonnés, sorte de cabanes de feuillage qui servent, aux Antilles, au chasseur, au botaniste et au berger. Lorsqu'ils sont surpris par le jour dans leurs chasses nocturnes, ils se réfugient, en attendant l'obscurité, dans les trous pratiqués par

les crabes ou par les rats. Le bruit qu'ils font dans ces galeries souterraines peut donner lieu à de fâcheuses méprises.
Une négresse, croyant chasser un rat d'un trou qui se trouvait dans le plancher de sa case, y introduisit un bâton ; il
en sortit à l'instant un serpent long de six pieds, qui se jeta
sur elle ; mais il n'atteignit que son jupon auquel il resta
suspendu, faisant mille efforts pour retirer ses dents crochues qui y étaient demeurées embarrassées. Dans cette
effrayante position, cette femme conserva assez de sang-
froid et de présence d'esprit pour recourir à un moyen qui
lui sauva la vie ; elle dénoua les liens qui retenaient son
vêtement, et l'abandonnant au reptile qui ne cessait de se
débattre avec violence, elle put échapper à ce péril imminent. Ayant eu occasion d'observer ce serpent, je trouvai
que l'un de ses crocs venimeux s'était détaché et était demeuré dans le tissu de laine où il l'avait enfoncé ; il avait
une longueur de près de 14 lignes.

On n'a que peu d'exemples que des serpents aient pénétré dans les villes ; dans ce cas, ils sont presque toujours
très-petits, et ont été apportés dans des bottes de fourrage
vert. Cependant, quoiqu'ils ne vivent pas ordinairement
près des lieux habités, ils s'en approchent souvent la nuit,
attirés par les proies qu'ils poursuivent ou qu'ils savent
devoir s'y trouver. Le serpent envoyé, en 1820, au Muséum
par le général Donzelot, avait été tué dans les jardins de
l'Hôpital de Saint-Pierre, qui est situé au milieu de cette
ville populeuse. Il n'est pas rare d'en surprendre dans les
ouvrages du fort la Luzerne, à Sainte-Lucie, et du fort
Desaix, à la Martinique. Dans ce dernier, il y a même une
lunette basse, voisine d'épais halliers, qu'on a nommée
depuis longtemps la Lunette aux Serpents, à cause de la
quantité prodigieuse de ceux qui s'y établissent. Dans les

campagnes, ils pénètrent assez fréquemment jusque dans l'intérieur des maisons habitées, quand de hautes herbes ou des plantes buissonneuses les environnent. Cet événement a lieu principalement dans les cases des nègres. Il y a quel-ques années qu'au moment de son réveil, une femme, en portant ses premiers regards sur le berceau de son enfant, découvrit avec effroi un énorme serpent roulé sur sa poi-trine, dans une attitude menaçante. Qu'on imagine, s'il est possible, la situation d'une mère qui voit son fils près de recevoir la mort la plus cruelle, et qui, loin de pouvoir le secourir, va hâter sa perte si le moindre cri ou le moindre geste échappe à sa terreur et à son désespoir!

La destruction de ce fléau est beaucoup plus difficile qu'on ne peut le croire en Europe, où l'on se fait une idée fausse de ces îles équatoriales, toujours et partout revêtues de bois, de cultures arborescentes, ou de graminées hautes et robustes, qui forment des retraites assurées pour les reptiles. Persuadé, par l'expérience, de l'inutilité des efforts des hommes pour exterminer cette race malfaisante, on résolut, il y a une cinquantaine d'années, de lui opposer une espèce ennemie. On introduisit, dans cet objet, à la Marti-nique, des chiens terriers, d'origine anglaise, qu'on desti-nait à la chasse des serpents. Leur instinct et leur intrépidité ont répondu à ce but; mais néanmoins ils n'ont rendu que des services très-bornés, d'abord parce que leur nombre n'est point assez grand, qu'ils ont besoin d'être constam-ment dirigés, et ensuite parce qu'on craint d'exposer ceux auxquels on s'attache, et enfin parce qu'il en périt beaucoup par suite des blessures qu'ils reçoivent, malgré leur adresse à attaquer les serpents qu'ils saisissent près de la tête, afin de leur briser les vertèbres du cou et de les mettre sur-le-champ hors de combat.

En considérant attentivement par quels moyens on parviendrait mieux à ce but important, je crus que ce n'est point assez du courage et de la sagacité de ces animaux pour détruire l'un des reptiles les plus puissants du globe, et en 1816, j'indiquai dans un mémoire pour le ministre de la marine, M. Portal, l'une des espèces d'animaux qui sont pourvues d'armes adaptées au genre de guerre qu'exige le Trigonocéphale. Il me sembla que le Vautour du cap de Bonne-Espérance, nommé Secrétaire ou Messager, — *Falco Serpentarius* [1], serait une acquisition précieuse pour les îles de la Martinique et de Sainte-Lucie. Cet oiseau, qui se nourrit de rats et de reptiles, s'apprivoise aisément et se propage dans l'état de domesticité. Ses avantages pour vaincre les serpents ne sont pas seulement la force de son bec, qui est celui de l'aigle, et la longueur de ses jambes, qui le rapproche des Échassiers; il pourrait, lors même qu'il aurait déjà frappé mortellement ces reptiles, succomber par l'effet terrible de leur venin; mais, guidé par son instinct, il évite adroitement leur atteinte; il se couvre de l'une de ses ailes comme d'un bouclier, et les frappant avec l'autre, il se sert comme d'une massue des protubérances osseuses dont elle est armée.

D'après mon indication, les ordres du ministre firent importer du Cap à la Martinique deux de ces oiseaux, qui y furent naturalisés en 1819. Différentes circonstances paraissent avoir empêché le développement de ce projet; on doit le regretter d'autant plus que quoiqu'il soit possible de diminuer le nombre des Serpents, en établissant des récompenses en faveur de ceux qui en détruisent le plus, on ne peut se flatter d'en exterminer l'espèce que par l'ins-

---

[1] Thunberg, t. I, p. 189.

tinct de quelque animal domestique, qui, comme ce Vautour, réunisse l'activité, l'adresse, le courage et la force, et
qui n'use de ces avantages que pour servir les hommes.

Parmi les fables sans nombre dont le serpent est le
sujet, il en est une, qui lui attribue le soin maternel que
la Sarigue a pour ses petits, en leur donnant asile dans
son corps. On prétend que, pour sauver sa progéniture, la
femelle du Trigonocéphale ouvre sa large bouche et cache
sa portée entière dans son ventre. Il n'est nul besoin d'accorder à ce reptile une faculté impossible pour expliquer
comment, sans une telle protection, sa famille est si nombreuse. La fécondité qu'il a reçue de la nature, lui fait
enfanter à la fois cinquante à soixante petits. Cette effrayante génération n'est point exposée comme le sont les
petits des ovipares à une enfance débile, qui les met au
pouvoir de leurs ennemis. Ces petits, déjà débarrassés des
membranes fœtales, n'ont pas moins de 10 à 12 pouces de
long, et leur agilité leur permet de pourvoir à leur sûreté.
Ainsi, lorsqu'en moissonnant un champ de cannes à sucre,
on y trouve, comme je l'ai vu plusieurs fois, soixante
ou quatre-vingts serpents, c'est seulement une ou deux
familles.

Une race aussi prolifique semblerait avoir dû s'étendre
dans tout l'archipel des Antilles, depuis la Trinitad jusqu'au
canal de Bahama, et la même cause qui en a départi le
fléau aux campagnes de la Martinique, devait ne pas épargner les colonies voisines. C'est pourtant un fait incontes-
table que sur cinquante-sept îles trois seulement sont infes-
tées par les Trigonocéphales, savoir : la Martinique, Sainte-
Lucie et Bécouïa, l'une des petites îles de l'archipel des
Grenadins. Dans toutes les autres il n'y a aucune espèce
de serpent venimeux ; et c'est ce fait trop généralisé qui a

fait croire à Pierre Martyr d'Angleria que toutes les Antilles jouissaient de la même immunité, opinion adoptée,
sans examen, par Bryan Edwards, Brown, Hugues et
Charlevoix.

Pour expliquer une si étrange exception, on a rappelé
et adopté une ancienne tradition des Caraïbes. Ces sauvages
prétendaient, il y a deux siècles, que leurs ennemis mortels, les Arrouages de la Guyane, voulant se venger d'eux,
avaient apporté à la Martinique la Vipère fer-de-lance, en
se servant pour la transporter de ces vases de bois qu'on
fait aux Indes occidentales avec l'enveloppe ligneuse du
fruit des Calebassiers [1]. Mais ce fait semble bien peu vraisemblable quand on apprend que ce même reptile existe
dans trois îles au lieu d'une, comme le suppose cette tradition. Il ne pouvait être importé par vengeance à Bécouïa, puisque cet îlot était inhabité; et, au contraire,
Saint-Vincent et la Guadeloupe, où les Caraïbes étaient
fort nombreux, auraient dû éprouver les effets de cette
vengeance, dont l'une et l'autre île n'ont jamais rien souffert, puisqu'il n'y existe point de serpents vénéneux. Il
est vrai que, quant à la Guadeloupe, l'objection a été es-
quivée par l'assertion d'un fait fabuleux. On assure gravement que la vipère de la Martinique ne peut y vivre, et
l'on cite des cas où ce reptile ayant été importé par des
expérimentateurs téméraires et insensés, il a aussitôt perdu
la vie. Nous nous refusons à croire que personne ait eu
la coupable idée d'exposer à un si cruel fléau une grande
population, pour la satisfaction de s'assurer d'un fait zoo-
logique dont la certitude n'est point douteuse; car, excepté
le Trigonocéphale, tous les animaux de la Martinique

---

[1] *Crescentia cujete.* L.

existent dans les îles voisines, qui ne diffèrent entre elles ni
par leur climat, ni par leur sol, ni par leurs productions
naturelles. Par conséquent si le reptile que nous décrivons,
ne s'y trouve pas, c'est uniquement parce qu'il n'y a pas
surgi, et ce serait un grand crime que de lui en fournir
l'occasion.

En repoussant toutes les fables qui embellissent de circonstances merveilleuses l'origine du serpent de la Martinique, il faut revenir aux faits naturels et attribuer cette
origine aux mêmes agents qui ont formé la Faune et la
Flore de cette île. Avant l'Exploration minéralogique et
géologique des Antilles que j'ai exécutée à mes risques et
périls, on croyait que leur archipel était la région monta-
gneuse d'une partie submergée du continent d'Amérique.
Cette opinion était celle de Raynal, Fleurieu, Dupuget, Le
Blond, Lavaysse et autres savants ou voyageurs. Elle impliquait que l'Archipel, ayant appartenu primitivement aux
régions continentales, avait participé à la distribution des
animaux et des végétaux qui leur avaient été départis ; et
ainsi s'expliquait la ressemblance ou l'identité de leurs
productions. Mais il est bien constaté par les travaux que
j'ai soumis à l'Académie des sciences, et qui ont obtenu sa
haute sanction, que l'Archipel n'est point le vestige d'une
partie du continent et que sa formation est entièrement
due à des volcans sous-marins, très-postérieurs à l'organi-
sation des deux Amériques. Il s'ensuit que, comme les
autres îles des deux hémisphères qui ont la même origine,
les Antilles ont été peuplées d'espèces animales et végétales par une longue suite d'importations partielles dont
les agents sont tout ce qui se meut à la surface du globe :
les courants atmosphériques et océaniques, les oiseaux de
passage et les transmigrations des hommes. Des recher-

ches expérimentales faites dans le canal de Sainte-Lucie, où vient déboucher, dans le golfe du Mexique, l'immense courant de l'Atlantique équatoriale, ne m'ont laissé aucun doute sur ce sujet intéressant; elles m'ont prouvé que ce courant charrie en énorme quantité les produits naturels du Brésil, de la Guyane et de Vénézuelle, et qu'il les apporte sur les plages des Antilles. Malgré leur immersion dans l'eau de mer, la plus grande partie des semences ainsi transportées conservent leur fécondité, et j'en ai fait germer dix-sept espèces sur trente. Sans doute, les animaux n'ont pas autant de chances favorables; et pourtant, quand on a vu, comme moi, des serpents traverser des torrents à la nage, à l'aide des mouvements ondulatoires de leur corps, et en tenant leur tête élevée au-dessus des eaux, on conçoit qu'entraînés par les inondations des fleuves de la Terre-Ferme, ils aient pu aborder les rivages des Antilles cramponnés aux branches des arbres qui leur servaient de radeaux. A moins de croire que les reptiles et les quadrupèdes de ces îles n'y soient nés d'eux-mêmes, il faut bien admettre qu'ils y ont surgi par cette sorte de navigation fortuite, et c'est ainsi, sans doute, que le Trigonocéphale est parvenu à aborder à la Martinique et à s'y établir comme dans sa terre natale.

L'Erpétologie à peine ébauchée des régions orientales de l'Amérique ne permet pas de savoir avec certitude quelle est la contrée d'où provient ce reptile.

Le Serpent à grage de la Guyane française — *Serpens echinatus* — a beaucoup de traits de ressemblance avec lui. « Il est, disent Barrère et Bajon, beaucoup plus hardi et plus méchant que le serpent à sonnettes; il s'élance sur les passants, mais il n'habite que dans l'intérieur au milieu des grands bois, et non dans la petite île de Cayenne, où les colons l'ont exterminé. Sa longueur est de 5 à 6 pieds. Sa tête est beaucoup plus grosse (large) que celle des autres serpents ; sés crochets venimeux sont six fois plus longs que ses autres dents; sa couleur est celle de la terre, c'est-à-dire brun noir [1]. »

Le Curucucu ou Couroucoucou du Brésil semble être le même ophidien. Il est long de 8 à 9 pieds, plus gros que le Serpent à sonnettes, revêtu d'écailles pareilles, mais jaunes, avec des taches noires ; il a, comme lui, le ventre couvert de bandes écailleuses, jaunes ; sa piqûre est redoutable et fait jaillir le sang ; elle donne la mort en vingt-quatre heures, et parfois plus promptement encore. Les Brésiliens lui coupent la tête quand ils sont parvenus à le tuer, et ils l'enterrent profondément; usage qui est général à la Martinique et qui est vraisemblablement une tradition des Caraïbes remontant au temps où ces indigènes habitaient la Guyane et même le Brésil [2].

On incline à identifier le Trigonocéphale avec un serpent de la Terre-Ferme ou Vénézuelle, que les indigènes nommaient Tiro, lors des premières conquêtes des Espagnols. C'était le reptile le plus venimeux du pays; la plupart des blessures qu'il faisait, étaient incurables et donnaient la mort dans l'espace de trois jours, malgré les secours les plus prompts [3].

Parmi les serpents du Mexique décrits imparfaitement dans les ouvrages des anciens naturalistes espagnols, il en est un dans lequel on croit reconnaître la Vipère de la Martinique : c'est l'Abucyactli. Fernandez dit qu'il ressemble

---

[1] Barrère, p. 159. Bajon, t. I, p. 343.

[2] Margrave, liv. VI, chap. XIV, p. 241. Pison, liv. III, chap. I, p. 41. Anonyme portug. *in Purchas*, t. III, p. 4, p. 1303.

[3] Oviédo. Somm. cap. 55.

au serpent à sonnettes, excepté par sa queue, qui ne diffère pas de celle des autres serpents. L'effet de son venin est le même que celui d'une espèce désignée par les anciens sous le nom de Hémorrho, ce qui rappelle celui de Coule-Sang, donné au Trigonocéphale dans les premières relations des Antilles. Fernandez rapporte que les piqûres faites par ce reptile avec ses crocs aigus, étaient promptement mortelles. On employait dès lors pour en combattre les terribles suites, le suc des aristoloches, appelées Iztac par les Mexicains, qui avaient étendu ce nom au serpent dont il guérissait quelquefois les blessures [1].

On voit par ces recherches que le Trigonocéphale n'est point un serpent venimeux départi uniquement à la Martinique, et qu'il existait à la Terre-Ferme, à la Guyane, au Brésil et au Mexique, lors de la découverte ou de la colonisation de ces contrées. En remarquant que toutes les espèces animales des Antilles se retrouvent également dans ces contrées, il est rationnel d'en conclure qu'elles en proviennent et qu'elles ont été conduites dans l'Archipel par les circonstances fortuites qui y ont fait surgir les semences de plus de deux mille végétaux, reproduits aujourd'hui spontanément.

Nos citations prouvent que le Serpent fer-de-lance est, dans tous les pays qu'il habite, un reptile redoutable, doué d'une vigueur et d'une férocité plus grandes encore que celle du Serpent à sonnettes.

Cependant, par une aberration d'esprit qu'on ne saurait expliquer que par la manie des paradoxes, un voyageur moderne, Legris de Belle-Ile, a avancé hardiment, en 1810, « que les Serpents sont utiles pour conserver la salubrité de

---

[1] Fernandez, p. 50. Lincey, p. 774. Recchio, p. 381. Clavigero, etc.

l'air et rendre habitables les lieux humides, parce que, dit-il, ils mangent les rats, — qui mangent les scarabées, — qui mangent les fourmis, — qui mangent les insectes microscopiques, ce qui débarrasse les hommes de toutes ces espèces ennemies [1].

C'est assurément porter l'optimisme à sa dernière limite. J'ai rencontré plus d'une fois une autre opinion non moins insensée, et beaucoup moins innocente. Pour atténuer l'effroi que répandent les Trigonocéphales et pour diminuer, par un sentiment d'égoïsme, l'horreur de leur fléau, on a remarqué que les nègres qui cultivent la terre et parcourent les campagnes, sont presque seuls à en éprouver les atteintes mortelles, — et qu'on peut passer sa vie dans les villes sans avoir vu de serpents, pas plus qu'un Parisien ne voit de vipères ou d'aspics. Avec un pareil raisonnement, on préconiserait les loups, qui mangent quelquefois nos petites bergères, et épargnent les sous-préfets. On n'a point considéré qu'aux Antilles les blancs sont dix fois moins nombreux que les autres habitants, et que, par conséquent, lorsqu'un d'eux est piqué par un serpent, c'est absolument comme si ce reptile avait tué dix nègres ou gens de couleur.

Quels que soient ceux qui succombent, c'est un grand malheur qu'il faut regretter amèrement et dont on doit s'efforcer de tarir la source. Au reste, il s'en faut bien que l'immunité des blancs soit telle qu'on la représente. Il y a sans doute parmi eux moins de victimes des serpents, depuis qu'ils ont abandonné la chasse et renoncé au plaisir de courir les bois; mais, dans les seules actions de la vie commune, à la campagne et même aux portes des villes,

[1] *Ann. des Voy.*, t. VI, p. 119.

ils sont exposés souvent aux mêmes dangers. J'ai vu des
exemples de ces événements également fréquents, imprévus et funestes; en voici un dont j'ai été vivement affligé
et qui m'a laissé un triste souvenir. Son récit montrera
comment dans une île fortunée au milieu des bienfaits de
la civilisation, le serpent peut intervenir comme aux premiers jours du monde, dans les destinées humaines, et
changer en désolation leur espoir le plus flatteur.

Un soir à la Martinique, je revenais à la nuit tombante,
d'une promenade à cheval, dans les campagnes voisines de
la ville du Fort-de-France; je vis accourir vers moi, une
jeune mulâtresse, qui, tout éplorée, me dit qu'un officier
venait d'être piqué par un serpent, et qu'elle courait chercher, pour le secourir, le docteur Champin, qui était attendu avec une mortelle impatience. Dans cette terrible
occurrence, chaque minute perdue étant un pas vers la
mort, je me chargeai de faire venir le docteur dont la
maison était éloignée, et je partis au galop. Il était plus
facile de former ce projet que de l'accomplir, et mille obstacles me firent perdre un temps précieux. L'habitation
qui était située au sommet d'une colline ne pouvait être
abordée que par des sentiers perdus dans les halliers et
fermés par des barrières; le maître était déjà couché, et
ses serviteurs refusaient de l'éveiller. Sans la menace de
mes pistolets je n'aurais rien obtenu d'eux; et assurément
la pauvre fille dont je remplissais la mission, n'aurait rien
gagné par ses supplications pour attendrir ces obstinés
coquins. Bref, après une longue suite de délais qui me
faisaient bouillir le sang, j'emmenai le docteur muni de ses
instruments, suivi de sa pharmacie ambulante, et escorté
d'une brigade de carabins machurés. Le cheval qu'il montait, ne pouvant s'accorder aux allures allongées et pétu-

lantes du mien, je pris les devants avec la recommandation
de faire préparer, en arrivant, un brasier de charbons
ardents.

Dans la vive anxiété que m'avait causée un si cruel
accident, je ne m'étais informé ni du nom de l'officier qui
venait de l'éprouver, ni comment il avait pu en être assailli presqu'au seuil de la ville, dans un lieu où l'on se
croit en toute sécurité. Voici que j'appris plus tard.

Un lieutenant d'artillerie nommé d'Arcy, charmant
jeune homme et officier de beaucoup d'espérance, s'était
épris d'une demoiselle de la ville que j'appellerai Victoire,
il fut payé de retour ; mais, alors dans les vieilles familles
de la colonie, il régnait un puritanisme rigoureux, qui ne
laissait aux femmes aucune liberté ; et l'on ne pouvait approcher d'elles qu'en présence des grands parents et de
dix femmes de chambre l'œil ouvert sur leur maîtresse et
l'oreille attentive à chacune de ses paroles. Cet esclavage
était intolérable pour des amoureux qui éprouvaient le
besoin irrésistible d'épancher leur cœur. Après des refus,
des hésitations, une longue résistance, la jeune personne
consentit à une entrevue. Elle sortit de la ville à la brune
accompagnée de sa suivante, et couverte de son voile. Le
lieu convenu pour cette rencontre était assez infréquenté
à cette heure pour permettre d'échapper aux regards curieux. C'était la chaussée qui se prolonge entre le canal et
le Polygone de l'artillerie, savane herbeuse, buissonneuse
déserte et abandonnée. Ils venaient à peine de se joindre,
lorsque dans l'effusion d'un bonheur partagé ils entendirent l'approche d'une troupe de cavaliers joyeux revenant de quelque grand dîner, et qui allaient les surprendre
sur la route, les reconnaître et les livrer, comme des criminels, à la médisance impitoyable de la petite ville.

Pour fuir ce malheur, ils se précipitèrent dans un bien plus grand. Ils se réfugièrent dans la savane du Polygone dont la pelouse verdoyante et les buissons fleuris leur offraient un asile. Mais ils n'eurent pas plutôt fait quelques pas qu'un serpent embusqué dans un hallier s'élança sur le jeune officier, saisit l'une de ses mains dans ses redoutables mâchoires, et y enfonça ses crocs venimeux qui le retinrent attaché à sa victime. L'horreur et l'épouvante dont on est frappé par le seul aspect de ce reptile, ne purent l'emporter sur le courage et le dévouement de l'héroïque compagne de d'Arcy. Elle osa prendre le serpent entre ses mains délicates, le serrer avec force près de la tête, l'obliger à lâcher prise et lui ôter le pouvoir de faire de nouvelles morsures. Mais ce formidable ennemi n'était encore ni désarmé ni vaincu ; il enroula ses anneaux autour du bras nu de la jeune fille, et l'étreignit avec tant de violence que cette lutte ne pouvait durer longtemps. Heureusement la femme de chambre, qui était restée terrifiée, vint en aide à sa maîtresse, elle lui apporta une pierre qui lui servit à écraser la tête du serpent ; aussitôt le corps se détendit, et elle fut délivrée de son contact, froid comme celui d'un cadavre et visqueux comme celui d'un crapaud.

Cette vengeance ne sauvait pas d'Arcy des effets du poison qui venait d'être injecté dans ses veines, et dont l'influence se montrait déjà dans sa stupeur et son égarement. L'intrépide créole ne faillit pas davantage dans la nouvelle épreuve qu'elle se départit. Elle saisit la main blessée du malheureux officier, et, appliquant ses lèvres sur les piqûres du reptile, elle s'efforça d'en retirer le venin par la succion, moyen de salut qu'employaient autrefois les indigènes, et le seul qui puisse offrir des chances de succès. Frappé du danger que cet acte de courage faisait courir à celle qu'il aimait, le jeune officier refusa d'acheter la vie au prix de la sienne, et il s'opposa à tous les efforts qu'elle fit pour le sauver par ce moyen.

Désespérée de sa résistance, Victoire recourut à un dernier moyen de conjurer sa mort. Elle lui fit au-dessus du poignet une ligature avec son mouchoir de poche; mais soit que le tissu en fût trop élastique, soit qu'il fût déjà trop tard, le venin avait déjà gagné le bras, lorsque après des délais prolongés ils quittèrent ce lieu fatal et vinrent demander du secours aux gens de couleur du petit faubourg situé près du Pont-Cartouche. Toute la population fut en un instant à leur disposition. Ce n'était là toutefois qu'un bon vouloir sans plus d'efficacité que celui que trouvent les cholériques, les pestiférés et les gens atteints de la fièvre jaune. L'événement le prouva très-malheureusement. Victoire s'étant rappelé, au milieu de son trouble, le docteur Champin, elle chargea un nègre d'aller en toute hâte le chercher. Le misérable, avant de gagner son salaire, alla le dépenser au cabaret, et perdit si bien le souvenir de sa commission, qu'il s'en alla au Lamantin, à deux lieues de là, et ne s'en revint que le lendemain encore à moitié ivre. Ce fut alors que la jeune mulâtresse, en voyant le désespoir de sa maîtresse durant une attente vaine, courut elle-même à la recherche du docteur et me rencontra par hasard sur son chemin.

Quand j'entrai dans la case où d'Arcy avait été couché, je le trouvai dans un état effrayant; il était d'une pâleur mortelle, les yeux caves, le regard effaré, et il me parut ne pas avoir l'esprit à lui. Il éprouvait des tressaillements qui ressemblaient à des convulsions. Sa main blessée était tellement enflée qu'elle avait perdu toute forme humaine.

Je vis, avec surprise, près de son lit, un nègre, dont la mine sauvage annonçait un Coromante ou un Mandingue.

C'était, me dit-on, un *panseur* de serpent, ou autrement un
Psylle africain, qui faisait profession d'amitié avec ces reptiles, qui les charmait et possédait des secrets pour guérir
leurs blessures. Il demeurait dans le voisinage, et s'était
proposé pour tenir lieu de médecin. Aussitôt, il avait commencé par frotter les piqûres avec un citron, ce qui les fit
paraître, car auparavant on n'en voyait aucune trace, leurs
plaies s'étant refermées. Il envoya chercher, et se fit apporter le corps mort du serpent qui les avait faites, et il
feignit d'entrer en conversation avec lui et d'écouter ses
réponses aux questions qu'il lui adressait à voix basse. Il
continuait encore ce manége lorsque j'entrai. Je lui demandai ce qu'il avait fait pour sauver la vie du malheureux
officier. Rien, me répondit-il froidement, aucun remède
n'y peut réussir; c'est *un serpent envoyé*. Je connaissais
déjà cette fable, qui attribue aux serpents venimeux une
mission de vengeance, comme celle des assassins qu'expédiait au temps de Saint-Louis le vieux scheck de la Montagne
pour se défaire de ses ennemis. Ce n'était ici autre chose
qu'un refus d'intervenir dans un cas désespéré, et de risquer
à compromettre sa réputation médicale ou même de s'attirer
la vindicte du Procureur général, qui voudrait savoir comment un officier était mort entre ses mains.

Néanmoins, l'impudence de ce jongleur m'irrita tellement que je lui aurais fait un mauvais parti, si, profitant
de l'arrivée du docteur et de ses aides, il ne s'était es-
quivé.

Dans mon anxiété pleine d'impatience, dès que le véritable médecin eut examiné le malade, je lui demandai quel
était son pronostic; — Mauvais! me répondit-il. Quoique la
question et la réplique eussent été faites à voix basse, et
qu'elles fussent à peine intelligibles, un gémissement, qui se

fit entendre dans un coin obscur de la chambre, nous apprit qu'un témoin inconnu et caché nous avait compris. En m'approchant, je fus frappé de surprise quand je trouvai là une belle et élégante demoiselle, qui venait de s'évanouir. J'aidai sa femme de chambre à la transporter dans une autre case et à lui prodiguer des soins qui lui rendirent la connaissance. En reprenant ses esprits, elle versa un torrent de larmes, et s'écria que, si elle était jugée par les apparences, elle était perdue. Je tâchai de calmer son désespoir, et je lui donnai l'assurance que sa propre famille et toute la ville ne douteraient pas, d'après mon témoignage, que son intervention dans ce cruel événement était tout à fait fortuite et manifestait son bon cœur et ses sentiments de charité. Je la déterminai à retourner chez elle, en lui promettant de ne pas quitter le blessé et de lui donner de ses nouvelles dès que j'en aurais le pouvoir.

Pendant mon absence, le docteur avait scarifié les piqûres, et il en était sorti un sang noir, épais et décomposé. Cette dissection n'avait pas arraché au patient un seul cri ; mais il rugit, râla et grinça des dents lorsque ses plaies furent lavées avec de l'alkali volatil. Si ces moyens héroïques eussent été appliqués une heure plus tôt, peut-être auraient-ils eu du succès ; ils étaient alors sans efficacité, le poison dépassant la ligature faiblement serrée, s'était étendu du bras jusqu'à l'épaule, et l'on reconnaissait son action à une tuméfaction effrayante et à des marbrures violacées qui présageaient la gangrène. Le bon docteur voyant la mort imminente renonça à l'usage des remèdes ordinaires ; il recourut au calomelas ou mercure doux, et en fit faire de vigoureuses frictions sur le bras, le cou et la poitrine du malade. Ce médicament, d'une extrême énergie, fut prodigué dans cette opération, et je doute que, pendant toute une année, l'hôpital militaire en employât une aussi grande quantité. Cependant le malade resta tout à fait insensible et plongé dans une léthargie profonde. Au bout d'une heure de ce rude traitement, sa peau, qui était sèche et parcheminée, se détendit et montra quelques traces de transpiration. Le docteur me fit remarquer ces symptômes d'une crise favorable, et il m'engagea à quitter ce lieu de douleur pour aller rendre compte au Capitaine général, qui m'avait fait déjà demander. Il me promit de rester auprès du blessé, afin de continuer le même traitement, et il s'engagea à m'envoyer, d'heure en heure, un bulletin de son état.

L'amiral Villaret fut fort affligé de cet événement, et il s'inquiéta des suites qu'il pouvait avoir pour la jeune demoiselle qui y avait pris part. D'après son ordre, j'allai voir la famille, que je trouvai d'abord fort mal disposée. Mes explications réussirent à dissiper ses soupçons, et à ne laisser à leur place, que la juste satisfaction des éloges que le Capitaine général donnait à la conduite héroïque de l'intrépide et charmante créole.

Grâce au docteur Champin, de bienfaisante mémoire, d'Arcy ne perdit point la vie, mais il paya fort cher ce qui lui en resta. La paralysie du côté gauche dont il avait été frappé, se dissipa, il est vrai, en grande partie, mais son bras demeura atrophié, amoindri, perclus, et, qui pis est, ses facultés intellectuelles furent cruellement affectées ; il resta dans un assoupissement continuel, qui menaçait de le conduire à l'idiotisme. Il fallut le renvoyer en France, dans sa famille, avec l'espoir faible et incertain, que les eaux thermales lui rendraient la santé.

Ce triste événement me fit connaître la belle jeune fille qu'il avait mise à une si terrible épreuve. Elle peut avoir aujourd'hui, comme moi, bien près de quatre-vingts ans. Je dois à l'amitié qu'elle m'accorda, ce témoignage tardif, mais bien sincère, qu'il était impossible d'être plus qu'elle douée de toutes les qualités qui font aimer la vertu.

C'est ainsi qu'un misérable reptile, un être immonde arrêta dans sa carrière un jeune officier plein d'avenir, — qu'il lui ravit, par l'injection d'une goutte de venin, toute la force de son âge et d'une santé brillante, — qu'il lui infligea la torture d'un poison dévorant et le supplice d'être disséqué vivant, — qu'à défaut d'une mort rapide et désirable, il frappa de paralysie la moitié de son corps et le réduisit à une vie automatique, privée des sentiments du cœur et des lumières de l'esprit. Il intervint, comme l'un de ces génies malfaisants des Légendes, à travers une liaison sympathique, qui promettait un bonheur légitime et durable, et il la brisa avec violence, ne laissant au malheureux jeune homme qu'une existence mutilée, et à sa belle et courageuse amie, qu'une longue suite d'années navrées de regrets, et seulement adoucies par une religieuse résignation aux décrets de la Providence.

CHAPITRE XXVII.

LES NÈGRES MARRONS.

Autrefois on appelait ainsi aux Antilles les esclaves qui, fatigués de la servitude, prenaient à leurs risques et périls leur liberté. A Saint-Domingue, à la Jamaïque, à Cuba, ils trouvaient un asile dans les hautes montagnes de ces îles, et ils s'établissaient dans des lieux presque inaccessibles, où leurs anciens maîtres ne pouvaient venir les poursuivre. Ils se réunissaient en nombre considérable dans ses retraites assurées, et ils y vivaient de la culture de la terre qui, sous les tropiques, paye un faible travail par une subsistance abondante. Ils pouvaient trouver dans le Cibao et les montagnes Bleues une existence plus heureuse que dans leur pays natal; mais ils ne voyaient pas sans envie, du haut de leurs mornes, les riches habitations de la plaine, et ils y étaient perpétuellement attirés par une maraude périlleuse, qui avait pour eux l'attrait de la chasse et l'appât du butin fait à la guerre. Les colons les accusaient, en outre, de racoler les nègres fidèles, et de les entraîner à les suivre dans leurs montagnes, pour augmenter de plus en plus leur population rebelle, pillarde et ennemie.

Cent fois des expéditions militaires, composées de milices et même de troupes régulières, furent dirigées contre les nègres marrons des grandes Antilles, sans en obtenir d'autres avantages que la prise de l'un de leurs pauvres villages et la destruction de quelques cultures. Mais on se vengeait d'eux, en faisant éprouver les plus cruels supplices à ceux qui avaient le malheur de tomber prisonniers ; on les brûlait à petit feu ou bien on les suspendait à des arbres, enfermés dans des cages de fer, où les oiseaux de proie venaient leur arracher les yeux et les déchiqueter. On citait des malheureux qui, comme les hommes roués en place de Grève, à la même époque, avaient résisté plusieurs jours à ces barbaries, avant que d'expirer de souffrance et de faim.

A la Jamaïque, où cette guerre à mort n'avait produit, pour tout succès, que des représailles sanglantes, l'autorité fut forcée d'abandonner cet odieux système de cruauté. Elle entra en négociations avec les nègres marrons, et finit par conclure avec eux un traité de paix. Ils s'engagèrent à ne plus exercer de pillage et à ne pas recevoir parmi eux les esclaves qui déserteraient les habitations. C'était promettre plus que ne leur permettaient leurs penchants naturels et d'inexorables nécessités.

Dans les petites Antilles, de la Trinidad jusqu'à Saba, le fléau des nègres marrons était à peine connu. Quand un esclave s'enfuyait, il ne se réfugiait point dans les montagnes, où la faim et le froid l'auraient rendu plus malheureux qu'il ne l'était chez son maître ; d'ailleurs, il aurait été bientôt traqué dans ces lieux, où les colons pénétraient moins difficilement que dans les hautes régions de la Ja-

maïque et d'Haïti. Il allait tout simplement se cacher dans
les villes, au milieu de la population flottante des marins,
des pêcheurs, des ouvriers des ports et de la tribu innombrable des esclaves domestiques. Il vivait là de quelques
maigres profits, mais il ne tardait pas à regretter ses amis
de l'atelier, sa case à l'habitation et les soins de sa bonne
maîtresse, quand il était malade. Alors il réclamait l'entre-
mise de personnes bienfaisantes, pour solliciter le pardon
de sa faute, et pour protester de son repentir. Son patron
se laissait fléchir, et le déserteur rentrait à sa garnison tout à
fait corrigé, par l'expérience, des illusions qu'il s'était faites
sur le bonheur de la liberté. J'ai vu des exemples sans
nombre de ces épreuves, et j'ai souvent obtenu de pareilles
amnisties, en me portant à tout risque garant de la bonne
conduite des coupables.

Ce n'est pas, toutefois, que par intervalle il ne circulât
des histoires effrayantes de nègres marrons; mais dans les
hautes régions, qu'on assurait être leurs repaires, je n'en ai
jamais découvert aucune trace; et les vallées caverneuses,
les forêts suspendues, les mornes nébuleux que j'ai visités
tant de fois, n'offraient pas le moindre indice qui permît de
croire qu'ils eussent jamais servi de séjour aux hommes.
J'en avais une telle certitude que je ne prenais point d'arme
dans mes excursions, et que je n'avais pour toute défense
que ma canne qui m'aidait à escalader les pentes rapides, et
mon marteau de minéralogiste dont je me servais pour
briser des laves et fouiller les escarpements. Un jour, pourtant, mon extrême confiance faillit me porter malheur;
mais un plus défiant y aurait été pris. Un beau succès naval
en fut l'occasion.

Un brick de guerre, *le Palinure*, chargé d'apporter des
munitions à la Martinique, rencontra à l'atterrage de l'île

un brick anglais de force égale, *le Carnation*. Il l'attaqua et le prit à l'abordage. Les vaisseaux ennemis étant survenus à toutes voiles pour se venger de cet échec, le capitaine Gauthier ne put sauver son bâtiment et sa prise qu'en allant chercher un asile dans le cul-de-sac Robert, havre très-profond, dont l'entrée est défendue par de longs récifs de corail. Les chaloupes anglaises vinrent l'y attaquer, mais elles furent repoussées avec perte. Toutefois leurs tentatives mieux combinées devant bientôt se renouveler, l'amiral Villaret m'ordonna d'aller prendre toutes les dispositions militaires pour faire échouer les projets de l'ennemi et assurer la conservation des deux bricks. Pendant vingt jours, au moyen des batteries que j'élevai, et des positions que je fis occuper par des milices et des troupes de ligne, je tins tête aux débarquements entrepris par la croisière ennemie, et je réussis à remplir ma mission. Un coup de vent qui força les bâtiments anglais à gagner la haute mer, permit au vaillant et habile capitaine Gauthier de sortir du Robert, et de passer, sous le couvert de la côte et de la nuit, le canal de Sainte-Lucie pour entrer dans la baie du Fort-de-France qui était sa destination.

Étant enfin libre de tout souci et fort satisfait d'avoir contribué à repousser les attaques d'une force supérieure, je me mis en route pour retourner au quartier général. Mon chemin passait assez près d'un groupe de mornes qui étaient restés en lacune sur ma carte géologique et militaire. Je saisis l'occasion d'aller les visiter.

Pour faire apprécier l'intérêt de mon dessein, je dois rappeler que la Martinique, cette terre natale des Caraïbes, est formée de deux grandes péninsules réunies par un isthme dont les reliefs sont beaucoup moins élevés. La Péninsule septentrionale doit son origine à deux volcans qui ont érigé, l'un la Montagne Pelée dont le massif domine la ville de Saint-Pierre, et l'autre les Pitons du Carbet, qu'on découvre du Fort-de-France. La Péninsule méridionale a été projetée par une série de foyers volcaniques rangés de l'est à l'ouest, et dont on trouve des vestiges dans le morne la Plaine, le Beau-Séjour, le Constant, le morne Jacques, le Vauclin et le Cratère du Marin. L'isthme qui joint les deux péninsules, est formé par les mornes Pitaud et Pavillon, les Roches-Carrées, le Gros-Morne et le Bel-Air. L'aire d'action du volcan auquel appartiennent ces reliefs est bornée au nord par la vallée de la grande rivière Lézard, et au sud par la Rivière-Salée et celle du François.

J'avais exploré le périmètre du volcan dans plusieurs autres excursions; mais il me restait à examiner les sommités de ses reliefs, leur constitution minéralogique et le système de leurs projections. Je pris brusquement mon parti d'escalader le morne Pitaud qui se trouvait presque sur mon passage, et de m'ouvrir un chemin qui me fît parcourir la longue crête par laquelle il se rattache aux Roches-Carrées. Je comptais me procurer un guide dans les cases les plus voisines des bois; mais je n'y rencontrai que des nègres idiots, et je dus continuer ma route avec mon domestique Clément. Nous franchîmes les versants du morne sans grandes difficultés, et nous atteignîmes ce que les vieux colons appelaient la Barre de l'île. C'est une montagne dont la crête n'a qu'une largeur de quatre à cinq pieds, et qui se prolonge au delà d'une demi-lieue, entre les campagnes bordées par la côte du vent et celle sous le vent. Aussi voit-on, des sommets qui la surmontent, d'admirables paysages dont la mer forme l'encadrement magnifique. Je reconnus que c'était un courant balsatique alternant avec des éjections boueuses.

Il y avait autrefois un chemin ou plutôt une trace qui
parcourait cette crête; mais, abandonné depuis longtemps,
il était envahi par des arbres robustes que liaient ensemble
avec d'épais buissons une foule de lianes grimpantes, formant des massifs de verdure d'autant plus impénétrables
qu'ils étaient sans doute défendus par des serpents. Il fallait
pourtant les traverser ou rétrograder par la route scabreuse
qui nous avait amenés dans leur embuscade. Nos chevaux,
que nous menions par la bride depuis longtemps, avaient
l'air consterné et semblaient demander comment nous
pourrions sortir de ce mauvais pas. Bien des fois quand des
préoccupations m'aveuglaient sur un danger, j'ai été ra-
mené à sa juste appréciation par le jugement qu'en portaient
des animaux. Lorsque Asmodée, le chien du général d'Houdetot, venait réclamer mon assistance, j'étais sûr qu'il y
avait un péril. Ce jour-là je pris conseil de mon cheval, et
j'envoyai Clément en avant pour reconnaître si décidément
nous étions fourvoyés. Il revint tout effaré et fort inquiet
des suites dont nous menaçait la découverte qu'il venait de
faire. Il me fit signe de le suivre en silence, et nous nous avançâmes par une trouée dans les halliers jusqu'au bord d'une
falaise. C'était la paroi intérieure d'un cratère en forme
d'entonnoir, et dont la profondeur excédait 80 pieds. Sa
construction en blocs de laves amoncelés verticalement était
fort curieuse; mais ce qui n'était pas moins étrange, c'est
que cet abîme était habité. Je vis au fond, autour d'un
ajoupa ou cahutte de feuillages, une douzaine de lits
d'herbes sèches avec une quantité de vieux habits et de
haillons servant probablement de couvertures aux gens qui
couchaient là à la belle étoile. Près de l'ajoupa était une
négresse qui offrait un sein flétri à un enfant; celui-ci n'y
trouvant rien à sa guise jetait les hauts cris; et la femme,

irritée ou alarmée, le câlinait et le brutalisait tour à tour
pour le faire taire. Clément avait entendu ces cris qui lui
avaient révélé le secret de l'existence d'êtres humains au
fond de ce terrier, qu'il m'assura ne pouvoir être qu'un
camp de nègres marrons.

S'il en était ainsi, les sauvages habitants de ce lieu ne
pouvaient en être éloignés, et comme ils semblaient devoir
être assez nombreux, leur rencontre n'était pas moins
dangereuse que celle des serpents, au milieu de ces halliers où l'on ne pouvait ni avancer ni rétrograder. Je
commençai par mettre mes armes en état, puis je m'avisai
d'un expédient qui me permit de cheminer. Au lieu de
suivre la crête, je m'ouvris, quelques pieds au-dessous, un
sentier plus accessible, circulant sur la pente rapide de la
montagne. Les arbres étaient là beaucoup moins serrés, et
loin de nous nuire, ils nous retenaient sur cette déclivité.
Avec leur secours et surtout celui d'une terre molle, qui
n'avait jamais porté personne, et qui donnait pied à nos
chevaux, nous franchîmes un espace considérable. Lorsque
la crête, dégagée du taillis qui l'obstruait, devint enfin accessible, nous y remontâmes, et notre voyage dans cette
haute région put être continué, non sans peine assurément mais sans accidents.

Il serait trop long de décrire les curieuses particularités
de la structure de ces montagnes. Je me bornerai à en signaler deux fort remarquables. Sur le versant oriental des
Roches-Carrées gît un escarpement dont la hauteur excède
cent pieds, et qui offre une paroi entièrement composée
de blocs de basaltes en boules, superposés les uns sur les
autres sans aucun ciment dans leurs interstices. Ils pré-
sentent le même aspect que des boulets ou des bombes
énormes, rangés symétriquement dans un arsenal. Un

autre phénomène volcanique est celui d'une multitude de
colonnes-basaltiques à six pans, qni sont bouleversées et
entassées au hasard, comme si des explosions souterraines
avaient détruit l'ordre où elles étaient dans leur origine.
Ce sont ces laves colonnaires qui ont fait donner le nom
de Roches-Carrées à la montagne où elles se trouvent,
mais aucun voyageur ne les a vues ou signalées, et les colons qui leur ont assigné ce nom, n'ont jamais attribué
leurs formes régulières à l'action volcanique, dont personne n'a soupçonné l'intervention dans la formation de
ces montagnes et la configuration de leurs minéraux.

Un signe de l'état sauvage des lieux que je venais de
parcourir, c'est que des vols d'oiseaux rouges, bleus,
jaunes et verts, couvraient un bois d'Aralies [1], à travers
lequel je m'ouvrais un passage, et qu'ils ne s'effrayaient
pas plus à ma vue, que si j'eusse été l'un des leurs. Clément en prit plusieurs à la main, mais je leur fis rendre
la liberté ne voulant pas qu'ils fussent victimes de leur
ignorance.

La journée étant fort avancée et notre lassitude excessive,
je quittai la montagne en suivant la crête de l'un de ses
contreforts, qui me conduisit dans la plaine, c'est-à-dire
dans les pays habités. Il me restait deux à trois lieues pour
gagner le Lamantin, d'où une pirogue m'aurait conduit
dans la nuit au Fort-de-France. Mais quand j'eus atteint
la route frayée que je devais prendre, les chevaux firent
une si piteuse mine, qu'il devint fort douteux qu'ils pussent
aller beaucoup plus loin. Pour les soulager il nous fallut
en descendre ; et alors étant conduits par la bride, je les
envoyai en avant, pendant qu'assis sur le bord d'un fossé,

---

[1] *Aralia arborea. A. capitata.* Sw.

je me mis à compléter les notes trop succinctes que j'avais prises aux Roches-Carrées, et à retoucher les croquis que j'avais faits.

J'étais fort occupé de ce travail, quand mon domestique revint seul et me dit que les chevaux étaient à l'écurie et que ma cousine m'attendait pour faire servir le dîner attardé.

La double découverte d'une parente inconnue et bienfaisante, et d'un dîner si nécessaire à un voyageur et si inespéré me parut une illusion produite par le mirage trompeur de quelque quiproquo; mais Clément insista pour me faire toucher à la réalité en m'avançant seulement de cent pas. Un coup d'œil sur cette campagne agreste, silencieuse, sans aucune apparence d'être humain, et sur une forêt qui commençait à ma droite au bord du chemin, et s'élevait de gradin en gradin jusqu'aux grands bois du Carbet, me confirma dans la conviction que notre mésaventure était complète. Je ne pouvais deviner que, dans ce moment, j'étais le serviteur chéri de la Providence, qui, pendant tout un jour, allait me choyer comme l'un de ses élus.

Près de là, je vis avec surprise dans cette solitude un vaste verger, séparé de la route par une haie infranchissable de Campêches épineux et fleuris; il renfermait les plus beaux arbres fruitiers qu'on puisse voir : des manguiers, des orangers, des pommiers roses qui embaumaient l'air de leurs senteurs. Une maison élégante s'élevait dans le prolongement de ce riant jardin : elle était bordée par une terrasse, qui dominait le grand chemin, et dont la balustrade était à demi cachée par des festons de jasmins et de volubilis azurés. Au milieu de toutes ces fleurs m'apparut une jeune dame dont la charmante figure était encadrée dans un chapeau de paille d'Italie, attaché par un large ruban hortensia. Elle avait une simple robe blanche, à manches courtes, qui laissaient voir des bras admirables, et le regard le plus discret reconnaissait que c'était là seulement l'une de ses moindres beautés. Elle m'accueillit, du plus loin que nous pûmes nous voir, avec un sourire enchanteur et une satisfaction très-animée; et, lorsqu'en m'inclinant avec humilité, je lui montrai mon habit déchiré par les ronces, mes bottes couvertes de la terre ocreuse des Roches-Carrées et toute ma personne en désarroi, elle fit un geste mutin, qui voulait dire qu'elle s'en souciait fort peu.

Je fus reçu à la porte extérieure par un nègre de distinction, faisant fonction de majordome; il me guida par une avenue de palmistes jusqu'à une barrière où je trouvai la femme de chambre de Madame, jeune mestive accorte et attifée qui me conduisit à la grande case. Là, m'attendait sur le perron la châtelaine, qui me parut encore plus séduisante que dans le lointain de sa terrasse; elle daigna mettre ses belles mains blanches dans mes mains terreuses, et, en m'appelant de nouveau son cousin, elle calma quelque peu ma crainte de me heurter contre de fâcheuses explications qui devaient me faire connaître pour un étranger. Elle me confia aux soins de sa camériste, qui me mit en possession d'une chambre bleue et pourvut à mes nombreux besoins.

On ne sait point, dans les heureuses contrées de l'Europe, quel bien-être éprouve un cavalier qui, après avoir subi douze heures de torréfaction par l'action du soleil tropical, trouve enfin l'ombre d'un toit hospitalier, de l'eau fraîche en abondance et du linge blanc. Ces inestimables avantages firent de moi un autre homme, et je pus retourner au salon

avec un air moins contrit. J'y trouvai ma belle hôtesse, qui
avait fait rapidement une demi-toilette; elle avait mis une
fleur dans ses cheveux, un ruban autour de son cou et des
bracelets de velours noir, ornés de camées antiques. Tout
cela était de fort bon goût et elle était charmante. L'impression que j'éprouvai ne lui échappa pas, et elle me dit, en
riant avec malice, que, par vengeance, elle serait bien-aise
de me causer des regrets en expiation du dédain qui avait
accueilli ses bons sentiments pour moi. Ces paroles étaient
à la fois flatteuses et reprochantes, mais je n'y concevais
rien, et je ne pus en obtenir aucune explication, car, pour
ne pas me donner le mot de cette énigme, ma mystérieuse
cousine changea de conversation. Voyez, me dit-elle, si
j'avais bien gardé votre souvenir; je vous ai reconnu à
une demi-lieue d'ici, lorsqu'au sortir des mornes vous
avez traversé la savane pour gagner la grande route. Je me
récriai sur la puissance de ses yeux, quoique, moins que
personne, je la misse en doute. Elle se railla de mon com-
pliment, et attribua à son télescope tout le mérite dont je
faisais l'éloge. Examinez-le, ajouta-t-elle; il se recommande
à vous par sa bonté et par son origine. Don Antonio Ulloa,
le grand voyageur espagnol, le donna à notre cousin l'astronome Moreau de Maupertuis, qui en fit cadeau à mon
grand-père Desclieux, en témoignage d'amitié et à l'occasion de ses efforts généreux qui réussirent à introduire à la
Martinique la riche culture du Caféier. N'ayant aucun penchant à me distraire par des visites, je me promène à l'aide
de mon télescope, et j'étudie, par son secours, le ciel et la
terre.

C'était en effet un excellent instrument qui me montra,
avec une lucidité parfaite, des sites très-éloignés, dont je
n'avais acquis la connaissance qu'au risque de me rompre

le cou. En le ramenant vers le morne boisé qui s'élevait vis-à-vis de l'habitation, il me permit d'observer le singulier phénomène que produisent les vents alisés. La direction constante de ces brises courbe les arbres aussi régulièrement que pourrait le faire l'art du jardinier, et leur donne, au lieu de la surface inégale de nos bois sur les déclivités, une surface plane, unie, ressemblant, à s'y méprendre, à celle d'une pelouse. A l'aide de ce précieux instrument je fis une toute autre découverte.

Je vis là, devant moi, à une grande distance, mais très-rapprochée par le télescope, cette pelouse s'agiter, s'entr'ouvrir et donner passage à une tête noire, dont les yeux blancs se tournèrent aussitôt vers l'habitation et la regardèrent fixement comme pour étudier son accès et mesurer ses murs. Une seconde tête et immédiatement après une troisième surgirent à côté de la première et l'imitèrent en tout. Puis elles se rapprochèrent et semblèrent conférer, manifestant, par le jeu de leur physionomie sauvage et passionnée, qu'il s'agissait d'un grand intérêt.

Ma cousine, à qui je montrai ces figures sinistres, en lui demandant si c'était par hasard des bûcherons de la forêt, me répondit que les nègres du quartier connaissaient trop bien l'habitation pour s'arrêter à la regarder, et que ces hommes étaient assurément des étrangers. J'avais bien par-devers moi quelque autre motif pour le croire, mais je ne jugeai pas que ce fût le moment d'en parler, et je donnai galamment mon bras à ma belle parente pour passer dans la salle à manger.

Le dîner fut comme un repas de vieux amis. Nous mangeâmes à peine, mais nous parlâmes beaucoup; enfin, je me hasardai à dire que notre parenté m'était trop chère pour ne pas désirer en connaître l'origine. Rien de plus

simple, répondit ma charmante hôtesse : vous êtes cousin
de Moreau de Saint-Merry, qui a pour cousins les Maupertuis, qui sont cousins de l'ingénieur Moreau du Temple,
qui était cousin de mon grand-père Desclieux ; donc vous
êtes manifestement mon cousin. Cette généalogie, dont la
conclusion me plaisait beaucoup, me mit en si bons termes
avec ma cousine que j'exprimai le plus discrètement possible le chagrin de ne pas lui appartenir par quelque autre
titre plus sympathique encore. C'est votre faute, répliqua-
t-elle vivement ; et comme je me récriai contre cette cruelle
accusation, elle me dit qu'elle me faisait volontiers juge de
ma propre cause. Voici, ajouta-t-elle, mon histoire et la
vôtre. J'écoutai avec contrition, comme ces malheureux qui
sont bien sûrs de leur innocence et non moins certains de
leur condamnation.

Mon père, reprit-elle, ne pouvant, à cause de la guerre,
m'envoyer en France pour mon éducation, et ne voulant
pas m'envoyer en Angleterre, prit le parti de m'expédier
aux États-Unis, où il avait pour correspondant un ami
éprouvé. Je fus placée dans le meilleur pensionnat de New-
York, où j'appris cent fois plus de choses qu'il n'était nécessaire à une recluse destinée à vivre dans la solitude de
ces mornes. J'acquis, dans un pays où la liberté s'étend
jusqu'aux femmes, des habitudes de penser et de parler qui
ne s'accordent pas tout à fait avec celles qui dominent ici ;
mais, par compensation, en m'occupant sérieusement, je
fus préservée du goût des sociétés frivoles. Lorsque je revins
à la Martinique, j'avais dix-huit ans et le malheur d'être
orpheline ; ma fortune, sans être considérable, étant en
assez bon état, il s'offrit aussitôt des prétendus qui se recommandaient plus ou moins bien ; mais aucun ne me
convint, parce qu'ils ne ressemblaient nullement au Sylphe

que j'avais rêvé pour mon époux. Sur ces entrefaites, dans un voyage au Fort-de-France, mes grands parents me conduisirent chez notre cousine, mademoiselle Uranie. On s'y entretint longtemps de vous et de vos travaux ; on y fit votre éloge ; seulement, quand je témoignai le désir de vous voir, on me répondit que vous étiez sans cesse en mission ou dans les montagnes dont vous faisiez le portrait d'après nature, et qu'il était plus probable de vous trouver dans quelque fondrière des mornes que dans les belles compagnies de la ville, dont les aides de camp faisaient leurs délices. Ce récit m'intéressa ; un jeune officier qui était aussi détaché du monde, me parut le phénix des oiseaux de ces bois, et j'imaginai qu'il pouvait bien ressembler au Sylphe idéal dont je n'avais pu jusqu'alors trouver aucun vrai modèle.

La grande solennité qui eut lieu, il y a six mois, amena au Fort-de-France, toute la haute société de la colonie. La fête fut magnifique, et comme il était impossible que vous n'y fussiez pas, je comptais bien qu'au bal vous danseriez avec moi. Une vieille voisine, qui m'aime beaucoup, chargea son mari d'aller vous chercher au milieu des quadrilles, et de vous dire que des dames, qui sont vos parentes, désiraient vous voir. Vous vîntes sur-le-champ, et votre air, en vous présentant, me prévint beaucoup en votre faveur. Mais, soit que notre nombreuse compagnie de femmes vous fît craindre des engagements excessifs, soit plutôt qu'il y eût dans nos toilettes quelque chose de trop provincial, vous vous tîntes dans les termes d'une politesse glaciale, et, tout en déclarant que vous seriez fort heureux de cultiver les relations d'une parenté si honorable pour vous, vous fîtes un profond salut et vous retirâtes. Un mois après j'étais mariée.

Quand je dus faire des visites de noce, j'allai seule voir Uranie ; mon mari, qui redoutait sa malignité, ayant fait le malade. Eh quoi ! c'est donc fini ! me dit-elle ; qui donc avez-vous épousé ? Votre voisin ! Mais, ma belle petite, il doit avoir deux ou trois fois votre âge. Au reste, ajouta-t-elle, pour adoucir cette rude comparaison, c'est un parfait gentilhomme, et l'on sait qu'il a très-bien servi à l'armée de nos princes sur le Rhin. Je ne pus retenir un sourire qui signifiait que cela m'était fort égal. Alors, reprit-elle, si vous ne le prenez pas pour sa noblesse, comment n'avez-vous pas préféré notre cousin ? Je croyais que vous y pensiez, quoiqu'il ne vous eût pas fait comtesse. Je fus si déconcertée, que je ne trouvai rien de mieux à répondre que de dire en balbutiant que vous ne me connaissiez pas. Ce n'est pas là une bien bonne raison quand il s'agit de mariage, répliqua notre caustique parente ; et pourriez-vous m'assurer que vous connaissez mieux l'époux que vous venez de prendre ? Mais, quant à notre cousin, il me disait lui-même, là, assis sur ce fauteuil où vous êtes, et pas plus tard qu'hier, qu'il ne vous avait jamais vue ; et il m'en témoignait beaucoup de regret. Vous pensez bien que je me suis appliquée à augmenter encore ce regret, en faisant de vous un portrait fidèle. Il sait mieux que nous l'histoire de votre aïeul Desclieux, et il m'a dit qu'un homme qui a si bien servi son pays, méritait une statue sur la place publique, et devait transmettre à tous les siens la première des illustrations, celle qui s'attache à un grand bienfait.

Je fus si émue de vos paroles, que je ne pus retenir mes larmes. Enfant ! me dit Uranie, avec l'indulgence d'une vieille fille qui a connu les peines du cœur, ne pleure pas ; il n'est pas ici, mais je te l'enverrai. Depuis ce jour, je de-

mande sans cesse à mon télescope si ma cousine s'est sou-
venue de sa promesse.

Ce récit fait dans le silence de la nuit et des bois, par une
jeune femme belle comme un ange, naïve et imprudente
comme un enfant, romanesque comme les héroïnes de Shakespeare, et comme elles victime de la fatalité, ce récit tou-
chant produisit sur moi la plus vive impression. Je ne sais
comment j'allais me disculper de ma funeste distraction,
dans la soirée du bal, et comment je pouvais justifier que
j'étais digne de cette tendre affection, quand soudain un
événement grave m'en fournit l'occasion.

Mon domestique étant entré, me dit à voix basse : La
femme des Roches-Carrées est ici. — Eh! que fait-elle! —
Rien de bon ; elle rôde, écoute, s'informe et regarde comment les portes sont fermées. — Mais, est-ce bien la même?
— Oh! je la reconnais parfaitement, et d'ailleurs on ne peut
s'y tromper en voyant le même collier de drap rouge à son
enfant.

Cette femme, me dit ma cousine, était venue à l'habitation l'avant-veille, demandant l'hospitalité, et alléguant qu'un
petit héritage lui étant échu au Lamantin, elle allait le réclamer. Dans la soirée elle était revenue, prétendant que
des parents l'avaient frustrée de sa part, et qu'elle retournait
à Sainte-Luce, où elle avait une chétive cabane. On lui avait
donné une large pitance et une case vide pour y passer
la nuit.

Notre rencontre du matin prouvait qu'elle ne venait point
du Lamantin, qu'elle n'y avait point été, et que tout ce
qu'elle avançait n'était qu'un tissu de mensonges. Au lieu
d'être une pauvre femme, qui venait de perdre son héritage, et qui allait perdre son enfant, puisque, disait-elle, son
lait était tari, n'était-ce pas plutôt l'éclaireur et l'espion des

nègres marrons qui habitaient avec elle le repaire des
Roches-Carrées, et qui, dans ce moment, étaient embusqués
à cent pas de nous, dans un bois?

Sans montrer à ma belle cousine le danger aussi imminent qu'il était, je lui demandai si elle avait, au besoin, des
armes dans la maison, et si elle voulait bien mettre à ma
disposition le commandeur de son habitation. Je donnai
quelques ordres secrets à ce personnage qui s'empressa
d'aller les exécuter, pendant que je visitais une chambre
adjacente au salon, et dont l'aspect était celui d'un arsenal.
Il s'y trouvait une partie de l'armement de la compagnie
des gens de couleur dont le comte était capitaine, la plupart
d'entre eux les tenant avec négligence, quand on les laissait en leur possession, ou bien se servant des fusils, à leur
grand détriment, pour aller à la chasse. En voyant ce trésor
et les munitions qui l'enrichissaient, je m'expliquai le projet
de l'ennemi, qui s'était promis de s'armer de pied en cap,
en s'emparant d'une maison sans maître, défendue seulement par une femme. Ce projet se révéla tout entier par le
rapport que me fit le commandeur. Lorsqu'il avait voulu
fouiller, comme je l'avais prescrit, la négresse des Roches-
Carrées, elle s'était servie de ses ongles et de ses dents pour
l'empêcher. On avait découvert, cachés sur elle, un briquet
et de l'amadou ; et l'odeur de la poudre à canon avait fait
connaître l'usage qu'elle en voulait faire. Depuis sa case jusqu'à une case à bagasse, contenant les matériaux les plus
combustibles, — des cannes à sucre écrasées, encore imbi-
bées de vésou, — elle avait fait une traînée de poudre, qui
n'attendait qu'une étincelle pour tout mettre en feu.

En outre du plaisir de mal faire, il y avait dans l'incendie deux motifs encore supérieurs : l'un de donner
par une lueur sinistre le signal qu'attendaient les brigands

pour escalader la maison; l'autre d'attirer pour éteindre le feu toute la population, et de l'empêcher de défendre la maison du pillage. Pour faire échouer ces projets, j'armai de bons fusils une douzaine des meilleurs noirs de l'habitation, et je les fis placer en embuscade à l'extrémité de la terrasse sur laquelle donnaient les fenêtres du salon. Un bûcher fut préparé au milieu de la cour, et lorsque le nègre de garde piqua la cloche à minuit, on l'alluma soudainement afin d'appeler l'ennemi par un faux signal. Aussitôt, en effet, que la flamme eut répandu sa lumière blafarde, je vis apparaître à la croisée deux hommes qui s'efforcèrent d'ouvrir la persienne; ils avaient grimpé au treillage de la vigne qui couvrait le mur, et ils y avaient mis tant de prestesse et de légèreté, que ni les gens de l'embuscade, ni moi n'avions rien entendu. Ils étaient là, devant moi, à quatre pas, cherchant à forcer la fenêtre avec leurs coutelas; si elle cédait, ils sautaient dans le salon, et j'avais à lutter corps à corps contre deux hardis et robustes coquins. Je n'avais pas à hésiter une seule seconde; je les couchai en joue, et faisant coup double de mon fusil à deux coups, je les renversai. Mais une pareille attaque avait lieu en même temps à la fenêtre de la pièce voisine; la persienne ayant été abattue, un nègre se jeta dans la chambre à corps perdu; il y trouva mon domestique qui, déchargeant sur lui les pistolets dont je l'avais armé le tua sur la place. Son compagnon effrayé se laissa tomber sur la terrasse; il y fut atteint d'une balle, par le feu de l'embuscade qui se réveilla à temps pour tirer sur les fuyards; il fut fait prisonnier, et mis au cachot où il retrouva la femme qui l'avait embarqué lui et les siens dans cette expédition. Quant aux autres, ils s'enfoncèrent dans les bois où l'on n'eut garde de les poursuivre pendant la nuit. On ramassa sur la terrasse des coutelas nouvellement affilés, et des torches à incendie dont la mèche soufrée était toute prête.

Les coups de feu et le succès exaltèrent singulièrement les nègres de l'habitation ; il fallut sonner la retraite pour les arrêter dans la poursuite de l'ennemi, et si l'on n'avait pas mis des sentinelles pour garder les prisonniers, ils leur auraient fait un mauvais parti. Un régal arrosé de taffia les détourna de leurs idées de vengeance, et les remit en gaieté. Dans cette bagarre, ma chère cousine se montra digne de ses ancêtres par son intrépidité. Elle refusa d'aller s'enfermer dans sa chambre et elle assista à cette bataille, comme Louis XV à celle de Fontenoy. Elle avait fait tendre un hamac dans une partie du salon, défilée de la fenêtre, et elle y demeura assise, sans mot dire, ayant sa femme de chambre à ses pieds. Dans un pays où les dangers sont fréquents, c'est une vertu que cette bravoure des Dames créoles ; elles n'ont peur de rien, excepté des Mabouïas, sorte de lézard assez analogue au crapaud, et qui, pour les Caraïbes, était l'image du diable.

Quand la délivrance fut assurée, ma belle cousine m'embrassa tendrement, pour récompenser mes services, et elle m'exprima sa reconnaissance avec des paroles qui partaient de son cœur.

Ici, mon récit qui, jusque-là, ressemble fort à une ballade d'Outre-Rhin avec des brigands, une châtelaine et un chevalier errant, va tomber dans le prosaïsme le plus vulgaire. Mais je dois me résoudre à dire telle quelle la vérité.

Dès l'aube du jour, il survint de tous les points de l'horizon des estafettes chargées de s'informer pourquoi l'habitation avait illuminé, sonné, corné et tiré tant de coups de fusils. La plupart annoncèrent la prochaine arrivée de

leurs maîtres, les uns pour donner du secours s'il était
nécessaire, les autres pour congratuler ma cousine du
retour de son mari, qu'ils croyaient avoir été célébré par
ces bruyantes réjouissances. Elle accueillit ces derniers avec
un dédain qui témoignait assez que sa·couronne de comtesse était une couronne d'épines. Quant à moi, cette
étrange méprise me réveilla en sursaut d'un songe agréable ; il me sembla qu'une méchante fée m'avait touché de
sa baguette magique pour me tirer de mon enchantement.
Je résolus de ne pas attendre le flot des visiteurs dont les
mille questions eussent été pour moi un supplice. Quand
je demandai à ma chère cousine la permission de partir,
elle me la refusa nettement, alléguant qu'après avoir
couché, pendant trois semaines, plus souvent sur la paille
que dans un lit, et avoir éprouvé la veille une fatigue accablante dans mon excursion des Roches-Carrées, suivie
d'une nuit sans sommeil et pleine d'agitations, c'était vouloir ma mort que de me remettre en voyage. Elle m'offrit
une chambre tranquille, retirée, inaccessible, pour y aller
me reposer sous la surveillance de sa cameriste, tandis
qu'elle allait se dévouer péniblement aux inévitables récep-
tions des voisins. Je ne pus m'empêcher de sourire de
cette confiante sollicitude qui, pour calmer et endormir un
jeune officier, lui aurait donné la couche d'une femme
charmante de vingt ans, et pour gardienne une soubrette
de dix-sept. Mais, il s'agissait d'un tout autre danger bien
plus grave ; ma bonne cousine croyait, non sans raison,
que ma vie était en péril ; et véritablement, sous ce ciel
de feu, une lassitude extrême est mortelle pour les Européens.

J'eus le courage héroïque de résister. Je donnai pour
motif à mon abnégation la nécessité impérieuse d'instruire

l'autorité supérieure d'une affaire aussi sérieuse, d'abord
pour faire poursuivre les nègres marrons réfugiés dans les
bois, et puis pour interroger les prisonniers, et constater
les effets de l'attaque et de la défense, qu'il fallait montrer
à la justice jusque dans leurs moindres traces. Ma belle cousine ne se rendit qu'avec beaucoup de peine à ces puissants
arguments. Enfin, après un débat qui fit chanceler plus
d'une fois ma sage résolution, elle consentit à notre séparation. Nous nous promîmes cent fois de nous écrire, et mieux
encore de nous retrouver dès notre premier moment de
liberté. Vaines promesses! espérances trompeuses! les événements en décidèrent autrement, et nous ne nous sommes
jamais revus.

En arrivant au Fort-de-France, je rendis compte au Capitaine général, qui ordonna sur-le-champ au grand Prévôt de
partir et d'exercer sa rapide et impitoyable justice. L'enquête à laquelle il procéda sur les lieux fit connaître les
faits suivants.

Une vingtaine de nègres les plus déterminés de l'île voisine, Sainte-Lucie, avaient comploté de déserter de cette
colonie pour aller à Saint-Domingue, qui, depuis le triomphe
de son insurrection, était devenue pour eux la Terre promise.
La moitié d'entre eux reculèrent pourtant au moment d'exécuter leur entreprise. Mais dix se réunirent sous la conduite d'une femme qui passait pour sorcière. Ayant enlevé
une mauvaise pirogue, ils traversèrent le canal de sept
lieues qui les séparait de la Martinique, et ils abordèrent,
après une navigation périlleuse, la plage des Trois-Rivières.
Ils gagnèrent, par les bois de Sainte-Luce, la longue crête
touffue du Baldara, et ils arrivèrent au gîte secret du cratère
des Roches-Carrées. Ils vécurent là de maraude et de rapine
pendant que leur guide allait à la découverte. Il s'agissait

de trouver quelque dépôt d'armes de la milice qui leur donnât des fusils afin de pouvoir enlever un navire capable de les transporter à Haïti. La sorcière, qui avait volé un enfant pour mieux exciter la commisération, apprit que ce qu'elle cherchait existait là dans une habitation isolée; elle s'y introduisit en demandant l'hospitalité, et elle se convainquit que rien n'était plus facile que d'y faire un beau coup. J'ai raconté comment je fis échouer ce projet; mais il tint à bien peu de choses qu'il ne réussît, et que la maison ne fût pillée et incendiée, et sa maîtresse tout au moins égorgée par ces bandits.

Après leur déroute, les nègres marrons réduits à sept par la bataille, et privés de leur guide qui était l'âme de leur entreprise, ne cherchèrent qu'à quitter la Martinique le plus tôt possible. Ils se rapprochèrent de la côte et s'emparèrent au Galion d'une embarcation qui pouvait les conduire à la Dominique. Mais une brise du large les poussa sur les écueils de corail qui ceignent une partie du rivage; et le ressac, dont la violence est extrême sur ces rochers, brisa la pirogue et fit périr tous ceux qu'elle portait.

Quant aux deux prisonniers, le blessé mourut du tétanos, et la sorcière, suivant l'usage, en avalant sa langue; ce qui les déroba au gibet ou à quelque autre invention prévôtale, pire encore, car ils étaient condamnés pour attaque nocturne d'une maison habitée : cette attaque, commise de vive force, en troupe, à main armée, avec escalade, effraction et tentative d'incendie. On ne pouvait davantage pour se faire pendre.

A mon retour au quartier général, je regardai d'un œil de pitié mes travaux habituels : mes cartes commencées, mon herbier, mes collections, mes instruments de toute sorte. Je trouvai la science bien pâle auprès du jour radieux

qui venait de luire un instant sur ma vie. Cependant je ne
tardai pas beaucoup à reconnaître que c'était par un rare
prodige que mon étoile m'avait si bien servi, et qu'il ne
faudrait pas s'y confier deux fois. En effet, dans cette
courte expédition, elle m'avait fait échapper, par un bonheur inouï, aux obus des péniches anglaises, — à la fièvre
pernicieuse des Palétuviers du Robert, — aux Serpents fer-
de-lance des halliers inextricables des Roches-Carrées, —
aux coutelas et aux torches des Nègres-marrons, — et enfin
elle m'avait fait sauver de l'ennemi, deux excellents bricks
de guerre, et des brigands, ma belle cousine Agathe.

CHAPITRE XXVIII.

Une moitié de ma vie a été consumée par la guerre, et
l'autre par deux grandes entreprises scientifiques que je
suis parvenu à exécuter, malgré des obstacles sans nombre.

La première de ces entreprises est l'Exploration minéralogique et géologique des volcans des Antilles. Elle avait
pour but d'ajouter un chapitre inédit à l'histoire physique
du globe.

La seconde est la Statistique de France ; son objet était
de dresser l'inventaire de la richesse du pays, et de faire
connaître les éléments numériques de son économie sociale.

J'exposerai ici sommairement comment je fus conduit à
découvrir l'origine entièrement volcanique des îles de l'Archipel américain ; et je raconterai quelques-unes de mes
ascensions périlleuses au sommet de leurs pitons, pour leur
demander le secret de leur formation.

Il y avait seulement quinze jours que j'étais attaché à
l'état-major général de l'armée de la Martinique, quand le

général Devrigny donna l'ordre de monter à cheval, pour
une reconnaissance du terrain des opérations de la guerre,
entre les montagnes et le fort Desaix, qui est le centre de la
défense de l'île. Préoccupé sans cesse de ses devoirs et
n'ayant que peu de confiance dans la paix d'Amiens, il voulait savoir de suite quelles ressources il pourrait tirer, dans
l'éventualité de sa rupture, de la configuration prodigieusement accidentée du pays. Lorsque après une course ascendante et pénible, nous arrivâmes au milieu des positions militaires, le général, environné de ses nombreux officiers,
tira d'un bel étui de maroquin rouge une carte qu'il avait
apportée de Paris, et qui devait nous initier d'un seul coup
d'œil à la connaissance du terrain dont nos yeux cherchaient
à deviner l'énigme dans la multitude des projections s'élevant tout autour de nous ; mais bientôt, lassé par une recherche sans succès pour retrouver sur cette carte les reliefs
qui se dressaient devant nous, il déclara, avec un violent
mécontentement, qu'il ne pouvait s'y reconnaître et que de
plus savants devaient s'en charger. Cette formule et la crainte
qu'inspirait le caractère fougueux du général, ayant imposé
le silence à chacun, son humeur tempêtueuse s'en augmenta,
et lorsque, apercevant le chef d'état-major Allaire et moi, qui
nous tenions à l'écart, il nous appela près de lui, ce fut avec
une voix rude qu'il nous ordonna de rester sur la place, afin
d'examiner les défectuosités de la carte, et de trouver les
moyens d'y remédier. Il partit aussitôt, en mettant au grand
galop son cheval noir l'Hirondelle, qui semblait aux nègres
avoir le diable au corps, quand il passait, bride abattue,
dans des lieux scabreux où tout le monde n'allait qu'au
pas. Mon brave camarade qui s'intimidait, en présence du
général, au point de ne pouvoir retrouver aucune parole,
me pria de rendre compte de notre mission ; et je n'y vis

point de difficultés, moi qui avais parlé, en toute liberté
d'esprit, à un commissaire de la Convention, dont il était
encore bien plus redoutable d'approcher. J'exposai le soir
au général, que, d'après nos observations, la carte était bien
orientée, son canevas correct, et le cours des eaux bien
tracé ; mais que les reliefs du terrain avaient été lavés, pour
produire un effet pittoresque et sans aucun respect pour la
vérité. Ainsi, il y avait une pente douce au lieu d'un escarpement, un plateau au lieu d'une crête étroite, et des
arêtes brisées au lieu d'être continues. Nous reçûmes l'ordre,
Allaire et moi, de monter à cheval tous les jours, pour faire
les corrections nécessaires qui devaient être vérifiées par le
général. Mais dès nos premières opérations, un adjoint qui
nous aidait dans notre travail, fut enlevé par la fièvre jaune ;
un aide de camp destiné à le remplacer subit le même sort ;
Allaire résista d'avantage ; toutefois, il périt pareillement, et
il me fallut bien abandonner l'entreprise de nos travaux topographiques. Avant la fin de l'année, mon général lui-
même succomba, et je restai seul survivant à tout cet état-
major, naguère composé de vingt officiers brillant de
jeunesse, de santé et de tous les mérites militaires. Un événement atroce dont la nouvelle me fut apportée de Brest,
au milieu d'une fête, acheva de m'accabler ; je maudis ma
destinée, et, pour cacher mon désespoir dans la solitude, je
demandai au Capitaine général à retourner dans les montagnes pour continuer les levés de leur carte. Un changement
total d'existence dans ces hautes régions de l'atmosphère,
au milieu des forêts, loin des hommes et de leurs passions perverses, calma par degrés mes douleurs, et les
transforma en une tristesse profonde, une mélancolie habituelle, un éloignement des plaisirs du monde, qui sont
restés dans mon caractère ineffaçablement, et qui m'ont

fait vivre à Paris comme au milieu de la Thébaïde.

Je travaillai d'abord mal et péniblement ; mais des nécessités de situation, et sans doute l'influence d'un air plus vif, plus frais et plus pur me rendirent quelque force et quelque courage. Je ne m'occupai, pendant assez longtemps, que de lignes stratégiques et d'opérations de défense ; toutefois, je ne pouvais rester insensible à l'admirable beauté des aspects variés, des vues pittoresques, des panoramas vastes et majestueux, qui s'offraient chaque jour à mes regards. Bientôt je me demandai quelles causes avaient imprimé à tous ces reliefs leurs formes hardies, leur structure régulière, et surtout d'où provenait leur concentricité manifeste vers certains points culminants. Buffon, Raynal, Fleurieu avec Leblond, Isert et Dupuget, qui avait été sous-gouverneur du dauphin, portent témoignage dans leurs écrits, que les montagnes des Antilles, et particulièrement celles de la Martinique, sont de formation primitive, et qu'elles sont une grande chaîne granitique, dernier vestige d'un continent submergé, couvert maintenant par les eaux du golfe du Mexique. Je m'inclinai devant ces hautes autorités, et je m'efforçai de voir par leurs yeux, mais je ne pus, malgré la prévention que m'inspirait mon respect pour leurs assertions, découvrir dans la configuration des montagnes de l'île que je parcourais en tous sens, rien qui ressemblât à celles des Alpes si bien observées par Saussure ; et quant au granite dont on les prétendait composées, je m'assurai qu'elles n'en contenaient pas un seul spécimen. Mes souvenirs de la Guadeloupe, de Saint-Vincent et de toutes les îles que j'avais visitées ou côtoyées, achevèrent de me convaincre qu'il y avait là une grande et étrange erreur adoptée et propagée en Europe par trois hommes célèbres, sur la foi de quelque missionnaire ignorant. A l'égard des voyageurs que j'ai cités après eux, leurs relations prouvent qu'ils étaient au-dessous de la tâche dont ils s'étaient chargés présomptueusement.

En examinant avec soin les matériaux dont l'île est faite, je trouvai que, du niveau de l'Atlantique jusqu'au delà des nuages, son massif minéralogique, dont le pourtour a 60 lieues, est uniquement composé de produits des volcans, notamment : — de laves compactes et cellulaires ; — de basaltes en boules, en masses quadrilatères et même en colonnes prismatiques ; — de pierres ponces blanches, grises, noires, rouges, comme aux îles Lipariennes; — de tuffas provenant, les uns de pluies de cendre, les autres d'éruptions boueuses, comme celles des solfatares d'Italie; — et d'une multitude de produits secondaires, nés de la décomposition des laves par les eaux ou les agents atmosphériques.

Je fus fort effrayé de cette découverte qui me mettait en flagrante contradiction avec des hommes éminents, dont j'étais habitué, dès longtemps, à révérer les travaux comme ayant contribué à l'illustration du xviiie siècle. Je réclamai de l'observation géologique la confirmation des résultats étonnants que l'étude de la minéralogie m'avait donnés, et j'obtins, à force de persévérance, la certitude complète de l'origine entièrement volcanique de l'île.

Lorsqu'on part du rivage pour s'avancer vers l'intérieur de la Martinique, on voit devant soi trois à quatre cents montagnes entassées, comme si c'était là le champ de bataille des Titans. On ne peut se reconnaître dans ce chaos. Mais si, prenant, au contraire, pour centre d'observation l'un des points culminants du milieu de l'île, on dirige ses regards vers sa circonférence, on est frappé de la lumière qui éclaire, sous ce nouveau point de vue, le théâtre où les phénomènes volcaniques se sont jadis développés dans toute leur puissance. On remarque d'abord trois faits principaux qui indiquent une singulière analogie entre les roches de ces reliefs et les lois qui régissent les mouvements des eaux du globe. Le premier est une ligne de pente générale, sous le niveau de laquelle les collines s'abaissent gradativement à mesure qu'elles s'éloignent du foyer ignivome et s'approchent de la limite de son aire d'action. Le second est la forme radiée de toutes ces collines qui sont de hauts courants de lave ou d'éjections boueuses, sorties d'un cratère commun, et maintenant revêtues de bois et de cultures par les effets du travail de la nature et de celui des hommes. Ces collines sont comme les fleuves qui sortent du flanc des Alpes et s'élancent au loin en divergeant dans leur cours. Le troisième fait est la structure rameuse de chacune des coulées de lave, qui se divisent en se prolongeant et forment des branches détachées sous des angles aigus du tronc principal. Leurs intervalles, qui sont des vallées près du rivage, deviennent des ravins dans la région moyenne des montagnes et des fissures caverneuses sur les versants des cônes volcaniques. Les traits distinctifs de cette configuration se retrouvent d'une extrémité à l'autre de l'archipel, depuis la Trinitad jusqu'à Saba et même jusque dans les grandes Antilles.

Dans cette immense étendue, des volcans sous-marins ont projeté, du fond de l'Atlantique tropicale, trois cents îles formées chacune d'un ou de plusieurs foyers éructifs. Les plus étendues, comme la Martinique, en ont eu six principaux ; d'autres, comme la Guadeloupe, quatre, d'autres encore, comme Saint-Vincent, deux, ou bien uniquement comme Monserrat, un seul. Il est fort remarquable que le nombre des foyers volcaniques, leur rapprochement, la profondeur de leurs fouilles, leur puissance de projection sont l'origine de la grandeur des îles, de la hauteur de leurs reliefs, de la nature de leur sol et de leur appropriation aux besoins sociaux. Ainsi, la Martinique doit son territoire étendu à l'agroupement de six foyers très-puissants, flanqués d'une vingtaine de foyers secondaires. Elle doit, à la distance qu'ils ont laissée entre leurs sphères d'action, ses ports, qui sont les meilleurs de l'archipel ; leur puissance lui a donné de hautes montagnes qui, en attirant autour de leurs sommets les nuages produits par l'évaporation de la Mer équatoriale, lui fournissent des eaux abondantes pour fertiliser ses cultures et animer les moteurs de ses nombreuses usines. Enfin, leur antiquité a permis au temps de transformer ces laves et ces tuffas stériles en campagnes verdoyantes, en forêts ombreuses, en buissons épais et fleuris qui revêtent toutes les surfaces, depuis la pointe aiguë des pitons jusqu'à la plage battue par les flots de la mer.

Cette Flore, riche de 2,500 espèces de plantes phanérogames apportées par les transmigrations des hommes, les oiseaux du ciel et les courants de l'Atlantique, est un obstacle presque invincible à l'exploration des montagnes des Antilles. On ne peut s'avancer qu'à la sape sur les versants des grands reliefs de ces îles ; il faut, pour les gravir, se frayer un passage par des abatis qui exigent un travail très-pénible et un ensemble de moyens d'action dont disposent rarement de simples voyageurs. Quelle que fût la volonté dont j'étais armé, je n'aurais pu y réussir sans mes habitudes militaires et les facilités attachées à l'exercice du commandement. Il y avait d'ailleurs, à cette époque, dans les habitants de toute couleur, des dispositions et des facultés qui ne peuvent plus guère exister. Partout où j'étais conduit par mes opérations, j'étais certain de trouver une hospitalité

affable et empressée, dont l'unique défaut pour moi était,
chez les riches colons, une trop fastueuse réception. Je
m'arrêtais plus volontiers dans la petite habitation des caféiers des mornes, où je pouvais mettre tout le temps à profit,
la plupart d'entre eux étant d'ailleurs bien moins étrangers
que les habitants sucriers de la plaine à la connaissance
locale du pays. Cependant, l'apathie tropicale, qui retient le
maître sur son canapé et le serviteur dans son hamac, réduit singulièrement le nombre de ceux qu'on peut prendre
pour guides quand on veut pénétrer dans la haute région
des îles. A la Martinique, je n'ai trouvé que deux ou trois
hommes de couleur et autant de blancs qui fussent capables
de se reconnaître dans les grandes forêts du Carbet. J'ai
interrogé des caféiers du morne Baldara, qui, depuis quarante ans, voyaient chaque jour devant eux le beau Piton du
Vauclin ; jamais la pensée d'aller le visiter ne s'était pré-
sentée à leur esprit. Bien plus encore, il est fort difficile
d'apprendre le nom des montagnes depuis que les colons
ont cessé d'être chasseurs comme autrefois. Lorsqu'en
voyant se dresser, en face d'une habitation, un pic élevé,
d'un aspect extraordinairement pittoresque, je demandais
comment il s'appelait, on me répondait : C'est le morne. Les
Pitons du Carbet eux-mêmes, qui sont les montagnes les
plus hautes de la Martinique et les plus belles de tout l'archipel, n'ont point d'appellations spéciales ; il m'a fallu
leur en assigner une à chacun d'après leur situation. Ces
admirables pyramides volcaniques, qui fixèrent l'attention
de Christophe Colomb, lorsque son vaisseau prolongea le
premier la côte occidentale de l'île, avaient été vues par les
voyageurs modernes avec une si étrange incurie qu'ils n'en
comptaient que trois au lieu de cinq.

Ce furent ces terres inconnues que ma destinée m'ap-

pela à explorer, à décrire et à classer le premier parmi les
pays volcaniques du globe. Fréquentées comme elles le
sont, il faut que bien des obstacles enveloppent le secret
de leur origine, puisque, depuis un demi-siècle, aucune
investigation n'a été entreprise pour contrôler ou compléter la mienne. Afin de provoquer de nouvelles recherches,
avec de plus grands avantages que ceux que j'avais eus,
je communiquai à l'Académie des sciences les résultats
de plusieurs de mes excursions, et je pressai Georges Cuvier d'envoyer de jeunes naturalistes du Muséum dans les
Antilles françaises. Rien n'est sorti de la promesse qu'il
m'en avait donnée. Très-postérieurement, un géologue distingué, M. Deville, à qui l'on doit une exploration des îles
du Cap-Vert, avait conçu le projet de visiter les montagnes
de la Martinique, et je m'empressai de lui en faciliter les
moyens. Mais, malgré son courage éprouvé remarquable-
ment dans d'autres entreprises périlleuses, il s'arrêta devant les obstacles qu'il rencontra quand il voulut escalader
les Pitons du Carbet.

Dans l'attente que quelque autre ferait mieux que je n'a-
vais pu faire, je m'abstins de communiquer à l'Institut la
relation de mon ascension au sommet de ces montagnes ;
la voici telle qu'elle fut écrite au retour de ce voyage, et
sous l'impression de ce qu'il m'avait montré.

Les six grands foyers volcaniques sous-marins qui ont
formé le massif minéralogique de la Martinique, sont partagés en deux groupes par la vaste baie du Fort-de-France.
Ceux du sud ont donné naissance aux reliefs les moins élevés. Ce sont :

Le volcan éteint du morne la Plaine ;

Le volcan du Marin ;

Le volcan du Vauclin ;

Le volcan des Roches-Carrées.

Le premier est remarquable par son cratère éboulé et comblé, dont l'orle est environné d'un cercle de basaltes quadrilatères hauts de 20 pieds et semblables aux pierres druidiques de Stone-Henge.

Le second est rendu fort curieux par les terrains de soulèvement qui s'y rattachent, et qui offrent sur une base volcanique une superposition calcaire de 20 à 30 pieds d'épaisseur. La Savane des Salines, immense Planèse lapidifiée qui forme le saillant méridional de l'île dans le canal de Sainte-Lucie, réunit à sa surface, sous une forme erratique, des jaspes rouges, noirs, jaunes, rubannés, des géodes, des agathes, des quartz amorphes, des silex et autres produits secondaires qui ne se trouvent que dans les parties des Antilles, projetées, par les gaz élastiques, au-dessus de la surface de la mer, après s'être revêtues au-dessous d'elle d'une couche de madrépores et de coquillages encore entiers.

Le troisième est composé de deux anciens foyers adossés l'un à l'autre, le morne Jacques et la montagne du Vauclin. Ce dernier relief n'est qu'un segment de l'orle écroulé du volcan, qui l'a projeté jusqu'à une hauteur de 1,000 mètres. Son revers occidental offre les plus beaux aspects qu'on puisse voir.

Le quatrième est celui qui a le moins exhaussé ses reliefs, mais c'est principalement dans son aire que se trouvent des basaltes columnaires, qui ont fait donner le nom de Roches-Carrées à son courant principal. Ce courant est aussi appelé la Barre de l'île, parce qu'il réunit, comme un isthme, les deux grandes péninsules des volcans du nord et du sud. La configuration de l'île de Taïti est parfaitement semblable.

Les foyers du nord ont érigé la Montagne pelée et les Pitons du Carbet.

Le premier, qui forme l'extrémité septentrionale de l'île, ayant vomi dans sa dernière période des pierres ponces souvent réduites en rapillo, il a comblé une partie des anfractuosités de son aire, enfoui ses anciens courants de laves, et érigé l'admirable plaine de la Basse-Pointe et du Macouba. La ville de Saint-Pierre, la plus peuplée et la plus commerçante de l'Archipel, s'étend sur une plage semi-circulaire au pied du volcan qui s'élève en amphithéâtre au-dessus d'elle, cachant presque toujours sa tête dans les nuages. C'est un superbe tableau. La montagne a une élévation de 1500 à 1600 mètres au-dessus de la mer, et le périmètre de son aire en a environ 60,000 ou 15 lieues communes. L'Etna, qui est le plus vaste volcan de l'Europe, n'en a que 17 de pourtour.

Le foyer du Carbet, au centre de l'île, a des dimensions encore plus colossales. Les Pitons qui environnent son ancien cratère n'ont guère moins de 2,000 mètres de hauteur, et sa sphère d'action, sans y comprendre le grand courant qui forme la presqu'île de la Tartane, a un circuit de plus de 120,000 mètres ou environ 30 lieues. Cette aire est sillonnée par une multitude de coulées de laves sorties des flancs du foyer volcanique gisant au milieu des Pitons. L'ensemble des reliefs présente un cône gigantesque dont les déclivités deviennent de moins en moins rapides à mesure qu'elles s'éloignent du point ascendant qui est leur centre et leur lieu de départ, ressemblant en cela au lit des fleuves dont la pente s'adoucit en raison de la distance de leur source. Leur vaste amphithéâtre est sur chaque face du volcan divisé en trois régions fort distinctes. La première région est celle des cultures ; elle commence au bord de la mer, s'étend vers l'intérieur par les vallées que forment les intervalles des courants de laves, s'élève par gradins sur la croupe de leurs collines, et se prolonge sur leurs flancs et à leurs sommets. Dans ses parties les plus basses, elle est tapissée de cannes à sucre, et dans les plus exhaussées elle est plantée de caféiers, de cacaotiers et de végétaux alimentaires. La seconde région est celle des forêts ; elle se développe à une hauteur de 500 à 600 mètres, au pied des cônes volcaniques. Les arbres dont elle est peuplée sont des Courbarils, des Bâlatas, des Gommiers, des Mahoganis séculaires ; la plupart appartiennent à cette classe de bois durs qu'on nomme incorruptibles et dont les arts de l'Europe tirent de si beaux ouvrages. L'accès presque inaccessible des lieux où ils croissent, les a défendus contre la destruction. Enfin, la troisième région est celle des Pitons, qui se projettent dans les airs entre la cime des forêts et les nuages ; elle est environnée de précipices où personne n'a encore porté ses regards. Il faut, pour atteindre les pics escarpés qui ceignent l'ancien foyer du volcan, chercher dans leur pourtour une coulée de lave échappée jadis de leur flanc, et tenter d'arriver jusqu'à leur massif par ce chemin périlleux. C'est une entreprise de cette sorte que je vais raconter. Il me fallut bien l'exécuter lorsque après avoir exploré l'aire d'action du volcan et m'être convaincu de l'origine ignivome de tous les produits lithologiques dont elle est formée, il ne me resta plus à déterminer que la nature des hautes montagnes qui semblaient en être l'antique foyer.

Cette expédition de découvertes fut préparée au mois de février 1806. Le général comte d'Houdetot, dont j'étais alors premier aide de camp, voulut y prendre part, du moins pour l'encourager et pour en apprendre sans retard les résultats. Nous partîmes à cheval du Fort-de-France, en nombre considérable et avec une longue suite de valets chargés de provisions et de bagages comme s'il s'agissait d'aller aux antipodes. Sortis de la ville par le chemin qui longe l'hôpital et la rivière Madame, nous quittâmes sa vallée en gravissant le morne Mendès, croupe d'un courant de basalte spathiques et lamelleux, qui domine de 450 pieds le niveau de la mer. Sur sa crête est pratiqué un chemin pittoresque qui nous fit traverser la zone des cultures. C'est seulement à la savane des Pointes, où la lave fluide et presque homogène s'est épandue en largeur, que le terrain prend des formes âpres et phlégréennes. L'arête devient plus rapidement ascendante, et surpasse une élévation de 500 pieds; elle est si étroite que le sentier en occupe toute la largeur, et se couvre d'un berceau de verdure embelli par les longs épis d'une liane dont les fleurs sont d'un violet éclatant [1].

Ce chemin, bordé de hautes falaises cachées par des cloisons d'arbres, nous conduisit à un ressaut volcanique connu sous le nom de poste Le Maître. C'est le point de départ des coulées de laves qui couvrent tout le terrain compris entre la rivière Madame et celle de Case-Navire. Il est considéré avec raison comme la clef des positions militaires qui défendent le débarquement sur la plage portant le dernier de ces noms. Pendant la guerre civile de 1794, le général Rochambeau l'attaqua inutilement avec des troupes de ligne, quoiqu'il ne fût défendu que par un petit nombre d'habitants. Ce relief a 810 pieds au-dessus de la mer; il est formé d'une lave porphyritique, micacée, pareille à celle des monts Euganéens d'Italie. Le poste Sa-

---

[1] La Liane rude. *Petrea volubilis*. Lin.

vary, qui le commande à portée de canon, est dominé lui-même par le plateau Mont-Rose, où gît à une hauteur de 1,200 pieds la dernière habitation et la limite des cultures. De ce point, la vue embrasse les trois rivages de l'île, à l'ouest, à l'est et au sud ; et l'on distingue, par un ciel serein, les cimes découpées de Sainte-Lucie, et le cône de Saint-Vincent. Les plantes de l'Inde et celles de l'Europe prospèrent à la fois dans les jardins de ce bel endroit, et dans leur enceinte de Galbas toujours verts, j'ai vu une plantation de Girofliers des Molusques environnée de rosiers couverts de fleurs [1].

Pour nous rendre à la Fontaine thermale dont les cases devaient nous tenir lieu de caravansérail, nous prîmes un sentier pratiqué sur une corniche appendue au flanc du torrent de Case-Navire. C'est une trace étroite entre deux falaises dont l'une s'élève comme un mur, et l'autre borde le chemin par un abîme. L'épaisseur des bois entretient une obscurité dangereuse dans ce sentier. Chaque fois que je l'ai parcouru, ma fatigue a été distraite par les sons étranges que tire de son gosier un oiseau de la famille des Gobe-mouches. Ce sont des notes semblables à celles qu'on obtient d'un métal qui résonne. Aussi l'appelle-t-on Serrurier [2].

Au bout de ce chemin plus pittoresque qu'agréable à parcourir, les rochers s'écartent et la lumière se fait. Nous vîmes alors au fond d'un entonnoir, sur un tertre qui gît au point de rencontre de deux torrents, ce qu'on appelait l'Établissement de la Fontaine-Chaude. C'était alors une grande case couverte en chaume et ressemblant à une grange de la Basse-Bretagne. La source surgissait très-abon-

[1] Le Giroflier. *Cariophyllus aromaticus.* L.
[2] *Muscicopa ferraria.* (Nob.)

damment, dans le lit même de l'un des torrents, de dessous un énorme bloc de lave porphyritique, qui, dans un éboulement, a roulé jusque-là. Elle dépose un sédiment alumineux qui prend au fond des eaux une apparence floconneuse. Le gaz qui s'en dégage, la tient sans cesse en agitation et lui donne l'aspect d'une fontaine bouillante. C'est de l'acide carbonique. La température de la source s'élevait à 32° 50 centigrades; celle de la rivière à 25° 63, et celle de l'air à 29° 36. L'excès de la chaleur intérieure était de près de 7 degrés. L'élévation de la fontaine au-dessus du niveau de la mer, est de 990 pieds. Le torrent où elle sourd a plus de chute que de cours; il charrie, quand il est gonflé par les pluies, des arbres et des laves qui, en s'entrechoquant, font le plus sauvage concert qu'on puisse entendre. Son lit est formé d'un basalte très-dur, presque indivis, et contenant des fragments d'autres laves, anguleux, empâtés et recuits. Il s'ouvre dans les lieux inaccessibles où le morne Balata se détache des Pitons. L'autre torrent, qui le rejoint au pied du plateau de la fontaine, sort du Trou-Noir, abîme effroyable qui forme entre les Pitons de l'Est et du Sud une ténébreuse anfractuosité. C'est lui qui profile le sentier de la savane des Pères. Lorsque leurs eaux rapides se sont réunies, elles se précipitent vers la côte occidentale et vont se jeter à la mer au milieu de la plage de Case-Navire dont elles prennent le nom. L'aiguade que les marins trouvent en ce lieu, tire son origine de ces torrents alimentés par les nuages dont le groupe des Pitons est presque toujours couronné.

Un premier désastre de notre route m'avait causé une vive contrariété et une violente migraine. Le nègre porteur de mon baromètre, destiné à mesurer les montagnes, s'était précipité d'une hauteur de 40 à 50 pieds; il ne s'était fait aucun mal; mais il avait brisé l'instrument, ce qui était une perte irréparable. Je fus obligé pour me guérir, de recourir au remède qui m'avait déjà réussi dans d'autres occasions où je n'avais pas le loisir d'être malade. J'allai me placer sous une cascade qui tombait de 25 pieds de haut. En quelques minutes, je fus guéri radicalement, et comme j'étais transi de froid, je fus me plonger dans la fontaine chaude. J'ai souvent regretté de n'avoir pas à ma disposition ces moyens naturels et héroïques de calmer mon cerveau.

Le lendemain, longtemps avant le jour, nous partîmes à pied pour notre voyage d'exploration. Le général nous recommanda beaucoup de prudence; et la plupart des personnages qui restèrent avec lui nous prédirent que nous échouerions dans l'exécution de notre projet, tandis que les autres, accueillant des récits fabuleux de tentatives semblables, prétendirent que si nous y persévérions, nous étions des gens perdus. Il est bien possible qu'en écoutant ces sinistres augures, quelques-uns de mes compagnons regrettassent l'engagement qu'ils avaient pris; mais personne n'osa le rétracter; et nous nous mîmes en route au nombre de trente-deux, dont huit blancs, un homme de couleur libre qui m'avait souvent guidé dans la haute région des montagnes, et vingt-trois nègres pionniers ou porteurs d'instruments et de provisions. J'avais eu beaucoup de peine à empêcher notre troupe d'être portée au double ou au delà; personne alors, aux Antilles, ne pouvant se déplacer sans être suivi d'un cortége de domestiques, ce qui m'était insupportable.

En partant de la Fontaine thermale, nous avions diminué la longueur de notre excursion de quatre lieues, et notre ascension de 1,000 pieds; et c'était une circonstance essen-

tielle, car les jours de la zone tropicale étant bornés à environ
12 heures, chaque instant était précieux pour nous. Nous
trouvâmes glissants et mauvais les sentiers qu'il nous
fallut suivre d'abord, les nuages abaissés, pendant la nuit
sur les forêts, ayant détrempé la terre et chargé d'eau toutes
les plantes. Mais bientôt nous allions perdre les dernières
traces du séjour des hommes, et le soleil, en s'élevant au-
dessus de l'horizon, devait humer la rosée et, comme disent les marins, manger les nuages. Derrière l'établissement
de la Fontaine est une montée fort rapide, haute de
80 pieds. C'est la croupe du courant de laves qui se termine au confluent des deux branches de la rivière de Case-
Navire. Nous entrâmes par ce sentier difficile dans la région des forêts. L'obscurité qui régnait sous leur dôme
rendit nécessaire d'éclairer notre marche par des torches
de résine du Gommier. La singularité du spectacle de cette
longue file d'hommes qui se suivaient pas à pas dans des
lieux inconnus et ténébreux, agit sur l'humeur de chacun
de nous, et le plus profond silence fut observé tant que nous
fûmes sous le couvert des bois. Nous traversâmes à gué,
sur des blocs de basalte, la branche orientale de la rivière, dont le passage nous opposa moins d'obstacles
que je ne l'avais craint; et nous atteignîmes la Savane des
Pères.

On se tromperait si l'on croyait, sur la foi de ce nom, que
c'est une prairie comme les nôtres. C'est une grande Planèse, d'une origine analogue à celles de l'Auvergne, et formée de l'expansion de la lave, dans un plan déclive et on-
dulé. La surface en est couverte d'une herbe épaisse ; et
l'on y trouve, sur un tertre, des orangers, des citronniers et
des pommiers roses, arbrisseaux de l'Inde qu'on est surpris
de rencontrer dans ce désert caraïbe. Ce gracieux souvenir

est celui d'hommes oubliés par le monde depuis plusieurs
générations. Les religieux chargés du soin de l'hôpital du
Fort-de-France, voulant élever des troupeaux pour servir
à la nourriture de leurs malades, avaient projeté d'établir
une Hatte dans cette solitude. Mais le temps qui, dans sa
course, anéantit tant d'œuvres humaines, qu'on pourrait
croire presque éternelles, n'a rien laissé de l'exécution de
cette utile entreprise, sinon quelques arbrisseaux chargés de
fleurs odoriférantes et de fruits que personne ne vient cueillir.

Nous marchions hardiment dans les hautes herbes
de la Savane, comme si nous nous fussions frayé un chemin
sans danger à travers les foins de quelque prairie de la
France, quand des clameurs partirent et me signalèrent un
péril. Le cri d'alarme : Mi ieun serpent ! me fit connaître
quel ennemi se trouvait sur notre passage. L'un de mes
compagnons, Desfourneaux coureur de bois déterminé,
s'arma du fusil que portait son domestique et se jeta en
avant; je le suivis, et bientôt nous vîmes dans les branches
fourchues d'un arbrisseau, un serpent énorme dont le corps
était, au milieu, gros comme la cuisse d'un homme, et qui,
dans cet instant, se reployait en spirale, pour s'élancer
contre les téméraires assez audacieux pour le troubler dans
sa chasse aux oiseaux. De la position qu'il occupait, il pouvait, d'un seul bond, atteindre à 25 pieds, blesser à mort
deux ou trois d'entre nous, et, se glissant dans les gramens,
trouver promptement un refuge au milieu des précipices
qui environnent la Savane. Un coup de feu bien dirigé le
mit à mort, sans pourtant lui ôter la faculté de se mouvoir
vivement même huit heures après. Il avait huit pieds de
long, et ses dents canaliculées avaient plus de quinze
lignes, en suivant leur courbure. Rien n'aurait pu servir
de cuirasse contre leur piqûre, tant elles étaient acérées et

mues par des mâchoires puissantes. Trois ans après, lors
de la prise du Fort-de-France par une armée anglaise, des
nègres de Guinée qui avaient été achetés pour servir
comme soldats aux Indes-Occidentales, pénétrèrent dans
l'édifice du quartier général, et enlevèrent en triomphe ce
serpent, que j'avais conservé, s'imaginant délivrer leur fé-
tiche. Les brutes prenaient pour un serpent bénin le serpent
vénéneux le plus redoutable de la création, par son agilité,
sa grandeur, sa force et le poison mortel dont il est armé.

L'impression de cette rencontre fut promptement effacée.
Nous avions alors devant nous les Pitons qui venaient d'être
dévoilés par les nuages de la nuit. Leur aspect magnifique était
tout à fait nouveau pour nous, à cette distance, et à ce point
de vue, qui nous permettait de découvrir une partie de leur
face orientale. Nous fûmes frappés d'étonnement en considérant leur prodigieuse élévation, leurs déclivités escarpées,
les belles lignes de leurs contours, leurs forêts aériennes,
leurs fissures ténébreuses, leurs ravins verticaux, où roulent,
de cataracte en cataracte, les eaux diluviales du ciel des
tropiques, les clairières que font, dans leurs bois, les incendies allumés par la foudre, grondant presque sans cesse
autour de leurs sommets, enfin le phénomène révélé par
l'observation scientifique, qui prouve incontestablement
que ces pyramides de porphyre, maintenant revêtues d'une
verdure éternelle, ont été érigées par la projection de pierres
ardentes sorties des abîmes de l'Océan et transformées aujourd'hui en une terre fertile, couverte par une Flore admirablement belle.

Au levant de la Savane des Pères s'élève, comme une
haute muraille, une grande coulée de lave sortie du flanc
des Pitons, et se prolongeant au midi. Là, elle s'épand considérablement et forme le plateau l'Archer, vaste Planèse

boisée, bordée de falaises inaccessibles, au pied desquelles
coulent des rivières mugissantes. L'une d'elles est la rivière
l'Or qui donne naissance à un étang assez grand dont l'approche est défendue par les serpents et par d'effrayantes
superstitions. Il est presque inutile de remarquer qu'elle ne
tire point son nom, comme on le dit, de la présence d'aucun
minéral aurifère ; on y trouve seulement, dans des laves por-
phyriques, des cristaux de mica chatoyants, qui ont causé ici
la même méprise que dans les montagnes du Hartz. On peut
recueillir à l'entour des laves cellulaires, nombreuses, bien
caractérisées, contenant de l'amphibole, du fer spéculaire en
paillettes oblongues, très-luisantes, et des zéolithes blanches,
soyeuses, à filets divergents, qui souvent occupent les cellules
laissées dans la pâte des basaltes par les gaz volcaniques.

Jusqu'alors, quoique nous eussions déjà fait une marche
pénible, notre entreprise était à peine au delà du seuil qui
sépare un projet de son exécution. Les obstacles, loin de
s'aplanir, grandissaient à mesure que nous en approchions.
Par exemple, en examinant bien des fois avec ma lunette
le courant de laves, qui seul pouvait nous donner, par sa
longue crête, un accès au massif des Pitons, j'avais évalué
à une centaine de pieds la hauteur de son prolongement
au-dessus de la Savane des Pères, unique endroit par où
nous pouvions l'escalader; mais quand nous arrivâmes au
pied de son escarpe, il se trouva que son élévation était
triple ou quadruple, et qu'il se projetait comme une muraille infranchissable. Heureusement, notre guide avait reconnu la veille un contrefort ou coulée latérale, échappée
de son flanc, et il avait fait des entailles dans les arbres
pour retrouver l'endroit où il était possible de le gravir. Ce
relief nous fit atteindre à la moitié seulement de la hauteur
du courant, et nous dûmes, pour arriver à sa crête, escalader

une pente de 60°, qui n'avait pas moins de 200 pieds de
haut. Des arbres élevés, serrés comme les palissades d'une
forteresse, nous laissèrent passer difficilement entre eux; ils
végètent vigoureusement sur cette déclivité rapide, enfonçant leurs racines entre les laves erratiques qui surna-
geaient, sans doute, comme celles du Vésuve, sur la lave
fluide dont l'ossature de cette montagne est formée.

Dès que nous fûmes parvenus sur la crête de ce courant
qui domine la région des forêts, la végétation changea de
type; les fleurs polypétales disparurent, et les plantes unilobées prirent leur place. L'espace entre les deux versants
latéraux qui, d'abord, fut d'une assez grande largeur, était
couvert d'un bois extraordinairement touffu de palmiers
épineux, et de fougères arborescentes à tiges hérissées de
longs piquants [1]. Il fallut nous frayer un chemin avec la
hache et le coutelas à travers ce fourré épais, composé de
végétaux qu'on aurait dit avoir été choisis exprès pour défendre ce passage.

C'était une tâche très-fatigante, et nos pionniers furent
bientôt hors d'état de la continuer; les plus expérimentés
d'entre nous, aidés de nos domestiques, furent forcés de
se mettre à l'ouvrage; mais nous avançâmes lentement
malgré notre impatience. Les chaumes des Calumets, les
Aromans et les Herbes à couteau [2] embarrassaient nos pas
dans leurs lacs inextricables, tandis que les dards acérés
des cocotiers et des fougères pénétraient à travers nos vête-

---

[1] *Daralia arborescens. Cocos aculeatus.* Le palmier épineux. *Cyathea
arborea. C. aspera. C. horrida. Aucunia hirta.* L'Osmonde. *Polypodium
armatum. Pteris aculeata.* Fougère épineuse.

[2] *Nastus.* Liane coupante, dont les chaumes sont longs de 30 à 60
pieds. *Sleria flagellum. Schœnus lithospermum. Maranta arouma.*

ments et notre chaussure et nous faisaient des piqûres douloureuses.

Pendant que ces tribulations détournaient notre attention, les lieux avaient changé d'aspect. La crête que nous suivions s'était resserrée par degrés et n'avait plus qu'une largeur de 2 à 3 pieds. Elle avait cessé d'être unie et horizontale; elle était devenue scabreuse, dentelée et rapidement ascendante. Un ressaut découvert me permit d'embrasser par mes regards les sites environnants. D'un côté, sur ma droite, j'aperçus par une plongée presque perpendiculaire, un torrent écumeux nommé le Cadoret, et les sommités onduleuses des forêts noires et inconnues qui couvrent les sources de la rivière Lézard. De l'autre, je vis le lit caverneux et obscur de la rivière de Case-Navire, dont la branche occidentale coulait tumultueusement entre des escarpes verticales. Au loin trois objets remplissaient l'espace : la mer, qui s'élevait à une hauteur singulière et ceignait d'un horizon bleu-noir la voûte du ciel; les forêts dont l'immense tapis couvrait l'île entière et ne laissait deviner l'existence des cultures que par une zone étroite, une sorte de limbe dont la verdure contrastait par ses nuances tendres et brillantes avec la couleur sombre des bois; enfin les deux Pitons de l'Est et du Sud, avec la grande courtine qui les joint l'un à l'autre, projetant dans la haute région de l'air leur énorme massif à moins de 2,000 mètres du point où nous étions parvenus. De ce lieu rapproché, ils ne paraissaient plus, comme dans une perspective éloignée, des cônes terminés par un sommet aigu; leurs faces différentes, séparées par des angles distincts, montraient que ces montagnes sont des polygones dont la figure primitive semble un prisme triangulaire accolé à un massif moins exhaussé, où s'ouvrait le foyer du volcan. Les trois Pitons méridionaux forment un triangle équilatéral. En s'y joignant, les deux pitons du nord, celui du Carbet et celui des sources du Lorain, donnent au groupe entier la figure d'un pentagone, qui présente la plus frappante analogie avec une fortification immense, soit par son tracé, soit par son relief.

Les dimensions de ces colossales pyramides qui, à la distance où nous les voyions, n'étaient agrandies par aucune illusion d'optique, nous parurent encore plus gigantesques que lorsqu'on les aperçoit à l'horizon. Il n'en est pas de leur effet comme de celui des volcans éteints de la France. Placés près de leur terme de comparaison, ils montrent à la fois leur base surgissant de la profondeur de l'Océan, et leur sommet se perdant dans la nue. Les projections volcaniques de l'Auvergne, lors même qu'elles s'élèvent davantage au-dessus du niveau de la mer, n'atteignent pas à une si grande hauteur. Le mont d'Or a bien 2,100 mètres d'élévation absolue, mais il n'en a que 1576 au-dessus de la ville de Clermont, d'où on le considère; et le Puy-de-Dôme, au lieu de 1640 n'en a réellement que 1120, pour le voyageur qui l'observe du même point de vue.

Nous continuâmes très-longtemps de marcher au milieu de toutes sortes de difficultés, sur la crête du courant qui devait nous conduire au but de notre entreprise. Les scabrosités en devenaient plus nombreuses et plus abruptes à mesure que nous approchions de son point de rattachement avec la région moyenne du Piton oriental. Sa déclivité ascendante était devenue si grande et s'était tellement prolongée, qu'elle semblait devoir arriver à moitié de la hauteur de ses flancs, quand une inflexion, une échancrure de cette crête nous força de descendre, pour remonter bientôt encore; mais auparavant nous rencontrâmes en cet

endroit un effrayant obstacle. La largeur de l'arête, qui
n'avait déjà que deux pieds, n'offrit plus bientôt qu'un
angle presque tranchant. Il ne nous fut plus possible d'y
marcher, et personne ne fut assez hardi pour essayer de s'y
tenir debout. Il fallut, pour continuer d'avancer, se résigner à ramper sur le ventre, en s'aidant des pieds et des
mains. Cette position fort incommode, le devint encore davantage, quand l'échancrure de la crête, nous obligeant à
descendre, chacun dut se traîner ayant la tête beaucoup
plus basse que le corps ; quelques-uns, qui voulurent aller à
reculons, s'en trouvèrent encore plus mal. Le meilleur
parti fut celui de se mettre à califourchon, en maintenant
avec un soin extrême son équilibre, et en se gardant bien
de jeter un regard curieux, pour sonder la profondeur des
précipices entre lesquels nous étions suspendus ; mais il
était fort difficile de réprimer le désir d'interroger le péril
ouvert sous nos pas ; et pourtant, c'était une tentation très-
dangereuse, car l'étourdissement dont on était saisi, en me-
surant cet abîme, ébranlait le courage et altérait la raison ;
il prit, dans plusieurs d'entre nous, le caractère d'un vertige.

Cependant, une circonstance fort inattendue accrut encore
le danger. Celui qui tenait la tête de cette longue file de
voyageurs aériens, nous cria qu'il ne pouvait plus avancer.
Il venait de rencontrer devant lui une fissure qui rompait
la continuité de la crête, et la lézardait dans toute son épaisseur. Il fallait que cette fente fût d'une profondeur considérable, car la lumière du jour y pénétrait. Sa largeur n'était
guère que de deux pieds, et n'aurait arrêté personne en rase
campagne ; il en était tout différemment au faîte d'un mur,
haut de 7 à 800 mètres, quand l'effroi engourdissait nos
mouvements et paralysait nos facultés. L'idée dont chacun

fut frappé, c'est que cette fissure annonçait l'état de ruine de la projection à laquelle nous avions confié notre vie, et que cette crête aiguë où nous cheminions, menaçait, en s'écroulant sous nos pas, de nous précipiter dans des précipices inconnus sans laisser jamais savoir ce que nous étions devenus.

La moitié de notre caravane rebroussa chemin devant cet obstacle, nous privant de nos instruments et de nos provisions. Mais nous avions, en ce moment, assez d'autres soins pour ne pas nous occuper de nos déserteurs. Les dispositions qu'il fallut prendre pour conjurer le danger du passage de la fissure, me laissèrent le temps d'examiner notre position. La coulée de laves dont nous suivions la crête, est semblable à celles de l'Etna, nommées à cause de leur structure : *Schiena d'Asino,* — échine d'âne. Dans leur épouvante, mes compagnons la nommèrent : le Pas de la mort. Sa hauteur est si grande que, quoique nous vissions les eaux écumantes de la source orientale de la rivière de Case-Navire se précipiter d'une corniche des Pitons, dans la profondeur ténébreuse du Trou-Noir, leurs mugissements se perdaient dans les airs avant d'arriver jusqu'à nous. Un gouffre semblable bordait de l'autre côté le pied de l'arête ; il est désigné par le nom de Trou-d'Enfer. Il est remarquable que partout les vestiges des volcans se lient, dans l'esprit des populations, avec l'idée des esprits infernaux ; et la plus haute antiquité nous offre déjà ce rapprochement, qu'on retrouve aux Antilles, comme en Auvergne et en Italie.

La crevasse qu'il nous avait fallu franchir, n'était pas la seule qui divisât le sommet de l'arête. Une seconde s'ouvrait à peu de distance ; elle était, comme l'autre, couverte des chaumes desséchés des calumets, qui formaient un pont fragile, d'autant plus dangereux qu'il cachait le danger. Nous réussîmes à passer au delà ; mais je crois bien que nous fussions revenus sur nos pas, si notre guide ne nous avait assuré que c'était la dernière fois que notre résolution était mise à cette épreuve.

Enfin, après des fatigues accablantes, nous parvînmes au point où l'arête se rattache au massif du Piton oriental. Là, nous trouvâmes autant de péril à la quitter, que nous en avions trouvé à la parcourir pendant près de trois heures. Par l'effet de quelque grand éboulement, qui en a diminué la hauteur, elle ne joint plus la déclivité du Piton ; elle aboutit à un escarpement qui n'a pas moins de 40 pieds de haut, et dont la partie supérieure s'avance en saillie sur sa paroi. A cheval sur le faîte de la cloison volcanique qui sépare deux abîmes, je cherchais comment nous pourrions atteindre cet effrayant surplomb, quand d'énormes blocs de laves détachés de l'escarpement par les tentatives de notre guide pour s'y cramponner, roulèrent dans les précipices ouverts sous nos pieds, et firent, par leur chute, un fracas horrible. Dans ce moment, le capitaine Poinsignon, officier également distingué par ses connaissances et son courage éprouvé, venait de passer la deuxième fissure, et il se traînait péniblement sur la crête pour rejoindre les plus avancés. Le bruit de l'avalanche répété par les échos des rochers caverneux du volcan, lui fait croire qu'un de nous est tombé dans le gouffre ; il y porte involontairement la vue ; le vertige trouble ses sens ; il perd l'équilibre, qui seul le retient sur cette crête aiguë ; une lave à laquelle il s'attache, et qui doit être son salut, cède au poids de son corps, s'écroule et l'entraîne avec elle ; c'en est fait, il a disparu à nos yeux. Mais, à dix pieds au-dessous du sommet de l'arête, il rencontre, dans sa chute désespérée, un arbrisseau rameux dont les racines sont enfoncées profondément dans l'escarpe ; il s'y accroche ; et, lorsqu'un cri d'épouvante nous est arraché par l'horreur de sa situation, il retrouve, sous la main de la mort, une force surnaturelle, qui, d'un seul bond, le ramène au sommet de l'arête, par un effort dont personne n'eût été capable, même en réunissant la plus grande adresse à la plus grande vigueur. Mais il demeura presque sans vie dès qu'il eut échappé à ce terrible danger ; et il fut obligé de renoncer à nous suivre. Il espérait être secouru dans son retour par ceux qui nous avaient déjà quittés ; il ne put en rejoindre aucun ; et, s'étant égaré dans l'obscurité des bois, il nous donna, jusqu'au lendemain, les plus grandes inquiétudes sur son sort.

Notre troupe était alors réduite de quarante personnes à six : quatre blancs, un homme de couleur et un nègre, mon fidèle Clément. C'étaient, il faut bien le dire, les plus opiniâtres et les plus ingambes, qualités essentielles pour explorer les hautes régions des montagnes. Notre guide surtout se montra plein de ressources et d'intrépidité. Je lui avais donné, au départ, une pièce de filin, corde choisie, forte, légère et longue de cent brasses qu'il portait en écharpe ; il la lia d'abord autour de lui et la rattacha au tronc solide d'une fougère arborescente, ce qui lui donna l'assurance d'être retenu suspendu sur l'abîme s'il faisait un faux pas ou si la terre manquait sous ses pieds. Sur la foi de cette garantie, il eut l'audace de se dresser debout sur la crête, et il eut le bonheur de pouvoir s'y maintenir malgré le vent impétueux qui l'ébranlait. Faisant ensuite plusieurs anneaux avec sa corde, il les lança en l'air, et leur fit embrasser un palmier dont la tige robuste s'élevait sur le Piton au-dessus de la corniche qu'il nous fallait atteindre. Une rafale de vent lui renvoya le bout qui était libre, et qui, réuni à l'autre, nous donna un moyen d'escalader ce difficile et dangereux passage. Nous eûmes d'autant plus de peine à

nous servir de ces cordes pour nous hisser jusqu'au surplomb, que les nuages en les mouillant, les avaient rendues
glissantes, et qu'en outre, étant presque flottantes par en
bas, aussitôt que nous y étions appendus, elles s'écartaient
de la crête, et nous balançaient alternativement sur l'un et
sur l'autre gouffre.

En me voyant enfin sur le versant rapide. du Piton de
l'Est, j'éprouvai la plus vive satisfaction. Cependant nous
avions plus d'un sujet d'inquiétude. Déjà la moitié de la
journée s'était écoulée, et nous ne faisions que d'atteindre
les montagnes. Aucun des nègres qui portaient nos provisions ne nous avait suivis ; et ce qui donnait à mes compagnons beaucoup de soucis, c'était qu'en repassant les
fissures, ils n'eussent provoqué quelque éboulement qui
nous eût fermé tout retour. Les nuages, qui n'avaient été
d'abord qu'une contrariété, menaçaient de devenir un grave
obstacle ; ils avaient commencé par être errants et diaphanes, ils devinrent bientôt denses, obscurs, rapides et
menaçants. Nous fûmes enveloppés par eux sur la crête du
Pas de la mort, et mouillés, imbibés et transis en un instant
comme si nous eussions été plongés dans une rivière. La
sensation du froid est, sous la zone torride, désagréable et
dangereuse ; pourtant nous fûmes encore plus incommodés
par la vélocité de ces nues tourbillonnantes qui, en nous
passant devant les yeux, nous causaient des éblouissements
dont l'effet pouvait être funeste pour des voyageurs suspendus dans la haute région de l'air. Il y avait des moments où les nuages formaient au-dessus de nous un
océan de vapeurs agité comme la mer dans une tempête,
et ils nous poursuivaient sur la déclivité du Piton, ainsi
que le fait la marée montante pour atteindre sur la pente
de quelque rocher isolé, au milieu des flots, des mal-

heureux échappés au naufrage et réclamés par la mort.

Si, de temps à autre, une trouée dans les nues ne nous avait pas fait connaître, par l'aperçu de quelque objet, l'effrayante élévation à laquelle nous étions parvenus, il eût suffi, pour nous en instruire, de l'énorme abaissement de la température, et de la Flore indigène et caractéristique de ces hauts lieux. Tous les versants, tous les sommets y sont couverts de plantes unilobées, à grandes feuilles simples, sans nervures branchues, à fleurs éclatantes, environnées d'un seul périanthe et à tiges dont les fibres herbacées ne forment qu'un réseau lâche, vésiculaire et fragile. Rien dans nos contrées ne saurait donner une idée de ces étranges forêts qui gisent au milieu des nues à 5,000 pieds du séjour des hommes, et qui n'ont jamais été visitées que par la foudre. Pas un oiseau ne vient y faire son nid; les insectes s'en éloignent à cause du froid, et le sol qu'ont formé sur les laves les abondants débris des végétaux, n'avait point encore été jusqu'alors foulé par des pieds humains.

La face méridionale du Piton de l'Est est si escarpée que pour la gravir il nous fallut le secours de ces plantes auxquelles nous nous attachions. Nous avions l'espoir d'en atteindre bientôt le sommet dont la pointe aiguë s'élevait sur nos têtes, quand des nuages sortis du bassin ombreux de la rivière Lézard vinrent s'en emparer. Au lieu d'aller nous perdre au milieu de cet amas de vapeurs condensées, nous résolûmes de gagner avec vitesse le Piton du Sud, qui en était entièrement dégagé. Pour exécuter ce projet, nous contournâmes la montagne que nous étions obligés d'abandonner, et nous en descendîmes le versant qui regarde l'orle du cratère. C'est cet orle qu'on voit du rivage de l'île s'étendre comme une grande courtine dont les Pitons

du Midi et de l'Orient seraient les gigantesques bastions.
Notre marche étant accélérée par une pente rapide, nous y
arrivâmes très-promptement. Nous le parcourûmes dans toute
sa longueur à travers une épaisse forêt de Balisées dont le
vent faisait siffler les feuilles déchirées en lanières. Trois
ruisseaux, qu'il nous fallut traverser, le sillonnaient trans-
versalement; ils descendaient du Piton oriental, et suivant
la déclivité du sol, ils se dirigeaient vers le cratère, où sans
doute leurs eaux se précipitaient du haut d'un grand escarpement. Le fourré inextricable au milieu duquel nous étions
ne nous permettait pas de voir leur cours. Ils étaient alors
moins considérables qu'ils ne le deviennent dans la saison
des pluies; et leur lit témoignait de la puissance qu'ils
acquièrent alors. Leur eau est chargée d'une dissolution
d'ocre très-ferrugineux qui les colore vivement. En y plon-
geant le thermomètre pendant quelques minutes, le mercure, au lieu de descendre, s'éleva au 24ᵉ degré centigrade,
tandis qu'à l'air libre, il ne dépassait pas le 17°; d'où il suit
que leur température avait un excès de chaleur de 7 degrés,
et que ces ruisseaux sont alimentés par des sources thermales sourdissant à une élévation de 1700 mètres au-dessus de la mer, et montrant que les entrailles du volcan ne
sont pas encore entièrement refroidies.

J'insistai pour que nous suivissions le cours de ces ruisseaux qui, traversant l'orle dans sa largeur, devaient nous
conduire au bord du cratère d'où nous pourrions en avoir
une vue générale; mais notre guide, qui observait les
nuages déjà maîtres des cimes projetées au-dessus de nos
têtes, jugea qu'ils nous gagneraient de vitesse, et qu'en
remplissant la cavité concentrique aux Pitons, ils nous
empêcheraient d'y porter nos regards. Nous continuâmes
donc notre marche sur le Piton du Sud; nous l'escaladâmes

par celle de ses faces qui regarde le cratère, la seule par laquelle il soit accessible. En atteignant son sommet, nous fûmes surpris de le trouver presque aigu au lieu d'offrir une planèse comme certaines traditions le faisaient croire. Ce démenti formel prouvait que les gens qui lui attribuaient une structure si différente de celle qu'il a réellement, n'en avaient aucune connaissance. Sa cime forme une arête large seulement de 8 à 10 pieds, et longue de 25 à 30. Excepté le côté du cratère par où nous étions montés, son pourtour est escarpé jusqu'à sa base dans les abîmes d'où sort la rivière de Case-Navire. Cependant toutes ses surfaces sont couvertes d'un rideau de verdure qui ne laisse à nu en aucun endroit la lave porphyritique dont son massif est formé. Un fragment que j'arrachai au sommet même est un beau spécimen de cette lave à l'état cellulaire, avec de l'Amphibole et des Pyroxènes.

La structure du Piton prouve qu'il n'a jamais contenu de cratère ni formé un volcan isolé. Il est, comme la montagne du Stromboli, l'une des grandes projections qui environnaient le foyer, et qui formaient, pour ainsi dire, les fleurons de sa couronne.

Malgré les vapeurs qui flottaient dans l'air et qui voilaient la perspective lointaine, l'aspect que nous offrait du haut de ce Belvédère le territoire de l'île, n'était pas moins étrange que pittoresque; il produisait une sensation qui ressemblait à la crainte. Les reliefs élevés que nous reconnaissions étaient réduits à des esquisses topographiques, sans plus de saillies que celles d'une carte; les Pitons seuls dominaient, et tout s'abaissait autour d'eux. Leur hauteur par delà les nuages faisait naître deux singulières illusions : l'une était l'exhaussement extraordinaire de l'horizon qui nous montrait la mer s'élevant au ciel et menaçant d'en-

gloutir la petite terre où nous étions juchés, l'autre était le faux
jugement que nous portions sur la distance des objets vus à
vol d'oiseau. La côte, qui était, vers l'occident, à 4,000 ou
5,000 mètres, nous semblait si rapprochée que chacun s'é-
cria qu'on tomberait à la mer, si l'on venait à choir du haut
du Piton. La ligne horizontale était pourtant dans la réalité
d'une étendue triple de la ligne verticale.

Pendant que mes compagnons cherchaient à reconnaître
les différentes parties de l'île, je m'efforçai de saisir les détails de la structure de toutes les projections dont le cratère
est environné. Je distinguais à une faible distance le Piton
de l'Ouest, qui est pyramidal et boisé, comme celui du sud,
et qui s'y joint par une courtine semblable à celle que nous
avions parcourue. Mais je ne pus voir les grandes solutions
de continuité qui séparent les autres Pitons, car les plus
rapprochés cachaient en partie le massif minéralogique de
ceux dont se forme au nord l'enceinte du cratère. Le foyer
du volcan s'offrait à mes regards comme un bassin circulaire
immense, environné de montagnes escarpées, ayant pour
centre commun un abîme où elles déversent leurs eaux, et
qui est manifestement l'ancienne bouche ignivome. Il était
impossible d'en découvrir la profondeur, ses parois deve-
nant verticales, immédiatement au-dessous de la déclivité
des orles. Il est très-vraisemblable qu'un lac en occupe la
cavité, puisqu'il s'en échappe des eaux tombantes qui sont
les sources des rivières du Carbet et de Case-Navire. Je voulais tenter d'y descendre, mais c'était un projet impratica-
ble ; nous n'avions plus de cordes pour en essayer l'exécution, et tout le monde objecta que la journée était trop avancée, et le temps trop peu favorable. En effet, les nuages
stationnés sur toutes les cimes menaçaient de s'emparer de
celle où nous étions. Je proposai de nous établir pour la

nuit entre les deux pitons, où l'on pouvait trouver quelque abri. Personne ne voulut accéder à ce projet; et je le reconnus moi-même inexécutable quand je vis inutiles tous les efforts qu'on fit pour allumer du feu, qui nous était nécessaire pour quelques expériences et surtout pour diminuer le froid dont nous étions transis.

Le thermomètre suspendu aux branches d'un arbuste, à deux heures après midi, au moment le plus chaud de la journée, mais par un ciel couvert, resta stationnaire au 17° 78. Au niveau de la mer, au Fort-de-France, il indiquait le 29° 44, ce qui donne une différence de 11° 66. A la Guadeloupe, en 1794, au mois de février et presqu'à la même heure, le mercure m'avait donné sur le plateau de la Soufrière le 20° 56 lorsqu'il s'élevait au 30° 56 à la Basse-Terre, au niveau de la mer. La différence de température était de 10 degrés, pour une élévation de 1571 mètres; proportion qui suppose que la chaleur diminuait d'un degré par 160 mètres de hauteur et que l'élévation des Pitons du Carbet atteint à 1,830 mètres ou 938 toises au dessus de l'Atlantique équatoriale.

Mais l'indication thermométrique n'avait aucun rapport avec la sensation de froid que nous éprouvions; et, soit par l'effet de l'extrême chaleur qu'une marche ascendante prolongée pendant 8 à 9 heures, nous avait fait acquérir, soit par la raréfaction de l'air ou la violence du vent qui dégage rapidement le calorique du corps, nous subîmes des impressions telles que celles que donnent l'hiver de la France et la température de la glace.

Mes compagnons voulurent, suivant l'usage, prendre possession du Piton, comme d'une terre dont la découverte leur appartenait. Un acte en bonne forme, constatant notre droit de priorité, fut renfermé dans une bouteille et enterré au pied d'un mât de pavillon dressé diligemment au

moyen de la hampe d'une fougère arborescente. Ce devait
être un signal de reconnaissance ; et, en effet, un officier
envoyé en estafette par le général d'Houdetot à la Savane
des Pères, vit, avec sa longue-vue, en nous cherchant dans
les nuages, le pavillon que nous venions d'arborer, et qui
annonça le succès de notre entreprise. Mais dans le moment
même où l'on buvait à notre triomphe au quartier général
de la Fontaine thermale, nous étions mis en pleine déroute par un ennemi formidable. La profondeur caverneuse
du cratère, qui jusqu'alors était demeurée obscure, s'é-
claira tout à coup. Des nuages qui s'y étaient amassés
furent sillonnés par un éclair accompagné d'un violent coup
de tonnerre. La lumière, l'éclat du bruit et une vive chaleur furent pour nous simultanés. L'esprit rempli du souvenir des phénomènes volcaniques, j'imaginai que le foyer
se rallumait et que nous allions être témoins d'une puissante éruption ; je fus saisi de joie d'être si bien placé pour
l'observer. Mes compagnons ne s'y trompèrent point ; ils
reconnurent un orage dont les nuées électriques allaient
nous envelopper, et pendant que, stupéfait du spectacle imprévu de la foudre à bout portant, je regardais les nuages
en feu du cratère s'élever en tourbillonnant vers nous avec
d'effrayantes détonations, chacun se jetait en bas du Piton,
dégringolant à la ramasse, comme du haut d'une montagne
russe, sans s'inquiéter le moindrement de laisser en chemin
des lambeaux de ses vêtements les plus essentiels. Desfourneaux m'entraîna à la suite des fuyards ; mais la rapidité
de leur retraite fut si grande que nous les perdîmes de vue
dans la forêt de l'orle qui joint les deux Pitons, et que nous
achevâmes sans eux notre retour. Nous descendîmes de la
saillie du surplomb sur la crête du Pas de la Mort, au
moyen de la corde qu'on y avait laissée en place, et nous

franchîmes les deux fissures sans accident. Nous étions déjà plus aguerris qu'en les passant pour la première fois.

Dès que, parvenus dans la seconde région des montagnes, le danger eut cessé de nous poursuivre, nous nous aperçumes que nous mourions de soif. Une ascension de huit à neuf heures sur des déclivités de 50 à 60 degrés, nous avait fait acquérir une chaleur intérieure, intolérable. La sueur ruisselait par tous nos pores, et nos habits, déjà mouillés par les nuages, étaient encore imbibés par le flux de notre transpiration. Dans l'épuisement où nous étions, nous eûmes une bonne fortune singulière, celle de trouver dans le voisinage du ciel, au milieu des calumets du grand surplomb, une bouteille de taffia abandonnée par ceux de notre caravane qui avaient rebroussé chemin, et qui avaient bien assez du soin de leur personne. Je n'avais jamais goûté à cette liqueur dont l'odeur me semblait nauséabonde, et dont le goût est âcre et rebutant, mais, dans notre détresse, elle me sembla, ainsi qu'à mon compagnon, un cordial bienfaisant dont nous étions gratifiés par la Providence.

Il était nuit close quand nous descendîmes à la Savane des Pères, et le passage des forêts à travers l'obscurité était une tâche fort dure pour des hommes accablés de fatigues.

Par bonheur, mon général qu'une foule de récits sinistres avaient fort mal rassuré sur l'issue de notre expédition, avait envoyé au-devant de nous des nègres munis de torches. Nous les hélâmes du haut des mornes, et, marchant sur leurs pas, nous évitâmes la fâcheuse méprise de prendre dans les ténèbres, pour la continuation du chemin, le bord d'un précipice offrant une différence de niveau de 700 à 800 pieds.

Le lendemain, une partie de nos pionniers égarés dans les bois n'étaient pas encore retrouvés.

Il est bien connu de tous ceux qui ont été témoins des grandes adversités publiques, que plusieurs d'entre elles frappent de vertige les hommes les plus courageux ; tels sont : l'incendie, le naufrage, le tremblement de terre et l'irruption des contagions. Les périls qui nous assaillirent dans notre expédition aux Pitons du Carbet, eurent une influence analogue ; ce qui prouve combien ils étaient imminents. Au Pas de la Mort, le capitaine Poinsignon, qui était un brave militaire, s'évanouit comme une femme quand il eut échappé au terrible danger d'être précipité dans le Trou d'Enfer. Le capitaine Cortès, mon camarade d'état-major, était un officier de la plus grande distinction, mais ses malheurs l'avaient rendu morose, misanthrope, et, pendant des années, je ne l'avais vu ni faire, ni dire rien qui fût agréable à personne ; or, quand je grimpai à la corde qui m'aidait à parvenir au surplomb et me tenait suspendu sur un gouffre, il vint affectueusement me donner la main, et il se pencha sur le précipice pour m'attirer vers lui. Cette manifestation me donna la mesure du péril auquel j'étais exposé, et qui devait être bien grand pour opérer un tel changement dans le caractère tenace d'un Castillan. Bien plus encore, ce dangereux passage avait ébranlé à ce point les nerfs des plus intrépides, que Desfourneaux, tout habitué qu'il était aux scènes des montagnes, m'arrêta au moment où nous escaladions le Piton oriental et me remit une clef qui était pendue à son cou, et qui était celle du secrétaire où son testament était renfermé ; il me recommanda sa femme et me chargea de son héritage si je lui survivais. Moi-même, qui avais conservé mon sang-froid dans le passage des fissures et du surplomb, je fus fort troublé quand, en descendant à vau-de-route le versant rapide du Piton du Sud, je me vis au milieu de la nue enflammée où grondait le tonnerre, et surtout lorsque la foudre me poursuivant sur l'orle du cratère, me sembla un instant s'attacher à mes pas.

Cette exploration avait trop d'importance à mes yeux pour ne pas vouloir la compléter ; les événements de la guerre ne me le permirent pas. Toute imparfaite qu'elle était, elle donna une solution satisfaisante au problème que devait résoudre cette entreprise ; et les résultats suivants en sortirent avec le plus haut degré de certitude.

Les montagnes du Carbet sont le centre d'éruption d'un volcan qui fut le plus puissant de tous ceux auxquels l'île de la Martinique doit son origine.

Le territoire formé au-dessus de l'Atlantique équatoriale par ses éjections accumulées, a 30 lieues de circonférence, tandis que le périmètre du Vésuve, y compris la Somma et Ottajano, n'en a pas plus de 17.

Les courants de lave sortis de son foyer ont une étendue de 10 à 12,000 mètres, et la hauteur de ses projections centrales en excède 1,800.

Le grand cratère a vomi des laves porphyritiques à feld-spaths blancs, avec de l'amphibole, des pyroxènes et des micas miroitants. Les volcans secondaires projetés sur ses flancs : le Jacob, le Morne fumé, le Piton gelé, la Petite-Montagne, ont éructé des laves euritiques, des courants boueux et des basaltes cellulaires.

L'ensemble de ces projections formait d'abord une île, séparée au sud de celle de la Montagne pelée par les vallées de la Roxelane et de la Capote, et bornée au midi par la baie du Robert et celle du Fort-de-France, qui sont les vestiges des canaux maritimes ouverts entre les volcans insulés.

L'ancien foyer est flanqué de cinq Pitons pyramidaux, hauts d'environ 2,700 pieds; il forme aujourd'hui un immense bassin circulaire dont le fond est occupé probablement par un lac qu'alimentent les nuages fixés pendant presque toute l'année sur les hauts sommets qui l'environnent. Les rivières de la Case-Navire, du Carbet, du Lorrain et de la Lézarde s'élancent par des brèches ou des fissures de ce vaste cratère.

Tous les reliefs du volcan, depuis le niveau de la mer jusque par delà les nuages, sont revêtus d'une végétation vigoureuse et brillante qui ajoute aux obstacles qu'opposent à l'exploration minéralogique et géologique de ces montagnes, leurs formes abruptes, leurs escarpements, leur hauteur verticale, et de plus, la crainte d'être atteint à chaque pas par les serpents redoutables dont ces lieux sont peuplés.

Si l'on joint à la frayeur qu'inspirent ces reptiles celle des maladies meurtrières que donne l'excès de la fatigue sous le climat de la zone torride, on s'expliquera comment, après deux siècles et demi de colonisation, la Martinique a maintenant encore, en vue de ses villes populeuses, des montagnes admirablement belles tout aussi inconnues que le jour où leur aspect frappa les regards de Christophe Colomb.

ÉPILOGUE.

« Pauvre soldat d'où reviens-tu ?
— Je reviens de la guerre. »
        Ballade du gaillard d'avant.

EPILOGUE.

Au XVIe siècle, je me serais jeté dans un cloître et j'aurais demandé au pied des autels qu'il plût à Dieu de m'accorder les consolations que nos pères en obtenaient jadis pour prix de leurs fortes croyances.

Mais les temps étaient changés. Ce fut à la science que je dus m'adresser pour réclamer de son influence bienfaisante sinon la paix du cœur et le calme de l'esprit, du moins des distractions puissantes, des pensées nouvelles, des fatigues salutaires, et cette illusion chérie de travailler pour l'utilité publique, pour l'agrandissement du domaine intellectuel de la société, et pour la gloire la plus pure de notre Patrie.

Le commandement de la place du Fort-de-France me retenait captif à la ville; je le résignai, et j'obtins du capitaine général Villaret-Joyeuse, l'ordre de poursuivre, à mon retour d'une mission difficile, les travaux de la carte géologique et militaire de l'île, entreprise l'année précédente,

et qu'avait interrompue la mort de tous les officiers qui y
étaient employés avec moi. Je pus dès lors sinon librement,
du moins pendant de longues excursions dans les forêts de
l'intérieur, dans les hautes régions des montagnes et sur
leurs cimes nuageuses, me livrer à mon humeur sauvage, à
mon amour pour le travail, et à tout l'intérêt qu'inspire
l'étude des productions si belles et si variées de la nature,
sous le ciel des tropiques.

Je gravis, j'escaladai les quatre cents mornes amoncelés
depuis le rivage de l'Atlantique équatoriale jusque dans les
plus hautes régions de l'atmosphère; j'interrogeai, avec le
marteau du mineur, leurs flancs, leurs arêtes, leurs pics
aigus, et je déterminai leur nature minéralogique, leur
gisement, leur élévation, leurs points de rattachement et
leur système géologique. Ces recherches, poursuivies avec
persévérance, me conduisirent à découvrir que la Martinique, qu'on avait considérée constamment comme une île
de formation primitive, était une terre entièrement volcanique projetée au-dessus de la surface de l'Océan par les
éruptions de six grands foyers sous-marins.

Les connaissances spéciales acquises par cette exploration
me permirent d'étendre des observations analogues aux
autres îles de l'Archipel des Antilles, dans toute la longueur
de leur chaîne, depuis la Trinitad jusqu'à Saba; et j'eus
l'honneur rare et signalé d'ajouter un chapitre important à
l'Histoire physique du globe.

Dix nouvelles campagnes et des missions d'état-major fort
aventureuses me procurèrent les occasions nécessaires pour
compléter ces recherches scientifiques tout en remplissant
mes devoirs militaires. Il me restait à coordonner les nombreux matériaux recueillis au prix de tant de peines et de
périls. Le temps m'aurait manqué sans doute pendant bien

des années. Mais ma mauvaise fortune pourvut à ce besoin
en me donnant les tristes loisirs d'une captivité en Angleterre.

Ici le travail me fut encore d'un admirable secours; il
charma les ennuis cruels qui atterraient les prisonniers de
guerre dont l'esprit était le plus robuste et le plus courageux. Cette captivité à laquelle j'avais échappé presque
chaque jour, depuis dix-huit ans, avec un bonheur inouï,
fut fatale à ma carrière militaire en me privant de servir près
du prince Eugène, qui venait de me désigner son aide de
camp.

Pendant cette période de ma vie, j'assistai ou je pris part
à bien des événements de guerre peu connus et dont le
récit ne manquerait pas d'intérêt. Je me trouvai mêlé plus
d'une fois avec des personnages historiques de haute dignité, et aussi avec des corsaires, des contrebandiers et
des gens de toutes sortes. Il m'arriva de partir sur un vaisseau amiral de 80 canons, et de revenir dans une pirogue
ou dans un Balaou qui se remplissait d'eau comme un
panier. Pour accomplir une mission importante, que m'a-
vaient confiée deux généraux en chef dont j'étais officier
d'état-major, le capitaine général Villaret-Joyeuse et le
général Lauriston, je dus jeter à la mer mon brillant uniforme et endosser des vêtements de matelot, qui me permirent de passer au milieu des vaisseaux d'une escadre
anglaise, et de sauver les dépêches dont j'étais porteur.

Mais c'est trop discourir sur le passé, surtout lorsque
chaque jour du présent l'étouffe sous ses impérieuses
préoccupations.

Les récits qu'on vient de lire ont été la plupart écrits en
présence des faits qu'ils retracent, ou sous l'impression
qu'ils m'avaient laissée. J'ai cru qu'il valait mieux leur

conserver leurs disparates de style, leur rudesse de marin,
leur franchise de militaire, leur naïveté d'étudiant, plutôt
que d'altérer, en la fardant, leur physionomie un peu sauvage.

Ces récits peignent avec les couleurs les plus vraies quelques faits de guerre mémorables, — quelques expéditions
hasardeuses d'outre-mer, — et plusieurs événements qui
ont manqué d'historiens ou qui auraient plus gagné que
perdu à n'en pas trouver. Ils montrent la vie intime de nos
flottes et de nos armées pendant les dix premières campagnes de la Révolution ; ils témoignent que ce temps qui est
représenté fort souvent comme le Pandémonium de l'Histoire, n'était pas moins fécond qu'aucun autre en bons
sentiments et en bonnes actions, et qu'il était au moins
égal en désintéressement, en abnégation et en dévouement à
bien des époques dont on a davantage glorifié les souvenirs.

Pendant cette première période de ma longue vie, j'ai
assisté :

A la bataille la plus meurtrière de toutes celles livrées sur
la place publique pendant la Révolution : le 10 août 1792.

A la plus grande bataille navale qui ait jamais eu lieu
entre les flottes de la France et de l'Angleterre : le 13 prairial an III (1er juin 1794).

Au plus grand désastre maritime qu'ait éprouvé la France :
l'incendie de l'escadre et du port de Toulon, en 1793.

A l'un des plus beaux faits d'armes de nos grandes
guerres : la prise d'assaut du fort Penthièvre à Quiberon,
en 1795.

A la plus terrible catastrophe qui ait eu lieu dans les
colonies européennes : l'incendie du Cap Français, à Saint-
Domingue, en 1801.

Au siége le plus long et le plus meurtrier dont on puisse

trouver l'exemple dans l'histoire des colonies : celui du fort Desaix, de la Martinique, en 1809.

J'ai reçu cinq blessures graves : une joue perforée, une mâchoire démantelée, la poitrine enfoncée, un genou fracassé, sans compter d'autres écornures. Bien peu de mes pauvres camarades ont été aussi favorisés que moi.

De toutes les contagions au milieu desquelles j'ai vécu si longtemps, une seule, le Typhus, m'a frappé au retour de la bataille navale du 13 prairial an III. J'ai pourtant vu dix irruptions de la fièvre jaune, et j'ai assisté à la destruction de trois armées par les terribles ravages de cette cruelle maladie.

Il est vrai que cette longue et rude expérience m'a valu l'honneur pénible d'être gratuitement, pendant vingt ans, membre du conseil supérieur de santé du royaume avec De Gérando, Hély d'Oissel, Bally, Gay-Lussac, Pariset, et autres gens de grand mérite.

J'ai pris part à quinze expéditions outre-mer, dont dix par de là le Tropique. Mes dix traversées transatlantiques seulement font près de 20,000 lieues, ou cinq fois le tour du globe, ce qui justifie mon titre d'officier d'état-major de trois amiraux.

J'ai été choyé, aimé dans mon enfance par trois personnages bien différents, mais également bons : le Président de Robien, du Parlement de Rennes, Beaumarchais, l'auteur de *Figaro*, et le Prieur des Jacobins de Rennes, D. Félix Mainguy.

J'ai vu une grande partie des hommes historiques de la Révolution : Mirabeau, Lafayette, Bailly, le roi Louis XVI, Barnave, Danton, Tallien; ils ont laissé dans ma mémoire leur image aussi distincte que si je les avais rencontrés ce matin en revenant de l'Institut.

Mais, quoique j'aie servi l'Empire jusqu'au dernier jour de l'armée de la Loire, je n'ai pour ainsi dire pas vu l'Empereur. Lors de son premier pas dans l'immense carrière qu'il a remplie pendant vingt-un ans d'une gloire sans égale, il n'était cependant qu'à quelques pas de moi ; c'était au moment où il entrait dans la ville rebelle de Toulon. Le tumulte produit par ce grand événement et l'agitation de mon esprit bouleversé par le bonheur de ma délivrance me permirent à peine de distinguer ses traits altérés par la fatigue.

Les hommes les plus illustres que j'ai connus et qui m'ont honoré de leur attention, de leur bienveillance ou même de leur affection, sont :

Le général Hoche, l'amiral Bruix et le maréchal Gouvion Saint-Cyr.

Les hommes les plus éminents que j'ai servis comme officier d'état-major, sont :

Victor Hugues, gouverneur de la Guadeloupe ;

L'amiral Villaret-Joyeuse, capitaine général de la Martinique.

Le ministre de la marine, Portal ;

Le général Lauriston, commandant l'expédition outre-mer de 1806.

Les généraux dont j'ai été le premier aide de camp, et qui m'ont accordé leur confiance et leur amitié, sont : MM. Devrigny, de Castella, d'Houdetot, Carra Saint-Cyr.

Ceux de mes compagnons de guerre dont j'ai reçu les témoignages d'amitié les plus fidèles, et dont j'ai le plus regretté la perte, sont :

Le général Devrigny, mort dans mes bras de la fièvre jaune ; — Le chef d'escadron Allaire et le colonel du génie Portalis, qui éprouvèrent le même sort ; — Le colonel

Miany, noyé; — Le colonel du génie Richaud, tué à Dantzick ; — Le colonel, depuis général Montfort, mort des suites d'une ancienne blessure ; — tous officiers d'un rare mérite, et qui, dans de tristes épreuves, ont soutenu mon courage et m'ont donné l'exemple de la résignation et de la fermeté.

J'ai obtenu l'affection constante et éprouvée des amiraux Halgan, de Linois et de Mackau ; — des généraux de Kerversau, Donzelot et Ocher de Beaupréau, dont je garde un tendre souvenir.

En rappelant ici brièvement ceux qui m'ont aidé à traverser la vie, je ne veux pas omettre les pauvres vieilles femmes et les héroïques jeunes filles qui m'ont assisté dans les périls et les misères de mes premières campagnes, ainsi que plusieurs dames bienfaisantes qui, plus tard, m'ont été propices dans des situations désespérées.

Puissent de nos jours encore, après tant d'années et de vicissitudes : le collégien transformé en soldat à la voix de la Patrie ; — le marin échappé au naufrage ; — le militaire blessé se traînant sur une route ; — le moribond gisant dans un lit d'hôpital ; — le prisonnier fugitif poursuivi par ses geôliers ; — l'officier qui, en remplissant son devoir, est menacé du sort réservé aux pirates et aux espions ; — puissent toutes ces victimes de la fatalité trouver comme moi dans leur malheur des femmes compatissantes, courageuses, dévouées, des anges du ciel qui leur tendent une main secourable pour les sauver de l'abîme près de les engloutir, et pour leur conserver la vie, l'honneur et la liberté !

FIN DU TOME SECOND ET DERNIER.

TABLE DES MATIÈRES

DU TOME SECOND.

–○–––○–

AVENTURES DE GUERRE

AU TEMPS DE LA RÉPUBLIQUE ET DU CONSULAT.

FIN DE LA TABLE.

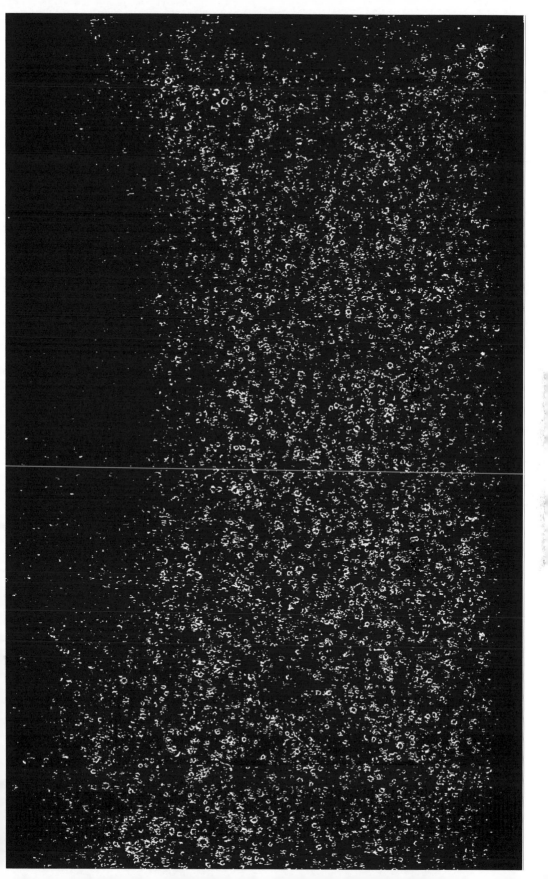

Imprimé en France
FROC032119191219
23011FR00011B/177/P